pfeiffer

Zu diesem Buch

Hinter der Kunst der Psychotherapie liegt – so Michael Basch – eine leicht verständliche wissenschaftliche Erklärung, die uns lehrt, wie und warum Psychotherapie wirkt. In seinem anregenden und erhellenden Buch, das auf den neuesten Ergebnissen der Hirn-, Kommunikations- und Säuglingsforschung basiert, zeigt er an Beispielen aus der Praxis, wie Rückkoppelungsmuster im Gehirn ein Selbstbild hervorrufen können, das die gesunden psychischen Funktionen stört. Eine wichtige neue Grundannahme im Denken Baschs ist, daß die menschliche Psyche generell nach Ordnung, Kompetenz und Selbstachtung strebt.
Für den Leser hat Michael Basch die Stationen seiner Theoriebildung an Beispielen aus seinem therapeutischen Erfahrungsschatz erläutert. Somit ist gleichzeitig ein Praxisbuch entstanden, das psychotherapeutische Interventionen vorführt, die das Streben der Patienten nach Kompetenz und einem intakten Selbstbild entscheidend unterstützen. Psychotherapie kann mit Hilfe der Basiserkenntnisse Baschs gezielter vorgehen, schneller greifen und damit effizienter arbeiten – angesichts der erdrückenden Kosten im Gesundheitswesen die Erfordernis der Stunde.

Michael Franz Basch ist Psychoanalytiker, Professor für Psychiatrie am Rush Medical College, Lehr- und Kontrollanalytiker am Chicagoer Institut für Psychoanalyse und hat eine psychiatrische und psychoanalytische Praxis in Chicago.

Michael Franz Basch

Die Kunst der Psychotherapie

Neueste theoretische Zugänge zur psychotherapeutischen Praxis

J. Pfeiffer Verlag · München

Die amerikanische Originalausgabe ist unter dem Titel »Understanding Psychotherapy« erschienen bei Basic Books, Inc., New York, 1988

Aus dem Amerikanischen übersetzt von Astrid Werner, München-Lochham

Übersetzung und Herstellung des Buches sind durch die finanzielle Unterstützung der Köhler-Stiftung, Darmstadt, gefördert worden.
Der Verlag dankt Frau Dr. med. Lotte Köhler überdies für die präzise und arbeitsreiche fachliche Korrektur des Textes.

Die deutsche Bibliothek – CIP-Einheitsaufnahme

Basch, Michael, Franz:
Die Kunst der Psychotherapie: neueste theoretische Zugänge zur psychotherapeutischen Praxis / Michael Franz Basch. – München: Pfeiffer, 1992
ISBN 3-7904-0592-2

Reihe »Leben lernen«
Nr. 83
herausgegeben von Monika Amler und Siegfried Gröninger

Printed in Germany
Satz: PC-Print GmbH, München
Druck: G. J. Manz AG, Dillingen
Umschlagentwurf: Hermann Wernhard

ISBN 3-7904-0592-2

Dem Andenken meiner Großmutter,
Gertrud Hess, geb. Engelmann-Ullstein,
gewidmet

Inhalt

Liste der Abbildungen 8
Vorwort 9
Dank 11

Einführung:
PSYCHOTHERAPIE UND WISSENSCHAFT 13

1 DAS ZIEL DER PSYCHOTHERAPIE:
SELBSTBILD UND DAS STREBEN NACH KOMPETENZ 25

Die sechs Phasen der Behandlung: Al Gertz 25
Das Streben nach Kompetenz 31

2 DIE ENTWICKLUNGSSPIRALE 36

Die Wiederherstellung erfolgreicher
Bewältigungsstrategien: Byron Osgood 37
Den Entscheidungsprozeß fördern: Alice Senoj 43

3 DENKEN ÜBER DAS DENKEN 54

Mustervergleich:
Der Ordnungsprozeß des Gehirns 55
Feedbackschleife und Psychotherapie 58

4 DER AFFEKT: DAS TOR ZUR HANDLUNG 69

Der Affekt als Motivationsfaktor für Verhalten: Joe Herman sen. 70
Baby Talk: Joe Herman jun. 72
Präventive Psychotherapie: Billy Kruger 84
Die Regulation des Affekts im Säuglingsalter 96

5 DAS SELBSTSYSTEM 101

Die Macht der Wahl: Die Kontrolle über die Entscheidungsfällung
beim Säugling und Kleinkind 101
Das Selbstsystem 104
Der Teufelskreis der Angst 109
Depression 112
Abwehrmechnismen 120

6 DAS HERZSTÜCK DER BEHANDLUNG:
DER THERAPEUT UND DIE ÜBERTRAGUNG 128

Die Affektive Bindung 129
Die Entwicklung der Übertragung 132
Die Form der Übertragung 137

Der Inhalt der Übertragung 141
Empathisches Verstehen: Clarence Albright 141

7 STÖRUNGEN DER AFFEKTIVEN BINDUNG UND RÜCKZUG AUS DER BINDUNG 150
Den Widerstand gegen die Behandlung überwinden: Jim Zurf 150
Anpassungsfördernder Rückzug: Bob Granger 161
Hin zur umwandelnden Verinnerlichung: Jim Zurf 168

8 RÜCKZUG DER GEFÜHLE IN DER DEPRESSION 186
Der Mann, den Gott nicht wollte: Roger Flynn 186

9 NARZIßTISCHE UND BORDERLINE-PERSÖNLICHKEITSSTÖRUNGEN 225
Die Verleugnung des Affekts und das gespaltene Selbst-Konzept 225
Narzißtische Persönlichkeitsstörung: Esther Romberg 227
Spannungsintoleranz und die Borderlinepersönlichkeit: Tina Pearl 244

10 DIE PSYCHONEUROSE UND VERWANDTE CHARAKTERSTÖRUNGEN 250
Psychosexuelle Entwicklung 250
Die Analyse eines psychoneurotischen Mannes: O.W. Neubach 255
Analyse des ödipalen Konfliktes bei Frauen: Irma Waller 280
Psychotherapie eines Falls von Hysterie: Norma Newton 286
Psychoanalyse und psychoanalytisch orientierte Psychotherapie 290

Nachwort 292
Literatur 293
Personenregister 299
Sachregister 301

Liste der Abbildungen

Abbildung 2.1 Die Entwicklungsspirale 36
Abbildung 3.1 Fehler und Abweichungen korrigierende oder Negative Feedbackschleife 57
Abbildung 4.1 Die Gestalt der Stimulation und die nachfolgende affektive Reaktion 76f.
Abbildung 4.2 Affektive Kommunikation eines Erwachsenen und Reaktion eines Säuglings 79
Abbildung 4.3 Ein Modell für den Prozeß des Denkens auf der Basis des Prinzips der Negativen Feedbackschleife 83

Vorwort

Dieses Buch wendet sich nicht nur an Studenten, Professoren und Psychotherapeuten, sondern auch an Leser, für die anwendbares Wissen über die psychische Entwicklung und deren Einfluß auf das Alltagsverhalten interessant oder hilfreich ist. Ich habe mich bemüht, mein Wissen zugänglich, anwendbar und unmittelbar verständlich zu machen, indem ich meine Begriffe und ihre Bedeutung im Zusammenhang mit meiner klinischen Arbeit klar zu definieren bestrebt war. Die Fallbeispiele, die ich gebe, habe ich anhand von Erinnerungen und Notizen über Patienten aus meiner eigenen Praxis und auch über Fälle, die ich supervidiert oder in Seminaren diskutiert habe, rekonstruiert und bearbeitet. Dieses Material dient der Veranschaulichung, wie eine umfassende Psychotherapietheorie formuliert und angewendet werden kann, und soll nicht nur die Behandlung eines bestimmten Individuums beschreiben. Deshalb sprach nichts dagegen, das Material aus verschiedenen Fällen zu kombinieren und die Falldarstellungen knapp zu fassen, sobald ich meine Überlegungen verdeutlich hatte. Wenn das Material auch bearbeitet und abgeändert wurde, so bleibt doch die Darstellung meiner persönlichen Beteiligung authentisch. Meine verbalen Interventionen in diesem Buch spiegeln genau wieder, was ich unter diesen oder ähnlichen Umständen tatsächlich zu einem Patienten gesagt habe. Zweifellos würden andere Therapeuten anders intervenieren. Mein Ziel ist auch nicht – das möchte ich ganz deutlich machen -, bestimmte Dinge, die ich gesagt oder getan habe, zu verteidigen, sondern es sollen die hinter der Problematik des Patienten liegenden Entwicklungsprinzipien, auf die ich mit meinen Interventionen eingehe, deutlich werden. Diese Prinzipien bilden zusammengenommen eine wissenschaftlich abgesicherte und praktisch anwendbare Theorie psychischer Funktionen.

Ich hoffe zwar, daß mein Buch nützlich sein wird, jedoch soll es in keinster Weise als fertig oder gedanklich abgeschlossen betrachtet werden. Vielmehr würde ich mich reichlich belohnt fühlen, würde die hier vorgelegte Synthese in zweierlei Hinsicht weiterführend sein: Für die ständige Verfeinerung und Differenzierung, die die Psychotherapie erfährt, seit Freud das erste Mal die Klinik von Charcot besuchte, und für den Beitrag, den die Psychotherapie für das Verständnis und die Praxis menschlicher Kommunikation im allgemeinen leisten kann.

Danksagung

Schon zu Beginn meines Studiums hat mich die Diskrepanz zwischen den in der Psychotherapie-Theorie vorhergesagten Veränderungsprozessen und dem, was in der Praxis tatsächlich geschieht, erheblich gestört. Viele Menschen halfen mir, einen Weg aus diesem Dilemma zu finden. Ich bedaure es, daß ich nicht Ihnen allen persönlich und einzeln danken kann.

Ich stehe in Dankesschuld: bei meinen Patienten, denn sie gaben mir die Chance, den Einfallsreichtum und die Vielseitigkeit zu erleben, mit dem menschliche Wesen die Hindernisse überwinden können, die ihrem Wohlbefinden im Weg stehen; bei den vielen Kollegen, die mir halfen, meine Ideen in Workshops, bei beruflichen Treffen und informellen Diskussionen zu differenzieren und zu formen; bei meinen Studenten, die mir die Gelegenheit gaben zu lernen, wie ich meinen Ansatz auf eine einigermaßen zusammenhängende Art und Weise vermitteln könnte.

Sehr dankbar bin ich auch meiner Tochter Gail Basch M.D., und meinen Kollegen und Kolleginnen Miriam Elson, M.A., A.C.S.W., Michael Gribetz, M.D., Csaba Hegyvary, M.D. und George Klumpner, M.D. – alle machten mir wertvolle Vorschläge, als das Manuskript allmählich Form annahm.

Bei unseren vierzehntägigen Treffen wurden spätere Fassungen des Manuskripts aufmerksam von folgenden Mitgliedern des Fakultätsseminars der Abteilung Psychiatrie, Rush Medical College, gelesen: Katie Busch, M.D., Suzanne Cooperman, M.D., Lionel Corbett, M.D., James Crawford, M.D., Peter Fink, M.D., Paul Holinger, M.D., Charles Jaffe, M.D., Hartmut Mokros, Ph.D., Karen Pierce, M.D., Janice Swope, M.D., Judith Tellerman, Ph.D., Ruth Westheimer, M.D. und Robert Zadylak, M.D. Ihre Kommentare waren äußerst hilfreich, und ich übernahm viele, vielleicht die meisten ihrer Vorschläge.

Des weiteren möchte ich folgenden Kollegen und Kolleginnen meine Wertschätzung ausdrücken: Beatrice Beebe, Ph.D., die mir nicht nur ihr enzyklopädisches Wissen über die Säuglingsforschung zur Verfügung stellte, sondern auch viele wertvolle Vorschläge zu Stilistik und Inhalt des Manuskripts machte; Douglas Detrick, Ph.D. für seine weitblickenden Kommentare und seine Hilfe beim Index des Buches; Arnold Goldberg, M.D. und Constance Goldberg, M.S.W., die während all der Jahre, die ich für das Buch benötigte, immer ermutigend und hilfsbereit waren; Alan Kindler, M.D. für seine anregenden und substantiellen Kommentare zu einem Großteil des Manuskripts und Roy R. Grinker, Jr., M.D. und Virginia Saft, M.D., die so freundlich waren, eine mir wertvolle und gründliche Kritik der vorletzten Fassung dieses Werkes zu geben.

Jan Fawcett, M.D., Vorsitzender der Psychiatrieabteilung, Rush Medical College, und Robert Zadylak, M.D., sein Leiter für Ausbildung und Lehre in Psychiatrie, waren äußerst zuvorkommend und großzügig, indem sie mir die

Zeit und die Gelegenheit gaben, die Konzepte, die ich hier vorstelle, zu entwickeln und zu formulieren. Die Sekretärinnen in der Verwaltung der Abteilung, Lanette Stigsen und Therese Molyneux, waren mehr als hilfreich bei der Vorbereitung der Tabellen und Abbildungen, die für meine Arbeit notwendig waren; außerdem waren sie sehr engagiert in der Organisation verschiedenster Termine und Konferenzen.
Gilbert Levin, Ph.D., Leiter des Cape Cod Instituts unter der Schirmherrschaft der Abteilung für Psychiatrie des Albert Einstein College of Medicine, boten mir wiederholt die willkommene Gelegenheit, Sommerseminare durchzuführen, in denen ich mit Kollegen aus dem ganzen Land Ideen austauschen und aus ihren Reaktionen lernen konnte.
Mein Dank gilt auch dem Benedek Research Fund of the Institute for Psychoanalysis, Chicago, für seinen Beistand bei der Vorbereitung des Manuskripts.
Als ich die letzte Fassung vorbereitete, profitierte ich stark von den redaktionellen Ratschlägen von Natalie Altman. Rigoros und kompromißlos, wenn es um ihr Handwerk geht, holte Natalie aus dem, was ich anzubieten hatte, das Beste heraus – mehr kann niemand leisten, und ich bin ihr ungemein dankbar.
Jo Ann Miller, Seniorherausgeberin von Basic Books, war eine Kraftquelle für mich und machte viele wertvolle Vorschläge; Phoebe Hoss verwandelte mein Manuskript auf wundersame Weise in ein Buch; und Suzanne Wager paßte, immer fröhlich und effizient, auf, daß alles zwischen zwei Buchdeckel kam.
Es gibt zwei Menschen, ohne die dieses Buch niemals das Licht der Welt erblickt hätte. Wieder einmal hat mir Eva Sandberg mit Tippen und Korrigieren von den ersten Entwürfen bis zur letzten Fassung – die vielen Versionen meines Manuskrips hindurch – beigestanden. Mittlerweile währt unsere Zusammenarbeit schon viele Jahre und ich schätze Evas Hilfe und Sachkenntnis wie am ersten Tag, als ich sie glücklicherweise dafür gewann, bei mir zu arbeiten.
Ich bin meiner Frau Carol, die mich bei meinem Unternehmen unterstützte, äußerst dankbar; sie hielt die Stellung, wenn meine Entschlossenheit nachließ, und sie war für mich, wie während unseres ganzen Ehelebens, der Grund für die Überzeugung, daß ich tatsächlich fertigbringen würde, was ich mir vorgenommen hatte.

Einführung

Psychotherapie und Wissenschaft

Es ist rund einhundert Jahre her, daß Freud den unbewußten Ursprung menschlicher Motivation erkannte – eine Erkenntnis, die das Schulwesen, die Politik, die Geschäftswelt, unsere Einstellung zur Kindererziehung, unser Geschichtsverständnis und die Literaturkritik geformt hat. Tatsächlich denken wir heute alle über uns selbst und andere in Begriffen, die Freud als erster formuliert hat. Bei seinem Versuch, die Psychoanalyse als Methode zur Erforschung menschlicher Motivation zu begründen und sie uns als solche zu hinterlassen, kam Freud jedoch nicht ganz zum Ziel. Er war nicht in der Lage, eine Theorie aufzustellen, die sowohl als wissenschaftliche Basis für Psychotherapie im allgemeinen als auch als Grundlage für die Erforschung der menschlichen Natur dienen konnte.

Seit Freud wurde jedoch auch keine andere allgemein brauchbare Theorie der Psychotherapie entwickelt. Statt dessen wurden miteinander konkurrierende, sehr eng gefaßte Theorien geschaffen, als man feststellte, daß die psychoanalytische Methode, so wie er sie für die Behandlung von psychoneurotischen Patienten formuliert hatte, nur auf wenige Patienten anwendbar war, die in einer Psychotherapie Hilfe suchten. Es lief gewöhnlich so ab, daß es innovativen Therapeuten gelang, ihre ausbildungsbedingte Voreingenommenheit beiseite zu lassen, dem Patienten, der ein bestimmtes Problem darlegte, zuzuhören und mittels Versuch und Irrtum einen Weg zu finden, um diesem Menschen zu helfen, und später anderen, die an ähnlichen Schwierigkeiten litten. Dann fing die Geschichte wieder von vorne an. Ganz ähnlich wie bei Freud wurde ein erfolgreicher Umgang mit bestimmten Problemen in den Händen des jeweiligen Begründers und seiner Schüler in eine Theorie verwandelt, die zum Ziel hatte, die menschliche Seele *in toto* zu erklären, um dann zu einer universell anwendbaren, alles bisherige ersetzenden therapeutischen Technik aufzusteigen. Auf diese Weise entstanden konkurrierende Psychotherapieschulen – dynamische, kognitive und verhaltenstheoretische – , nur um sich wieder weiter zu spalten, wenn die klinischen Fortschritte nicht in Beziehung zu einer übergreifenden Theorie gesetzt werden konnten, die in der Lage war, eine Therapierichtung in vollem Umfang zu erfassen und deren Wirksamkeit zu erklären. In den letzten vierzig oder fünfzig Jahren jedoch wurden in verwandten Bereichen und auch in der dynamischen Psychotherapie[1] nach einem langen Weg Fortschritte erzielt, die diese Situation verbesserten. Die Formulierung einer gültigen und brauchbaren Herangehensweise zur Integration dessen, was die verschiedenen Therapieschulen zu bieten haben, liegt heute tatsächlich im Bereich des Möglichen. Die Vereinigung von psychotherapeutischer Kunst

– die darin besteht, therapeutische Techniken zu entdecken und sie fachkundig anzuwenden – mit der wissenschaftlichen Grundlage, die erklärt, wie und warum irgendeine bestimmte Technik wirkt, und was uns all dies über die menschliche Natur im allgemeinen sagen kann – dies ist das Thema meines Buches. Lassen Sie mich nun ausführlicher die Gründe für diesen meinen Versuch beschreiben. Da ich das Glück hatte, meine Ausbildung in der Zeit des Umbruchs in meinem Fachgebiet zu machen, beginne ich mit einigen persönlichen Erfahrungen aus meiner Studienzeit.

Die Wissenschaftliche Methode

Die »Hemden-Karton«-Übung

An meinem ersten Tag in dem kleinen College im Mittelwesten, das ich in den 1940er Jahren besuchte, war ich einer von etwa hundert Anfängern, die, interessiert am vormedizinischen Kursangebot, in einem großen Vorlesungssaal zu einem Meeting besonderer Art zusammengekommen waren. Mein Vater war Arzt, und ich war mir sicher, daß ich auch einer werden sollte. Aber an jenem Tag dämmerte es mir, daß es für die Zulassung zum Medizinstudium mehr bedurfte als diese Überzeugung. Die verschiedenen Vertreter des Lehrkörpers und der Verwaltung teilten uns mit, daß wir uns in einer Wettbewerbssituation befanden und daß das Curriculum darwinistisch war – es war so aufgebaut, daß es das Überleben der besten garantierte, und zwar nur der besten. Für jedes Semester, so wurde uns gesagt, werden sieben qualifizierte Bewerber zum Medizinstudium zugelassen . Und wir standen nicht nur miteinander in Konkurrenz, sondern auch mit Studenten von Prestigeuniversitäten aus dem Osten und anderswo, die – das war die implizite Aussage – jedem von uns an Intelligenz weit überlegen waren.

Auf diese Art und Weise fuhren die verschiedenen Dekane, Fachbereichsleiter und Seniorprofessoren fort, mich zu Tode zu erschrecken, wobei sie alle miteinander ihr Bestes gaben, um uns davon zu überzeugen, unser Vorhaben und Ziel zugunsten eines leichter erlernbaren Berufes aufzugeben. Dann kündigte der Vorsitzende der Versammlung den letzten Redner an. Es war der Lehrer für Biologie , Anfängerkurs. Auf dem Podium erschien ein zerzauster, dickleibiger, glatzköpfiger Mann, der asthmatisch schnaufte und wahrhaft aussah wie ein Walroß mit rotem, zahnbürstenartigem Oberlippenbärtchen, übergroßen Zähnen und fliehendem Kinn. Jeder von uns, der John W. Hudson aufgrund seines äußeren Erscheinungsbildes und seiner fehlenden höheren akademischen Grade als nicht ernst zu nehmende Komikfigur ansah, wurde schnell eines Besseren belehrt. Eher keuchend als sprechend kam er direkt zur Sache. Zulassung und Abschluß des Medizinstudiums, informierte er uns, erfordere nichts weiter, aber auch nichts weniger, als daß wir seinen Vorlesungen absolute Aufmerksamkeit schenkten und seine Anweisungen buchstabengetreu befolgten. Diejenigen, die in seinen Kursen erfolgreich wären, würden Ärzte; die anderen würden keine. Ich klammerte mich an diese Worte voll unmißverständlicher Gewißheit wie ein Ertrinkender an ein Stück Holz, und ich bin heute ein lebender Zeuge dafür, daß seine Worte der Wahrheit entsprachen. Ich erinnere mich gerne an Mr. Hudson und versuche, nicht darüber nachzudenken, was aus mir geworden wäre, hätte mich nicht der Zufall mit ihm zusammengebracht.

Ich verbrachte das nächste Jahr in Mr. Hudons Biologiekurs damit, auf Hemdenkartons zu schreiben, die in Wäschereien verwendet werden, um frisch gewaschene und gebügelte Hemden vor dem Knittern zu bewahren. Jedes dieser Rechtecke, fünfunddreißig Zentimeter lang und zwanzig Zentimeter breit, würde laut Anweisung in genau neun Spalten unterteilt: die erste war der Linneschen Einteilung des gerade untersuchten Tieres gewidmet; die zweite der Beschreibung seiner groben und seiner mikroskopischen Anatomie; und in den restlichen sieben wurde zusammengefaßt, auf welche Weise dieser Organismus die jeweiligen Funktionen des Protoplasma ausführt, die für tierisches Leben notwendig sind – Atmung, Verdauung, Kreislauf, Ausscheidung, Fortpflanzung, Fortbewegung und Kommunikation. Wir mußten aus unseren Vorlesungsnotizen und Lehrbüchern die Details der grundlegenden Lebensprozesse der Vertreter der jeweiligen Tierklasse eintragen. Dies alles mußte mit mikroskopisch kleiner Schrift geschrieben werden, da es auf eine Seite des Hemdenkartons passen mußte.

Wenn Mr. Hudson unsere Kartons zu gegebener Zeit einsammelte, las er jedes Wort und kennzeichnete Auslassungen und Fehler mit roter Tinte. Alles, was schlechter als mit »B« benotet wurde, mußte vollständig neu geschrieben werden. Im Labor sezierten wir unsere Studienobjekte und übezeugten uns mit eigenen Augen und Händen von der Richtigkeit dessen, was wir auf unsere Kartons schrieben. Es wurde Perfektion erwartet, jedoch wurde gute Arbeit nicht einmal durch ein Lächeln oder ein Wort des Lobes anerkannt. Aber ich brachte bald in Erfahrung, daß ich nur ganz wenig, manchmal sogar gar keine rote Tinte und ein »A« in der oberen linken Ecke vorfinden würde, wenn er bei der Rückgabe meiner Arbeit ein kleines warnendes Schnaufen von sich gab. Ich arbeitete für dieses Schnaufen härter als ich mir je vorstellen hatte können und lebte in der Angst, trotz aller Anstrengung beim Abschluß der nächsten Arbeit keines zu hören zu bekommen.

War Mr. Hudson einmal zufrieden damit, wie der gewissenhafte Student die relevanten Fakten über jede Tierklasse herausgearbeitet und kurz, aber verständlich dargestellt hatte – und zwar in eigener Arbeit, nicht durch Abschreiben –, so konnte sich dieser einer gewissen Meisterschaft sicher sein. Er wußte nicht nur, wie man ein Examen mit fliegenden Fahnen bestand, sondern er konnte auch hervorragend wissenschaftlich arbeiten, und zwar weit über das eben erwähnte Thema hinaus.

Ich bin sicher, Mr. Hudson war sich bewußt, daß er uns nicht nur die Grundlagen der Biologie lehrte, sondern auch die richtige Herangehensweise, um den kartesianischen Mechanismus zu meistern, jenen philosophischen Ansatz, der fast vierhundert Jahre lang definiert hat, was wissenschaftlich ist und was nicht. Im wesentlichen sagt uns der Mechanismus, daß, ganz gleich, um welches Thema es sich handelt, man von Wissenschaft sprechen kann, wenn wir folgendermaßen ein Verständnis des Ganzen gewinnen können: zuerst unterteilen wir es und dann untersuchen wir die Interaktion zwischen den Teilen. Dadurch kommen wir zu einer Reihe von Aussagen über Ursache und Wirkung, die direkt – oder zumindest potentiell – durch Beobachtung oder experimentell validiert werden können. Innerhalb dieses Paradigmas funktionierte Mr. Hudsons Training wunderbar. Weiterführende Kurse wie Physiologie, Histologie und Embryologie waren im Grunde Vertiefungen der einen oder anderen Spalte von Fakten, die wir fleißig auf einen Karton nach dem anderen niedergeschrieben hatten, und das jeweilige Thema konnte auf ähnliche Weise herausgearbeitet, gegliedert und zusammengefaßt werden.

Die Patienten meines Vaters lieferten brav ihre seit dem letzten Besuch in seiner Praxis gesammelten Hemdenkartons ab, und ich sammelte weiterhin »A«s, bis sich drei Jahre nach dem unheilverheißenden Beginn die Türen zum gelobten Land öffneten und ich Medizinstudent wurde. Das erste Studienjahr war im wesentlichen eine Wiederholung dessen, was ich bereits über die Lebensvorgänge niederer Tierarten gelernt hatte, nur daß es jetzt um die komplexen Interaktionen der Organsysteme des menschlichen Körpers ging. Die letzten drei Studienjahre verbrachte ich damit zu lernen, was, warum und wie etwas schiefgehen kann bei all den Röhren, Pumpen, Filtern, Kabeln, Hebeln und anderen Vorrichtungen, die uns in Gang halten. Des weiteren erfuhr ich, wie der Arzt mittels der Kunst von Pharmazie und Chirurgie das Wissen anwenden kann, das die Forschungen im Bereich von Chemie und Physik liefern, um diese hervorragende Maschine am Laufen zu halten und zu reparieren. Wie Mr. Hudson versprochen hatte, funktionierte das wissenschaftliche Arbeiten, das er lehrte, im Medizinstudium genauso effektiv wie im nichtmedizinischen Vorstudium, und zu gegebener Zeit bekam ich meine Approbation als Arzt.

Als ich als Assistenzarzt in einem psychiatrischen Krankenhaus arbeitete, ließ mich jedoch die Hemdenkartonmethode zum ersten Mal im Stich. Hier gab es keinerlei Fundus an Wissen, das in immer kleinere Teile, die eventuell die Funktion des Ganzen klären würden, aufgeteilt werden konnte. Die menschliche Psyche schien im Gegensatz zum menschlichen Körper dem kartesianischen Mechanismus zu trotzen. Diese Denk- und Vorgehensweise war mir jedoch im Laufe von sieben Jahren zur zweiten Natur geworden.

Wenige Wochen nach Beginn meiner Assistenzzeit in der Psychiatrie wurde ich erneut verunsichert. Bei einem Vortrag über Freuds Konzept der infantilen Sexualität als primärer Motivationsfaktor für menschliches Verhalten, den der Chef der Abteilung hielt, fragte ich ganz unschuldig, wie man wissen konnte, daß beispielsweise das kindliche Saugen eine Manifestation von Sexualität war, wenn das Kind uns nicht sagen konnte, was es erlebte. Die wütende Antwort meines Chefs schockierte mich ziemlich. Wenn ich nicht darauf vorbereitet sei, die fundamentalen Wahrheiten zu akzeptieren, auf denen die Wissenschaft der Psychoanalyse beruht, herrschte er mich an, wüßte ich ja, wo die Tür sei, und ich solle sie auch benutzen. Obwohl ich die erstbeste Gelegenheit ergriff, mein Fortbildungsprogramm zu ändern, nahm ich die Einladung nicht an, einen anderen Beruf zu ergreifen. Ich machte mir jedoch ein paar Gedanken über das Fachgebiet, das ich mir ausgesucht hatte. Warum, fragte ich mich, regte sich eine Person solchen Ranges über einen blutigen Anfänger wie mich auf anstatt einfach meine Frage zu beantworten? Es dauerte noch einige Jahre, bis mir klar wurde, daß es keine erkenntnistheoretisch akzeptablen Antworten auf solche Fragen gab. Alles, was Freud selbst anbieten konnte, war, daß die positiven Ergebnisse, die mit der psychoanalytischen *Methode* zu gewinnen waren, den Beweis lieferten, daß die *Hypothesen*, die diese Ergebnisse erklärten, ebenfalls gültig sein mußten. Es war dieser Zirkelschluß, den ich mit meiner Frage unabsichtlich aufs Korn genommen hatte, wobei ich mit nacktem Finger auf den nur spärlich bekleideten Kaiser zu zeigen drohte.

Freud selbst war sich dessen bewußt, daß seine Theorie oft zu kurz griff. Er sah seine Erklärungen der seelischen Funktionen nur als Versuche an, die durch bessere ersetzt werden sollten – sobald diese zur Verfügung standen. Wenn man bedenkt, auf welchem Stand sich die Vorstellungen von der Psyche und ihrer Funktionsweise befanden, und wie sich dies erst jetzt allmählich zu ändern beginnt, dann gab es in der Tat keine Möglichkeit für die Psychologie, sich als Wissenschaft zu qualifizieren.

Descartes und der Ursprung der Dichotomie von Psyche und Gehirn

Der große französiche Philosoph Rene Descartes (1586 – 1650) bereitete ungewollt den Boden für die Probleme, mit denen die Psychologie noch heute ringt. Dafür, daß Descartes die animistische Betrachtungsweise bezüglich des menschlichen Körpers durch eine mechanistische ersetzt hat, muß er, auch aufgrund vieler anderer Errungenschaften, als Vater der modernen Medizin geehrt werden. Vor seiner Zeit herrschte das Weltbild des Altertums vor, wo man dachte, daß das Leben und körperliche Gesundheit von der Anwesenheit eines spirituellen Wesens oder einer Seele (lateinisch: anima) abhängen. Der Animismus zeigte sich in verschiedenen Formen. Er reichte von frühen priesterlichen Bemühungen, die Götter, unter deren Kontrolle die lebensstiftenden

Geister standen, zu beruhigen und zu beeinflussen, bis hin zu ärztlichen Bemühungen, die Natur der Körperflüssigkeiten oder Lebenssäfte zu entdekken und zu bestimmen,deren Balance, so glaubte man, für das richtige Funktionieren der Körperorgane verantwortlich war. Descartes nahm in Analogie zu der gerade erfundenen mechanischen Uhr an, daß Gesundheit und Krankheit nicht von unsichtbaren Urkräften abhängen, sondern davon, ob die Bestandteile des Körpers harmonisch zusammenarbeiten. Von dieser Hypothese nahm er jedoch ein Körperteil aus – das Gehirn.

Eine mechanistische Sicht der menschlichen Funktionen drohte den Menschen als nur eine Tierart mehr zu betrachten – zwar wäre er ein komplexes Tier, aber doch ein Tier; in den Augen der Kirche eine ketzerische Position, die dem Erfinder die verhängnisvolle Aufmerksamkeit der Inquisition einbringen konnte. Descartes begegnete dem Problem durch die Erklärung, daß sechs Wochen nach der Empfängnis durch einen göttlichen Eingriff in die Zirbeldrüse im Gehirn ein Geist oder eine Seele eingepflanzt würde, die in gewisser Hinsicht die Fähigkeit des Gehirns kontrollierte, Verhalten in Gang zu setzen. Die Seele, so postulierte Descartes und blieb damit auf einer Linie mit der Doktrin seiner Kirche, unterschied den Menschen von allen anderen Kreaturen auf der Erde, indem sie ihn mit einem Gefühl für Moral und der Fähigkeit zur Vernunft ausstattete. Somit waren wir allein mit der Fähigkeit beschenkt, zu wissen, was gut und was schlecht ist und konnten uns potentell für das Gute entscheiden – und zwar aus freiem Willen. Die Kontrolle der Seele über das Gehirn stellte dann sicher, daß freiwillige Entscheidungen, waren sie einmal gemacht, durch Verhalten aktiviert werden konnten. Solches Verhalten, das aus freien Stücken gewählt wurde und nicht durch körperliche oder andere äußere Umstände aufgezwungen oder bestimmt wurde, konnte dann der göttliche Schöpfer der Seele entweder als Zugangsberechtigung zum Himmel oder auch zur Hölle ansehen.

Dieser Erklärung fügte Descartes eine Reihe weiterer Annahmen hinzu. Er setzte Vernunft mit Denken gleich, Denken mit Bewußtsein und Bewußtsein mit der Erfahrung von Ich-Bewußtsein. Da es als gesichert galt, daß nur Menschen Ich-Bewußtsein hatten, folgte daraus, daß nur wir allein in der Lage waren, vernünftig zu denken. Daraus wiederum folgte, daß die unbewußten Aktivitäten des Gehirns animistische Automatismen waren und nicht als vernünftig angesehen werden konnten. Dieses Diktum befriedigte die Forderung der Kirche, daß sich der Mensch grundsätzlich von anderen Kreaturen unterscheiden müsse; das Ergebnis war jedoch die Annahme eines Gehirns, das als einziges Organ im Körper beseelt war und zumindest teilweise direkt unter dem Einfluß von übernatürlichen Kräften stand. Dieser Glaube paßte zu der damals verbreiteten Ansicht, daß ein Verhalten, das wir heute psychotisch oder neurotisch nennen würden, auf Besessenheit oder andere Verirrungen der Seele zurückgeführt wurde und deshalb in den Aufgabenbereich des Priesters fiel.

Wie L. L. Whyte in *The Unconscious Before Freud* (1960) belegte, akzeptierten die gelehrten Zeitgenossen Descartes keineswegs einhellig seine Position. Sofortige Einwände erfuhr seine Gleichsetzung von Bewußtsein und Denken. Viele Philosophen erkannten, daß diese Gleichung, neben anderen Dingen, der alltäglichen Erfahrung widersprach. Beispielsweise haben wir alle schon einmal versucht, uns an einen Namen zu erinnern, und er wollte uns einfach nicht einfallen. Wenn wir es aufgeben, es zu versuchen, wenn wir längst aufgehört haben, darüber nachzudenken – das heißt, wir uns dessen nicht bewußt sind, daß wir versuchen, uns daran zu erinnern –, dann kommt er uns plötzlich »wie aus heiterem Himmel« in den Sinn. Wenn wir dem Denken unser bewußtes Bemühen, uns zu erinnern, zuschreiben, welchen Kräften sollen wir dann das Erinnern zuschreiben, das plötzlich den bis dahin entschwundenen Namen ins Bewußtsein bringt? Wir müssen den Weg zu dieser Erinnerung unbewußt gefunden haben. Aber das ist laut Descartes nicht möglich.

Wie dem auch sei, obwohl Augenschein und Argumente auf das Gegenteil hinweisen, waren Descartes Annahmen für die Mehrheit offensichtlich überzeugend genug und paßten zu der damaligen Zeit. Ihre Wurzeln waren bald vergessen, und was eine Hypothese gewesen war, wurde schließlich als offensichtliche Tatsache akzeptiert.

Descartes im nachhinein gesehen vereinfachender Vergleich des menschlichen Körpers mit einer mechanischen Uhr und seine groben Spekulationen über die Art und Weise, wie Teile des Körpers zusammenarbeiten (er behauptete bespielsweise, Nerven seien hohle Schläuche, die das Gehirn zur Erzeugung von Bewegung benutzt, indem es gezielt Luft durch diese Schläuche in die Muskeln pumpt) wurden bald durch Wissen ersetzt, das man durch genauere Beobachtung und experimentelle Untersuchungen gewann. Das Aufkommen der Physik und ihr Postulat, daß Energie eine quantifizierbare Kraft sei, die in der Lage ist, Arbeit zu verrichten – das heißt, Masse über eine Entfernung hinweg zu bewegen – und die chemischen Untersuchungen, die zeigten, wie Materie in Energie verwandelt werden kann, erklärten einen Großteil der Physiologie oder des Zusammenspiels der Körperteile. Als wir als Studenten Mr. Hudsons Kästchen über Verdauung, Atmung und andere Körperfunktionen ausfüllten, begannen wir zu verstehen, daß man die Funktion jedes lebenden Organismus, von der einfachsten einzelligen Kreatur hin zum komplexesten Säugetier, im Grunde mit einer Dampflok vergleichen kann, einer Maschine, in der die Umwandlung von potentieller Brennstoffenergie in Hitze nutzbar gemacht werden kann, um Arbeit zu produzieren. Nahrungsmittel, die das Tier zu sich nimmt, werden aufgespalten, und das Energiepotential, das bei diesem Vorgang frei wird, sammelt sich an, bis es dazu benutzt wird, verschiedene körperliche Aktivitäten zu unterstützen, die den Organismus in Kontakt mit neuen Brennstoffquellen bringt. Es war diese Art von Wissen, aus dem sich die wissenschaftliche Medizin entwickelte. Wenn die Maschine irgend etwas während der Energieumwandlung falsch macht, kommt es zu einem Ergebnis, das man Krankheit nennt. Wenn man genug weiß über die Physik und Chemie des betroffenen Teils des Prozesses, kann man hypothetisch entscheiden, was man tun muß, um den Schaden zu beheben. Dies ist das Funktionsmodell, das Freud zur Verfügung stand, und er tat damit, was er tun konnte.

Heute ist Descartes Zweiteilung in Seele und Gehirn für die meisten von uns kein Thema mehr. Philosophen und Psychologen haben sie längst durch die Dichotomien von Geist und Gehirn oder Psyche und Körper ersetzt. Jedoch hat das Ersetzen von *Seele* durch *Psyche* oder *Geist* nichts verändert: Das Denken wird weiterhin einer übernatürlichen Quelle zugeschrieben, und zwar einem *Geist*, der, obgleich mit dem Gehirn assoziiert, kein Teil des Gehirns ist und als immaterielle Größe mit starkem Einfluß, jedoch unbekanntem Ursprung, nicht weiter untersucht oder verstanden werden kann.

Jedoch war sich Freud, soweit wir wissen, dieses philosophisch-historischen Streits – durch den die Psychologie aus dem Königreich der Naturwissenschaften vertrieben wurde – nicht bewußt. So übernahm er unabsichtlich die Aufgabe, diese Dichotomie in Frage zu stellen, indem er durch seine klinischen Entdeckungen systematisch zeigte, daß die Gleichung »Bewußtsein ist gleich Vernunft und Denken« falsch war. Und so begann der langsame, noch längst nicht abgeschlossene Prozeß, die seit langem bestehende Verdinglichung von *Geist* und *Psyche* aufzulösen und das Gehirn zu entseelen.

Freuds Bemühen um eine Wissenschaftliche Psychologie

Die Anfänge der modernen Psychotherapie und des psychiatrischen Berufes reichen in das Jahr 1885 zurück. Damals besuchte Sigmund Freud, ein noch junger Arzt, jedoch als Forscher auf dem Gebiet der Neurophysiologie bereits sehr anerkannnt, Paris und die Klinik des zu jener Zeit bekanntesten Neurologen, Jean-Martin Charcot. Obwohl Freuds Interessen anders gelagert waren, war er bald fasziniert von Charcots Erforschung neurotischer Phänomene mittels Hypnose. Im Gegensatz zu den meisten Ärzten dieser Zeit sah Charcot die bizarren Rituale des zwanghaften, die unerklärlichen Lähmungserscheinungen des hysterischen oder die irrationalen Ängste des phobischen Patienten nicht als Beweise für Simulation oder Schwindel an. Charcot, der die Methode der Zeitregression unter Hypnose anwandte, wies nach, daß neurotische Symptome das Ergebnis emotional stark besetzter, scheinbar irrationaler, fixierter Vorstellungen waren, die außerhalb des Bewußtseins des Erwachsenen lagen – Vorstellungen, die in früheren Jahren gebildet und dann später unter Streß übermächtig wurden und die Persönlichkeit eines Menschen bestimmten.

Als Freud im Gefolge von Charcot mit der Erforschung und Behandlung von Neurosen mittels Hypnose begann – mehr als zehn Jahre bevor er die Methode der Psychoanalyse entdeckte – stieß er auf folgende Frage: Wenn die Kenntnis der Funktion eines kranken Organs irgendwo im Körper Licht auf das normale Funktionieren und die Entwicklung dieses Organs werfen konnte, warum sollte dies nicht auch für das Gehirn gelten? Da der neurotische Patient klare Beweise für das Vorhandensein von unbewußten Gedankenprozessen lieferte, konnte das Studium von neurotisch gestörten Personen vielleicht, so lautete seine Schlußfolgerung, einen Schlüssel dazu liefern, wie das Gehirn ganz allgemein Gedankenprozesse verursacht. Und obwohl er nach 1900 den Rest seines Lebens damit verbrachte, die Psychoanalyse als Behandlungsmethode für emotionale Störungen zu vervollkommnen, betrachtete er die therapeutische Arbeit als zweitrangig. An oberster Stelle stand für ihn das Ziel, mit dem Wissen, das er aus dieser Arbeit gewann, eine wissenschaftliche Psychologie zu begründen, die als Basiswissenschaft für Forschungen über die menschliche Natur dienen sollte. Freuds Wunsch, über das Verstehen der Motivation von menschlichem Verhalten zu einem Verständnis der Natur von Gedankenprozessen zu gelangen, war jedoch verfrüht. Hier wurden die Samen für Verwirrung und Uneinigkeit gelegt, die bis heute auf dem Gebiet der Psychotherapie Unruhe stifen.

Als Freud Ende des neunzehnten Jahrhunderts mit seiner Arbeit begann, steckte die Erforschung der Anatomie und Physiologie des Gehirns noch in den Kinderschuhen; Freuds Versuch, für seine klinischen Befunde eine biologische Erklärung zu finden, schlug fehl. Der *Entwurf einer Psychologie,* 1895 verfaßt, aber zu Freuds Lebzeiten nie veröffentlicht, ist eine vorausschauende Glanzleistung. Gemessen an seinem Wissen über die Anatomie des Gehirns und seine Funktionen, leistete er hier Hervorragendes, um ein neurologisches Erklärungsmodell zu schaffen, mit dem er beschreiben konnte, was er in seiner Arbeit mit neurotischen Patienten über die Bildung von Gedanken entdeckt hatte.

Freud stellte bei seinem Versuch, eine allgemeingültige Theorie zu finden, die richtigen Fragen. So fragte er sich beispielsweise, woher neurotische Gedanken die Kraft erhielten, das ansonsten vernünftige geistige Leben eines Menschen zu beherrschen; er erkannte, daß das Ausmaß der Macht, die ein solcher Gedanke haben konnte, mit der Stärke des damit verbundenen Affekts zusammenhing. Da es jedoch noch keine brauchbare Theorie über Ursprung und Natur von Affekten gab, konnte er seine Beobachtungen nicht weiter erklären. Statt dessen versuchte er, die Psychologie auf physikalische Vorgänge zu reduzieren, indem er Gedanken als eine Art triebhaft erzeugter »psychischer« Energie beschrieb, die nach Entladung strebte. Aufgrund des klinischen Befundes, daß die hinter den neurotischen Gedanken stehende unbewußte Motivation aus dem Sexualleben der frühen Kindheit des Patienten stammte, stellte Freud die Hypothese auf, daß die Quelle dieser *psychischen Energie* ein Sexualtrieb oder -instinkt war; und daß folglich die Abfuhr der angesammelten Energie des Sexualtriebs grundlegend für das menschliche Verhalten im allgemeinen war.

In allen Motivationsmodellen von Freud (1895, 1900, 1923) funktioniert das Gehirn wie ein Dampfkessel, der ständig unter äußerstem Druck steht und deshalb fortwährend durch Gedanken oder Handlungen die überschüssige Energie entladen muß, die durch den Sexualtrieb oder den (später postulierten) Aggressionstrieb erzeugt wird. In gesundem Zustand wird diese überschüssige Energie produktiv und auf kulturell akzeptierte Art und Weise kanalisiert. In krankem Zustand wird die Energie entweder gestaut und damit Unbehagen in der Gefühls- und Gedankenwelt erzeugt, oder sie fließt in Aktivitäten, die dem Betroffenen schaden und/oder ihn mit seinem anerzogenen Empfinden hinsichtlich angemessener Formen von Triebabfuhr in Konflikt bringen. Freuds kühner Versuch, eine psychische Maschine zu erschaffen, hat bis heute überlebt; aber trotz der mittlerweile einhundert Jahre dauernden Kesselflickerei funktioniert sie immer noch nicht und wird es auch nie tun. Das Problem ist, daß Freuds Modell des Gehirns, oder des psychischen Apparats, wie er den Motor für Motivation später nannte, nichts erklärt. Es ist nur eine Analogie, und nicht einmal eine passende, denn sie kann nur die neurotische Psychopathologie verdeutlichen, und keine andere.[2] Freud wußte dies. Er nannte die Triebtheorie selbst die »Mythologie« der Psychoanalyse (1933, S. 101). Sein Pessimismus hinsichtlich der Gültigkeit und Nützlichkeit seiner Erklärungstheorie – seiner *Metapsychologie*, wie er sie nannte – und sein gelegentliches Abstandnehmen von seinen Grundannahmen (1940, SS. 162 – 64) entsprang seinem Wissen, daß sein Versuch, mit den physikalischen und biologischen Gesetzen des neunzehnten Jahrhunderts die menschliche Psyche zu erklären und sie mit den Funktionen des Gehirns in Verbindung zu bringen, nicht gelungen war, und daß man die klinischen Befunde, die er weiterhin sammelte, damit nicht erklären konnte.

Freuds Dilemma bindet uns heute nicht mehr die Hände. Wir haben mittlerweile eine Forschungsmethode verfeinert, die weit mehr kann als im nachhinein zu erklären, was entdeckt wurde.

Eine Wissenschaftliche Basis für Psychotherapie

In der Psychotherapie geht es um Kommunikation und Mängel in der Kommunikation – die letzte Spalte auf Mr. Hudsons Hemdenkartons. Da die Physik und die Chemie weder auf der zellulären noch auf der interpersonellen Ebene erklären können, was Information ist und wie sie verarbeitet wird, mußte die Psychotherapie auf andere Wissenschaften warten, um bei Sigmund Freud anzuknüpfen. Die Fortschritte in den letzten vierzig Jahren auf verschiedenen Gebieten – in der Psychoanalyse und Psychotherapie, in der Beobachtung kindlicher Entwicklung, in der Erforschung von Wahrnehmungfunktionen, kognitiver und affektiver Psychologie, in der Neurobiologie und wissenschaftlichen Philosophie, ebenso wie in neuen Wissenschaften wie Kybernetik, Systemtheorie oder Informationstheorie – machen zum ersten Mal den Entwurf einer Theorie möglich, die alles umfaßt, was für die *menschliche* Entwicklung entscheidend ist: eine Theorie, die der Bedeutung dessen Rechnung trägt, wie wir denken und wie wir mit anderen interagieren. Und im Gegensatz zu früheren Vorgehensweisen handelt es sich um eine Theorie, die nicht nur einfach auf Spekulationen über die Entstehungsgeschichte einer psychischen Erkrankung gründet, die im nachhinein, aus der Behandlungssituation heraus, gemacht werden.

Wir können heute Freuds ausdruckvolle Sprache durch angemessene Konzepte ablösen, die aus Wissenschaften stammen, die die verschiedenen Aspekte von Kommunikation erforschen. So ersetze ich Freuds Vorstellung, daß die zugrundliegende Motivation allen Verhaltens die Triebabfuhr ist, mit dem Streben nach *Ordnung, Kompetenz* und *Selbstachtung* – Bestrebungen, die bei Kindern experimentell nachgewiesen werden können. Während Freud eine *psychische Energie* als verantwortlich für die Intensität von Gedanken ansah, schreibe ich diese Intensität der Kraft der Information zu, die sich in Form von *Affekt, Gefühl, Emotion* oder *Empathie* zeigt. Wo Freud von *psychischer Struktur* spricht, rede ich von *Feedback* und *pattern matching*[3]. Und anstatt auf Freuds Postulat eines psychischen Apparates, bestehend aus imaginären Abteilungen wie *Ich* und *Es*, zurückzugreifen, beziehe ich mich auf die *entscheidungsfällenden* Gehirnfunktionen und auf das *Selbstsystem*. Letzteres ist ein Konzept, das eine Brücke schlägt über eine lange bestehende und höchst kontraproduktive Kluft zwischen Psychologie und Biologie. Diese neuen, wissenschaftlich fundierten Konzepte sind Teil einer vereinheitlichten und vereinheitlichenden Theorie der Psychotherapie, die den normalen Verlauf und mögliche Abweichungen in der Entwicklungsgeschichte jedes Menschen sowohl erklärt als auch transzendiert.

Vor zwanzig Jahren stellte ich, gerade erst mit der Ausbildung fertig, auf einer Forschungstagung meines analytischen Instituts ein Papier vor, das einige Diskrepanzen zwischen Freuds klinischen Befunden und seiner Erklärungstheorie deutlich machte. Zu meiner Überraschung wurde mein wissenschaftliches Interesse offensichtlich als Angriff auf Freud gesehen, denn ein ältereres Mitglied der Fakultät fragte sarkastisch und mit äußerster Bestimmtheit, warum ich nichts Besseres bringen würde, wenn ich schon unzufrieden wäre mit dem, was Freud zu bieten hätte? Anscheinend hatte ich, kaum daß ich mit meiner psychiatrischen Ausbildung begonnen hatte, wieder einmal ungewollt das Establishment aufgebracht, indem ich alt hergebrachtes Wissen in Frage stellte.

Heute kann der Herausforderung meines früheren Lehrers begegnet werden. Die Bausteine für die Erschaffung einer gültigen, vereinigenden und nützlichen Erklärungstheorie der Psychotherapie liegen zum Greifen nahe um uns herum – man muß sie nur an die richtige Stelle setzen und dann zeigen, wie eine solche Theorie nutzbringend angewendet werden kann. Dies ist mein Vorhaben in den folgenden Kapiteln.

1 Der Begriff *Psychoanalyse*, so wie ihn Freud verwendete und wie er noch heute gebraucht wird, bezieht sich auf eine Methode zur Erforschung der menschlichen Motivation, auf eine bestimmte Form intensiver Psychotherapie und auf die von ihm vorgeschlagene allgemeine Theorie der seelischen Funktionsweise. Hier in diesem Buch benutze ich *Psychotherapie* als Oberbegriff, dem ich die Psychoanalyse als eine der aufdeckenden oder dynamischen Therapien unterordne, es sei denn, es gibt einen Grund, die Psychoanalyse besser herauszustellen, um aufzuzeigen, wo sie sich von anderen Psychotherapieformen unterscheidet (wie in Kapitel 10); und, wenn nicht ausdrücklich anders bemerkt, schließe ich in der Bezeichnung *Psychotherapeut* den Psychoanalytiker mit ein.

2 Im Zusammenhang mit meinen eigenen Arbeiten über die geschichtliche und die gegenwärtige Bedeutung von Freuds Werk habe ich etwa vierzig Artikel veröffentlicht, die sich mit den verschiedenen Aspekten seiner Theorien befassen. In vorliegendem Buch werde ich die Schlüsse, zu denen ich gekommen bin, darstellen, ohne die für deren Erklärung notwendigen Argumente bis ins letzte zu wiederholen; der interessierte Leser wird diese in den erwähnten Schriften finden.

3 *Pattern matching* bedeutet »Mustervergleich« und ist eine Gehirnaktivität, die der Informationsverarbeitung dient. Näheres dazu siehe Kapitel 3. (Anm. d. Übers.)

1. Das Ziel der Psychotherapie: Selbstbild und das Streben nach Kompetenz

Die sechs Phasen der Behandlung: Al Gertz

An einem kalten, verschneiten Wintertag war ich auf der Suche nach einem Taxi. Wie immer, wenn man es eilig hat, war nicht sofort eines zu bekommen. Nachdem ich einige Zeit, die mir wie eine Ewigkeit erschien, an einer windigen Ecke gestanden hatte, hielt ich endlich erfolgreich einen leeren Wagen an. Dankbar ließ ich mich in den Sitz fallen und nannte dem Fahrer die Adresse.

Fahrer: Soll ich die Michigan Avenue oder den Outer Drive nehmen?

Ich: Was Sie für schneller halten.

Fahrer: (*In ärgerlichem Ton*) An einem Tag wie heute ist nichts schnell. Schon schlimm genug, wenn das Wetter schön ist. Hab'n se die verdammte Straße von vorn bis hinten aufgerissen.

Mir war ein wenig unbehaglich zumute, diesem groben, ärgerlichen Typ ausgeliefert zu sein, vor allem an einem Tag, an dem die Straßen gefährlich vereist waren. Ich sah mir den Ausweis auf der Rückseite des Fahrersitzes an, aber das Verbrecherphoto, das einen Al Gertz darstellte, beruhigte mich nicht allzu sehr.

Ich: Das verstehe ich. Nehmen Sie einfach den Weg, den Sie für den besten halten.

Fahrer: Sind Sie Arzt?

Ich: Ja, bin ich.

Fahrer: Das war mir klar, als ich Sie vor dem Krankenhaus stehen sah. Sie haben einen schicken Mantel an. Ich dachte mir, nur ein Arzt kann sich so etwas leisten.

Ich: (*Ich versuchte immer noch, zu beschwichtigen und den Ärger und Neid in seinen Worten zu ignorieren.*) Er ist warm, aber er schützt nicht gegen den Wind, den wir heute haben.

Es herrschte ein langes Schweigen, während Al den Wagen kunstfertig die rutschige, verkehrsreiche Straße entlang steuerte. Ich fühlte mich allmählich sicher und begann, sein Geschick zu bewundern. Wenn er auch voll Ärger war, er wußte wirklich, was er tat.

Fahrer: Sind Sie irgendwie Chirurg, vielleicht einer von denen, die diese teuren Herzoperationen machen?

Ich hatte das Gefühl, mein Versuch, ihn zu beschwichtigen, war fehlgeschlagen – er wollte mich offensichtlich in die Defensive drängen. Ich hatte jedoch keinerlei Verlangen, mich mit ihm zu streiten; er fuhr gut, und ich hatte mich darauf eingestellt, freundlich zu sein. Also machte ich einen neuen Anlauf.

Ich: Nein, ich bin kein Chirurg. Ich besuchte einen Kollegen von mir, der gerade eine Rückenoperation hinter sich hat.

Fahrer: Hat sich wahrscheinlich beim Skifahren verletzt...(*Pause*) Ich war drei Monate lang mit einem kaputten Bein stillgelegt, aber das war nicht in einem tollen Urlaub.

Ich: Oh?

Fahrer: Vietnam. Granatsplitter.

Ich: Das tut mir leid. Ist es jetzt in Ordnung?

Fahrer: Ganz gut, glaub' ich. Es zwickt immer, wenn es regnet, oder nach zwölf Stunden in dieser Kiste hier.

Ich: Das kann ich mir vorstellen.

Fahrer: Manche Leute schauen einen komisch an, wenn man ihnen sagt, daß man in »Nam« war – als wär man ein Idiot, daß man in diese Scheiße geraten ist. Ich wette, Sie mußten nicht hin, Doc.

Ich: Dorthin nicht.

Fahrer: Wohin dann?

Ich: Korea. Aber ich hatte mehr Glück als Sie. Die Schießereien hörten gerade auf, als ich ankam.

Fahrer: Sind Sie auf dem G.I.Bill zur Schule gegangen?

Ich: Nein, ich war Arzt, als ich eingezogen wurde.

Fahre: Ich sollte auch so was machen. In die Schule gehen, irgendwo gut werden, und dann diesem Scheißjob adieu sagen – Klasse bekommen, vielleicht wie Sie, Doc. Lustig, was? Na ja, egal, wenn's Ihnen nichts ausmacht, laß ich Sie hier raus, dann muß ich nicht um den Block fahren und auf dieser mistigen Wabash herumstehen. Vierfünfzig krieg ich von Ihnen.

Ich: Ja, gut. Hier. (*Ich reichte ihm den Betrag und dazu ein Trinkgeld.)* Wissen Sie, ich habe keine Ahnung, was Sie in Zukunft machen wollen, aber was die Klasse angeht, die haben Sie bereits!

Fahrer: Ja? Wie meinen Sie das?

Ich: Sie sind ein hervorragender Fahrer. Ich hätte nie gedacht, daß ich bei dem Wetter hier rechtzeitig ankomme. Aber Sie haben mich schneller hergebracht, als es sonst bei leeren Straßen dauert, und das, ohne beim Fahren Risiken einzugehen. Das ist für mich Klasse.

Fahrer: (*Mit breitem Lächeln und einem warmen, freundlichen Ton, der vorher in keinster Weise angeklungen war.)*

	Also, danke, Doc. Ich wünsche Ihnen einen schönen Tag.
Ich:	Ihnen auch. Passen Sie auf sich auf.

Nur wenige Tage später stieg ich vor dem Haus, in dem sich meine Praxis befindet, in ein Taxi. Als ich dem Fahrer die Adresse nannte, erkannten wir einander wieder.

Fahrer:	Hallo, Doc, wie geht's?
Ich:	Gut, danke, Al. Besseres Wetter heute, Gott sei Dank.
Fahrer:	Ja, ich halte es gut ohne Schnee aus. Es dürfte aber noch wärmer werden.
Ich:	Das finde ich auch.
Fahrer:	Lustig, daß ich Sie jetzt gerade treffe, Doc. Ich dachte letzte Nacht an Sie.
Ich:	Oh?
Fahrer:	Ja, ich war in dieser Bar, wo ich immer hingehe, und sie fingen wieder an, mir's zu geben – wissen Sie, mich einen Babykiller zu nennen, weil ich in »Nam« war. Mich so lange aufzustacheln, bis es zum Streit kommt, so wie sonst. Aber dieses Mal dachte ich: »Leckt mich, ich muß mich doch nicht mit diesen Schweinen im Schlamm wälzen. Ich habe nichts falsch gemacht. Ich war ein guter Soldat und habe meinen Job getan, und ich tue jetzt auch meinen Job, und ich muß mich von niemandem anscheißen lassen.« So habe ich nur mein Bier getrunken und bin dann nach Hause gegangen. Ich habe an Sie gedacht, und was Sie gesagt haben. Ich meine, wenn so was von jemandem wie Ihnen kommt, ich meine, das vergißt man nicht.
Ich:	Ich habe es so gemeint, wie ich sagte. Sie haben absolut recht. Warum sich um Leute kümmern, die sich nicht die Mühe machen, herauszufinden, wo Sie herkommen, was für eine Art Mensch Sie sind, und was Sie denken.

Dies war natürlich keine klinische Situation. Psychotherapeutisch zu handeln, war das letzte, woran ich dachte, als ich Al Gertz zum ersten Mal begegnete. Aber ich denke, es ist richtig zu sagen, daß neben den Zielen unseres Zusammenkommens – dem seinen, seinen Lebensunterhalt zu verdienen, dem meinen, zu meiner Praxis zu kommen – etwas in meiner Interaktion mit ihm stattfand, das die Bezeichnung psychotherapeutisch verdient. Mit *psychotherapeutisch* meine ich, daß Al durch unser Gespräch ein Bild von sich selbst bekam, das sich von dem, das er vorher hatte, unterschied; mit anderen Worten, er bekam ein neues Selbstbild, eines, das sich in seinem Leben wohltuend auswirkte, das seine Gefühle zu sich selbst und sein Verhalten in bezug auf andere veränderte.

Diese Vignette enthält den Kern dessen, worum es in der dynamischen Psychotherapie geht. Es ist das Selbstbild, oder Selbstkonzept eines Menschen, das sowohl die Möglichkeiten als auch die Grenzen seines Lebens bedingt. In der Psychotherapie geht es zunächst darum, den Aspekt des Selbstkonzepts eines Menschen kennenzulernen, mit dem er entweder Möglichkeiten blockiert oder auf unangemessene und kontraproduktive Art und Weise versucht, Grenzen zu durchbrechen. Dann kann der Therapeut dem Patienten helfen, diese Probleme zu lösen.

Meine Begegnung mit Al Gertz veranschaulicht die sechs Phasen einer Psychotherapie: Orientierung, Erstaunen, Neuorientierung, Zusammenarbeit, Integration und Transformation.

Orientierung oder Einschätzung des Patienten: Wie sieht das Selbstbild dieser Person aus? Wie hoch ist ihre Selbstachtung? Und worauf basiert diese Selbsteinschätzung?

Erstaunen oder Erkennen der Desorientiertheit: Ich dachte, ich verstehe, was vor sich geht, aber das macht keinen Sinn. Jetzt scheine ich nicht verstehen zu können, warum diese Person so funktioniert, wie sie es tut. Warum verhält sie sich so? Warum sagt sie, was sie sagt?

Neuorientierung, oder das Material aus der Sicht des Patienten erfassen: Oh, *darum* geht es die ganze Zeit! Jetzt denke ich, ich weiß wieder, was vor sich geht. Mal sehen, ob es stimmt.

Zusammenarbeit, oder Therapeut und Patient kommunizieren effektiv miteinander, sie sind auf der gleichen Spur. Wie kann ich jetzt dem Patienten helfen, mich zu benutzen, um die Probleme zu lösen, die ihn offensichtlich behindern?

Integration oder: Was in der therapeutischen Dyade entwickelt wurde, wird nun Eigentum des Patienten. Der Patient scheint nun zu verstehen, was ihm Schwierigkeiten macht und wie und warum es dazu kam.

Transformation oder eine dauerhafte Veränderung der Verarbeitungsmechanismen des Patienten: An wichtigen Stellen ist der Patient nicht mehr der gleiche Mensch wie vorher und kann daher nun mit dem, was ihm vor der Behandlung Schwierigkeiten machte, anders und effektiver umgehen.[1]

In der ersten Phase, der Phase der Orientierung, schätzen sich die zwei Interaktionspartner gegenseitig ein, und jeder kommt zu einem vorläufigen Schluß in bezug auf den anderen und ihre gemeinsame Situation. Dies kann zu einem harmonischen therapeutischen »Honeymoon« führen: Jeder ist mit dem anderen zufrieden, und sie arbeiten als Team zusammen. Unvermeidlich jedoch wird dieser glückliche Zustand unterbrochen, wenn die verletzlichen, problematischen Aspekte der Persönlichkeit des Patienten in den therapeutischen Prozeß einfließen. Gewöhnlich versteht weder der Patient noch der Therapeut, was passiert. Oft erlebt der Patient an diesem Punkt wachsende Angst und macht dafür den Therapeuten und/oder den therapeutischen Prozeß verantwortlich, da er die Ursache noch nicht erkennen kann. Manchmal tauchen feindselige Gefühle in der Beziehung viel früher auf. Dies war bei Al und mir der Fall: Er war offenbar in der Minute, in der er mich sah, wild entschlossen, mich nicht zu mögen; meine Art, mich zu kleiden, bedeutete für ihn, so wie er von sich dachte, automatisch, daß ich zu denen gehörte, die auf ihn herabsahen. Die Folge davon ist, daß sich der Therapeut verwirrt fühlt. Er fragt sich, ob eine therapeutische Beziehung überhaupt möglich sein kann, oder ob sich diese, falls es bisher gut gelaufen ist, fortsetzen läßt.

Im nachhinein gesehen scheint es klar, daß mich Al in seinem Ärger über seine Lebenssituation nach dem Muster der sich selbst erfüllenden Prophezeiung behandelte. Mit seinem schroffen, herausfordernden Verhalten lud er mich implizit ein, genauso zu antworten und mich gegen seine Beleidigungen mit Ärger und Arroganz zu verteidigen. Damit hätte ich indirekt sein Selbstbild bestätigt, wonach er ein Mensch war, der nichts Wertvolles zustande brachte und keinen Respekt verdiente. Vielleicht hätte ich mich provozieren lassen zu sagen: »Warum regen Sie sich eigentlich so auf? Wenn Sie so einen Mantel wollen, brauchen Sie nur dafür zu arbeiten – so wie ich.« Oder: »Hören, Sie, Mann, ich haben Ihnen nichts getan, außer, daß ich in Ihrem Taxi sitze. Bringen Sie mich jetzt einfach schnurstracks dorthin, wo ich hin will, wenn es Ihnen nichts ausmacht.« Oder: »Wenn Sie Arzt sein wollen, studieren Sie Medizin. Dann können Sie mir etwas über das schöne Leben erzählen, das ich habe«, und so fort.

Statt dessen traf ich eine Entscheidung, anfangs wahrscheinlich allein im Interesse meiner eigenen Sicherheit, denn je ärgerlicher Al wurde, desto wahrscheinlicher war ein Unfall auf den gefährlich vereisten Straßen. Ich entscheid, mich nicht ködern zu lassen und seine neidischen Kommentare zu ignorieren. Er jedoch hatte noch nicht genug und startete einen weiteren Angriff auf Ärzte und deren Lebensstil, so wie er ihn sich vorstellte.

Meine Interaktion mit Al Gertz veranschaulicht auch, wie das Selbstbild die Erfahrung der Welt formt, wie es buchstäblich bestimmt, was jemand sieht und hört und was diese Informationen bedeuten. Ohne mich zu kennen, war Al bereits zu dem Schluß gekommen, daß ich eine erfolgreiche Person war und ihn daher natürlich verachten würde. Er reagiert auf diese Annahme, indem er mich sofort auf ärgerliche Art und Weise behandelte, womit er die Rollen tauschen und mich dazu bringen wollte, mich meiner selbst und meines Berufs zu schämen.

Wenn das Erstaunen auf seiten des Therapeuten nicht zu einem Beziehungsabbruch mit dem Patienten führt – das heißt, wenn der Therapeut fortfährt, die Bedeutung dessen, was der Patient zu kommunizieren versucht, verstehen zu wollen-, dann folgt gewöhnlich eine Phase der Neuorientierung. Der Therapeut gewinnt empathische Einsicht in Sinn und Zweck von bestimmten Verhaltensweisen und Haltungen des Patienten. (Was genau unter Empathie zu verstehen ist und wie empathisches Verstehen erreicht werden kannt, wird in Kapitel 6 diskutiert.) In diesem Stadium kann der Therapeut erkennen, daß der Kampf, ganz gleich welcher Natur er ist, im Patienten stattfindet und nicht primär zwischen Patient und Therapeut. Mit seiner Anwesenheit und dem, was er in die Interaktion einbringt, liefert der Therapeut dem *Patienten* eine Gelegenheit, das auszuagieren, was er in irgendeiner Form tun muß, um seine brüchige Selbstachtung aufrechtzuerhalten.

Bei Al waren es nicht seine Worte, sondern seine Handlungen, die den Wendepunkt in unserer Beziehung kennzeichneten. Als ich erkannte, was für ein hervorragender Fahrer er war, hatte ich keine Angst mehr um mein Leben. Ich sah ihn jetzt in einem vorteilhafteren Licht als er selbst. Ich war nun neugieriger auf die Gründe seines Ärgers als daß ich beleidigt war: Warum war er so verbittert? Als er von seiner Kriegsverletzung und dem Mangel an Respekt für sein Opfer sprach, empfand ich mit seinem Elend Empathie: das bedeutet, ich dachte, ich könnte verstehen, wie er sich fühlte, im Dienst an seinem Land sein Leben riskiert und Verwundungen erlitten zu haben, nur um bei seiner Rückkehr festzustellen, daß er genau das Gegenteil der erhofften Anerkennung bekam, die sein Selbstbild verbessert hätte.

Der Therapeut, der keine Probleme mit seiner eigenen Selbstachtung hat, kann ruhig auf die Gelegenheit warten, die sich gewöhnlich irgendwann bietet, die Brücke über die Kluft zu schlagen, die entweder gleich zu Anfang da war oder im Lauf der Interaktion entstand. Ich kam Al näher, als ich ihn wissen ließ, daß ich auch eine Uniform getragen habe. Offensichtlich entschied er daraufhin, daß ich nicht so schlecht sein konnte, wenn ich beim Militär gewesen war, denn er hörte damit auf, mir für meinen Arztberuf Schuldgefühle machen zu wollen. Statt dessen machte er eine 180°-Wendung und sagte mir, wie er sich schäme, selbst keinen ordentlichen Beruf erlernt zu haben. Es war sein Schmerz über sein Minderwertigkeitsgefühl, hervorgerufen durch das konträre Bild, das er sich von meinem Leben machte, der das verstärkte, was seine chronisch ärgerliche, vorwurfsvolle Gefühlslage zu sein schien.

Die Phase der Neurorientierung, in der der Therapeut zu verstehen beginnt, was der Patient aus *seiner* Sicht sagen möchte, stellt die Harmonie wieder her und führt zur Zusammenarbeit – Patient und Therapeut arbeiten zusammen, um ein therapeutisches Ziel zu erreichen. Früher oder später kann der Therapeut mittels dieses Prozesses Interventionen machen, die zur Integration führen; Interpretationen, Klärungen oder andere empathische Kommentare, durch die der Patient sich entweder in einem neuen Licht sehen kann oder die den Prozeß in Gang setzen, der zu diesem Ergebnis führt. So konnte ich beispielsweise Al mitteilen, daß das Bild von ihm, das auf dem Beweis beruhte, den er mir von seinem Können lieferte, sich von seinem Selbstbild stark unterschied. Ich schätzte ihn um seiner Leistung willen, nicht die Art seiner Beschäftigung, oder die Höhe der Einnahmen, die er damit erzielte. Nachdem Al seinen defensiven Ärger losließ und erkannte, daß er mich gar nicht verachtete, sondern daß ich für ihn ein Ideal darstellte, öffnete er sich und bat mich implizit um Verständnis und Hilfe. Unter diesen Umständen erzeugte die Aufrichtigkeit meines Komplimentes einen dramatischen Wandel in ihm, und wir trennten uns mit guten Gefühlen füreinander.

Daß unser Austausch nicht nur vorübergehende Wirkung hatte, sondern zu der letzten, konsolidierenden Phase der Psychotherapie – nämlich der Transformation – geführt hatte, erfuhr ich ein paar Tage später, als wir uns zufällig wieder trafen. In gewissem Ausmaß hatte das Bild, das *ich* von ihm hatte, *seine* Sicht von sich selbst so stark verändert, daß er, zumindest bei der Gelegenheit, von der er erzählte, eine repektvolle Haltung sich selbst gegenüber mobilisieren und aufrechterhalten konnte. Dabei widerstand er der Versuchung, in das gewohnte, aber kontraproduktive, Schamgefühle erzeugende Muster zurückzufallen, das seine Kneipenkumpane provozieren wollten. Al war jetzt auf der Grundlage seines verbesserten Selbstkonzeptes in der Lage zu wählen. Er konnte sich entscheiden, wie er sich unter Streß verhalten wollte, anstatt blindlings gewalttätig zu reagieren, wenn andere, die seine Verletzbarkeit kannten, versuchten, ihn dazu zu verleiten. Solche Kontrolle auszuüben verbesserte wiederum seine Selbstachtung und – ich kann es nur hoffen, da ich ihn nicht wiedergesehen haben – wird es ihm ermöglichen, Entscheidungen zu treffen, die seine Entwicklung fördern und sein Selbstbild verbessern. Das ist in der Psychotherapie das Ziel für alle Patienten.[2]

Das Streben nach Kompetenz

Ein Patient, der einige Monate bei mir in Behandlung war, reagiert mit Ärger, als ich ihn, genauso wie ich es bei Al Gertz getan hatte, darauf hinwies, daß seine Selbstabwertung jeglicher realen Grundlage entbehrte. Er sei beschämt, sagte er, daß ich nur deshalb nett zu ihm war, weil ich es sein mußte. Sein Anteil sei, daß er zu mir kam, weil er sich einsam und unglücklich fühlte, und mich im Grund als »bezahlten Freund« angeheuert hatte; und wie eine Prostituierte ihrem Kunden mußte ich ihm geben, was er brauchte, einschließlich vorgetäuschten Interesses und Zuneigung, die ich sicherlich nicht fühlte. Abgesehen von der Überzeugung dieses Mannes, daß er nicht liebenswert sei, brauchte sein Kommentar ein interessantes Thema auf. Ist »nett« oder »liebevoll« oder »verständnisvoll« oder »empathisch« sein der wesentliche Faktor für positive Veränderungen in der Psychotherapie?

Als ich einmal verstanden hatte, was mit Al Gertz ablief, konnte ich mit der Verzweiflung, die er mitteilte, empathisch sein, und ich hätte mir sicher ein Versäumnis eingestehen müssen, hätte ich ihm nicht zu helfen versucht, indem ich meine Wertschätzung für sein Können ausdrückte. Man könnte wohl sagen, daß das »nett« oder »liebevoll« war. Wäre Al jedoch nicht tatsächlich ein extrem kompetenter Taxifahrer gewesen, wäre die Geschichte ganz anders ausgegangen. Der den Unterschied ausmachte und den Veränderungsprozeß in Gang setzte, war nicht, daß ich Als unglücklichen Zustand verstand, sondern daß ich ihm half, sich über eine Leistung zu freuen, die er als selbstverständlich und für seinen Selbstwert eher als abträglich denn als bereichernd ansah.

Wahre Selbstachtung, wirklich spüren, daß man Liebe und Schutz verdient und fähig ist, zu wachsen und sich zu entwickeln, entspringt der Erfahrung von Kompetenz, der Erfahrung, richtig zu funktionieren. Nun kann der Psychotherapeut zwar förderliche Rahmenbedingungen schaffen und versuchen, die Hindernisse zu beseitigen, die dem Erreichen von Kompetenz entgegenstehen; aber auch er kann niemals einem anderen die Erfahrung von Kompetenz geben: Das muß jeder selbst erreichen. Unaufrichtiges oder unverdientes Lob ist bestenfalls ein vorübergehendes Trostpflaster für die ständig vorhandene Unsicherheit und vergrößert das Bedürfnis nach solchen Verstärkungen; wenn es überhaupt etwas bewirkt, dann, daß es Wachstum und Entwicklung hemmt. Und genauso wie jede andere Unternehmung im Bereich der menschlichen Entwicklung bestehen Basis und Ziel der Psychotherapie darin, einem anderen Menschen zu helfen, »etwas zu tun«, und nicht so sehr, ihm »etwas zu geben«. Der Psychotherapeut ist dann effektiv, wenn er einer Person geholfen hat, effektiv zu sein (s. auch Gedo 1988).

Wenn Patienten beim ersten Besuch fragen, ob ich Erfahrung mit der Lösung dieses oder jenes Problems hätte, habe ich schon manchen damit erschreckt, daß ich sagte, ich habe noch nie Probleme für irgend jemanden gelöst. Ich beeile mich hinzuzufügen, daß niemand wirklich für jemand anderen Probleme lösen kann; daß Lösungen, die mir in einem bestimmten Fall helfen, oder Lösungen, die für andere Patienten mit ähnlichen Schwierigkeiten Sinn machen, höchstwahrscheinlich nicht die Feinheiten der Situation dieses Menschen treffen. Mein Job, so wie ich ihn sehe, besteht darin, einen Patienten zu befähigen, seine eigenen Probleme im Rahmen seines immer einzigartigen Lebenszusammenhangs zu lösen. So betrachtet, stelle ich die Psychotherapie als Bühne zur Verfügung, auf der der Patient nach Kompetenz sucht und nicht nach Antworten von mir. Das Streben nach Kompetenz ist die grundlegende Motivation für Verhalten (diese Sicht teilen so herausragende Forscher wie der Psychologe Robert W. White [1959] und der Psychoanalytiker George S. Klein [1976]) und hat fundamentale Bedeutung für die Theorie der Psychotherapie, zu der ich auf diesen Seiten kommen werde. So wie sich nach dem evolutionären Imperativ jeder Organismus sowohl selbst schützen als auch seine Art erhalten muß, manifestiert sich Kompetenz bei menschlichen Wesen sowohl in den adaptiven und kreativen Fertigkeiten, die das Wohlergehen des Individuums fördern, als auch im psychosexuellen Bereich, in dem wir während der Kindheit auf die Pubertät und Fortpflanzung vorbereitet werden (Freud 1905, 1915*a*).

Kompetenz manifestiert sich, so wie ich diesen Begriff gebrauche, auf verschiedene Art. Auf der Verhaltensebene erscheint sie in der Form des Ausübens von Kontrolle über äußere Ereignisse. In bezug auf die Gehirnfunktionen und das neurophysiologische Substrat von Verhalten, ist Kompetenz das Ergebnis der Fähigkeit des Gehirns, die ungleichen Stimuli, die ständig die Sinne bombardieren, zu ordnen (s. Kapitel 3). Auf der Ebene der Introspektion und Reflexion wird Kompetenz als Selbstachtung erfahren. In sozialer Hinsicht besteht Kompetenz in gesunder Anpassung; und in der Welt der Kunst und Ästhetik ist Kompetenz gleichbedeutend mit Harmonie.

In der Psychotherapie wird Kompetenz während der letzten Phase, der Phase der Transformation, erreicht. Wenn Patienten fragen, wie sie oder ich wissen werden, wann die Behandlung abgeschlossen ist, antworte ich: »Wenn Sie kompetent sind. Das bedeutet, wenn Sie das für sich selbst tun können, was ich vorher mit Ihnen oder für Sie tun mußte. An diesem Punkt ist es sinnvoll, an eine Beendigung Ihrer Therapie zu denken.«

Im Laufe der Jahre, auf meiner Suche nach Anhaltspunkten für eine Theorie der Psychotherapie, die brauchbar ist und deren Bestandteile durch Erfahrung oder Experiment validiert werden können, bin ich in der Wahl meiner Worte vorsichtig geworden. Zu oft führten Begriffe, die angeblich Erklärungen beinhalteten, nur im Kreis herum und zielten an den eigentlichen Fragen, die sie beantworten sollten, vorbei; *Mind*[3] und *Ego* sind gute Beispiele dafür. Durch das phänomenale Wissen, das man inzwischen auf dem Gebiet der Säuglingsforschung hat, bin ich zu dem Schluß gekommen, daß ich niemals eine Erklärung psychischer Funktionen als seriös betrachten würde, wenn deren Wurzeln nicht durch Beobachtung oder Experiment in das präverbale Stadium der Entwicklung zurückverfolgt werden können – die ersten beiden Lebensjahre, die nach übereinstimmender Meinung von Therapeuten die wichtigsten für die Charakterbildung sind. Deshalb war ich begeistert darüber, daß das Thema Kompetenz sehr früh im Säuglingsalter experimentell nachweisbar ist. 1969 führte der Psychologe und Säuglingsforscher Hanus Papousek mit vier Monate alten Säuglingen ein Experiment durch. Er konditionierte die Säuglinge mit Milch als Belohnung darauf, ihre Köpfe nach links zu drehen, wenn eine Glocke klingelte, und nach rechts, wenn ein Summer ertönte. Die Säuglinge bewältigten diese Aufgabe sofort. Dies war nicht überraschend, da man bereits wußte, daß sogar sehr kleine Babys lernen können, komplexe Verhaltensmuster auszuführen. Was Papousek bemerkenswert fand, war, daß es den Säuglingen offensichtlich Freude bereitete, mit dieser Aufgabe fortzufahren, noch lange nachdem sie bereits satt waren und das Interesse an der Milch, die sie für die richtige Ausführung der Aufgabe bekommen hatten, längst verloren hatten. Papousek schloß daraus: »Es sah so aus, als ob eine andere Motivation als Hunger am Werk war – irgendein Verlangen, richtig zu reagieren oder ein Problem zu lösen. Und die Übereinstimmung zwischen seinem Plan oder seiner Erwartung und den wirklichen Ereignissen schienen dem Säugling zu gefallen...das war die grundlegende Beobachtung« (1969, S. 255).

Um diese Hypothese weiter zu testen, entwarf Papousek ein anderes Experiment. Jedesmal wenn ein Säugling seinen Kopf spontan nach einem vorher festgelegten Muster bewegte – beispielsweise zwei aufeinanderfolgende Drehungen nach links um mindestens dreißig Grad – bekam er eine verstärkende Belohnung, bestehend aus bunten Lichtern, die fünf Sekunden lang flackerten. Da die Lichter nur in der Mittellinie sichtbar waren, mußte der Säugling seinen Kopf zur Mitte zurückdrehen, um sie zu sehen. Bald lernten die vier Monate alten Babys, was Papousek »Anschaltbewegungen« nannte: das Drehen des Kopfes zur Seite, das die Vorbedingung war, und dann das schnelle Zurückkehren zur Mitte, um das Flackern der bunten Lichter zu sehen. Um die Lichter sehen zu können, begriffen, lernten und wiederholten diese Babys ohne irgendeine Nachhilfe zunehmend komplexere Strukturen – zum Beispiel den Kopf abwechselnd zweimal nach links und dann nach rechts zu drehen. Als die bunten Lichter vertraut waren, verloren die Säuglinge das Interesse an ihnen; obwohl sie ihre Köpfe nicht mehr zur Mitte brachten, um die Lichter zu sehen, fuhren sie mit offensichtlichem Vergnügen fort, die Bewegungen auszuführen, die für das Erscheinen der Lichter notwendig waren. Hier stellt sich wieder die Frage, was eigentlich verstärkend wirkt, oder wie Papousek formuliert: »Was ist die eigentliche Belohung in diesen Experimenten: die blinkenden Lichter als solche oder die Übereinstimmung zwischen der Erwartung und ihrer Bestätigung?«(1969, S. 259). Diese Experimente, ebenso wie T. G. R. Bowers (1977) Experiment mit einem acht Wochen alten blinden Säugling und seinen Reaktionen auf ein Mobile mit hörbaren Signalen, das Francis Broucek (1979) besprochen hat, zeigen, daß es für den Säugling eine grundlegende Belohnung ist, die Kontrolle über Ereignisse in der äußeren Welt zu erlangen.

Indem ich hier das Streben nach Kompetenz als fundamentale Motivation für Verhalten betone, verabschiede ich mich definitiv von einem Konzept, das einem Großteil der Literatur der dynamischen Psychiatrie unterliegt: Freuds Theorie, daß das Ziel allen Verhaltens die Lust ist, die mit der Entladung einer bestimmten Energiemenge verbunden ist, die durch einen Sexual- oder einen Aggressionstrieb entsteht. Daß es eine wissenschaftlichere Erklärung als die Triebtheorie gibt, die Freud selbst die Mythologie der Psychoanalyse nannte (1933, S. 101), wird durch diese Experimente gestützt. Sie zeigen, daß sogar im Säuglingsalter die Hauptmotivation des Verhaltens das Streben nach Kompetenz ist, und daß das Erlangen von Kompetenz die grundlegende Quelle für Lust ist. (S. auch DeCasper und Fifer 1980; Lewis und Goldberg 1969; und Watson 1985.)

Dieses grundlegende Entwicklungskonzept liefert zusammen mit dem, was man aus Verhalten und Worten eines Patienten in den ersten exploratorischen Sitzungen erfahren kann, dem Therapeuten entscheidende Hinweise, welche Interventionen wahrscheinlich am effektivsten sein werden.

Anmerkungen

1 Eine wichtige Form von Transformation ist die »umwandelnde Verinnerlichung« (s. S. 143 – 44) nach Kohut (1971).

2 Ich möchte nicht den Eindruck erwecken, daß die Phasen in der Psychotherapie unvermeidlich den sechs Schritten dieses Schemas entsprechen müssen. Nach Abschluß der Behandlung kann man im nachhinein ihren Verlauf gewöhnlich entlang dieser Linie erkennen; währemd der Therapie jedoch überlappen die Phasen, und der Patient zieht sich unter Streß leicht auf frühere Stufen zurück. In Wirklichkeit durchlaufen Therapeut und Patient mehrere Minizyklen der verschiedenen hier beschriebenen Schritte der Psychotherapie (Kapitel 8 liefert ein ausführliches klinisches Beispiel für diesen Prozeß).

3 Für den englischen Begriff *mind* gibt es keine eindeutige deutsche Übersetzung. Synonyme sind: Geist, Seele, Psyche, Verstand, Intellekt. (Anm. d. Übers.)

2. Die Entwicklungsspirale

Auch wenn man älter wird und kognitiv und affektiv an Erfahrung zunimmt, das heißt, in Gedanken und Gefühlen reift, und das Verhalten komplexer wird, strebt man immer noch – wie im Säuglingsalter – nach Kompetenz; im Grunde tut man das sein ganzes Leben lang. Man trifft eine Entscheidung, dieses zu tun und jenes zu lassen, eine Entscheidung, die in Verhalten umgesetzt wird. Dieses Verhalten verleiht ein Gefühl von Wohlbefinden oder Selbstachtung, wenn es kompetent ist – und Kompetenz heißt hier, wenn die Absicht, die man zum Entscheidungszeitpunkt hatte, realisiert werden kann. Diese Erfahrung beeinflußt dann künftige Entscheidungen in ähnlichen oder damit verbundenen Situationen, und es entsteht eine fortlaufende Entwicklungsspirale (s. Abb. 2.1). Im besten Falle setzt sich die Entwicklung ununterbrochen und spiralförmig in Richtung Reife fort, wobei angeborene Fähigkeiten und äußere Chancen integriert und immer höhere Ebenen von Kompetenz und Befriedigung erreicht werden.

Abbildung 2.1

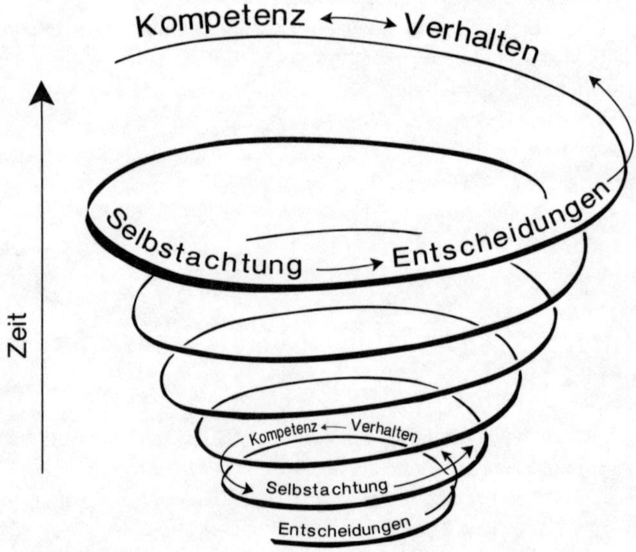

Die Entwicklungsspirale

In der Realität geht es natürlich nie so reibungslos vor sich. So kann die Entwicklung in einem Bereich relativ ungehindert fortschreiten, während sie in einem anderen gehemmt, umgelenkt und gestört oder zum Gegenstand des einen oder anderen Konflikts wird. Es besteht jedoch die Hoffnung, daß Lebenserfahrung und weitere Reifung den Umgang mit solchen Schwierigkeiten bessern oder kompensieren. Oft geschieht dies indes nicht. Die negativen Auswirkungen eines gestörten Entwicklungsverlaufs können so schwerwiegend sein, daß sie das Streben nach Kompetenz und Selbstachtung eines Menschen deutlich beeinträchtigen. Ein Mensch mit solchen psychischen Schwierigkeiten sucht dann vielleicht professionelle Hilfe.

Psychotherapie ist in meiner Sichtweise angewandte Entwicklungspsychologie. Der Therapeut nutzt sein Wissen über die normale Entwicklung, um Schlüsse hinsichtlich der Dysfunktionen des Patienten zu ziehen und einen Weg zu finden, die Entwicklungsspirale zu betreten – mit dem Ziel, einen produktiveren oder zumindest weniger destruktiven Entwicklungsprozeß zu fördern oder wiederherzustellen. Vom Standpunkt des Klinikers aus liefert das Modell der Entwicklungsspirale einen Rahmen für die Einschätzung von therapeutischen Interventionen. In einer laufenden Therapie gibt das Material, das der Patient verbal und nonverbal liefert, Informationen darüber, wie der Patient versucht, Kompetenz zu erreichen und seine Selbstachtung zu schützen. Ebenso ist daraus zu ersehen, wie und warum diese Versuche wahrscheinlich gescheitert sind. Der Therapeut kann dann die Situation bewerten und entscheiden, wo er am besten in die Entwicklungsspirale hineingeht, um dem Patienten die größtmögliche Hilfe zu bieten, den Schaden zu beheben und, wenn möglich, die Entwicklung fortzusetzen.

Im Fall von Al Gertz beispielsweise betrat ich die Entwicklungsspirale durch meine Bewunderung für seine Geschicklichkeit an der Stelle der Selbstachtung und stärkte sein Selbstwertgefühl direkt. Vielleicht aber stellt der Patient eine andere Art von Kontakt zum Therapeuten her, so daß dieser die Entwicklungsspirale am besten an der Stelle der Entscheidungsfällung oder des Verhaltens betritt. Im folgenden Fall erhielt ich durch das Verhalten den besten Zugang.

Die Wiederherstellung erfolgreicher Bewältigungsstrategien: Byron Osgood

Dr. Byron Osgood war dreiundsechzig Jahre alt, als er zu mir in Beratung kam. Er war verheiratet und arbeitete als orthopädischer Chirurg, der zusätzlich zu einer erfolgreichen Praxis ein kleines Krankenhaus in einer nahegelegenen Stadt besaß und betrieb.

Dr. Osgood war von seinem Internisten überwiesen worden, weil er seit mehreren Monaten an zunehmender Müdigkeit, Verlust des Interesses an der Arbeit und an Freizeitaktivitäten, an schwacher Konzentrationsfähigkeit, hypochondrischen Gedanken, Angst und frühmorgendlicher Schlaflosigkeit litt. Sein körperlicher Zustand war nicht auffällig. Die Sedativa und Tranquilizer, die ihm verschrieben worden waren, hatten ihm nicht wesentlich geholfen. So hatte der Arzt gegen den leichten Widerstand des Patienten entschieden, die Meinung eines Psychiaters einzuholen.

Dr. Osgood war groß, ein wenig untersetzt und elegant gekleidet. Trotz seines hilflosen, verwirrten und traurigen Gesichtsausdrucks signalisierte sein Auftreten, daß er immer noch jemand war, mit dem man rechnen mußte. Im Laufe des Interviews wurde er immer erregter und fuhr sich mit seinen gepflegten Händen häufig durch seine dichten, weißen Haare.

Ich bat ihn, mir von sich und seinen Beschwerden zu erzählen und fragte ihn, wie ich ihm nach seinem Dafürhalten helfen könnte. Dr. Osgood beschrieb sich als jemanden, der früher ein im Grunde glücklicher Mensch war, kein Denker, sondern ein Macher. Er hatte sich immer selbst beglückwünscht, einen Beruf zu haben, den er bis ins hohe Alter würde ausüben können. Er mochte seine Arbeit, hatte eine gute Beziehung mit seiner Frau und war zufrieden mit seinen drei, inzwischen erwachsenen Kindern. Er und seine Frau liebten das Reisen. Er hatte keine anderen Hobbys. »Meine Arbeit ist mein Hobby«, sagte er.

Ich konnte weder kurze noch länger bestehende persönliche oder äußere Vorfälle und Probleme feststellen, die die gegenwärtige Reaktion des Patienten hätten auslösen können. Obwohl er klagte, nicht mehr gut denken zu können, zeigte er keinerlei Anzeichen von Denkstörungen oder organischer Hirnschädigung. Es gab auch keinen Hinweis auf frühere oder gegenwärtige Selbstmordabsichten (Basch 1980, SS. 12 – 130).

In den drei Monaten, bevor der Patient zu mir kam, hatte seine Arbeitsfähigkeit ständigt abgenommen. Er hatte begonnen, an seinen Fähigkeiten zu zweifeln, obwohl er vom Verstand her erkannte, daß dies eine lächerliche Angst war. Aus der Erkenntnis heraus, daß er zu sehr mit sich selbst beschäftig war, hatte er einen Monat vor dem Erstbesuch bei mir jeden Kontakt zu den Patienten eingestellt. Er und seine Frau waren in Urlaub gefahren, da sie dachten, er sei wahrscheinlich überarbeitet und brauche Ruhe; aber als er von zu Hause weg war, wurde er noch nervöser, und sie unterbrachen ihre Reise und fuhren zurück. Er verbrachte nun, was ganz untypisch für ihn war, die meiste Zeit vor dem Fernseher, ohne allerdings wirklich hinzuschauen.

Dr. Osgood: Nachdem Sie nun meine Geschichte kennen, können Sie mir ein anderes Medikament geben?

Therapeut: Ja. Ihren Symptomen nach leiden Sie an einer depressiven Verstimmung, und es gibt eine Reihe von Antidepressiva, die wir ausprobieren können.

Dr. Osgood: Was ist mit dem, das ich genommen habe?

Therapeut: Lassen Sie uns das absetzen. Die Angst und Schlaflosigkeit sind Begleiterscheinungen der Depression, und wenn wir diese angehen, werden die anderen Symptome auch beeinflußt.

Dr. Osgood: Dann glauben Sie also, daß mich die Antidepressiva heilen werden?

Therapeut: Nein, sie werden Sie nicht heilen.

Dr. Osgood: Nicht?

Therapeut: Nein.

Dr. Osgood: Warum soll ich sie dann nehmen?

Therapeut: Wenn sie bei Ihnen anschlagen, werden Sie leichter mit mir zusammenarbeiten können, um das zu tun, was nötig ist, damit es Ihnen besser geht.

Dr. Osgood: Was heißt denn das?

Therapeut: Sie müssen lernen, Ihr normales Leben wiederaufzunehmen. Wieder aktiv und produktiv zu werden. Den Menschen zu helfen, so wie früher, anstatt im Haus herumzuhängen.

Dr. Osgood: Das möchte ich mehr als alles in der Welt. Aber ich kann nicht! Deshalb bin ich doch hier. Ich möchte meine Praxis wieder aufmachen und wieder im Krankenhaus tätig sein (*mit pathetischer, fast kindlicher Stimme*). Es herrscht ein schreckliches Durcheinander dort. Sobald es mir besser geht, werde ich meine Arbeit wiederaufnehmen, das verspreche ich.

Therapeut: Dr. Osgood, Sie zäumen das Pferd vom Schwanz her auf. Was Ihnen Besserung bringen wird, ist, daß Sie Schritt für Schritt Ihre Pflichten wiederaufnehmen. Dabei gebe ich Ihnen jede erdenkliche Hilfestellung. Im Haus herumzusitzen bringt überhaupt nichts, stimmt's?

Dr. Osgood: Ich fürchte, ich kann in meinem Zustand die Verantwortung für meine Patienten nicht übernehmen.

Therapeut: Natürlich nicht, aber dies ist der Endpunkt Ihrer Genesung, nicht der Anfang. Zunächst einmal geht es um die Dinge, die in den letzten drei Monaten aus dem Ruder gelaufen sind und um die Sie sich kümmern müssen. Sie sagten, im Krankenhaus herrsche ein schreckliches Durcheinander.

Dr. Osgood: Oh ja. Da gibt es so viel zu tun, aber ich war einfach nicht imstande, etwas zu machen. Meine Leute sind sehr verständnisvoll und versuchen weiterzumachen, aber ein paar Sachen können sie nicht ohne mich tun.

Therapeut: Zum Beispiel? Was steht jetzt an?

Dr. Osgood: Es gibt ein paar Schecks, die nur ich unterschreiben kann. Es wird Ärztebedarf benötigt, der nicht ohne meine Unterschrift bestellt werden kann. Meine Sekretärin und

	Buchhalterin bot an, mir die Sachen zum Unterschreiben vorbeizubringen, aber es ist mir einfach nicht danach. Ich will nicht, daß mich jemand so sieht.
Therapeut:	Wie sieht?
Dr. Osgood:	Im Bademantel im Haus herumsitzen. Manchmal bin ich sogar ungewaschen oder unrasiert.
Therapeut:	Nun, heute sehen Sie ganz ordentlich aus. Wann werden Sie zu Hause sein?
Dr. Osgood:	Bald. Gleich nach dem Mittagessen.
Therapeut:	Ich dachte, es sind mindestens drei Stunden zu Ihnen nach Hause.
Dr. Osgood:	Wir fliegen. Mein ältester Sohn hat mich heute mit einem kleinen Flugzeug hergeflogen.
Therapeut:	Das ist aber fein. Sie machen jetzt einen sehr professionellen Eindruck. So können Sie auf dem Nachhauseweg im Krankenhaus vorbeischauen und sich um einige der dringenden Sachen, die Sie erwähnten, kümmern. Rufen Sie besser gleich an und geben Sie Bescheid, daß alles für Sie hergerichtet wird.
Dr. Osgood:	Nun, ich weiß nicht.
Therapeut:	Ich schon. Ich habe Dutzende von Patienten mit Ihrer Krankheit gesehen. Ich weiß, daß Sie das Gefühl haben, Ihr Zustand könne nicht mehr schlechter werden – so erleben Sie es. Ich kann Ihnen jedoch versichern, daß Ihre Depression im Vergleich zu anderen relativ mild ist und auf die richtige Behandlung reagieren wird. Die Voraussetzung ist, daß Sie Ihre ganze Willenkraft aufbringen, um mit mir zusammenzuarbeiten. Glücklicherweise gibt es jetzt Pillen, die Ihnen auf die Beine helfen können. Noch vor wenigen Jahren mußten Patienten das gleiche tun, worum ich Sie bat, um eine Besserung zu bewirken. Aber es gab kein Medikament, welches das darunterliegende chemische Problem ansprach, das wahrscheinlich für diesen Typ von Depression verantwortlich ist.
Dr. Osgood:	Könnte ich nicht warten, bis das Medikament ein wenig wirkt und dann ins Krankenhaus gehen?
Therapeut:	Ich kann Sie zu nichts zwingen, aber ich denke, es ist keine gute Idee zu warten. Wir können nicht sicher sein, ob Sie auf dieses spezielle Antidepressivum ansprechen. Auch wenn Sie ansprechen, wirkt es vielleicht die erste Zeit noch nicht. Und kein Medikament wird Ihnen das Selbstvertrauen wiedergeben, das Sie verloren haben, als

Sie herumsaßen und grübelten und in diese negative Haltung versanken. Lassen Sie uns also heute anfangen; so schaffen Sie einen Vorsprung. Unterschreiben Sie heute einfach diese Schecks und Bestellungen. Wie Sie sagten, es handelt sich nur um eine Formalität. Dann können Sie nach Hause gehen.

Das einzige, was ich noch von Ihnen möchte, ist, daß Sie sich tagsüber anziehen, nicht unbedingt einen Anzug, aber etwas Ordentliches, mit dem Sie sich sehen lassen können. Ich habe erst wieder übermorgen für Sie Zeit, aber ich möchte, daß Sie mich heute Abend um acht Uhr unter dieser Nummer anrufen und mir berichten, wie es Ihnen ergangen ist.

Dr. Osgood: Nun, ich denke, ich muß tun, was Sie sagen. Es wäre dumm, Ihren Rat nicht anzunehmen – Sie sind der Fachmann.

Therapeut: Ich bin äußerst zuversichtlich, daß wir, wenn Sie mitarbeiten, einen ausgezeichneten Erfolg haben werden.

An diesem Abend rief mich Dr. Osgood an und klagte, daß er die ganze Zeit über starke Angst gehabt hatte, obwohl er getan habe, worum ich ihn gebeten hatte. Trotz seines Einwandes jedoch klang seine Stimme bereits ein wenig fester und zuversichtlicher als vorher. Ich lobte ihn für sein Bemühen und fragte dann, wie er gekleidet wäre. Er trüge eine bequeme Hose und ein Sporthemd, sagte er. Ich lobte ihn auch hierfür. Ich fragte, was er zu Abend gegessen habe und was er mit dem Rest des Abends vorhätte. Er erzählte mir, daß die Kinder seines zweiten Sohnes zu Besuch da seien.

Dr. Osgood wollte wissen, ob er morgen wieder ins Krankenhaus gehen solle. Auf keinen Fall, sagte ich ihm. Vor dem nächsten Besuch bei mir solle er unter keinen Umständen arbeiten. Warum er überhaupt hin wolle? Nun, da war noch eine andere Schreibarbeit, die abgeschlossen werden sollte, und früher oder später müsse er es tun. »In Ordnung«, sagte ich. »Wir werden darüber sprechen, wenn wir uns sehen. Ziehen Sie sich morgen wieder ordentlich an, waschen und rasieren Sie sich, und machen Sie morgens und nachmittags einen Spaziergang.«

Hätte ich Dr. Osgood in dem Moment, in dem seine Genesung gerade begann, in sein Krankenhaus zurückgehen lassen, hätte ich ihm zu früh zu viel aufgebürdet. Ein depressiver Patient sollte die Erfahrung machen, daß er immer noch gut funktionieren kann – was erfordert, daß die Unternehmungen des Patienten seinen reduzierten Möglichkeiten entsprechend sowohl begrenzt als auch gut durchführbar sind. Dr. Osgood war noch weit davon entfernt, entscheiden zu können, welche der vielen und komplexen Aufgaben, die in seiner Arbeit erforderlich waren, er tatsächlich ausführen konnte. Der Versuch, solche Entscheidungen zu treffen, wäre eine Überstimulierung gewesen, hätte Angst hervorgerufen und einen weiteren Rückzug in seine Depression bewirkt. Zum jetzigen Zeitpunkt mußte ich solche Entscheidungen für ihn treffen. Des weiteren war die Tatsache sehr entscheidend, daß er dadurch, daß ich vorübergehend über seine Aktivitäten bestimmte, das wichtige Gefühl bekam, von einer gütigen, zuverlässigen, quasi elterlichen Autorität geführt und umsorgt zu werden. Diese Sicherheit wäre unterminiert worden, hätte ich seine Frage, ob er an seinen Arbeitsplatz zurückkehren solle, bejaht, denn dann hätte er sich alleine, ohne meine Anteilnahme und die direkte Überwachung seiner Aktivitäten durchschlagen müssen.

Das Antidepressivum erwies sich als wohltuend und ohne nennenswerte Nebenwirkungen. Ich fing an, sein Arbeitspensum zu erhöhen. In unseren Sitzungen berichtete er von seinem Leben und seinen Leistungen, und ich fand vieles, mit dem ich ihm Mut machen konnte. Aber ich fand keine versteckten psychologischen Vorläufer für seine Depression. Nach vier Wochen war er wieder bei der Arbeit und zog in Betracht, wieder zu operieren. Die nächsten paar Monate sah ich ihn einmal die Woche, dann alle zwei Wochen; jetzt schaut er etwa einmal im Jahr bei mir vorbei. Nachdem er das Medikament ein Jahr lang genommen hatte, fragte er, ob er es schrittweise reduzieren könne. Wir kamen überein, es zu versuchen, und es stellten sich keine Schwierigkeiten ein. Er lebte die letzten zwei Jahre ohne das Medikament, und die depressiven Symptome traten nie wieder auf.

Als Dr. Osgood zu mir kam, konnte er die adaptiven Maßstäbe, die er entwickelt hatte, um sich selbst und seine Beziehung zur Welt zu definieren, nicht mehr anwenden und zu seinem Vorteil benutzen. Er wurde zunehmend hilflos, als er nicht mehr fähig war, Aktivitäten auszuüben, die, wie er früher erfahren hatte, zu seinem besten waren und von denen seine Selbstachtung abhing. Ich griff auf der Verhaltensebene der Entwicklungsspirale ein, sehr ähnlich einer elterlichen Autorität, die vorübergehend das Kommando übernimmt, wenn ein Kind von einem realen oder phantasierten Anspruch überfordert wird: »Ich gehe nicht mehr zur Schule!« »Wirklich, wie kommt's?« »Ich werde diesen Stoff nie verstehen, der Lehrer mag mich nicht und ich habe keine Freunde. Ich hasse es!« »Was ist heute passiert, Liebling?« »Ich kann beim Rechnen dieses Teilen nicht, und die Lehrerin erklärt nie etwas richtig, und dann gibt sie uns so viele Aufgaben, da werde ich nie fertig, und überhaupt, niemand mag mich, und ich mußte dieses komische Hemd anziehen.« »Hast du Hausaufgaben zu machen?« »Hab ich doch gesagt. Nie hört mir jemand zu!« »Am besten, wir setzen uns jetzt zusammen und nehmen uns mal die erste Aufgabe vor. Ich kann gut bruchrechnen und ich zeige dir, wie man das macht. Nach dem Essen dann, wenn du auch weißt, wie es geht, machen wir den Rest.« »Können wir nicht erst nach dem Essen anfangen?« Es dauert sowieso eine Weile, bis das Essen fertig ist, deshalb machen wir am besten jetzt schon ein wenig. Wenn du einmal kapiert hast, wie es geht, fühlst du dich gleich viel besser, und dann essen wir.«

Die Entwicklungsspirale durch die Verhaltenstüre zu betreten macht dann Sinn, wenn ein Patient, der immer zufriedenstellend funktioniert hat, mit Streß überladen wurde, das heißt, wenn die Bewältigungsfähigkeit des Patienten durch irgendwelche Ansprüche überfordert wurde. In Dr. Osgoods Fall war das Zuviel relativ. Es wurde nämlich nichts anderes von ihm verlangt als das, was er jeden Tag getan hatte, um ein angemessenes Gefühl von Selbstachtung aufrechtzuhalten. Jedoch hat die Überzeugung von Hilflosigkeit – die oft ein Indikator für eine Depression ist – daraus eine Last gemacht, die er nicht mehr tragen zu können glaubte. Er hatte die Fähigkeit verloren, effektiv zu funktionieren; seine Selbstachtung hatte in diesem Prozeß gelitten; und dies wiederum verminderte sein Zutrauen zu seiner Entscheidungsfähigkeit und beeinträchtigte sein Vermögen, das Abgleiten in die Depression aufzuhalten – die Entwicklungsspirale lief rückwärts.

Zum Glück war Dr. Osgood ein unkomplizierter Fall. Das Gefühl von Hilflosigkeit war von vergleichsweise kurzer Dauer, und der Rückzug als Möglichkeit, mit Streß umzugehen, war für den Patienten noch nicht zur Gewohnheit geworden; seine Hilflosigkeit wurzelte auch nicht in einem lange bestehenden Charakterproblem, wie die Tatsache bewies, daß seine frühere psychologische Anpassung zufriedenstellend und befriedigend gewesen war. Am wichtigsten war jedoch, daß er zu einer sofortigen positiven oder idealisierenden Übertragung bereit war: Das heißt, in seinem regressiven Zustand stand ihm die hoffnungsvolle Haltung eines Kindes zur Verfügung, das die mächtigen Eltern voll Vertrauen um Hilfe und Erleichterung bittet (Kohut 1971). Seine klagende Stimme, sein Wunsch, von mir geführt zu werden, und seine Bereitwilligkeit, trotz oberflächlicher Einwände, mich als Experten anzuerkennen und meine Vorschläge zu befolgen, zeigten seine Bereitschaft, gleich einem unter Druck stehenden Jugendlichen, eine effektive Elternfigur zu finden, auf sie zu hören und sich von ihr an der Hand nehmen zu lassen, so wie ich es tat. Wie ich schon sagte (SS. 31-33), löste ich jedoch trotz dieser aktiven Rolle nicht Dr. Osgoods Problem für ihn, sondern zeigte ihm vielmehr, was er tun mußte, um sein Gefühl von Kompetenz wiederzugewinnen.[1]

Den Entscheidungsprozeß fördern: Alice Senoj

Im Gegensatz zu Al Gertz und Dr. Osgood, die beide offen für psychotherapeutische Hilfe waren, ist keineswegs jeder Patient bereit, den Therapeuten so schnell und effektiv intervenieren zu lassen. Mrs. Alice Senoj, in deren Fall der Therapeut die Entwicklungsspirale möglicherweise durch das Segment der Entscheidungsfällung betreten konnte, war eine Patientin, der nicht so schnell zu helfen war.

Wiederholt haben Untersuchungen erwiesen, daß die körperlichen Beschwerden, aufgrund derer Patienten den Arzt aufsuchen, in 60 bis 80 Prozent der Fälle eine psychische Ursache haben. Deshalb könnte die Anwendung von psychotherapeutischen Techniken, auch wenn es nur wenige sind, bereits bei der medizinischen Intervention einem Großteil unnötigen Leidens bei den Patienten vorbeugen, ganz zu schweigen davon, wieviel Geld und Zeit dadurch gespart werden könnte, daß man die vergebliche Suche nach physiologischen Antworten auf psychologisch erzeugte Probleme aufgibt. So hat der Fall von Mrs. Senoj als Beispiel für klinische Arbeit den zusätzlichen Vorteil, daß er im Behandlungszimmer eines Hausarztes und nicht bei einem professionellen Therapeuten stattfand.

Der behandelnde Arzt von Mrs. Senoj zog mich zu Rate. Die sechsundvierzigjährige Frau klagte über Kopfschmerzen, die sie Tag für Tag quälten und die nicht auf die üblichen Analgetika ansprachen, die in Apotheken frei erhältlich waren. Nach einer ausführlichen medizinischen Untersuchung fand folgendes Gespräch statt, das ich im wesentlichen so wiedergebe, wie es mir erzählt wurde, jedoch mit meinen eigenen Zwischenbemerkungen:

Arzt: Nun, Mrs. Senoj, die Untersuchung zeigt, daß Sie im Grunde körperlich gesund sind und daß Ihre Kopfschmerzen wahrscheinlich auf Streß oder auf irgendeine Anspannung zurückzuführen sind.

Wenn der Arzt nach einer befundlosen körperlichen Untersuchung mit entsprechenden Tests nicht sagt: »Ihnen fehlt nichts«, sondern statt dessen darauf hinweist, daß der Schmerz legitim ist, und daß es eine andere Erklärung für die Schwierigkeit geben muß, über die der Patient klagt, lädt er ihn implizit ein, darüber zu sprechen. Normalerweise wird er dann zu hören bekommen, daß sich der Patient nicht nur dessen bewußt ist, daß seine Beschwerden und Schmerzen mit psychischem Streß zusammenhängen, sondern daß er auch Vermutungen über deren Ursache hat.

Mrs. Senoj: Wären Sie nicht auch angespannt, Herr Doktor, wenn Ihr vierzehn Jahre alter Junge fast jede Nacht betrunken nach Hause käme?

Wenn Mrs. Senoj die Ursachen ihrer Schmerzen kannte, oder zu kennen glaubte, warum hatte sie dann nicht gleich davon gesprochen? Wir sind in dem Glauben aufgewachsen, daß nur das, was man berühren und sehen kann, real ist, während das, »was nur im Kopf« ist, nicht real ist. Da psychisch bedingte Probleme »nichts sind« oder »nicht zählen«, sind die Verbote, sie anzuerkennen, so stark, daß diese Patientin, als sie zum Arzt kam, buchstäblich nicht wußte, was sie von sich selbst wußte: Das heißt, sie hatte so lange keinen Zugang zu ihren Schwierigkeiten, bis ihr der Arzt durch seine Worte die Gelegenheit gab, darüber zu sprechen und sich dadurch ihrer bewußt zu werden. Sogar dann reagierte Mrs. Senoj aggressiv, als hätte sie die Zurückweisung, die sie dafür erwartete, an psychischen Problemen zu leiden, bereits erlebt: Sie reagierte mit einer herausfordernden Frage, so als würde sie ihre Antwort verteidigen müssen.

Infolge des kulturellen Verbots, emotionale Probleme anzuerkennen, muß der Arzt um das Vertrauen des Patienten aktiv werben. Wenn man beispielsweise einen Diabetiker mit unerklärlich hohem Blutzucker fragt: »Wollten Sie mir noch etwas sagen?« oder, so nebenher: »Irgenwelche Probleme, Sorgen, Sie wissen schon?« wird man gewöhnlich keine Antwort erhalten. Der gleiche Patient würde sich jedoch wahrscheinlich aussprechen, wenn die Bemerkung so ist, daß er sein Gesicht wahren kann: »Viele meiner Patienten stellen fest, daß ihr Blutzucker außer Kontrolle gerät, wenn sie Kummer oder Ärger haben. Hatten Sie vielleicht eine schwierige Zeit zu Hause, bei der Arbeit oder in anderen Bereichen Ihres Lebens?«

Arzt: Ja, Mrs. Senoj, das Problem mit Ihrem Sohn könnte etwas mit Ihren Kopfschmerzen zu tun haben. Lassen Sie uns das genauer anschauen. Sie sagten, Ihre Kopfschmerzen haben vor etwas zwei Monaten begonnen…

Hier hat der Arzt eine hervorragende Technik demonstriert: Er antwortete auf das, was der Patient eigentlich fragen wollte oder sollte – weniger auf die tatsächlich gestellte Frage. Um mit Patienten effektiv umzugehen, muß man zuerst andere Möglichkeiten kennenlernen, ihre Fragen zu handhaben. Es ist nicht immer nötig, die Frage eines Patienten direkt zu beantworten, oder anders gesagt, man muß die Frage nicht so beantworten, wie sie gestellt wurde. Vor allem sollte der Arzt jede implizite Herausforderung, Beleidigung, Anklage oder sarkastische Bemerkung eines gestreßten Patienten ignorieren und nicht persönlich nehmen, es sei denn, es ist ausdrücklich so gemeint. Mrs. Senojs »Wären Sie nicht auch angespannt, Herr Doktor…?« ist typisch. Anstatt jedoch an ihrem Ton Anstoß zu nehmen oder zu versuchen, auf der persönlichen Ebene, auf die ihre Frage zu zielen schien, zu antworten, wandte sich der Arzt korrekt an ihre wirklichen Belange: »Bei den Problemen, die ich habe, muß ich mich nicht schämen, daß ich Sie um Hilfe bitte, nicht wahr, Herr Doktor?« Die Tatsache, daß der Arzt ihre Symptome als legitim ansah und mehr darüber hören wollte, gab der Patientin die Freiheit weiterzusprechen. Dabei ging sie auf seinen Versuch ein, zwischen dem Beginn ihrer Kopfschmerzen und dem Trinken ihres Sohnes einen Zusammenhang herzustellen.

(Ich verwende diesen Fall oft bei meinen Seminaren mit Medizinstudenten. Ich mache an den Stellen des Dialogs eine Pause, wo der Arzt zu sprechen beginnt und bitte verschiedene Teilnehmer, sich in den Arzt zu versetzen und zu sagen, was sie für effektiv halten und warum. Haben die Studenten einmal erkannt, daß es keine »richtige« Antwort gibt, und daß sie nichts anderes tun sollen als zu üben und ihre Fähigkeit zu entwickeln, psychotherapeutisch zu denken und zu sprechen, folgt gewöhnlich eine lebhafte Diskussion. Die Studenten machen die Erfahrung, daß ihnen Kommentare einfallen, die genauso gut sind wie die von Mrs. Senojs Arzt, oder sogar noch passender. Dieses Erfolgserlebnis der Studenten ist gleichbedeutend und ähnlich wichtig wie das, was sie erleben, wenn sie zum ersten Mal erfolgreich operieren und Herzgeräusche hören. Weiß der Student erst einmal, daß er den ersten Schritt ausführen kann, der zum Erlernen einer Fertigkeit nötig ist, hat er weniger Angst vor dem zweiten. Diese Klassenzimmer-Erfahrung ist natürlich in bezug auf die ganze Frage von Kompetenz und Selbstachtung von Bedeutung.)

Mrs. Senjoy: Damals fing Brian zu trinken an – zumindest erfuhr ich damals davon. Vierzehn Jahre alt und schon wie sein Vater! Sein Vater trinkt wenigstens nur an den Wochenenden, wenn er nicht arbeitet. So wird der Junge nie durch die High School kommen. Jede Nacht ist er mit diesen Rumtreibern unterwegs, die er seine Freunde nennt, und am Morgen hat er dann einen Kater und kann vor der Pause nicht zur Schule gehen. Was stimmt bei solchen Menschen nicht, Herr Doktor? Was geht in ihren Köpfen vor, daß sie sich so verhalten?

Arzt: Das ist unterschiedlich, Mrs. Senoj, aber in vielen Fällen wird die Entscheidung zu trinken – ebenso wie jede andere Entscheidung, die Menschen treffen – in dem Moment als beste Möglichkeit gesehen, irgendein Problem zu lösen.

An dieser Stelle des Gesprächs gab die Patientin erneut eine wichtige Information hinsichtlich der Familienkonstellation. Am Schluß stellte sie jedoch eine dieser unmöglichen Fragen, die dem Arzt, hätte er sie für bare Münze genommen, unangenehm gewesen wäre. Vielleicht hätte er ausweichend geantwortet und/oder bei dem Versuch, sie zu beantworten, ohne dumm zu erscheinen, ärgerlich reagiert. Statt dessen nutzte er die Gelegenheit, der Patientin einen Gedanken nahezubringen, der grundlegend für die Psychotherapie ist, seit Freud ihn in der Arbeit mit psychoneurotischen Patienten entdeckt hatte: Nämlich daß psychische Krankheiten, ganz anders als körperliche, Handlungsmuster sind, die einen Zweck haben, und psychische Symptome, ganz gleich wie bizarr sie erscheinen, so betrachtet einen Sinn ergeben. Was jemand als Beschwerde oder »Problem« darbietet, ist das Ergebnis von Entscheidungen, die bei dem Versuch gemacht werden, mit einer Situation zurechtzukommen, für die die verfügbaren Bewältigungsstrategien nicht ausreichen. Aus diesem Grund sind psychische Symptome, seien sie auch noch so frustrierend und destruktiv für den, der darunter leidet, Lösungen nicht zugänglich, die auf dem »gesunden Menschenverstand« beruhen. Trotz größter Anstrengungen des Patienten können sie auch gewöhnlich nicht ohne Hilfe überwunden werden. Es ist so, als sei das psychologische Symptom, das der Patient zur Untersuchung bringt, nicht das gebrochene Bein, sondern die Krücke, und – was nicht überrascht – er wird nicht aufgeben, bis er sich einigermaßen sicher ist, daß er ohne sie gut leben kann. Hier machte der Arzt Mrs. Senoj klar, daß das Trinken ihres Sohnes nicht die Ursache ihres Leidens, sondern nur ein Symptom ist, wenngleich er ihre Beunruhigung natürlich ernst nahm. Es ist sozusagen das Problem hinter dem Problem, das man angehen muß. Zugrunde liegt die Annahme, daß zunächst das Grundproblem gelöst werden muß, das den pathologischen Problemlösungsversuch des Sohnes notwendig machte. Erst wenn diese Schwierigkeiten ausreichend gelöst oder auf weniger problematische Weise gehandhabt werden können, würde auch das Bedürfnis des Sohnes verschwinden, sich mittels Alkohol abzuschotten.

Mrs. Senoj: Wenn er ein Problem hat, warum kommt er dann nicht zu mir? Ich bin seine Mutter. Ich würde alles tun, um ihm zu helfen. Ich weiß nicht, was mit den Kindern von heute los ist. Wir haben uns nicht so benommen.

Das Trinken ihres Sohnes schien für Mrs. Senoj ein Angriff auf ihre Selbstachtung zu sein: Sie befürchtete, daß es ein schlechtes Licht auf sie als Mutter werfen könnte. Sie versuchte den Arzt und vielleicht sich selbst zu überzeugen, daß sie keine Schuld hatte, daß sie immer für ihren Sohn dagewesen sei. War vielleicht die Zeit für seine Schwierigkeiten verantwortlich?

Arzt: Ist er früher mit seinen Schwierigkeiten zu Ihnen oder zu seinem Vater gekommen?

Der Arzt reagiert auf das gesichtswahrende Manöver von Mrs. Senoj weder zustimmend noch ablehnend, sondern nutzt statt dessen die Gelegenheit, sie danach zu fragen, auf welche Art in der Familie gewöhnlich mit Problemen umgegangen wird. Indem er den Vater des Jungen mit einbezieht, gibt der Arzt zu verstehen, daß er weiß, daß sie nicht alleine an der Erziehung des Jungen beteiligt ist, und kommt damit ihrer Angst zuvor, sie allein würde die Last der Schwierigkeiten ihres Sohnes tragen müssen.

Warum ist es von Belang, ob der Junge früher mit seinen Problemen zu seinen Eltern kam? Genauso wie ein Kardiologe die alten Elektrokardiogramme eines Patienten sehen will, und ein Radiologe frühere Röntgenaufnahmen, interessieren sich Psychotherapeuten für die Geschichte der Psyche, weil diese, genauso wie die Geschichte des Körpers, eine Ausgangsbasis liefert, mit der die gegenwärtige Situation verglichen werden kann. Dies hat Implikationen für den Therapieplan, die Prognose und die therapeutische Technik.

Mrs. Senoj: Nein, eigentlich nicht. Sein Vater redet nicht viel. Er ist launisch. Wie Sie sagen, er löst seine Probleme mit Bier. Da wird nicht viel geredet, wenn man blau ist oder seinen Rausch ausschläft. Ich habe auch nicht viel mit Brian geredet. Wirklich geredet. Manchmal glaube ich, ich kenne diesen Jungen überhaupt nicht. Mit wem er allerdings immer geredet hat, ist seine ältere Schwester, aber sie hat geheiratet und ist weggezogen.

Mrs. Senoj reagierte auf die fortgesetzte Bereitschaft des Arztes, ihr ohne Schuldzuweisung zuzuhören, indem sie die Familiendynamik, die hinter den gegenwärtigen Schwierigkeiten stand, auf zunehmend offene Art und Weise enthüllte. Dadurch wurde es möglich, die Situation aus einer neuen Perspektive zu sehen. Auch die Tatsache, daß sie den Standpunkt des Arztes annahm und seine Worte gebrauchte – psychische Symptome sind Problemlösungsversuche – zeigte dem Therapeuten, daß das, was er sagte, einen Effekt hatte.

Arzt: Wie lange ist es her, daß seine Schwester geheiratet hat?

Der Arzt ließ die Gelegenheit aus, mehr über die Familie zu erfahren, und testete statt dessen seine Vermutung, daß Brians Rückzug in den Alkohol mit dem Weggehen einer Person in seiner Familie zu tun hatte, der er vertrauen konnte.

Mrs. Senoj: *(Ärgerlich)* Im August, vor vier Monaten. Deshalb ist er so unglücklich. Ich weiß das. Aber das ist unnatürlich. Ich bin seine Mutter. Er sollte mit seinen Problemen zu *mir* kommen und seine Schwester in Ruhe lassen. Die soll ihr eigenes Leben leben. Ich habe mit ihr über Brian gesprochen, und sie sagte, ich solle ihn zu ihr und Phil ziehen lassen. Sie sagte, bei ihr würde es ihm gutgehen, und Phil habe nichts dagegen. Aber ich weiß nicht, ob das richtig ist. Was meinen Sie, Herr Doktor?

Psychotherapeuten lernen sich darauf einzustellen, daß die Dinge, wenn sie klarer werden, auch komplexer werden. Mrs. Senojs Feststellung scheint den Schluß zu rechtfertigen, daß ihr Problem, großenteils, nichts mit dem Trinken ihres Sohnes an sich zu tun hat, sondern mit dem Schlag, den das ungehörige Verhalten ihrer Selbstachtung versetzt. Sie hatte die nur zu offensichtlichen Probleme in ihrer Familie die letzten Jahre gut unter den Tisch gekehrt, aber sie konnte sie nicht länger wegschieben, als ihr schmerzlich klar wurde, daß ihr Sohn bei seiner verheirateten Schwester wahrscheinlich besser aufgehoben war als bei ihr.

Aus der Sicht des Therapeuten gab es noch eine weitere Veränderung in der Situation. Nachdem sich herausgestellt hatte, daß Mrs. Senojs Kopfschmerzen sehr wohl mit dem Trinken ihres Sohnes in Zusammenhang standen, wurde der Junge, obwohl er nicht anwesend war, zum Mittelpunkt des Gesprächs. Nun war das Pendel zu ihr zurückgeschwungen. Wenn Brian geholfen werden sollte, mußte zuerst das geringe Selbstwertgefühl seiner Mutter angesprochen werden. An dieser Stelle mußte Mrs. Senoj den Glauben aufrechterhalten, daß Brians Trinken ein isoliertes Problem war. Würde es möglich sein, ihr zu der Sicht zu verhelfen, daß es nicht darum ging, einen Schuldigen zu finden, sondern zu verstehen, was im Beziehungsgefüge der Familie schiefgelaufen war und was man jetzt noch tun konnte, um die Spannungen zu mildern?

Arzt: Es ist manches nicht so gelaufen, wie Sie hofften, nicht wahr?

Anstatt der Patientin vorzuschlagen, was sie tun sollte — wozu sie ihn indirekt aufforderte – , schenkte der Arzt der dahinterliegenden Enttäuschung Aufmerksamkeit, die sich in Mrs. Senojs Klagen äußerte.

Mrs. Senoj: Das stimmt. ich mußte den Kindern gleichzeitig Mutter und Vater sein, und jetzt können sie nicht schnell genug das Haus verlassen. Das ist nicht fair.

Ihre Antwort enthielt nicht nur Betroffenheit darüber, daß ihr Sohn möglicherweise das Elternhaus verlassen würde, sondern auch einen Hinweis, daß sie die Heirat ihrer Tochter als Weg ansah, ihr und/oder der Familie zu entrinnen.

Arzt: Das ist eine sehr komplizierte Situation. Nachdem Sie mir das jetzt erzählt haben, überrascht es mich nicht, daß Sie Spannungskopfschmerzen haben.

Mrs. Senoj: Aber was soll ich tun, Herr Doktor?

Arzt: Wie ich sagte, es ist komplex, und alles, was ich sicher weiß, ist, daß es keine einfachen Antworten oder Lösungen gibt. So wie Sie es beschreiben, ist Brians Trinken die Spitze eines Eisbergs, der mit der Beziehung zwischen Ihnen und Ihrem Mann zu tun hat: dem exzessiven Trinken Ihres Mannes, Brians Beziehung zu Ihnen, zu Ihrem Mann und zu seiner Schwester, Ihre Beziehung zu Ihrer Tochter; und – nach allem, was Sie und ich wissen – andere Aspekte der Familiensituation, die noch gar nicht angesprochen worden sind. Offen gesagt, Mrs. Senoj, dies fällt nicht in meinen Bereich. Ich frage mich, ob es nicht besser wäre, sich bei solchen Problemen an einen Experten zu wenden, um herauszufinden, was getan werden muß.

Der Arzt, der das Gefühl hatte, daß er die Grenzen seines Könnens erreicht hatte, formulierte die Weiterempfehlung exzellent. Zu oft wird den Patienten das Gefühl vermittelt, daß die Überweisung an einen Psychiater oder Psychologen ein Eingeständnis des Scheiterns sowohl des Patienten als auch des Arztes ist. Hier faßte der Arzt seinen Befund auf eine Art und Weise zusammen, daß es naheliegend war, als nächsten logischen und positiven Schritt einen Experten zu Rate zu ziehen. Mit anderen Worten, Mrs. Senoj wurde nicht »weggeschickt«, als unwert und lästig entlassen. Im Gegenteil, die Arbeit mit dem Arzt war insofern erfolgreich, als sie das definitive Problem aufdeckte, das nun einer fachkundigen Behandlung bedurfte.

Mrs. Senoj: Ich will zu niemand anderem gehen. Können nicht Sie mir helfen? Ich vertraue Ihnen. Sie sind mein Arzt. Ich werde zu niemand anderem gehen!

Wie es häufig geschieht, wollte die Patientin bei ihrem Arzt bleiben, obwohl die Weiterempfehlung auf eine gute Art und Weise gegeben wurde.

Arzt: Haben *Sie* irgendeine Idee, wie ich Ihnen helfen könnte?

Anstatt Mrs. Senoj zu widersprechen, sich irritieren zu lassen, die Hände über dem Kopf zusammenzuschlagen oder sie zu entlassen, als sie seinen Rat nicht annahm, fragte der Arzt klugerweise, ob sie vielleicht einen Vorschlag hatte, was getan werden sollte. In der Psychotherapie sollte die Betonung auf dem liegen, was der Patient erlebt, und nicht auf dogmatischen Verordnungen, was er tun oder lassen sollte.

Mrs. Senoj: Sie sind der Arzt.

Arzt: Ja, ich bin der Arzt, zu dem Sie wegen Ihrer Kopfschmerzen gekommen sind. Wir haben nun herausgefunden, daß diesen Kopfschmerzen aller Wahrscheinlichkeit nach ein emotionales Problem zugrunde liegt – Sie sind wegen des Trinkens Ihres Sohnes beunruhigt. Es sieht auch so aus, als steckten hinter dem Verhalten Ihres Sohnes eine Reihe von Problemen, die der Aufmerksamkeit bedürfen. Meine Empfehlung ist, daß in solchen Fällen ein Spezialist zu Rate gezogen werden sollte. Zumindest zum jetzigen Zeitpunkt haben Sie sich entschieden, dies nicht zu tun. Ich habe wirklich keinen anderen Vorschlag, und es interessiert mich ernsthaft, von Ihnen zu hören, ob Sie einen haben.

Mrs. Senoj: So habe ich es eigentlich noch nie gesehen. Vielleicht kann niemand etwas dagegen machen.

Arzt: Es würde mich nicht überraschen, wenn Brian genau dies auch gedacht hätte, als er zu trinken anfing – es gibt nichts, was irgend jemand tun kann, warum also nicht trinken und vergessen, zumindest eine Zeitlang.

Mrs. Senoj: Aber er hat noch sein ganzes Leben vor sich. Er sollte nicht so denken.

Arzt: Da stimme ich Ihnen zu. Aber wie können wir ihm helfen? Wie können wir ihn daran hindern, sein Leben wegzuwerfen?

Mrs. Senoj: Vielleicht, indem Sie mit ihm reden. Vielleicht könnte er Ihnen erzählen, was ihm fehlt. Mir sagt er es nicht. Er sagt nur: »Wirf mich raus, wenn du willst, aber laß mich bloß in Ruhe.«

Arzt: Nun, ich schließe auf keinen Fall aus, daß auf lange Sicht fachkundige Hilfe nötig ist, aber wenn Sie es wollen, werde ich mit Brian reden und sehen, was er zur Klärung der Situation beitragen kann.

So also hatte Mrs. Senoj einen Vorschlag gemacht, der Möglichkeiten zu liefern schien.

Mrs. Senoj: Wie bringe ich ihn dazu, zu Ihnen zu kommen? Soll ich ihm einfach sagen, daß er sich wieder mal untersuchen lassen muß oder so was?

Arzt: Nein, ich denke, es wäre viel besser, wenn Sie ihm geradeheraus sagten, daß Sie wissen, daß sein Trinken ein Zeichen dafür ist, daß er irgendwo tief drinnen unglücklich ist. Und daß es, da es für einen Jungen seines Alters oft schwierig sei, mit seinen Eltern offen zu sprechen, vielleicht gut wäre, mit einem Fachmann wie mir zu reden, der ihm helfen möchte und der seine Version der Geschichte hören will.

Ob am Anfang, in der Mitte oder am Ende, Tricks und Ausweichen haben in der Psychotherapie keinen Platz. Wir können nicht darauf hoffen, einen Patienten zu überzeugen, daß absolute Aufrichtigkeit der schnellste Weg ist, Ergebnisse zu erzielen, wenn er aufgrund einer Täuschung zur Therapie kommt.

Mrs. Senoj: Und was ist, wenn er nicht kommt?

Arzt: Brians Verhalten ist ein Hilferuf. Er scheint seine Probleme nicht direkt mit Ihnen oder seinem Vater besprechen zu können, sondern verhält sich statt dessen auf eine Art und Weise, die zeigt, daß ihm etwas Schwierigkeiten bereitet. Und jetzt sind Sie hier und versuchen herauszufinden, was ihm fehlt, und was für ihn getan werden kann. Ich zweifle sehr daran, daß er sich die Chance, reden zu können, entgehen läßt. Aber bevor Sie mit ihm reden, müssen Sie überzeugt sein, daß Sie wirklich Hilfe von außen akzeptieren. Die verständlich vorhandene Gekränktheit, daß er sich nicht an Sie wendet, sollte dem nicht im Wege stehen, daß Sie ihm aus ganzem Herzen nahelegen, zu mir zu kommen.

Hier ging der Arzt mit dem noch immer bestehenden Widerstand Mrs. Senojs gegen eine psychotherapeutische Herangehensweise an die Probleme ihres Sohnes so um, daß er ihre Ambivalenz offen ansprach.

Mrs. Senoj: *(Sie steht auf und bewegt sich in Richtung Türe)* Vielleicht rede ich besser zuerst mit seiner Schwester. Sie weiß, was bei ihm zieht.

Arzt: Das ist vielleicht eine gute Idee. Lassen Sie mich wissen, wie es weiter geht, damit wir dann weiter darüber sprechen können. Auf Wiedersehen, Mrs. Senoj.

Mrs. Senoj: Auf Wiedersehen, Herr Doktor. Glauben Sie, wir sind weitergekommen?

Arzt: Sehen wir mal, was Sie und Ihre Tochter erreichen. Lassen Sie es mich auf jeden Fall wissen. Auf Wiedersehen, Mrs. Senoj.

Wie die Patientin durch ihre Bewegung in Richtung Türe anzeigte, war sie zu einem für sie akzeptablen Abschluß gekommen. Eine weitere Diskussion an diesem Punkt hätte keinen Sinn gehabt, jedoch hatte ihr der Arzt deutlich zu verstehen gegeben, daß er daran interessiert war, die Arbeit mit ihr fortzusetzen, wenn sie es wollte.

Als mich Mrs. Senojs Arzt ein paar Tage nach diesem Gespräch anrief, war er zuerst über sich selbst ärgerlich und von dem Ergebnis enttäuscht. Er dachte, daß er vielleicht etwas anderes hätte tun oder sagen sollen, um sie zu überzeugen, daß Brian eine Einzel- oder Familientherapie machen sollte. Ich dagegen fand, daß er gute Arbeit geleistet und ein völlig akzeptables psychotherapeutisches Ergebnis erzielt hatte: Er hatte den therapeutischen Prozeß und die Entwicklungsspirale auf der Ebene des Entscheidens in Gang gesetzt.

Als Mrs. Senoj die Praxis verließ, war das Problem, das ihrem körperlichen Symptom zugrunde lag, identifiziert, und sie war zu einer für sie vernünftigen Entscheidung gekommen, was sie zur Linderung oder Problemlösung versuchen konnte. Sie war darauf vorbereitet, das Problem, mit dem sie konfrontiert war, aktiv anzugehen anstatt es weiter durch körperliche Symptome zu umgehen.

Ich schlug ihrem Arzt vor, er solle es nicht ihr überlassen, ihn wieder anzurufen, sondern er selbst solle sich bei ihr melden, wenn sie nach einer Woche noch nichts von sich hören gelassen hatte. Indem er an der Situation Interesse zeigte, konnte er das Geschehen besser beeinflussen. Zudem konnte er dadurch, daß er Mrs. Senojs Anstrengungen unterstützte, ihrem Sohn zu helfen, ihre Selbstachtung stärken. Dies bedeutete jedoch, daß sie sich ihrem Gefühl, als Mutter zu versagen, stellen mußte. Vielleicht konnte er auch unterstützend eingreifen, wenn die Familie nicht in der Lage war, Brian zu helfen, mit seinen Schwierigkeiten auf weniger selbstschädigende Weise umzugehen.

Die einzige problematische Bemerkung in der Interaktion zwischen Mrs. Senoj und ihrem Arzt fiel am Ende. Nachdem der Arzt seiner Patientin ein Verhaltensrezept gegeben hatte, nämlich einen Therapeuten aufzusuchen, war er über ihre Weigerung, das zu akzeptieren, was er für den angemessenen Weg hielt, so verärgert, daß er unfähig war, auf die indirekt erbetene Bestätigung in ihrer Frage »Glauben Sie, wir sind weitergekommen, Herr Doktor?« zu antworten. Das notwendige theoretische Verständnis hätte seine Enttäuschung darüber, was er als sein Versagen betrachtete, wettgemacht und hätte ihm erlaubt, so etwas zu sagen wie: »Sicherlich, Mrs. Senoj. Wir haben das eigentliche Problem, das hinter Ihren Kopfschmerzen steckt, herausgefunden, Sie hatten den Mut, es anzuschauen, und Sie haben eine wichtige Entscheidung getroffen, mit der Sie Ihrem Sohn helfen werden. Ich denke, Sie werden mit Ihren weiteren Bemühungen in dieser Richtung die Lösung des Problems entscheidend beeinflussen.

Der Patient, der an einer körperlichen Krankheit leidet, ist in einer relativ passiven Position, wenn er den Arzt aufsucht. Das Einverständnis des Patienten vorausgesetzt, macht der Arzt alle möglichen Dinge mit dem Körper des Patienten, um zum Zwecke der Heilung eine Diagnose zu finden und einen Behandlungsplan aufzustellen. In der Psychotherapie dagegen geht es nicht darum, mit dem passiv bleibenden Patienten etwas zu machen, sondern *zusammen mit* dem Patienten herauszufinden, wo sein Problemlösungsverhalten falsch war, und was der Patient, nicht der Therapeut, tun kann, um die Situation zu verbessern. Obwohl kein formales Arrangement getroffen worden war, hatte Mrs. Senojs Psychotherapie in gewisser Weise bereits begonnen, als ihr der Arzt zu erkennen half, daß er allein ihre Schwierigkeiten nicht lösen konnte: daß die aktive Teilnahme am Entscheidungsprozeß von Anfang an das *sine qua non* der Behandlung ist.

Wie die vorangegangenen Beispiele veranschaulichen, kann der Therapeut abhängig vom Zustand des Patienten die Entwicklungsspirale an unterschiedlichen Stellen betreten. Aber ganz gleich, ob der Therapeut den therapeutischen Prozeß oder Teile davon mit dem Fokus auf Selbstachtung, auf Entscheidungsfällung oder Verhalten einleitet, das Ziel besteht immer darin, dem Patienten zu erlauben, zu der Erfahrung von Kompetenz zu gelangen. Das Gegenstück zu Kompetenz ist die Hilflosigkeit. Al Gertz, Dr. Osgood und Mrs. Senoj waren, jeder auf seine besondere Art und Weise, hilflos bezüglich des Ausübens von Kontrolle, die notwendig ist, um das Selbst und die Umwelt in Einklang zu bringen. Kompetenz ist kein Zustand von Sorglosigkeit, Glück oder Zufriedenheit; Kompetenz hat mit produktivem, zielbewußtem Handeln zu tun, das für ein bestimmtes Individuum in Anbetracht seiner vergangenen und gegenwärtigen Umstände und seiner Ziele Sinn macht.

Das Streben nach Kompetenz ist allgegenwärtig und universell. Der Grund dafür besteht darin, daß es die Grundfunktion des Gehirns widerspiegelt. Wie Graf Alfred Korzybski (1933) ausführlich dokumentierte, besteht diese darin, aus den Myriaden von Stimuli, die ständig auf das Gehirn treffen, Ordnung zu schaffen. Da es der Psychotherapeut ist, der den Patienten hilft zu verstehen, wie sie Ordnung schaffen können und warum eine bestimmte Ordnung fehlgeschlagen ist, werde ich nun im nächsten Kapitel Überlegungen zu diesem Ordnungsprozeß darstellen und Möglichkeiten aufzeigen, wie man ihn beschreiben kann.

Anmerkung

1 Ich möchte nicht dahingehend mißverstanden werden, daß ich die Technik, die ich in Dr. Osgoods Fall anwendete, für alle Fälle von Depression empfehle; sie ist auch nicht auf alle Patienten anwendbar, die sich unfähig fühlen, die Anforderungen des Lebens angemessen zu bewältigen. Diese klinische Vignette soll nur zeigen, wie man eine Psychotherapie dadurch einleitet, daß man die Entwicklungsspirale durch das Verhaltenssegment betritt. (Siehe die ausführliche Diskussion der Depression und ihrer Behandlung in Kapitel 5.)

3. Denken über das Denken

Als Freud neurotische Symptome untersuchte und die Grundlagen für die Entwicklung der aufdeckenden Psychotherapie schuf, war über die Strukturen des Gehirns oder über das Entstehen von Gedanken nicht viel bekannt. Freud und seine Zeitgenossen verwendeten die Erkenntnisse der damaligen Wissenschaften zur Konstruktion von Modellen, mit denen man veranschaulichen konnte, wie das Gehirn möglicherweise arbeitete. Die Newtonsche Physik war damals in der Wissenschaft das Paradigma. Wenn etwas als wissenschaftlich anerkannt werden sollte, paßte man es in diesen Rahmen von Wissen über die Natur der Energie und ihrer Transformation ein. Um das Entstehen von Gedanken zu erklären, postulierte Freud (1900, Kapitel 7) einen psychischen Apparat – er glaubte, das organische Gegenstück befinde sich möglicherweise im Gehirn – der seiner Ansicht nach im wesentlichen wie eine Dampfmaschine funktionierte. Körperliche Kräfte oder Instinkte, die gebundene Energie enthielten, stellten den Treibstoff dar, und das Gehirn oder der psychische Apparat transformierte diese potentielle Energie zu Gedankenprozessen, die bestimmte Verhaltensweisen initiierten. Die Erforschung der Details dieser Vorgänge überließ Freud der zukünftigen Neurophysiologie. Viele Jahre lang beherrschte dieser wenig zufriedenstellende Versuch, die Bildung von Gedanken zu erklären, die Vorstellung der wissenschaftlichen Psychologie über das Denken. Seit Norbert Wiener 1946 die fehlerkorrigierende Feedback- oder Rückkoppelungsschleife entdeckte, wurden viele Entdeckungen über das Gehirn als informationsverarbeitendes – nicht so sehr als energietransformierendes – Organ gemacht. Die Forschungen dauern heute noch an. Die auf Wieners Entdeckung basierende Konstruktion von digitalen und analogen Rechnern liefert eine zweckmäßige und operational solide Analogie für das Funktionieren des Gehirns und die Bildung von Gedanken. Man kann sich die Milliarden von funktionell miteinander verbundenen Zellen, die das Gehirn ausmachen, als informationsverarbeitendes Netzwerk vorstellen. Es werden Nachrichten erzeugt, transformiert und mittels Austausch von elektrischem Potential zwischen aneinandergrenzenden Zellen und mittels chemischer Veränderungen im Zwischenraum der Zellen weitergeleitet. Wir können uns die organische Struktur des Gehirns als Computerhardware vorstellen, und die Handlungsanweisungen, die mittels Nachrichtenverarbeitung und Mustervergleich (*pattern matching*) erzeugt werden, als Programme oder Software, geschaffen zum Zweck der »Textverarbeitung«. Wenn die Hardware oder Software des Gehirncomputers fehlerhaft arbeitet, entsteht möglicherweise die Art von Problemen, die in den Zuständigkeitsbereich der Psychotherapie fallen.

Die Psychotherapeuten von heute befinden sich in einer ganz anderen Lage als Freud und seine Kollegen. Wenn es auch noch viel zu lernen gibt, weiß man doch schon genug, um den Bereich Psychotherapie systematisch, und das heißt wissenschaftlich, untersuchen zu können: Denken, Fühlen und Wollen, die zusammen das ergeben, was man als psychisch-geistige oder mentale Funktionen bezeichnet. Über die Kluft zwischen dem Psychischen oder Mentalen und seinem Ursprung, der anerkanntermaßen im Gehirn liegt, kann eine Brücke geschlagen werden. In den nächsten drei Kapiteln fasse ich die Entdeckungen von Forschern auf anderen Gebieten zusammen, die zusammen genommen den wissenschaftlichen Rahmen für eine Basiswissenschaft der Psychotherapie bilden.

Mustervergleich (*pattern matching*): Der Ordnungsprozeß des Gehirns

Das Erleben von Kompetenz hat in der Gehirnaktivität des *pattern matching* ein neurologisches Gegenstück: das heißt, das Gehirn funktioniert hier wie ein analoger Computer.[1] Das am häufigsten zitierte Beispiel für ein solches informationsverarbeitendes Gerät ist der Thermostat, der in den meisten modernen Haushalten die Heizanlage kontrolliert. Leider ist dies für mich, der ich technisch nicht gerade begabt bin, keine hilfreiche Analogie – eine Schwierigkeit, mit der ich, wie ich vermute, nicht alleine stehe. Als ich diesen Vergleich zum ersten Mal hörte, nahm ich ein Buch zur Hand, das vorgibt, dem Laien alle möglichen Maschinen sofort verständlich zu machen. Hier schlug ich unter *Thermostat* nach. Ich verstand kein Wort und war einem wirklichen Erfassen des Begriffs *pattern matching* immer noch genauso fern wie vorher.

Während der Arbeit an diesem Kapitel dachte ich einmal während des Händewaschens darüber nach, wie ich die Gehirnaktivität des *pattern matching* auf eine Art veranschaulichen konnte, die für mich Sinn ergeben würde, wenn ich diesem Begriff zum ersten Mal begegnete. In meiner Frustration muß ich meine Hände heftiger aneinander gerieben haben als ich wollte, denn die Seife ruschte aus meinen Händen und fiel auf den Boden des Badezimmers. Ich beugte mich nach unten, um sie ausfindig zu machen, aber ich konnte sie nicht finden. War sie vielleicht im Abfallkorb gelandet? In der Badewanne? Hinter dem Heizkörper? Nein, sie war an keinem dieser Orte – und außerdem, wenn sie dort gelandet wäre, hätte es ein anderes Geräusch gegeben als das, was ich gehört hatte. Sie mußte auf dem Boden sein. Vor meinem geistigen Auge konnte ich die Seife sehen: ein grünes Rechteck, etwa sechs mal vier Zentimeter groß; ein Gegenstand, den man auf dem blau-weißen Mosaik der Fliesen sofort hätte sehen müssen. Es war lächerlich! Ich begann vom einen Ende des Raumes her, mich systematisch rückwärts zu bewegen, wobei ich meine Augen in einer geraden Linie zur gegenüberliegenden Wand hin- und herschweifen ließ. Ich erfaßte bei jedem Schritt ein paar Reihen Fliesen mehr und suchte so den ganzen Boden ab. Nachdem ich dies fünf- oder sechsmal getan hatte, machte ich das verflixte Ding von Seife neben dem Wäschekorb aus-

findig. Als ich sie aufhob, wurde mir klar, daß ich auch das Beispiel für *pattern matching* gefunden hatte, das ich brauchte.
Was bedeutet es, wenn ich sage, ich habe die Seife »ausfindig gemacht«? Jeder hat schon einmal etwas gesucht, von dem er »wußte«, daß es da war, und kann bestätigen, daß das, was in einer solchen Situation scheinbar vor sich geht, folgendes ist: Wir haben ein Bild von dem gesuchten Objekt in unserem Kopf und wir zeigen Suchverhalten, bis etwas in der Außenwelt diesem Bild entspricht. An diesem Punkt hört das Suchverhalten auf; das Muster, das die Signale bilden, die von der Außenwelt hereinkommen, entspricht demjenigen, welches das Suchverhalten leitete. Die technischen Einzelheiten der sogenannten fehlerkorrigierenden Feedbackschleife, die dieses Ordnen möglich machen, werden in der Abbildung 3.1. dargestellt. Dieses sehr vereinfachte Diagramm basiert auf der Computersimulation von William T. Powers, mit der aufgezeichnet wurde, wie das Gehirn seine Darstellung der Realität erzeugt (1973).
Diese graphische Darstellung soll kein anatomisches Modell sein. Sie ist ein Flußdiagramm, eine Auflistung von Funktionen, die das Gehirn der Reihe nach vollziehen muß, um die Aufgabe des Mustervergleichs zu erfüllen. Obwohl es durch die Erfindung von analogen und digitalen Computern möglich wurde, über das Denken wissenschaftlich zu denken, ist das Gehirn kein Computer; und kein Computer, der bis heute entwickelt wurde, ist ein Gehirn. Forscher haben durchaus zugegeben, daß sich noch vieles unserem Verständnis entzieht, obwohl wir schon einiges über das Funktionieren des menschlichen Gehirns gelernt haben. Was Computer und Gehirn – und alle lebenden Zellen – gemeinsam haben, ist, daß ihr Output oder Verhalten von der Information bestimmt wird, die durch den Input erzeugt wird: daher die Analogie zwischen dem Mustervergleich beim Computer und beim Gehirn.
Um Ordnung herzustellen, muß das Gehirn eine Reihe von Operationen vornehmen (siehe Abbildung 3.1.; von unten links im Uhrzeigersinn). Zuerst muß das Gehirn die Reize, die ständig in qualitativ undifferenzierten Wellen elektrischer oder chemischer Irritationen (Sensorischer Input 1) auf das System einwirken, in Signale umwandeln, die das Gehirn verwenden kann. Wenn die Reize umgewandelt sind, wird das erzeugte Muster mit dem Erwartungsmuster verglichen, welches das Ziel dieser spezifischen Rückkoppelungsschleife ist. Ein Fehlersignal wird ausgelöst, wenn das Zielmuster und das Muster, das die hereinkommende Realität darstellt, signifikant voneinander abweichen. Der Zweck des Fehlersignals besteht darin, die Entscheidungsfunktion des Gehirns zu stimulieren. Diese wiederum wählt aus verfügbaren Verhaltensprogrammen aus – seien sie nun vererbt oder erworben –, die in der Lage sind, die Diskrepanz zu korrigieren. Diese Verhaltensaktivität erzeugt erneuten sensorischen Input (sensorischer Input 2), der wieder mit dem entsprechenden Signal des Zielmusters verglichen wird, bis das Fehlersignal aufhört, und mit ihm die

Verhaltensaktivität. Daher der Name *Feedback- oder Rückkoppelungsschleife:* Die Ergebnisse des Verhaltens werden in das System zurückgemeldet; dort wird ständig überprüft, ob das Ziel erreicht wurde;

Abbildung 3.1

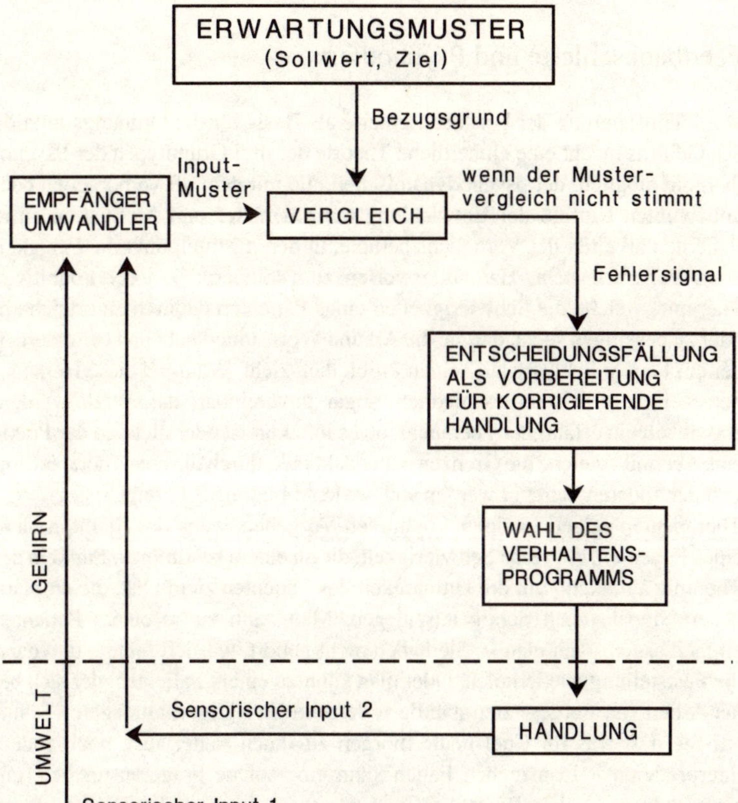

Fehler und Abweichungen korrigierende oder Negative Feedbackschleife

oder, wenn es nicht erreicht wurde, wieviel noch fehlt und was weiter getan werden muß, um Erfolg zu haben.

Die Aktivität des *pattern matching*, die durch das Prinzip der fehlerkorrigierenden Feedbackschleife kontrolliert wird, ist nicht auf das Gehirn beschränkt, sondern ist die Basis für alles Leben, angefangen bei der einfachsten Zelle bis hin zum komplexesten Organismus. Nach Ansicht des Informationstheoretikers Jeremy Campbell (1982) gestalten lebende Strukturen – solange sie entwicklungsfähig sind – ihr Schicksal, indem sie ihren Input benützen, um ihren Output abzuwägen: das heißt, sie antworten auf Stimulation nicht mit einfachen Energietransformationen, wie es unbelebte Strukturen tun, sondern mit Energietransformationen, die davon bestimmt werden, welche Bedeutung die hereinkommenden Stimuli für ihre kodierten Ziele haben.

Feedbackschleife und Psychotherapie

Die Identifizierung der Feedbackschleife als Basis für die Ordnungsfunktion des Gehirns macht eine einheitliche Theorie der drei Grundtypen der Psychotherapie möglich: der psychodynamischen, die mit dem oft verborgenen oder unbewußten Einfluß der Entwicklung auf Charakter und Motivation eines Patienten arbeitet; der Verhaltenstherapie, in deren Mittelpunkt die Fähigkeit eines Patienten steht, Handlungsweisen zu verändern; und der kognitiven Therapie, welche die Schwierigkeiten eines Patienten dadurch zu erleichtern oder zu beseitigen sucht, daß sie die Art und Weise untersucht und verändert, in der ein Patient Schlüsse aus seinen Problemen zieht. Während diese Herangehensweisen oft als unterschiedlich, sogar unvereinbar, dargestellt werden, entwickelt ein erfahrener Therapeut, ob es ihm klar ist oder nicht, in der Praxis eine Technik, welche die Grenzen außer acht läßt, durch die eine Therapieform von der anderen getrennt werden soll – wie Abbildung 3.1. zeigt.

Therapeuten neigen zu einem kognitiven Vorgehen, wenn das Hauptproblem eines Patienten, oder eine Schwierigkeit, die an einem bestimmten Punkt in der Therapie auftaucht, mit der Unfähigkeit des Patienten zu tun hat, die empfangenen Signale auch richtig auszulegen. Man kann zu so einem Patienten einfach sagen: »Ich glaube, Sie haben nicht gehört, was ich sagte«, und dann die Feststellung wiederholen. Oder man kann zu einem Patienten, der sich bei der Arbeit von Vorgesetzten ständig verletzt und beleidigt fühlt, sagen: »Könnten Sie das, was Ihr Chef heute morgen zu Ihnen sagte, auch noch anders interpretieren?« In manchen Fällen kann eine solche Frage ausreichen, um einen therapeutischen Prozeß in Gang zu setzen, in dem sich Therapeut und Patient mit den Fehldeutungen befassen, zu denen der Patient gelangt, weil er im Laufe der Jahre Erwartungsmuster aufgebaut hat, die jetzt nicht mehr angemessen sind. Ich hatte einen Patienten, der von seiner Mutter im Alter von acht Jahren verlassen wurde und später die kleinste Uneinigkeit mit seiner Frau als Bedrohung, verlassen zu werden, erlebte. Seine Ehe war im Grunde tragfähig, und er reagierte nach kurzer Zeit sehr gut auf meine Bemühungen, ihm zu helfen, eine an dere Einschätzung der angstauslösenden Situationen zu entwickeln.

In vielen Fällen handelt es sich natürlich nicht einfach um ein Problem von Mißverstehen oder falscher Interpretation auf seiten des Patienten, sondern um sein Bedürfnis, das, was geschieht, mißzuverstehen, um einem Erwartungsmuster zu entsprechen, das mächtiger ist als das, was der Patient bewußt anstrebt. Das ist ein Phänomen, das man oft bei Patienten beobachten kann, die Arbeits- oder Lernstörungen haben. Ich kenne extrem intelligente und talentierte Frauen, die sich aussichtsreiche Karrieren kaputtmachen, weil sie früh in der Kindheit die Botschaft erhielten, daß Weiblichkeit und Minderwertigkeit Hand in Hand gehen, daß Durchsetzungsfähigkeit unweiblich ist. Eine primär kognitive Technik ist in solchen Fällen nicht effektiv; statt dessen ist eine psychodynamisch aufdeckende Herangehensweise angezeigt, die das Ziel hat, verborgene Überzeugungen zu erforschen, welche die Pläne des Erwachsenen durchkreuzen.

Eine dritte Gruppe von Schwierigkeiten kann dadurch angegangen werden, daß man Verhaltenstrategien ersinnt und als Hilfsmittel einführt, die das Mißverhältnis zwischen Erleben und Erwartung korrigieren. Hier muß der Therapeut einem Patienten oft helfen, neue Möglichkeiten angemessenen Verhaltens zu entwickeln und zu testen, um das zu erreichen, was er sich vorgenommen hat. In der Marine hatte ich häufig zu entscheiden, ob neue Rekruten als »untauglich« vom Dienst entlassen werden sollten. Viele dieser jungen Männer hatten wiederholt Schwierigkeiten mit Autoritäten, obwohl sie fleißig nach oben strebten. Sie wurden zunehmend depressiv, als ihre gewohnten Verhaltensweisen gegenüber ihrer Umwelt nur dazu führte, daß ihre Inkompetenz immer deutlicher wurde, und sie ihre Selbstachtung verloren. Oft war nichts anderes nötig, als ihnen die Sprache ihrer neuen Umgebung beizubringen: »Deck« anstatt »Stockwerk« zu sagen; »Schott«, und nicht »Wand«; »Pütz« statt »Toilette«; und vor allem mußten sie lernen, daß jedes zweite Wort »Sir« zu sein hatte, wenn sie mit einem Offizier sprachen. Hatten sie diese Verhaltensstrategie erst einmal in die Tat umgesetzt, wirkte sie selbstverstärkend, da die jungen Männer immer mehr akzeptiert wurden. Bald hatten sie das nötige Selbstvertrauen, um die Fachkenntnisse, in denen sie ausgebildet wurden, gut zu lernen, und machten ihren Weg.

Sogar in den relativ unkomplizierten Beispielen, die ich gerade gegeben habe, wird deutlich, daß der Therapeut im Laufe der Behandlung wahrscheinlich eine Kombination von psychodynamischen, verhaltenstherapeutischen und kognitiven Techniken anwenden wird, wenn auch in einer bestimmten Therapie eine therapeutische Strategie überwiegen mag. Dies wird ganz sicher der Fall sein, wenn der Therapeut während einer Sitzung mehrere Zugangswege benutzen muß, um das den Patienten in einer Stunde bewegende Anliegen aufrechtzuhalten. Die ausführlichen klinischen Falldarstellungen in den Kapiteln 7 bis 10 veranschaulichen dies. Dispute darüber, welche Methode »besser« ist, sind bedeutungslos, sobald man versteht, daß alle Therapieformen gültig sind, wenn man sie unter dem Blickwinkel der Ordnung schaffenden und Ordnung aufrechterhaltenden Gehirnfunktionen betrachtet.

Der zentrale Stellenwert der Information

Wie in der Herzchirurgie, wo ein Patient vorübergehend an eine Maschine angeschlossen wird, welche die Funktion des Herzens und der Lungen für die Dauer der Operation übernimmt, die den Körper wieder in Stand setzen soll, richtig zu arbeiten, leiht der Psychotherapeut dem Patienten so lange sein Gehirn, bis das, was auch immer die psychischen Funktionen dieses Patienten beeinträchtigt, korrigiert werden kann. Natürlich ist diese Ankoppelung an das Gehirn in der Psychotherapie funktionell, nicht anatomisch zu sehen; und was Therapeut und Patient austauschen, ist nicht Blut, sondern Information: Genauer gesagt, der Therapeut versucht das Rohmaterial zu liefern, aus dem Information entstehen kann.

Was beispielsweise Al Gertz motivierte, sein Verhalten zu ändern, war Information – eine Information, die äußerst eindrücklich vermittelte, daß mein Bild von ihm sich von seinem Selbstbild definitiv unterschied. In Dr. Osgoods Fall erzeugten Inaktivität und Konfusion eine Information, die sein negatives Selbstbild verstärkte. Sein Zustand verbesserte sich, als ich ihn dahingehend beeinflußen konnte, sich so zu verhalten, daß er eine anders geartete Information erhielt. Als er merkte, daß er wieder etwas leisten konnte, war er in der Lage, Schritt für Schritt sein altes Selbstkonzept zu mobilisieren, das ihm die ganzen Jahre zuvor gute Dienste getan hatte. Als man Mrs. Senoj half, die Bedeutung der Geschehnisse in ihrer Familie neu zu überdenken, erzeugte sie ebenfalls neue Informationen, oder, vielleicht genauer ausgedrückt, ihr wurde geholfen, bewußt zu beobachten, was sie bereits unbewußt erkannt hatte, aber wogegen sie sich noch hatte wehren müssen. Daß Information dazu führt, daß etwas geschieht, ist nichts neues. Es wurde jedoch erst mit der Entdeckung der Kontrolltheorie – nach Norbert Wiener (1956) – auch *Kybernetik* genannt – möglich, eine wissenschaftliche Beschreibung des Prozesses zu geben, in welchem das Verhalten durch Information bestimmt wird.

Der Begriff *Information,* wie er in der Kommunikationswissenschaft gebraucht wird, hat eine andere Bedeutung als in der Alltagssprache, wo er ein Synonym für *Wissen* ist. Die Kontrolltheorie definiert Information als den Effekt, den ein kodiertes Signal auf die Verminderung von Ungewißheit bei einem Empfänger hat, der mit Wahlmöglichkeiten konfrontiert ist. Information ist ein Sammelbegriff für das, was von der Aktivität einer Feedbackschleife (Abb. 3.1.) erzeugt wird, und ihre Funktion ist es, den Entscheidungsprozeß zum Abschluß zu bringen. Sie ist quantifizierbar und wird in »Bits« gemessen. Ein *Bit* Information wird als der Inhalt einer Nachricht definiert, der die Wahlmöglichkeiten für den Empfänger um die Hälfte reduziert.

Ein Autofahrer beispielsweise, der sich einer Ampel nähert, die gerade auf Rot springt, ist mit zwei Möglichkeiten konfrontiert – weiterfahren oder anhalten. Der Empfang der Lichtwellen der Ampel und ihre Transformation in die

Sprache des Gehirns schaffen ein Muster, das mit passenden Zielen im Skript des Gehirns oder in der Sammlung von gelernten Programmen verglichen wird, die mit Autofahren zu tun haben, einschließlich der persönlichen und gesetzlichen Gefahren bei der Mißachtung der gesellschaftlich festgelegten Verkehrsregeln. Die Signale, die auf die fortgesetzte Vorwärtsbewegung des Wagens schließen lassen, sind nicht vereinbar mit dem Erwartungsmuster, das mit dem roten Ampellicht assoziiert ist; es wird ein Fehlersignal ausgelöst; eine der zwei Alternativen, die dem Fahrer offenstanden, besteht nicht mehr; der Fahrer erhält den Auftrag, den Wagen zu stoppen. Dadurch werden dann die richtigen Muskelbewegungen ausgelöst, um die Bremse zu drücken. Die Empfindungen, die mit der Verlangsamung des Wagens beim Bremsvorgang assoziiert sind, werden wieder dem Gehirn gemeldet und erzeugen die Nachricht, daß dem Erwartungsmuster, das mit der roten Ampel assoziiert ist, entsprochen wurde, und daß die Energieaufwendung für die Muskelbewegungen beim Bremsen beendet werden kann.
Im normalen Gespräch werden solche Vorgänge leicht vereinfacht, indem sie verdinglicht werden: das heißt, wir sprechen von Information, die erzeugt wird, und Entscheidungen, die gefällt werden, als bezögen wir uns auf identifizierbare äußere Ereignisse – »Die rote Ampel ließ mich halten« oder »Die rote Ampel sagte mir, daß ich halten soll«. Psychotherapeuten jedoch, die ja ständig und intensiv damit befaßt sind, Hindernisse bei der Informationsverarbeitung herauszufinden und zu beseitigen, müssen die Verkürzung als solche erkennen. Wenn der Therapeut die Entscheidungsfällung als intrapsychischen Prozeß versteht, der von bestehenden Erwartungsmustern geleitet wird, so hilft ihm das, bei den Schwierigkeiten eines Patienten effektiv intervenieren.

Die Psyche heute

Jahrhundertelang entzog sich zielgerichtes Verhalten im allgemeinen und menschliches Verhalten im besonderen einer wissenschaftlichen Erklärung. Jeder konnte sehen und fühlen, wodurch ein Felsblock von einem Ort zum anderen bewegt wurde: der Fels hatte kein Mitspracherecht; man trat einfach hinter ihn und stieß ihn an. *Energie* ist das Maß, auf das sich die Wissenschaftler zur Erklärung und Quantifizierung der Kraft einigten, die dabei aufgewendet wird, physikalische Arbeit, das heißt, die Bewegung von Masse über eine Entfernung hin, zu leisten. Aber welche Kraft bewegte den Beweger? Es schien eine innere Stimme zu geben, die sagte: »Tu das.« Die alten Griechen schrieben Motivation oder Aktion der Psyche zu – *psyche* war das Wort für »Wind«. Es war eine Anspielung auf die Kraft, die hinter zielgerichtetem Verhalten steckt, die mächtig, aber unsichtbar war, wie der Wind. Wie in dem vorherigen Beispiel erläutert, stellt die Erzeugung von Information eine Form von Kraft dar, denn sie gibt in einem System, das mit Wahlmöglichkeiten konfrontiert ist, ein bestimmtes Verhalten zugunsten eines anderen in Auftrag. Information ist die psychische oder psychologische Kraft, die hinter jedem Verhalten steht, sie ist die Motivation für Verhalten. Information ist die Kraft, mit der der Psychotherapeut – und eigentlich jeder, der mit menschlicher Motivation umgeht – zu tun hat.

Die *Thermodynamik* (wörtlich die »Bewegung von Hitze«), gemessen und ausgedrückt in Begriffen der Energietransformation, liefert den Rahmen, um die Daseinsform von unbelebten Objekten zu verstehen. Es ist das Energiekonzept, das Freud bei der Physik entlieh und, zuerst wörtlich und später metaphorisch, benutzte (Freud 1940, SS. 162 – 64; Basch 1981). Er wollte damit die Intensität von Gedanken quantifizieren. Tatsächlich sind wir in der Alltagssprache daran gewöhnt, unsere Denkprozesse als mehr oder weniger »energisch« zu bezeichnen. Wir müssen uns jedoch heute, und auch in Zukunft, nicht mehr mit diesem unangemessenen physikalischen Reduktionismus begnügen. Der moderne Begriff *Psychodynamik* kann so verstanden werden, daß er sich auf die Bewegung zielgerichteter Systeme auf Entscheidungen hin bezieht. Dieser Prozeß wird mit Maßen und Begriffen der Informationstheorie gemessen und ausgedrückt. So bekommt die einst mysteriöse Psyche aus dem Königreich des Übernatürlichen den Anschluß an die Wissenschaft, die nach Ordnung in der Natur sucht.

Die Illusion der äußeren Realität

Als ich mir sagte: »Ich muß diese Seife auf dem Boden finden«, schien sich das Ziel außerhalb meines Gehirns zu befinden. Im Grunde jedoch versuchte ich sensorische Signale zu finden, die dem entsprachen, was ich bereits im Kopf hatte – ein früher erworbenes und kodiertes Muster von Gefühl, Tastempfinden und Geruch, genannt »meine Seife«. Ich versuchte, ein Muster zuzuordnen, das nicht einer dem Wörterbuch entstammenden abstrakten Definition von *Seife* entsprach, sondern einer oder mehreren Erfahrungen von mir, die Aussagen wie »Laß es so aussehen« und »Laß es sich so anfühlen« entsprachen. Solange der Vergleich fehlschlug – »Es sieht nicht so aus« und »Es fühlt sich nicht so an« – sendete das Gehirn ein Fehlersignal, »Versuch es weiter«, das Verhaltensprogramme aktivierte, die für die Förderung eines solchen Mustervergleichs verfügbar waren. Ich schaltete ein Programm ein, das mich den Boden mit meinen Augen absuchen ließ. Wäre die Zuordnung weiterhin gescheitert, wären weitere Fehlersignale gesendet worden, hätte ich vielleicht andere Verhaltensprogramme probiert. Ich hätte beispielsweise meine Frau oder eines meiner Kinder rufen können, um mir bei der Suche nach der verschwundenen Seife zu helfen. Das erste Verhaltensprogramm funktionierte jedoch zufriedenstellend – es gelang mir, die äußere Realität meinem Ziel zuzuordnen. Als dies geschah, wurde das Verhalten beendet, das sich auf dieses bestimmte Erwartungsmuster bezog. An dieser Stelle der Entwicklungsspirale (siehe Abbildung 2.1., Seite 36) erlebte ich Kompetenz und einen kleinen Zuwachs an Selbstachtung (»Bin ich nicht gescheit?«). Außerdem wuchs mein Vertrauen, daß ich, wenn etwas verlorengeht und verlegt wird, wahrscheinlich einen Weg finden werde, es wiederzufinden.

So wenig bemerkenswert dieses Beispiel auch ist, die Kernaussage ist allgemein zutreffend: Das Maß, nach dem man seine eigene Kompetenz oder Inkompetenz beurteilt, ist immer innerlich, nicht äußerlich. Somit ist es unmöglich, psychotische Patienten zu überreden, Täuschungen und Halluzinationen aufzugeben, die sie angesichts widersprüchlicher externer Signale, deutlich wahrgenommenen Sinnesempfindungen und dem gesunden Menschenverstand haben. So kommt es, daß der Reisende, der sich in der Wüste verläuft, eine Oase halluziniert und mit einem Lächeln auf seinem Gesicht stirbt; er hat in seinem Kopf das gefunden, wonach er suchte. Ist diese Suche erfolgreich verlaufen, hören die Anstrengungen auf, weiterzumachen.

Seit der Zeit, als wir sprechen lernten, wurde uns beigebracht, die Zweiteilung der Welt in innen und außen als »natürlich« oder offensichtlich zu akzeptieren. Die äußere Welt ist die »wirkliche« oder »objektive« Welt – das bedeutet, die Welt der Dinge, die vermutlich unabhängig von uns und unserer Beobachtung »da sind«. Die »innere« oder »mentale« Welt dagegen ist irgendwie unwirklich, subjektiv; man kann ihr nicht ganz trauen, da sie aus unseren Schöpfungen besteht – »Ideen«, »Gefühle« und dergleichen. Diese Zweiteilung ist buchstäblich in die Sprachen der westlichen Zivilisation eingegangen. Die Arbeit von Forschern, die den Wahrnehmungsprozeß untersucht haben – beispielsweise H. F. Brandt (1945) und Rudolf Arnheim (1969) – zeigt jedoch, ganz gleich, ob jemand seine Wahrnehmungen in die Außenwelt projiziert und dies »objektive Realität« nennt, oder ob er sie in einem vorgestellten, nicht-körperlichen Organ mit der Bezeichung »Geist« (*mind*) ansiedelt und sie »geistig«, »psychisch« oder »subjektiv« nennt – die Realität, auf die wir reagieren und die die einzige Realität ist, die wir kennen, ist eine Konstruktion des Gehirns des jeweiligen Betrachters. Abgesehen von der Bedeutung, die diese Ablehnung der vertrauten Zweiteilung in Geistig-Psychisches und äußere Realität für die Psychologie und für die Wissenschaft im allgemeinen hat (Basch 1975a, S. 520), hat sie wichtige Konsequenzen für die psychotherapeutische Technik zur Folge.

Im Alltag mag es kein großer Unterschied sein, ob ich mir sage: »Ich muß diese Seife auf dem Boden finden«, oder ob ich denke: »Ich muß das Muster 'meine Seife', so wie es in meinem Gehirn registriert ist, dem Muster 'Seife' auf dem Boden zuordnen.« Anders ist es, wenn es nicht allein um ein physikalisches Objekt geht, das in allgemeiner Übereinstimmung validiert werden kann, sondern wenn, um ein Beispiel zu nennen, persönliche Werte auf dem Spiel stehen. Probleme wie z. B. das Gefühl, nicht geliebt und/oder nicht liebenswert zu sein, veranlassen Menschen nicht selten, in Psychotherapie zu gehen. In

solchen Fällen hilft es dem Therapeuten wenig, wenn er eine Patientin beispielsweise darauf hinweist, daß X, Y und Z sie selbstverständlich lieben und sie als liebenswert ansehen, wie man ihrer Geschichte entnehmen kann. Die Aufgabe des Therapeuten ist es vielmehr, der Patientin bei der Entdeckung und genaueren Erforschung des Musters zu helfen, das sie in der Außenwelt zu finden versucht, und das durch die Liebe von X, Y und Z nicht befriedigt wird.
Die logische Folge der Erkenntnis, daß Verhaltensziele eher von innen als von außen bestimmt werden, lautet, daß die Ziele eines Menschen nicht verstanden werden können, wenn man einfach nur das Verhalten oder das, was es bewirkt, beobachtet. Um die Motive oder Ziele eines anderen verstehen zu können, ist es erforderlich, daß man in die Gedanken dieser Person irgendwie eingeweiht ist. Zum Beispiel hätte niemand, der mich dabei beobachtet hätte, wie ich den Badezimmerboden absuchte, sofort wissen können, was ich da tat. Suchte ich nach Rissen in den Badezimmerfliesen? Nach einem Geldstück, das ich fallengelassen hatte? Übte ich laut Anweisung meines Augenarztes meine Augenmuskeln auf diese spezielle Art und Weise? Sogar, wenn jemand gesehen hätte, wie ich das Stück Seife aufhob, hätte er nicht wissen können, ob dies meine Absicht war oder nur ein zufälliges Nebenprodukt, das mit meinem eigentlichen Ziel nichts zu tun hatte. Nur wenn jemand fragte, was ich tat – und wenn ich dies erzählen wollte – konnte er wissen, daß ich in Wirklichkeit auf der Suche nach einem Stück Seife war, das ich aus Versehen hatte fallen lassen – vorausgesetzt, ich log nicht. Mit anderen Worten, Verhalten erklärt sich nicht, oder zumindest nicht notwendigerweise, von selbst.
Um noch ein anderes Beispiel zu nennen, Al Gertz, der Taxifahrer, verhielt sich mir gegenüber sehr ärgerlich und abweisend. Der erste Effekt war der, daß ich Angst empfand und er meine Gegnerschaft erweckte. Dies war jedoch natürlich nicht sein primäres Ziel. Mit seinem Verhalten versuchte er, wenn auch auf sehr kontraproduktive Art und Weise, sich zu stützen; er versuchte, seine Selbstachtung aufrechtzuerhalten angesichts einer als unempathisch empfundenen Welt; einer Welt, die ihn eher verspottete als daß sie ihm bei seinem Problem half.
Eine zusätzliche und wichtige Komplikation ist darin zu sehen, daß ich auf meiner Suche nach der verschwundenen Seife jedem Interessierten erzählen konnte, warum ich tat, was ich tat, während Al Gertz Sinn und Zweck seines Verhaltens nicht artikulieren konnte. Bestenfalls hätte er auf Nachfrage eine wenig überzeugende, sich auf äußere Umstände beziehende Rationalisierung abgeben können, um seinen Ärger zu rechtfertigen – »Ärzten geht es zu gut, etc«. Die gleichen unbefriedigenden Erklärungsversuche hört man regelmäßig in der Psychotherapie; Patienten sind meist nicht in der Lage, dem Therapeuten den wahren Grund zu nennen, warum sie sich auf die eine oder andere Art und Weise problematisch verhalten. Dieses Problem wurde von Freud der Betrachtung unterzogen (1900, 1915c). Er postulierte ein *System des Unbewußten*, das

die Verhaltensziele eines Menschen hervorbringt und diese in vielen Fällen vor dem Bewußtsein und reflektierender Betrachtung verbirgt. Die Betonung der unbewußten Motivation ist einer von Freuds wichtigsten Beiträgen. Er stellt die Grundlage der aufdeckenden Psychotherapie dar.

Wie das unbewußte Denken funktioniert

Wenn man dem Denken das Eigenschaftswort »unbewußt« zuordnet, so bezieht sich das auf Freuds klinische Beobachtung, daß das Gehirn des Menschen Entscheidungen trifft, Verhalten in Gang setzt und Probleme löst, ohne daß dieser sich dieses Prozesses subjektiv bewußt ist; tatsächlich kann es einem zu Zeiten unmöglich sein, sich dessen, was einem geschieht oder warum es geschieht, bewußt zu werden.[2]

Man ist sich gewöhnlich der Tätigkeit des Verdauungstraktes oder der Atmungsorgane nicht bewußt. Wenn man jedoch verdorbene Nahrungsmittel zu sich nimmt oder plötzlich die Luft knapp wird, wird man sich schnell der Tatsache bewußt, daß etwas schiefgelaufen ist, daß etwas Unerwartetes geschehen ist. In dieser Hinsicht funktioniert das Gehirn nicht anders als die anderen Körperorgane: es achtet so lange nicht auf sich selbst und seine Aktivität, wie der Mustervergleich reibungslos abläuft.

Gerade weil man von der Gehirntätigkeit keine direkte Kenntnis hat, ist es so schwer zu akzeptieren, daß die problemlösenden Aktivitäten des Urteilens und Denkens außerhalb des Bewußtseins (Selbst-Gewahrseins) ablaufen. Oder wie es Karl Lashley, ein Pionier auf diesem Gebiet, ausdrückte, mentale Prozesse sind nie bewußt (1958): das heißt, Bewußtheit geschieht nach dem Ereignis und sollte korrekterweise *bewußte Reflexion* genannt werden, da sie immer mit Wahrnehmungen oder Vorstellungen zu tun hat, die bereits von der Aktivität des Gehirns formuliert wurden. Dieses Konzept wird heute nicht nur von der klinischen Evidenz der Psychoanalyse unterstützt, sondern auch von Entdekkungen der Neurophysiologie. Experimente haben erwiesen, daß es eine meßbare Lücke von 1/5 bis 1/2 Sekunde gibt zwischen dem Moment, in dem ein Stimulus kortikal registriert wird und dem Moment, in dem er bewußt wird (Eccles 1970; Libet et al. 1979). Dieses Intervall, so minimal es auch im Vergleich zu sonstigen Zeitbegriffen erscheinen mag, gewinnt im Zusammenhang mit der Gehirnphysiologie eine große Bedeutung. Es gibt mehr als 10 Milliarden Neuronen im Gehirn, mit wahrscheinlich 60000 bis 100000 funktionellen Verbindungen, die zwischen jeder Nervenzelle und ihren Nachbarzellen hergestellt werden; da die Übertragung von Impulsen zwischen Nervenzellen nur 1/1000 Sekunde des 1/5 bis 1/2-Sekundenintervalls zwischen der Registrierung des Stimulus und der Möglichkeit, bewußt zu werden, benötigt, trifft das Gehirn buchstäblich Milliarden von Entscheidungen hinsichtlich der Bedeutung und der Implikationen dessen, was es registriert hat, während der transformierte Stimulus mit den bestehenden Programmen, Skripts und anderen Mustern verglichen wird, die der Orientierung und Anpassung des Organismus an die Umwelt dienen. Überdies kann die große Mehrheit der Entscheidungen, die mental getroffen werden, niemals bewußt werden, da das Gehirn Tausende von Informationsbits in der Sekunde verarbeiten kann, während das Individuum nur etwa zwanzig Bits Information pro Sekunde in bewußtem Zustand schafft. Diese Befunde erhärten J. Winsons (1985) Annahme, daß die Gehirnfunktion des *pattern matching* eine neurophysiologische Basis für Freuds System des *Unbewußten* liefert.

Solange der Problemlösungs- oder *pattern matching*-Prozeß ungestört verläuft, besteht für das Gehirn kein Anlaß, auf die bewußte Reflexion zurückzugreifen, um die Ausführung mentaler Arbeit zu unterstützen. Schon 1890 machte William James darauf aufmerksam, daß Bewußtheit nur als Reaktion auf ein Problem aufzutauchen scheint. Diese Vorstellung, angewendet auf unser gegenwärtiges Verständnis der Funktionsweise des Gehirns, gestattet uns folgende Aussage: Wenn die Aktivität des *pattern matching*, die wir Denken nennen, erfolglos ist, kann das Gehirn mittels des Phänomens der Bewußtheit erneut aufzeigen, »re-präsentieren«, was nicht paßt; nun kann das Gehirn dies so oft wie nötig immer wieder überprüfen, bis es entweder bestehenden Erwartungen zuzuordnen ist, oder die Entscheidung getroffen wird, es zu ignorieren, oder ein neues Muster oder eine Variation eines alten Musters geschaffen wird (Basch 1975a).

Wenn man beispielsweise auf vertrauten Straßen nach Hause fährt, ist man sich gewöhnlich der Leitplanken nicht bewußt; das bedeutet jedoch nicht, daß man nicht acht gibt, wo man hinfährt. Das Muster des Heimwegs ist so gut verankert, daß man sich seiner nicht bewußt werden muß, denn das, was man unbewußt von Augenblick zu Augenblick erlebt, ist ausreichend mit den bestehenden Erwartungen des Gehirns verknüpft.

Es muß jedoch nur etwas fehlen oder unbekannt erscheinen – sagen wir, ein Schild, das Straßenarbeiten ankündigt –, und man wird sich sofort des neuen, unerwarteten Ereignisses bewußt, das kurz zuvor registriert wurde, um dann dementsprechend seine Erwartungsmuster neu einzustellen. Es ist schwer nachzuvollziehen, daß das eben erwähnte Schild nicht zuerst im Bewußtsein war und anschließend darüber nachgedacht wurde, sondern daß vielmehr zunächst entsprechende Gedanken abliefen und dann erst Bewußtheit entstand, so als sollte sichergestellt werden, daß die richtigen Folgerungen gezogen wurden. Da wir außerdem daran gewöhnt sind, Bewußtsein nicht nur mit Gedanken, sondern auch mit Aufmerksamkeit gleichzusetzen, sagen wir wahrscheinlich: »Oh, ich bin die Schnellstraße entlang gefahren ohne aufzupassen, bis ich das Schild sah, das die gerade begonnenen Straßenarbeiten anzeigte, und dann entschied ich, abzubiegen und einen anderen Heimweg zu nehmen.« Aber so geht es nicht vor sich. Wenn der Betreffende nicht aufgepaßt hätte, wäre sehr schnell ein Unfall passiert. Bewußtsein wird nur dann ins Spiel gebracht, wenn das, worauf man aufmerksam wird, keinen Sinn macht – das bedeutet, wenn es nicht mit den Erwartungen übereinstimmt, die sich aufgrund früherer Erfahrungen gebildet haben.

Die meisten Patienten kommen mit dem Gefühl in Psychotherapie, daß etwas Unerklärliches ihre Fähigkeit stört, bestimmte Probleme zu lösen und sich auf die seither gewohnte Weise den Erfordernissen des Lebens anzupassen. Es ist so, als sei der Autofahrer – um bei meiner Analogie zu bleiben – unfähig, die Straßenschilder zu erkennen, die dazu da sind, ihn zur angemessenen Veränderung seines gewohnten Verhaltens aufzufordern, zu erkennen und diese somit zu beachten; statt dessen fährt er weiterhin so, als hätte sich die Situation nicht verändert. Möglicherweise stört die Unfähigkeit des Autofahrers, die Hinweise auf den Schildern zu nutzen, seine Weiterfahrt und bringt ihn zum Halten. Genauso bei Patienten: Wenn eine neue Situation einem bestimmten Erwartungsmuster widerspricht, das der Patient unbewußt als notwendig für sein psychisches Überleben ansieht, kann er sich der Diskrepanz oder ihrer Bedeutung nicht bewußt werden, um dann angemessene Muster zu entwickeln, die zu den neuen Umständen passen. Statt dessen wird die alte Ordnung aufrechterhalten, oft auf Kosten der Gesamtanpassung des Betroffenen.

Unterbrechung oder Störung des Kreislaufs – vom Entscheiden zu Verhalten zu Kompetenz zu Selbstachtung – führt zu fehlangepaßten Entscheidungen und ebensolchem Verhalten, was dann möglicherweise eine psychotherapeutische Bearbeitung notwendig macht. In der Behandlungssituation muß der Therapeut aufgrund dessen, was ein Patient sagt, fühlt und in bestimmten Situationen tut, entscheiden, wie er die Entwicklungsspirale am besten betritt. Es ist die Aufgabe des Therapeuten, dem Patienten zu helfen, aus selbstbehindernden Kreisläufen auszusteigen, um neuen Input erhalten und richtig verwenden zu können.

Zusammenfassend gesagt, ist mentale Arbeit ein Produkt der Funktion des *pattern matching*, dessen Ziel oder Zweck darin besteht, aus den vielen Reizen, die auf das Gehirn einwirken, eine sinnvolle Ordnung herzustellen. Diese ordnende Aktivität oder *pattern matching* ist im wesentlichen und, zumindest zu Beginn, immer unbewußt. Optimalerweise aktiviert ein Nicht-Übereinstimmen dessen, was man erwartet, und dem, was man wahrzunehmen scheint, Bewußtsein. Dadurch wird eine erneute Betrachtung von Wahrnehmungen oder Vorstellungen möglich, bis die beiden Muster übereinstimmen; die Störung, die das Problem aufgeworfen hat, beseitigt ist; oder ein Lernprozeß stattgefunden hat. Letzterer beinhaltet das Erreichen von Übereinstimmung durch die Modifikation eines alten Musters oder das Erschaffen eines neuen. Unter dem Gesichtspunkt des Erlebens führt optimales Ordnen daher zu kompetentem Verhalten und Selbstachtung und liefert die Grundlage für eine künftige effektive Anpassung.

Nachdem es bisher um die grundlegenden Funktionsweisen des Gehirns ging, komme ich jetzt zur Betrachtung der wichtigsten Signale, die das menschliche Gehirn zu bearbeiten hat – die Stimulation, die durch unsere affektiven Reaktionen auf die Umwelt erzeugt wird.

Anmerkungen

1 Mit der Wichtigkeit von Neuformulierungen der psychodynamischen Erklärungen psychischer Prozesse unter Berücksichtigung der Informationstheorie befassen sich unter anderem auch Leslie Brothers (1988), June Hadley (1983), Fred Levin und D. M. Vuckovich (1983), Emanuel Peterfreund (1971), Morton Reiser (1984), Allan Rosenblatt und James Thickstun (1978) und Andrew Schwartz (1987 und 1988).

2 So wie Freud (1940) gebrauche ich die Begriffe *bewußt* und *Bewußtsein* im üblichen Sinne von sich gewahr sein oder wissen, daß man weiß – was der Philosoph Leibnitz (1646 – 1716) »Apperzeption« nannte. Der Begriff *bewußt*, so wie er in der Psychotherapie gebraucht wird, sollte *nicht* mit solchen Begriffen wie *aufmerksam* oder *wach* durcheinander gebracht werden. Genauso bedeutet der Begriff *unbewußt*, so wie ihn Freud gebrauchte und wie er auch heute in der Literatur der Psychoanalyse und dynamischen Psychiatrie verwendet wird, *nicht* »eingeschlafen«, »im Koma« oder »unaufmerksam«. *Unbewußt* bezieht sich darauf, daß sich jemand des Ergebnisses seiner Gehirnaktivitäten subjektiv nicht gewahr ist.

4. Der Affekt: Das Tor zur Handlung

Alltagserfahrung und klinische Befunde aus Psychotherapien bezeugen, daß die wichtigsten Informationen, aufgrund derer sich der Mensch entscheidet und handelt, nicht einfach aus dem bestehen, was er sieht, hört, riecht, berührt und schmeckt. Was auf der Verhaltensebene die Reaktion auf ein bestimmtes Ereignis bestimmt, ist die Art und Intensität des durch oder im Zusammenhang mit diesem Ereignis hervorgerufenen Affektes: Der Affekt ist das Tor zur Handlung (Basch 1976 c).[1] (Ich verwende an dieser Stelle den Ausdruck *Affekt* in sehr allgemeiner Weise, der sowohl bestimmte grundlegende körperliche Reaktionen auf Stimulation umfaßt, die schon in der Kindheit bestehen, als auch ihre späteren Umwandlungen in Gefühle, Stimmungen und Emotionen.) Die Alltagssprache bestätigt die Bedeutung des Affekts für die Psychotherapie, indem sie Begriffe wie *Affektstörung* oder *Gemütskrankheit* als Synomyme für *psychische Störung* oder *Geisteskrankheit* benutzt.

Freud (1915 c) erkannte den zentralen Stellenwert von Affekten für die Psychotherapie an, als er sagte, daß sich die Abwehr immer gegen den Affekt richtet. Mit anderen Worten: Womit auch immer ein Patient in der Therapie Schwierigkeiten hat, es liegt immer eine affektive Erfahrung zugrunde, mit der er nicht erfolgreich umgehen kann. Auch heute noch geht man in der dynamischen Psychiatrie nach Freuds Prinzip vor, wonach dem Patienten das intellektuelle Wissen über seine Probleme wenig nützt, wenn der Affekt, der mit diesen Problemen verknüpft ist, nicht auch in die Behandlung eingebracht und dann bearbeitet wird.

Es ist der Affekt, der unseren Gedanken und unserem Verhalten Bedeutung oder ein Gefühl der Stärke verleiht. So setzte Freud Affekt mit einem eindringlichen Begriff, nämlich der *psychischen Energie*, gleich (Basch 1976 a). Er setzte sich jedoch nie theoretisch mit der Komplexität affektiver Erfahrung auseinander, sondern reduzierte sie einfach auf Lust und Unlust. In dem Gefühl des Getriebenseins, das aus dem Affekt stammt und vor allem dann auftaucht, wenn man sich mit aller Leidenschaft irgendwelchen Gedanken oder Handlungen hingibt, sah Freud den Drang nach Triebabfuhr. Für ihn war der Affekt nichts anderes als der bewußte Ausdruck des Sexual- und Aggressionstriebs, welche er als grundlegend verantwortlich für alles psychologisch bestimmte Verhalten postuliert hatte.

Bis vor nicht allzu langer Zeit war dies so ziemlich alles, was man wußte. Heute können wir jedoch in unserer Theorie das berücksichtigen, was man von der Erfahrung her immer wußte, nämlich daß die Qualität und die Intensität des Affekts für die Nuancen des Verhaltens verantwortlich sind.

Der Affekt als Motivationsfaktor für Verhalten: Joe Herman sen.

Joe Herman, gelangweilt vom Fernsehen, hatte sein Haus verlassen, um einen gemütlichen Spaziergang in scinem Viertel zu machen. Nachdem er ein paar Häuserblocks weit gelaufen ist, macht ihn eine Sirene darauf aufmerksam, daß sich ein Feuerwehrwagen nähert. Seine erste Reaktion besteht in geringem Interesse an dem, was möglicherweise irgendwo geschehen war und dazu geführt hatte, daß die Feuerwehrleute ausrückten. Als ihm bewußt wird, daß die Sirene mit nicht nachlassender Intensität weiterheult anstatt sich langsam zu entfernen, macht seine Neugierde einer vagen Besorgnis Platz, die mit einer Anspannung in der Brustmuskulatur und einem Mißbehagen in der Magengrube einhergeht. Er beginnt nachzurechnen, von welchem Block der Klang der Sirenen kommen könnte. Er bleibt abrupt stehen und geht schneller als vorher in Richtung seiner Wohnung zurück. Das ununterbrochene Heulen der Sirenen erzeugt in ihm Schuldgefühle und eine krankhafte Phantasie: Er wußte, er hätte dieses ausgefranste Kabel an der Lampe im Erdgeschoß ersetzen sollen; in seiner Vorstellung sieht er seine Familie am Fenster im oberen Stock, ein Opfer der Flammen. Seine Frau hält das Baby, Joe jun.; sie wird es in ein Sprungtuch fallen lassen. Was ist, wenn sie nicht trifft? An diesem Punkt seiner Vorstellung bricht ihm der Schweiß aus, und er beginnt zu laufen. In der Minute, die er ungefähr braucht, um nach Hause zu gelangen, ist er sich des klammen Gefühls von Übelkeit bewußt, hinter dem seine Angst steckt; und der Hoffnung, daß doch nichts Katastrophales passiert sei – in diesem Falle würde es ihn beunruhigen, daß ihn die Nachbarn gesehen haben, als er wie ein Verrückter die Straße hinunterlief. Er spürt auch die Kombination von Schuldgefühlen und Wut, die er auf sich selbst richtet, weil er die Reparatur an der Elektrik versäumt hat; und er spürt Ärger über seine Frau und nimmt seine Gedanken wahr: »Es ist alles ihre Schuld. Sie hätte mich veranlassen sollen, das Kabel zu reparieren. Sie weiß, wie gefährlich offene Leitungen sein können«; gleichzeitig erkennt er, daß dies irrational und ungerechtfertigt ist.

Vom Klang der Sirene angezogen, schaut ein Paar aus seinem Fenster und sieht Joe die Straße hinunterrennen. »Ist das nicht Joe Herman?« sagt die Frau zu ihrem Mann. »Ich hoffe, es ist nicht sein Haus. Vielleicht gehst du besser hin und schaust, ob du helfen kannst.«

Als Joe um die Ecke biegt, sieht er, daß die Feuerwehrleute einen Brand in einem Haufen Laub am Bordstein löschen. Ein Gefühl von Erleichterung und Dankbarkeit durchströmt seinen Körper, als die Spannung in seinen Muskeln nachläßt. Er fällt wieder in ein langsames Gehtempo, lächelt und pfeift vor sich hin. Anstatt seinen Spaziergang fortzusetzen, geht er nach Hause und repariert den elektrischen Anschluß. Danach bemüht er sich, zu seinen Kindern besonders nett zu sein, und es gefällt ihm sogar, wenn sie beim Spielen laut sind.

Am nächsten Tag erzählt Joe Herman einem Freund im Büro: »Gestern habe

ich einen furchtbaren Schrecken bekommen. Ich ging gerade spazieren, als ich hörte, daß die Feuerwehr zu unserem Block unterwegs war. Junge! Ich hätte nicht gedacht, daß ich so schnell rennen kann.« »Das kann ich mir vorstellen«, antwortete sein Freund betroffen. »Das muß sehr bedrohlich gewesen sein.«
Als er nach der Arbeit mit der Bahn nach Hause fährt, ergreift Joe die Gelegenheit, dem Schaffner des 5 Uhr 30-Zugs, mit dem er gewöhnlich kurze Höflichkeiten austauscht, von den Ereignissen des Vorabends zu berichten. Als er gerade das Wichtigste erzählt, bemerkt er, daß der Mann mit ausdruckslosem Gesicht den Gang hinunter schaut. Joe beendet so schnell wie möglich seine Geschichte, worauf der Schaffner ein unverbindliches Lächeln zeigt und teilnahmslos sagt: »Nun ja, so etwas kann schon vorkommen.« Beschämt und schwitzend vor Verlegenheit, versteckt Joe seinen Kopf hinter seiner Zeitung und hofft, daß er nicht erkennbar rot wird. Er fühlt sich wie ein Idiot, daß er Interesse an seiner Geschichte vorausgesetzt hatte, wo keines war.
Beim Abendessen erzählt der Freund aus dem Büro seiner Familie Joes Geschichte: »Er hörte die Feuerwehr zu seinem Block rasen, aber er wußte nicht, ob es um sein Haus ging oder nicht. Junge, hatte der einen Schrecken! Er hat doch erst ein Baby bekommen, wißt ihr. Ich wette, er sah im Geiste die ganze Familie in Flammen aufgehen und sich dabei hilflos zusehen. Wie damals bei den Leuten mit dem Dobermannpinscher, ihr erinnert euch, in Michigan, als ich dort wohnte – das vergesse ich mein Leben lang nicht.« Joe hatte seinem Freund keinesfalls die ganze Geschichte erzählt; er hatte nur von seinen Gefühlen gesprochen und kaum erwähnt, was diesen vorausgegangen war. Aber es war genug, um seinen Freund glauben zu machen, daß er die Einzelheiten gehört hatte, die er dann als Joes Geschichte seiner Familie weitererzählte. Joes Geschichte bestand jedoch aus seinen eigenen Bildern, die in ihm auftauchten, während Joe zu ihm sprach. Und tatsächlich kommt das Szenarium, das sein Freund malte, Joes Erfahrung sehr nahe.
Wie ich schon sagte, kann der Grund für ein bestimmtes Verhalten in dem Affekt gefunden werden, der es motiviert hat: Joe Herman verließ sein Haus, weil er sich *langweilte*; er blieb stehen, als eine Sirene sein *Interesse* auf sich zog; er kehrte um, als er *sich sorgte*; rannte zurück, als er *Angst* bekam; entspannte sich als Reaktion auf die *Freude*, die er empfand, weil die Tragödie, die er sich in seiner Phantasie vorgestellt hatte, nicht Wirklichkeit war.
Der Affekt, der mit einem bestimmten Ziel verbunden ist, bringt eine Person dazu, sich so zu verhalten, daß sie es erfüllen oder erreichen wird; und nur, wenn der affektive Zusammenhang klar ist, kann man eine fundierte Vermutung darüber anstellen, warum sich jemand auf eine bestimmte Weise verhält. Joe Herman ging spazieren, nicht weil er seine Beine bewegen wollte, sondern weil er die affektive (emotionale) Belohnung vorwegnahm, die darin lag, in der Ruhe des Abends an der frischen Luft zu sein, durch das Gehen beschäftigt, aber zu nichts verpflichtet zu sein, vielleicht einen Nachbarn zu treffen und mit

ihm zu reden, einfach etwas Interessantes zu tun. Der Zweck des Spaziergangs war nicht das Gehen, sondern das Erreichen bestimmter affektiv getönter Ziele. Als sich dann das Fernsein von zu Hause mit Angst anstatt mit lustvollen Gefühlen verband, änderte sich Joes Verhalten drastisch. Gleichzeitig konnten seine Nachbarn, die ihn laufen sahen, seine Befürchtungen über einen Brand im eigenen Haus erraten, da sie ebenfalls die Sirene hörten. Affekt ist tatsächlich das Tor zum Verhalten, und es gibt keine Handlung und keinen Gedanken, der nicht affektiv motiviert ist – einschließlich solcher profaner Aktivitäten wie zum Schuhmacher zu gehen, um ein Paar Schuhe abzuholen. Sogar ein Paar Schuhe hat affektive Bedeutung. Wenn es meine Lieblingsschuhe sind, werde ich vielleicht ein wenig schneller gehen, wobei ich die Lust vorwegnehme, sie bald wieder tragen zu können. Wenn ich sie nicht mag, aber sie die einzigen braunen Schuhe sind, die ich besitze, werde ich sie vielleicht nicht so schnell abholen, sondern erst, wenn mir dämmert, daß ich meinen braunen Anzug tragen muß und ich sie dazu brauche. Das affektive Motiv dafür, sie abzuholen, würde dann darin bestehen, daß ich die – im Geiste vorweggenommene – Scham vermeiden will, bei einer Party mit Schuhen aufzukreuzen, die nicht zu meinem Anzug passen.

Wenngleich Affekte nicht dramatisch sein oder sich in der vordersten Linie des Bewußtseins befinden müssen, um Verhalten zu erzeugen, sind sie doch immer gegenwärtig. Anders als das Huhn in einem alten amerikanischen Witz überqueren wir die Straßen nicht einfach nur deshalb, um auf die andere Seite zu gelangen: Es gibt immer einen affektiven Grund, der uns dies tun läßt.

Baby Talk: Joe Herman jun.

Etwa um die Zeit, als Joe Herman sen. das Haus verläßt, um spazierenzugehen, läuft die fünfjährige Jennifer Herman zu ihrer Mutter und sagt: »Joey ist aufgewacht, er weint. Ich wette, er ist naß. Kann ich dir beim Windelnwechseln helfen?« Ihre Mutter dreht das Wasser am Spülbecken ab und lauscht einen Augenblick. »Ich denke, du hast recht, Jenny. Es hört sich an, als hätte er sein Nickerchen beendet und würde sich langweilen, so ganz allein da oben. Geh doch rauf, dann kann ich in ein paar Minuten hier fertig zu machen.«

Als Mrs. Herman in das Babyzimmer kommt, sieht sie, daß sich der zwölf Monate alte Joey in seinem Kinderbett hochgezogen hat. Jenny, die auf einem Fußschemel steht, wodurch sie auf gleicher Höhe mit seinem Gesicht ist, erklärt ihm etwas bezüglich eines Teddybärs, den sie im Arm hält. Joey hört genau zu, seine Augen folgen jeder ihrer Bewegungen ; und von Zeit zu Zeit plappert er zu seiner Schwester zurück, als verstünde er jedes Wort, das sie sagt. In sich hinein lächelnd wartet Mrs. Herman, um die reizende Szene nicht zu unterbrechen. Plötzlich sieht sie, wie Joey seine Augenbrauen hochzieht.

Seine Augen beginnen zu blinzeln, und er dreht seinen Kopf in Richtung Fenster. Einen Augenblick lang kann sie nicht herausfinden, was ihn erschreckt hat, aber dann hört sie ebenfalls die Sirene.
Das Lächeln auf dem Gesicht des Babys verschwindet, als sich das Geräusch ohne Unterbrechung fortsetzt. Jetzt sinken seine Mundwinkel nach unten, seine Augenbrauen wölben sich, und in seinen Augen beginnen sich Tränen zu bilden. Mrs. Herman bemerkt seine Angst und ruft schnell ihrer Tochter zu: »Halte ihn fest, Jenny«. Dann läuft sie zum Fenster, um festzustellen, wo das Feuer ist. Alles, was sie sehen kann, ist ein brennender Laubhaufen am Bordstein zwei Häuser weiter. Sie ärgert sich über die Gedankenlosigkeit, mit der ein solcher Lärm, der eines Großbrandes würdig ist, wegen einer so unwichtigen Sache veranstaltet wird. Als sie sich ins Zimmer zurückwendet, bemerkt sie, daß ihre Tocher nicht das Baby tröstet, sondern zu ihr ans Fenster gekommen ist. Mrs. Herman fällt sofort auf, daß das Baby aufgehört hat zu weinen und gelähmt vor Angst dasteht, während der ohrenbetäubende Lärm der Sirene weiterhin den Raum erfüllt. Joeys Augen sind weit geöffnet und ganz starr; sein Gesicht ist schweißbedeckt und blaß; und sein ganzer Körper ist von einem feinen Zittern erfaßt. Sie hebt ihn hoch und drückt ihn an sich, wendet sich gleichzeitig an Jenny und sagt: »Was ist los mit dir? Nennst du das, mir helfen? Das Baby alleine lassen –.« Joey in ihren Armen wiegend und mit ihm schmusend spricht sie weiter: »Komm, Joey, wir werden dieses laute Zimmer verlassen und runter ins Erdgeschoß gehen, wo es ruhig ist und wir spielen können, und vielleicht werden wir den ganzen schrecklichen Lärm vergessen, der den armen kleinen Jungen erschreckt hat.«
Als sie an der Türe ankommt, dreht sie sich um und sieht, daß ihre Tochter nicht nachkommt, sondern noch immer am Fenster steht. Jennifer schaut nicht hinaus, sondern steht mit gesenktem Kopf und rotem Gesicht da, die Augen niedergeschlagen, verlegen mit den Füßen scharrend. »Du schämst dich, nicht wahr? Und genau das sollst du, kleine Lady! Armer Joey.« Dann abmildernd: »Nun, vielleicht ist es nicht ganz deine Schuld. Ich nehme an, dich hat dieser idiotische Lärm auch erschreckt und du wolltest sehen, was vor sich geht. Ich glaube, ich sollte nicht so viel von dir erwarten. Manchmal vergesse ich, daß du erst fünf Jahre alt bist. Komm, Jenny, es tut mir leid, daß ich die Beherrschung verloren habe. Diese blöden Feuerwehrmänner haben mich echt verrückt gemacht. Hol doch bitte für Joey ein leckeres Fläschchen aus dem Kühlschrank und bring es runter.« Jenny hebt ihren Kopf, und ihr Gesicht nimmt wieder seine normale Farbe an, als sie erkennbar erleichtert aus dem Zimmer springt. Weg von dem Lärm sieht das Baby nicht länger erschreckt aus, aber es ist noch unruhig und will sich nicht trösten lassen. Plötzlich wird sein Gesicht rot, es runzelt die Stirn, ballt seine Fäuste, preßt die Lippen zusammen und fängt an, seine Mutter zu schlagen. »Du bist wütend, nicht wahr, Baby? Laß alles raus. Die böse Mami ließ es zu, daß dich die gräßlichen Geräusche durcheinander

brachten, nicht wahr? Nun, jetzt ist alles vorbei. Hier kommt deine gute Schwester mit einem leckeren Fläschchen. Danke, Jenny, du bist eine große Hilfe. Möchte Baby eine Flasche? Schsch, beruhige dich jetzt. Es ist alles vorbei, alles ist gut. Das gute, kleine Baby wird ein bißchen Milch trinken. Da, da.«

Als die beruhigende, rhythmische Stimme seiner Mutter das Baby umhüllt, hört es bald auf, mit seinen Armen und Beinen um sich zu schlagen. Zuerst zögert es noch, die Milch zu trinken und nimmt den Sauger nur halbherzig in den Mund. Bald jedoch trinkt es in langen Zügen. Ein Ausdruck von Freude legt sich auf sein Gesicht, es lächelt, seine Lippen teilen und weiten sich, und sein Atem wird gleichmäßig, langsam und tief. Mutter und Tochter lächeln sich erleichtert an. »Er ist jetzt in Ordnung, nicht wahr, Mami?« »Ja, es geht ihm jetzt gut, Liebling, danke. Ist da nicht die Tür gegangen? Lauf nach oben und schau nach, ob Papi zurück ist.«

Die Kommunikation vom Säugling zum Erwachsenen

Das Verblüffende an dieser Geschichte ist, daß Joe Herman und sein ein Jahr altes Baby die gleiche Skala von Affekten durchliefen: Langeweile, Interesse, Angst, Wut und Freude. Joe jun., der nur Spuren der adaptiven Fertigkeiten zeigt, die er später entwickeln wird, legt trotzdem bereits eine Reihe von Gesichtsausdrücken an den Tag, die im wesentlichen das ganze Leben lang unverändert bestehenbleiben. Fotos von Joe jun. und seinem Vater würden beispielweise zeigen, daß die mimischen Ausdrücke des letzteren, wenn er wütend, interessiert und glücklich ist, genauso aussehen wie die seines wütenden, interessierten oder glücklichen Sohnes.

Genauso faszinierend ist die Frage, woher Joey weiß, welchen Gesichtsausdruck er benutzen soll. Wie kann ein Joe jun. die komplexen Einschätzungen vollziehen, die nötig sind, um die affektiven Reaktionen hervorzubringen, die auch das Verhalten seines Vaters motivieren? Joe jun. hat weder das kognitive Rüstzeug noch die Erfahrung, um sich zu sagen: »Diese Sirene klingt wie die Feuerwehr und ist an meinem Haus. Dies könnte eine Katastrophe bedeuten.« Warum gerät der Junior dann zur gleichen Zeit wie sein Vater in Panik? Wir können verstehen, daß Joe sen. als Reaktion auf seine Langeweile einen Spaziergang macht und dabei alle möglichen angenehmen Dinge erwartet, die ihm dabei passieren können; aber warum schreit Joey, als er aufwacht, nach Gesellschaft, und warum ist er so an der Rede seiner Schwester über den Teddybär interessiert, wenn er doch wahrscheinlich das meiste von dem, was sie sagt, nicht versteht, wenn überhaupt etwas? Warum lächelt Joey und sieht glücklich aus, anstatt einfach seine Milch zu trinken und zu schlafen? Seine Mutter würde sich wahrscheinlich nicht wundern, sondern würde – wie wir jetzt glauben, korrekterweise – die Aufregung des Babys der ohrenbetäubenden Eindringlichkeit des fortdauernden Heulens der Sirene zuschreiben, und seine Freude, als er beruhigt und gefüttert wurde, dem Nachlassen an Spannung.

Joey Hermans affektive Ausdruckweisen sind im wesentlichen mit denen seines Vater identisch, weil sie menschlichen Wesen laut dem Psychologen Silvan Tomkins, dem Begründer der modernen Affekttheorie, angeboren sind. Die Fähigkeit affektiv zu reagieren ist ursprünglich ein genetisch kodiertes Reflexphänomen. Obwohl die affektive Reaktion eine rein körperliche Reaktion ist, die Körpertemperatur, Haut, Haare, Drüsen, Muskeln und innere Organe betrifft, wurde beim Menschen das Gesicht der hauptsächliche Übermittler von affektiven Zuständen. Dabei drückt sich der jeweilige spezifische affektive Reflex dadurch aus, daß er zeitweise die Innervation derjenigen Gruppe von Willkürmuskeln übernimmt, die gemeinsam den mit ihm verbundenen prototypischen mimischen Ausdruck liefern. Tomkins (1962 – 63, S. 337) identifizierte und beschrieb systematisch die mimischen Merkmale der folgenden acht grundlegenden Affekte, und zwar jeden in einem milden bis intensiven Ausdrucksbereich, die entweder schon bei der Geburt vorhanden sind oder kurz danach auftreten:

Überraschung – Schrecken: Augenbrauen nach oben, Augen blinzeln.

Interesse – Erregung: Augenbrauen nach unten; als ob eine Spur verfolgt würde; Haltung des Schauens und Lauschens.

Genuß – Freude: Lächeln, Lippen breit und nach außen; langsamer, tiefer Atem.

Qual – Pein: Schreien, gewölbte Augenbrauen, Mundwinkel nach unten, Tränen und rhythmisches Schluchzen.

Verachtung – Ekel: Höhnisches Lächeln, Oberlippe nach oben gezogen.

Ärger - Wut: Stirnrunzeln, Kiefer zusammengepreßt, Gesicht rot.

Angst – Entsetzen: Augen aufgerissen, blaß, kalt, Schweiß, Zittern im Gesicht, Haare aufgestellt.

Scham – Erniedrigung: Augen niedergeschlagen, Kopf gesenkt.

(Traurigkeit, von Tomkins als eine Variante von Qual – Pein betrachtet, scheint ebenfalls ein gesonderter, grundlegender Affekt zu sein. Mein Kollege Douglas Detrick schlägt vor, und ich stimme ihm zu, auch Unterstimulation/ Langeweile in die Liste der primären affektiven Reaktionen aufzunehmen.[2])

Ein Baby kann sich natürlich keine logischen Gedanken darüber machen, was ihm geschieht, und daraus einen vernünftigen Schluß ziehen, der dann eine affektive Reaktion bewirkt. Dies ist auch nicht notwendig. Nach Tomkins (1962 – 63, 1970, 1980, 1981) ist die affektive Reaktion auf eine Stimulation zu Anfang keine Reaktion auf die Qualität oder Natur des Stimulus als solchen, sondern sie wird vielmehr selektiv ausgelöst durch die Intensität, die Dauer und die Form, die der Stimulus bei seiner Einwirkung auf das Nervensystem durch sein Ansteigen und Abnehmen erhält. Es macht keinen Unterschied, ob der

Stimulus ein Geräusch, Licht oder Berührung ist; wenn die Anzahl und Frequenz der durch Erregung erzeugten Nervenimpulse in den optimalen Stimulationbereich des Säuglings fällt, wird das Gesicht des Babys praktisch vom ersten Lebenstag an einen Ausdruck annehmen, den jeder Mensch, überall auf der Welt, als Ausdruck von Interesse wiedererkennen wird. Wenn die Erregung über dem optimalen Niveau liegt, wird zuerst eine Reaktion der Überraschung erfolgen; und wenn die Stimulusintensität beständig auf einem höheren als dem optimalen Niveau aufrechterhalten wird, werden zuerst Pein, dann Furcht und schließlich Wut sichtbar. Freude stellt man immer dann fest, wenn einem starken Anstieg an Stimulation ein plötzlicher Abfall folgt (Abbildung 4.1). (Ein Vater fängt seine Tochter auf und hält sie fest, nachdem er sie eine Zeitlang spielerisch in die Luft geworfen hat; und das Baby lacht – nicht, weil es weiß, daß es jetzt sicher ist und vorher in Gefahr war, sondern weil es einen plötzlichen Abfall an Stimulusinput gab, erzeugt durch das Hochwerfen und anschließende Fallenlassen.) Ein wenig später, etwa mit sieben Monaten, wenn die interpersonale Bestätigung des Verhaltens des Säuglings große Bedeutung gewinnt (Stern 1985), führt das Ausbleiben einer bestätigenden Reaktion zu einer unangemessenen Reduktion der Erregung und hat eine Schamreaktion zur Folge (Nathanson 1987).[3]
Der einzige nicht quantiativ bestimmte Affekt ist die qualitativ ausgelöste, schützende Rückzugsreaktion des Ekels. Dieser Primäraffekt basiert auf einer vererbten Vermeidungsreaktion, die chemisch ausgelöst wird, wenn etwas als übelriechend oder -schmeckend erlebt wird: Zum Beispiel ruft der Geruch von ranziger Butter (Buttersäure) bei allen Neugeborenen ein Kräuseln der Lippe und ein Abflachen der Nase hervor (Tomkins 1962 – 63).

Abbildung 4.1

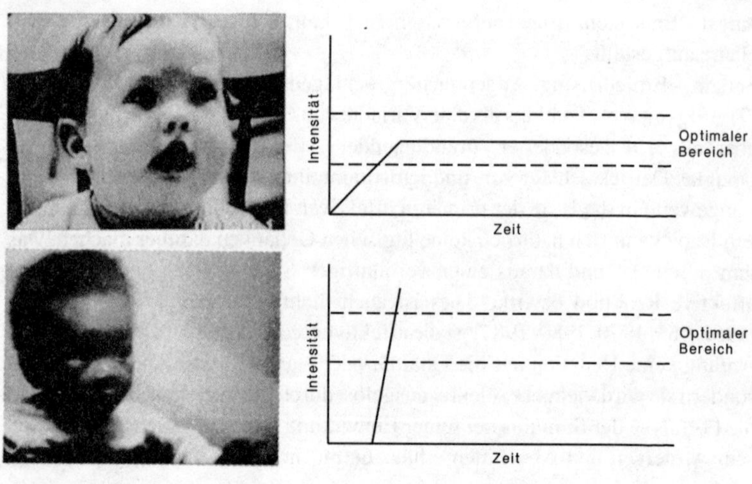

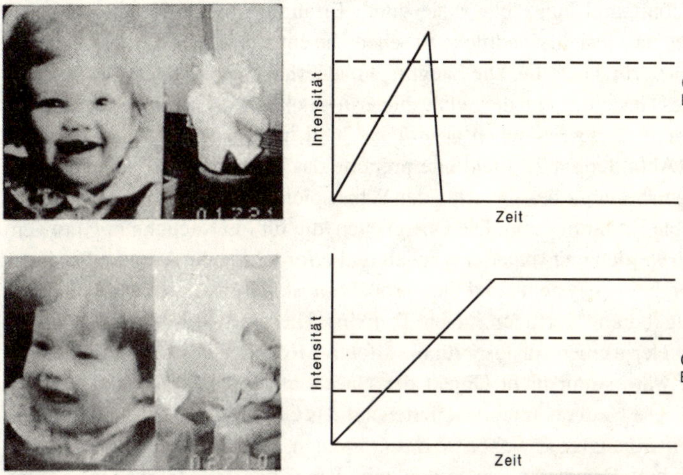

Die Form der Stimulation und die nachfolgende affektive Reaktion
(Ohne Maßangaben)

Um zu veranschaulichen, daß Affekte bei Säuglingen das Produkt von Intensität und Form der Stimulation sind, habe ich den Fotos, die vier der Basisaffekte zeigen, schematische Darstellungen beiseite gestellt. Die senkrechte Achse stellt die Stimulusintensität dar; die horizontale den Verlauf des Stimulus über die Zeit.

Die Kommunikation vom Erwachsenen zum Säugling

Therapeuten sind seit langem davon überzeugt, daß die Schwierigkeiten vieler Patienten auf traumatische Erfahrungen und Entbehrungen im frühen Säuglingsalter zurückzuführen sind. So nimmt man es beispielsweise im Prinzip als gegeben an, daß eine Depression der Mutter aller Wahrscheinlichkeit nach einen negativen Effekt auf die Persönlichkeitsentwicklung ihres Babys haben wird. Wie aber teilt sich die gedrückte Stimmung, oder irgendein anderer Affekt, dem Säugling mit? Klar, der affektive Ausdruck eines Babys dient dazu, seinen Seinszustand den Erwachsenen in seiner Nähe mitzuteilen. Aber wie kann das Baby wissen, wie die Erwachsenen empfinden und wie sie von ihren Stimmungen beeinflußt werden? Neuere, außerordentlich spannende Untersuchungen der Säuglingsforscherin Tiffany Field und ihrer Kollegen haben gezeigt, auf welche Weise die Kommunikation vom Erwachsenen zum Säugling möglicherweise stattfindet (Field et al. 1982; Field 1985). In Fields Experiment bekamen Säuglinge – im Schnitt sechsunddreißig Stunden nach ihrer Geburt und lange bevor sie durch Erfahrung hätten lernen können – verschiedene Gesichtsausdrücke zu sehen, die eine für diesen Zweck geschulte Schauspielerin darstellte. Die Säuglinge reagierten entsprechend. Sie machten ein frohes Gesicht, wenn die Schauspielerin glücklich aussah, sahen überrascht drein, wenn diese Erstaunen ausdrückte, und traurig, wenn sie unglücklich aussah (Abbildung 4.2). Field interpretierte das Verhalten der Neugeborenen als »Nachahmung« des Gesichts der Schauspielerin. Dies kann jedoch keine akzeptable Erklärung sein. Die Fertigkeiten, die für die Nachahmung notwendig sind, werden erst später entwickelt und erfordern mehr Ausgereiftheit des zentralen Nervensystems und eine größere muskuläre Kontrolle als die, über die Neugeborene verfügen. Nach Tomkins Theorie würde das Gesicht der Schauspielerin einen Auslöser für die affektive Reaktion des Säuglings darstellen und wäre somit nicht Objekt der Nachahmung (Haviland und Lelwica 1987). Diese Neugeborenen reagierten auf das Gesicht der Schauspielerin mit einer Reflexhandlung, wobei sie das erreichten, was Stern *affect attunement* genannt hat: Das heißt, sie teilten mit dem Erwachsenen dessen inneren affektiven Zustand (Stern et al. 1985).

Charakterbildung im Säuglingsalter

Das Spiegeln des affektiven Zustandes einer anderen Person durch das Nervensystem des Säuglings erklärt, wie es ihm möglich ist, lange bevor er komplizierte, logische Denkvorgänge ausführen kann, richtig mit den affektiven Botschaften mitzuschwingen, die die Erwachsenen, mit denen er interagiert, aussenden. Der Säugling legt Erinnerungsspuren solcher Erfahrungen nieder, die dann künftiges Verhalten beeinflussen. Diese kodierten Erinnerungen bilden die Erwartungsmuster, die später mobilisiert werden, wenn die Umstände im Leben des Säuglings genügend ähnlich sind. (Weder Wiedererkennung noch Phantasie sind in diesem Prozeß beteiligt. Was reaktiviert wird, ist der sensomotorische Komplex, der mit der autonomen Reaktion auf Stimulation verknüpft wurde, welche den Affekt ausmacht.)

Wie ein Baby reagieren wird, ob es eine potentielle Wiederholungserfahrung willkommen heißen oder sich von ihr zurückziehen wird, hängt zum Großteil von der Natur des Affekts ab, der an die Erinnerung an ähnliche, vorangegangene Gelegenheiten gekoppelt wurde. Mit anderen Worten, das Baby reagiert nicht wesentlich anders, als es später, wenn es älter ist, reagieren wird. Man wird viel eher solche Situationen mit Interesse erwarten und näher erforschen, die Lust bereitet und die Selbstachtung gesteigert haben, als diejenigen, die einen starr vor Angst, Wut oder Scham machten. Durch solch affektives Ordnen ist der unreife Säugling in der Lage, fortlaufend eine richtige Aufzeichnung seiner Transaktionen mit der Welt zu machen, die dann die Grundlage für das bildet, was der Charakter oder die Persönlichkeit des Erwachsenen werden wird.

Abbildung 4.2

Affektive Kommunikation eines Erwachsenen und Reaktion eines Säuglings

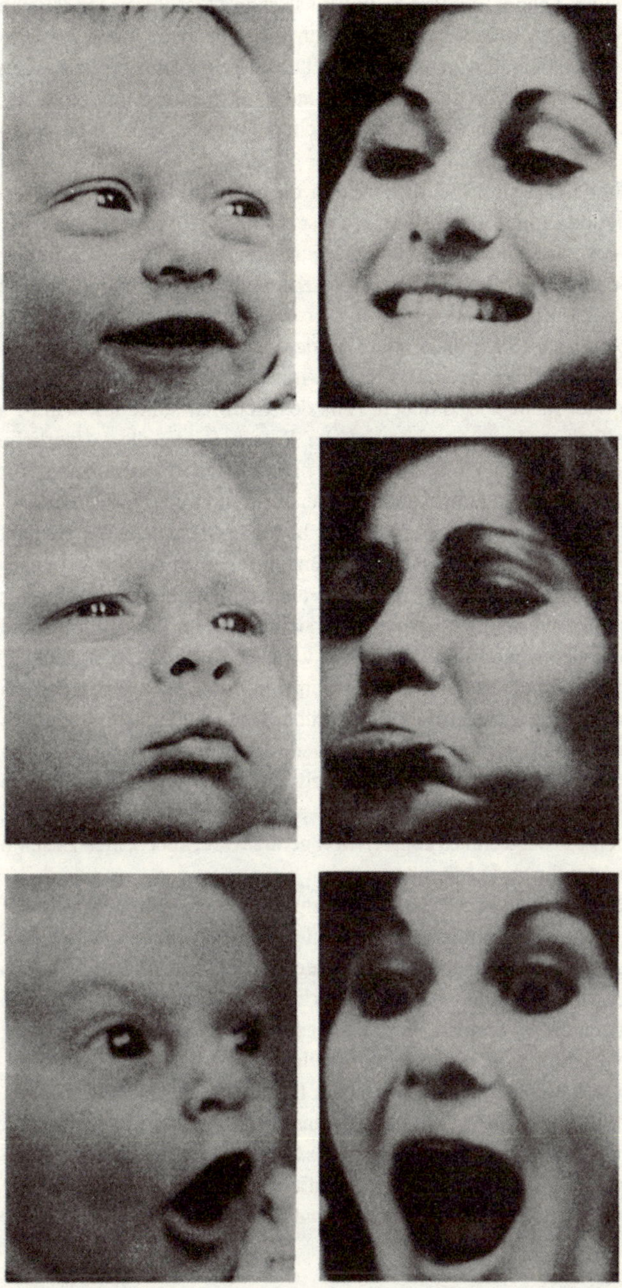

Die Reifung des Affekts

Worte wie Freude, Scham und Furcht sind so stark mit Gefühlszuständen von Ewachsenen verknüpft, daß es ganz und gar unpassend scheint, diese Erwachsenencharakteristika Kindern zuzuschreiben. Das ist kein Problem mehr, wenn man sich den Affekt, so wie die Kognition, auf einer Reifungslinie vorstellt. Dann sind zwar vielleicht die Worte die gleichen, aber das, was sie beschreiben, ist etwas Verschiedenes.

An anderer Stelle (Basch 1983 a) habe ich eine Unterscheidung zwischen Affekt, Gefühl und Emotion postuliert. Ich reserviere den Begriff *Affekt* für die von Tomkins beschriebene Gruppe von biologischen Reaktionen auf Stimulation. Wie jede andere Reflexreaktion – der Kniesehnenreflex, wenn auf die Patellarsehne geklopft wird, oder das Zwinkern der Augen, wenn Staub hinein kommt – ist bei dieser Reaktion keine reflektierende Bewertung des vorangegangenen Reizes beteiligt, da sie durch das limbische System (ein Teil des subkortikalen oder nicht-willentlichen Teils des Gehirns) stimuliert wird. Es »geschieht einfach«. Des weiteren wird die Botschaft, die die körperliche Reaktion erzeugt, die den Affekt ausmacht, nicht auf den Nervenbahnen für Willkürverhalten weitergeleitet, sondern über das autonome Nervensystem, das schneller ist und eine totalere Reaktion herstellt (Ekman 1973; Ekman, Levenson und Friesen 1983). Aus diesen Gründen scheinen Affekte oft ungebeten von innen zu kommen, so daß man als Erwachsener eine affektive Reaktion möglicherweise erlebt, bevor man sich der Natur des Stimulus und des Grundes für die eigene Reaktion bewußt wird. Diese viszerale und vaskuläre Reaktion bezeichne ich als *Affekt*. Wenn ich also sage, ein Baby sei »glücklich«, meine ich nicht, daß es sich darüber Gedanken macht, warum es glücklich ist oder sogar, *daß* es glücklich ist, sondern nur, daß es die gleichen körperlichen Empfindungen hat wie Erwachsene in diesem Zustand. Und trotzdem ist das Baby glücklich: Das heißt, es erlebt das, was es »Freude« oder »Glück« nennen würde, wenn es kognitiv reif genug wäre, über seinen Zustand nachzudenken und ihn zu beschreiben.

Ähnlich verhält es sich, wenn der Säugling, der mit strenger Stimme getadelt wurde, den Augenkontakt unterbricht und mit rotem Gesicht, da ihm das Blut zu Kopfe steigt, sein Kinn auf seine Brust fallen läßt. Es sieht dann nicht nur so aus, *als ob* er sich schämte, sondern er erfährt die Empfindungen dieses Affekts. Das bedeutet, in meinen Worten ausgedrückt, nicht, daß der Säugling Scham *fühlt* oder die *Emotion* der Scham erlebt.

Gefühle, so wie ich diesen Begriff benutze, treten erst später auf, etwa mit achtzehn bis vierundzwanzig Monaten, wenn die unwillkürliche affektive Grundreaktion allmählich auf ein Konzept des Selbst bezogen wird. Um sagen zu können: »Ich bin wütend«, muß man diese affektive Reaktion bereits abstrahiert und objektiviert haben. Zu *Emotionen*, einem weiteren Schritt in der affektiven Reifung, kommt es, wenn Gefühlszustände mit Erfahrung verknüpft werden, und damit so komplexen Konzepten wie Liebe, Haß und Glück persönliche Bedeutung verliehen wird. Der letzte Reifungsschritt in der affektiven Entwicklung ist die Fähigkeit zu *empathischem Verstehen* – zu einer affektiven Kommunikation, die über die eigene Selbstbezogenheit hinausgeht (siehe Seite 141-149).

Die Unterscheidung, die hier zwischen Affekt, Gefühl und Emotion gemacht wird, dient dazu, einen Widerspruch aufzulösen, der seit Freuds Zeiten besteht. Denn, wie ich bereits erwähnte, sah Freud (1915 c) den Affekt einfach als bewußten Aspekt der Triebabfuhr an; *unbewußter Affekt* war ein Widerspruch in sich. Jedoch gab er in der gleichen Schrift zu, daß viele seiner klinischen Erfahrungen es notwendig machten, seinen Patienten unbewußte Affekte, wie Wut und vor allem Schuld, zuzubilligen. Freuds Dilemma löst sich auf, wenn man den Affekt als eine unbewußte, körperliche, automatische Reaktion auf Stimulation betrachtet, die dann in Form eines Gefühls oder einer Emotion bewußt werden kann. So mag sich beispielsweise ein bestimmter Patient sehr wütend verhalten und sich dessen doch nicht gewahr sein – solange, bis diese Erfahrung mit Hilfe des Therapeuten transformiert und als Gefühl in das Bewußtsein des Patienten geholt wird.

Da der Säugling weder motorisch noch gedanklich unabhängig ist (das heißt, er kann sich weder körperlich noch in seiner Vorstellung von seinem Seinszustand distanzieren), hängt viel davon ab, ob seine Botschaften verstanden und richtig beantwortet werden. Glücklicherweise gibt es eine große Sicherheitszone, und es wird keine Perfektion verlangt. Wichtig zum Beispiel bei der Erfahrung des kleinen Joey Herman ist nicht, daß er immer eine optimale Reaktion erhielt, sondern, daß seine Botschaften zum Großteil bemerkt und verstanden wurden, und daß seine Mutter versuchte, Fehler in der Kommunikation, die sie bemerkte, zu korrigieren.

Es gibt jedoch Grenzen. Eltern, die – wahrscheinlich aufgrund eines Mangels an Reaktion auf ihre eigenen frühen Versuche, affektiv zu kommunizieren – vor ihren eigenen Gefühlen Angst haben, können auf ihre Kinder leicht so reagieren, daß diese lernen, sich ihrer eigenen Affekte, oder des Ausdruck von Affekten, zu schämen oder Angst davor zu haben. Diese Kinder wiederum haben es später schwer, in affektiver Hinsicht zu reifen (einen solchen Fall stellt Kapitel 7 dar).

Die Realität der Erinnerungen, die ein Patient während einer Psychotherapie und Psychoanalyse wiederentdeckt, wird oft in Frage gestellt. Es ist bekannt, daß die Erinnerung an vergangene Ereignisse im Laufe der Zeit, durch kognitive Reifung und durch das Überlappen anderer Erfahrungen abgewandelt wird. Trotzdem stimme ich dem Argument nicht zu, daß Therapeut und Patient mit der Lösung einer hermeneutischen Aufgabe beschäftig sind und zwar in dem Sinne, daß die von ihnen erarbeitete Übereinkunft über die Geschichte des

Patienten die von beiden geteilte Realität und eine weitere Bestätigung weder möglich noch nötig sei. Was unveränderlich bleibt, sind die affektiven Grundmuster des Patienten, die sich, wenn die Behandlung erfolgreich ist, in der Übertragung auf den Therapeuten entfalten, auch wenn sie möglicherweise vom Patienten an gegenwärtige Umstände und an die Persönlichkeit des Therapeuten angepaßt werden. Oder, um es anders zu sagen, die Affekte, die auf den Therapeuten übertragen werden oder durch ihn reaktiviert werden, sind Ausdruck früherer problematischer oder irgendwie enttäuschter Versuche in affektiver Kommunikation und deren Auswirkungen auf den Charakter des Patienten. Wenn ich beispielsweise über die »Vaterübertragung« eines Patienten spreche, meine ich nicht, daß ich völlig, ganz und gar, zum Vater des Patienten geworden bin; ich meine vielmehr, daß eine wichtige affektive Kommunikation zwischen dem Patienten und seinem Vater – sei sie gestört oder auch geglückt – verstanden werden will, wenn sie in der Behandlungssituation auftaucht.

Diese hier diskutierten Aspekte des Affekts fügen dem Ordnungsprozeß des Gehirns und der Erzeugung von Information eine neue Dimension hinzu, auf der das Lernen beruht – Lernen in dem Sinne, daß Signale miteinander verbunden werden, um Erwartungsmuster zu bilden oder zu modifizieren. Jeder Stimulus ist sowohl auf der kognitiven als auch auf der affektiven Ebene organisiert. Dementsprechend habe ich das Diagramm der grundlegenden Feedbackschleife ergänzt: Zu jedem zielgerichteten Verhaltenszyklus gehört eine affektive Vorerwartung bzw. Antizipation (Abbildung 4.3).

Lassen Sie mich nochmals betonen, daß das, was ich hier schematisch aufzeichne, extrem komplex ist. Alle Aspekte der Feedbackschleife – Empfang, Transformation, Vergleich, Entscheiden und Verhalten – haben eine affektive Komponente, die den Wunsch beeinflußt, ein bestimmtes Ziel zu verfolgen. Des weiteren treten Affekte nicht immer einzeln auf; oft bestehen verschiedene und widersprüchliche nebeneinander. Eine Eßerfahrung, die einmal lustvoll war, kann zu einem anderen Zeitpunkt durch die Krankheit eines Babys getrübt sein, und wiederum bei einer anderen Gelegenheit durch die gedrückte Stimmung der Mutter negativ beeinflußt werden. Das daraus entstehende zusammengesetzte oder adaptive Skript ist darauf abgestellt, mit tragbaren Variationen des Affekts ohne unangenehme Konsequenzen zurechtzukommen. Doch es ist auch richtig, daß die Anpassungsfähigkeit begrenzt ist, und daß man gegen Aktivitäten, die an sich lustvoll sein könnten, Aversionen entwickeln kann. Wenn man beispielsweise ständig ärgerliche Zurechtweisung erlebt, sobald man Selbstbehauptung zeigt, kann es leicht dazu kommen, daß man Erkundungsverhalten und anderen Formen von Initiative vermeidet. Wie das folgende Beispiel zeigt, kann glücklicherweise ein Arzt oder Therapeut, der um diese Dinge weiß, eine kindliche Entwicklung, die schiefzulaufen scheint, durch eine minimale Intervention dramatisch beeinflussen, vor allem, wenn das Kind noch sehr klein ist.

Abbildung 4.3

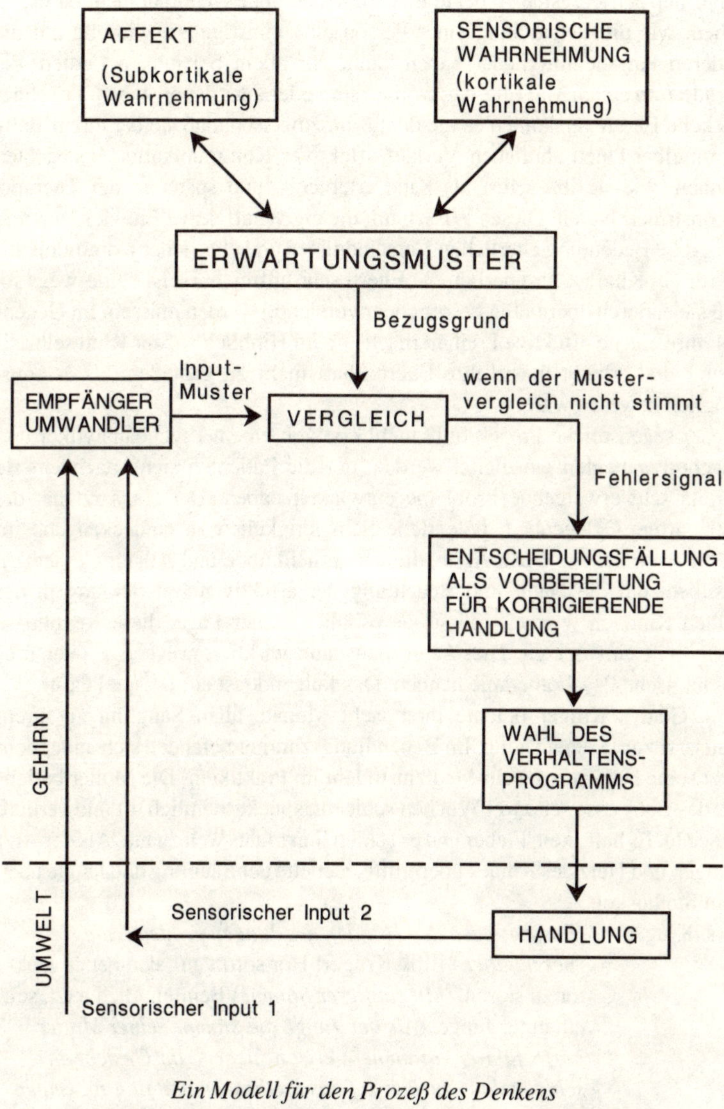

Ein Modell für den Prozeß des Denkens
auf der Basis des Prinzips der Negativen Feedbackschleife

Präventive Psychotherapie: Billy Kruger

Einer der befriedigsten Aspekte meiner Arbeit als Psychotherapeut ist es, zu sehen, wie die Behandlung einer Person eine günstige Auswirkung auf die anderen Familienmitglieder haben kann, vor allem bei jungen Leuten, die gerade zum ersten Mal Eltern geworden sind oder kurz davor stehen. Frischgebackene Eltern versäumen es nie darauf hinzuweisen, daß sie bei ihrem Baby unmittelbar einen ähnlichen Verlauf affektiver Kommunikation beobachten können, wie sie ihn selbst als Kind erlebten – und später in der Therapie rekonstruiert hatten. Dieses Wissen um die eigene affektive Entwicklung und die große Bedeutung elterlichen Verständnisses und elterlicher Kommunikation für ein Kind ist für unerfahrene Eltern sehr hilfreich. Es ist keineswegs so, daß sie dadurch übermäßig besorgt oder vorsichtig werden müssen. Im Gegenteil, ihre eigene affektive Freiheit macht sie im Hinblick auf ihr Kind selbstsicherer und erlaubt ihnen, ihre Elternschaft mehr zu genießen, als es sonst möglich gewesen wäre.

Dieser segensreiche Prozeß muß nicht erst von einem Psychoanalytiker und Psychotherapeuten eingeleitet werden, der die Patienten sieht, nachdem sie bereits schwerweigende Probleme entwickelt haben. Der Hausarzt hat die einzigartige Gelegenheit, potentielle Schwierigkeiten zu entdecken und im Keim zu ersticken. Wenn Ärzte, die Kinderheilkunde und Allgemeinmedizin ausüben, um die Natur und Bedeutung der affektiven Entwicklung in der frühen Kindheit wissen, sind sie gewöhnlich in der Lage, diese Kenntnisse vorteilhaft einzusetzen. Dies kann man dann wirklich präventive oder prophylaktische Psychotherapie nennen. Das Folgende ist ein Beispiel dafür.

Mrs. Gladys Kruger brachte ihren acht Monate alten Säugling zu ihrem Hausarzt zur Untersuchung. Im Behandlungszimmer befanden sich außer dem Arzt seine Helferin und ein Medizinstudent im Praktikum. Die Mutter berichtet, das Baby esse seit zwei Wochen schlecht, spucke ziemlich oft und verliere Gewicht. Es hatte kein Fieber und es schien ihm nichts weh zu tun. Als der Arzt Lungen und Herz des Kindes überprüfte, lächelte der Säugling und langte nach dem Stethoskop.

Mrs. Kruger: *(Besorgt nach den Händen des Jungen greifend, um sie zurückzuhalten)* Billy Kruger! Hör sofort auf, den netten Doktor zu stören. (*Mit sanfterer Stimme*) Benimm dich jetzt, sei ein guter Junge. (*Als der Junge die Stimme seiner Mutter hörte, fuhr er zusammen; er sah suchend ihr Gesicht an, schaute dann zurück auf das Stethoskop und fing zu weinen an.*) Ich weiß in letzter Zeit einfach nicht, was ich mit ihm machen soll. Er ist so irritierbar, ich glaube, ich habe ihn zu sehr verwöhnt.

Arzt: Nichts dergleichen. Billy ist ein sehr guter Junge und entwickelt sich wunderbar. Haben Sie bemerkt, was er tat, als Sie ihn in das Behandlungszimmer brachten, einen unvertrauten Ort, wo er von Fremden umgeben ist, die alles mögliche mit ihm machen? Er hat sich gar nicht aufgeregt, sondern hat gelächelt, mit mir »geredet« und Neugierde gezeigt auf alles, was vor sich ging. Das sagt mir, daß er ein fröhlicher Junge ist, der eine sehr gute Mutter hat, eine, die mit ihm redet und mit ihm spielt und ihm ein starkes Gefühl von Sicherheit verleiht. Ich würde mir viel mehr Sorgen machen, wenn er einfach daläge und sich nicht für das interessierte, was vor sich geht.

Als Mrs. Kruger ihren Sohn zurechtwies, hätte der Arzt sagen können: »Oh, ist schon recht. Das bin ich gewöhnt. Billy stört mich überhaupt nicht« – eine perfekt höfliche Antwort, mit der er aber die Bedeutung des Austausches zwischen Billy und seiner Mutter nicht erfaßt hätte. Statt dessen bezog sich der Arzt auf die Irritation und Anspannung in Mrs. Krugers Stimme und folgerte, daß ihre Reaktion nicht auf das Verhalten des Jungen per se zurückzuführen war, sondern auf ihren Verlust an Selbstachtung: Sie beurteilte sich als eine inkompetente Mutter und erwartete, daß der Arzt diese unerfreuliche Meinung über sie teilen würde – eine Mutter, die ihrem Kind schlechte Manieren beigebracht hatte. Sein Wissen über die affektive Entwicklung erlaubte dem Arzt, auf das zu antworten, was er für Mrs. Krugers Ängste hielt. Mit seiner klaren Feststellung gab er dem Verhalten ihres Sohnes eine Bewertung, die sich von der ihren ziemlich unterschied. Der Arzt unterstrich sowohl die Kompetenz der Mutter als auch die des Sohnes und stärkte dadurch Mrs. Krugers Entwicklungsspirale im Bereich der Selbstachtung. Die Folge war nicht nur eine bessere Meinung der Mutter über sich selbst, sondern sie sah möglicherweise auch Billys Versuch, sich seiner Entwicklungsphase entsprechend kompetent zu verhalten, positiver – nämlich, seine Umgebung zu erforschen und Sachen auszuprobieren. Dadurch mußte sie sein Interesse nicht mehr als potentielle Störquelle betrachten.

Mrs. Kruger: (*Lächelnd*) Ich bin froh, daß Sie sagen, sein Verhalten sei normal. Es geht uns gut miteinander, beziehungsweise es ging –

Arzt: (*Setzt seine Untersuchung fort*) Und jetzt nicht mehr?

Mrs. Kruger: Die Mutter meines Mannes ist bei uns zu Besuch, und ich habe einfach nicht so viel Zeit für das Baby wie sonst, wenn wir untertags alleine sind.

Arzt: Eine zusätzliche Person im Haus macht einen Unterschied. Wenn es sich um die Großmutter eines Babys handelt, ist es gewöhnlich so, daß die Mutter klagt, daß mit dem Kind zuviel gespielt wird und es deshalb zur Schlafenszeit noch aufgekratzt ist.

Patienten sagen oft Dinge, die einfach nicht zu dem passen, was der Therapeut über mehr oder minder durchschnittliches Verhalten gelernt hat. Es zahlt sich gewöhnlich aus, scheinbar nicht zusammengehörige Sachverhalte zu erforschen anstatt sie zu ignorieren. Was also hat es auf sich, wenn Mrs. Kruger die Anwesenheit von Billys Großmutter damit in Zusammenhang bringt, nicht genügend Zeit für das Baby zu haben?

Mrs. Kruger: Sie ist vom alten Schlag und hat andere Vorstellungen. Sie sagt zu mir, daß ich ihn verwöhne –

Arzt: Ich frage mich, wie sie auf diese Idee kommen –

Mrs. Kruger : Wenn Billy aufgeregt ist, quietscht, lacht und sich in seinem Bettchen hochzieht, sagt sie, daß er ein nervöses Kind werden wird, daß es mit ihm Disziplinschwierigkeiten geben wird, wenn ich nicht ein Machtwort spreche und ihn zu Folgsamkeit erziehe. Sie will, daß er nach einem festen Plan schläft, und sagt uns, wir sollten ihn schreien lassen anstatt jederzeit zu ihm zu gehen, wenn er aufwacht. Sie sagte, er sollte mit drei Monaten durchschlafen, alle ihre Kinder hätten das getan.

Arzt: Was denken Sie darüber?

Mrs. Kruger: Ich weiß nicht mehr, was ich denken soll.

Arzt: Wie meinen Sie das?

Mrs. Kruger: Ich meine, er tut nichts Schlechtes. Ich lasse es nicht zu, daß er etwas kaputtmacht. Neulich spielte er mit dem Hund und wurde grob. Da sagte ich ihm, er solle aufhören. Es stört mich nicht, wenn er dann wütend wird, er muß lernen, wie man sich richtig verhält. Ich gehöre nicht zu den Müttern, die glauben, daß ihr Kind perfekt ist. Wenn er im Unrecht ist, ist er im Unrecht. Aber ihn sich das Herz aus dem Leib schreien lassen in der Nacht –

Arzt: Mit anderen Worten, wenn ein Baby einen Laut von sich gibt, heißt das nicht, daß es auf dem Weg zur Hilfsschule ist. Man muß sozusagen erst feststellen, was das Geräusch bedeutet, und dann reagieren.

Mrs. Kruger: So habe ich es bisher gesehen.

Hier berührte Mrs. Kruger eine berechtigte Frage: Hatte Großmutter recht? Wurde es Billy gestattet, disziplinlos und ohne Respekt für andere aufzuwachsen? Der Arzt fand, daß dies nicht der Fall war, sondern daß Mrs. Kruger vernünftige Maßstäbe setzte und sie vertrat.

Arzt: Und Ihr Mann? Was sagt Hank zu all dem?

Mrs. Kruger: Nun, es ist *seine* Mutter. Er regt sich auf, wenn ich irgendwas gegen sie sage. Er will, daß wir miteinander klarkommen. Ganz gleich, was ich sage, er sagt, sie sei eine alte Dame und werde nicht mehr lange hier sein.

Arzt: Sie wird nicht lange bei Ihnen wohnen?

Mrs. Kruger: Nein, er meint, sie wird nicht mehr lange leben. Sie ist fünfundsiebzig und gesund wie ein Pferd, aber sie hat in den letzten zwanzig Jahren alle ihre Söhne immer wieder davon überzeugt, daß sie bereits auf dem Sterbebett liegt.

Arzt: Wie lange wird Sie bei Ihnen wohnen?

Mrs. Kruger : Sie ist für drei Monate da. Es sind noch zwei Monate, bis sie zurückfliegt. Das macht mir nichts aus, es wäre dumm, für ein Wochenende über den Ozean zu kommen. Sie meint es gut und versucht, nicht zu stören, und sie ist immer hilfsbereit.

Arzt: Sie versucht, nicht zu stören?

Mrs. Kruger: Sie geht nach dem Abendessen in ihr Zimmer, damit Hank und ich uns unterhalten können. Sie ist darauf bedacht, nicht zwischen uns zu stehen, normalerweise, wissen Sie.

Es schien klar, daß zwischen Mrs. Kruger und ihrer Schwiegermutter keine Fehde herrschte. Was sie über ihr Verhältnis sagte, war nicht von einer lange bestehenden Antipathie gefärbt, die nichts mit Billys Situation zu tun hatte.

Arzt: (*Beendet die Untersuchung und wäscht seine Hände*) Nun, er ist ein gesunder kleiner Junge. Keine Infektionen. Alles ist dort, wo es hingehört. Es sieht so aus, als ob Sie prima mit ihm umgingen.

Mrs. Kruger: Aber er hat Gewicht verloren, nicht wahr? Und er ist so übermäßig lebhaft.

Arzt: Ein paar Pfund, aber deshalb brauchen Sie sich nicht zu sorgen. Die hat er sehr schnell wieder aufgeholt. Und er ist nicht übermäßig lebhaft – zumindest war er es hier solange nicht, bis Sie auf ihn ärgerlich reagiert haben, als er ganz einfach spielte. Ich glaube, er ist es nicht gewöhnt, daß sich seine Mutter so verhält.

Mrs.Kruger: Ich glaube, ich bin schon ganz verdreht...Alles, was ich mit ihm mache, scheint plötzlich falsch zu sein.

Arzt: Ich glaube, wir haben hier einen Fall, bei dem zu viele Köche den Brei verderben. Billy bekommt verwirrende Signale: Er spürt die Veränderung in Ihrem Verhalten und weiß nicht, was er tun soll. Versetzen Sie sich an seine Stelle. Wie groß wäre denn Ihr Appetit, wenn Ihre Welt auf dem Kopf gestellt würde – wenn die Menschen, von denen Sie abhängig sind, Sie plötzlich ganz anders behandeln, und das, was vorher ein Lächeln hervorrief, jetzt ein Stirnrunzeln auslöst?

Mrs. Kruger: Sie sagt, ich solle das Fläschchen vor dem Einschlafen ausfallen lassen. Aber er ist daran gewöhnt, daß ich oder sein Vater es ihm geben. Es ist schrecklich, ihn schreien zu hören, es reißt mir das Herz aus dem Leib. Hank auch. Deshalb spuckt er vielleicht so viel, er ist durcheinander, er kann nichts bei sich behalten.

Arzt: Was ich da höre, gefällt mit überhaupt nicht. Billy ist jetzt immer noch in der Lage, sich wie vorher zu verhalten. Wir haben es hier gesehen. Vielleicht sind Sie, wenn Sie alleine mit ihm sind, Sie selbst; darauf reagiert er ganz normal. Ich befürchte jedoch, wenn das so weitergeht, wird es einen Punkt geben, an dem er das Risiko nicht mehr eingehen wird, Hoffnungen aufzubauen, nur damit sie enttäuscht werden. Dann werden Sie sehr wahrscheinlich ein ruhiges Baby haben, das niemanden stören wird. Er wird wieder gut essen, aber das wird alles sein, was er wirklich will. Und er wird nachts durchschlafen, und auch fast den ganzen Tag. Der Fachbegriff dafür lautet »Depression«:

Mrs. Kruger: Oh, das wäre schrecklich. Vielleicht wird wieder alles normal, wenn sie abfährt.

Arzt: Sie haben gesehen, was innerhalb eines Monats geschehen ist. Drei Monate sind eine lange Zeit in einem Babyleben. Es ist die Zeit, in der Billy die grundlegenden Einstellungen lernt, die seine Persönlichkeit formen werden. Ich würde in den nächsten zwei Monaten kein Risiko eingehen.

Mrs. Kruger: Das klingt alles so kompliziert. Wie weiß ich, wann ich das Richtige tue?

Arzt: Sie haben es bisher gut gemacht. Billy ist ein glücklicher, gutgelaunter, neugieriger, interessierter, süßer Kerl. Das sagt mir, daß Sie ein gutes Gefühl für den Jungen haben und sich selbst vertrauen können, das zu tun, was für ihn richtig ist.

Mrs. Kruger: Ich komme hier wohl nicht weiter, wenn ich auf die Kritik von Greta – meiner Schwiegermutter – höre. Ich weiß, daß Hank nervös ist. Er geht wie auf Eierschalen im Haus herum, damit ich keinen Grund habe, ihn anzufahren. Ich war so gereizt.

Arzt: Das Baby bekommt dieselben Signale und reagiert auf seine Weise darauf.

Mrs. Kruger: Es ist vielleicht seine Art zu sagen: »Komm, Mami, wann bist du wieder du selbst?«

Arzt: Genau.

Mrs. Kruger: Ich glaube, ich sollte wohl aktiv werden und etwas an diesem Zustand ändern. Was denken Sie, soll ich tun, Herr Doktor? Was würden Sie an meiner Stelle tun?

Arzt: Ich glaube, es wäre sinnvoll zu schauen, was Sie am liebsten tun würden. Was stört Sie am meisten? Was möchten Sie als erstes geändert haben?

Mrs. Kruger: (*Ärgerlich*) Dieses Schreien in der Nacht. Ich werde das nicht tolerieren. Jawohl. Wenn Billy aufwacht und schreit, wird er auf den Arm genommen werden, und wenn er eine Flasche will, wird er sie bekommen. Es ist mir gleich, was andere Leute tun. Wenn er es braucht, reicht das für mich.

Arzt: Und dann?

Mrs. Kruger: Oh, ich weiß genau, was passieren wird. Greta wird am nächsten Morgen beim Frühstück eingeschnappt sein, und sobald Hank zur Arbeit ist, wird sie auf mich einreden: »Nun, Gladys, ich weiß, du bist die Mutter des Babys, und ich will ja nicht reinreden, aber – «

Arzt: Und dann?

Mrs. Kruger: Es sieht ganz so aus, als würde ich es einfach mit ihr ausdiskutieren. Sie ist willkommen, aber es ist mein Haus und mein Kind, und das wird sie lernen müssen. Wenn ich mit dem Jungen einen Fehler mache, dann ist es mein Fehler. Es steht mir zu, ihn auf meine Art zu erziehen. Billy ist wichtiger als der Hausfrieden, der im übrigen gar nicht so friedlich ist. Es ist ruhig, aber sehr angespannt.

Ich habe festgestellt, daß Ärzte, die keine Psychiater sind, oft Angst haben, bei ihren Patienten psychologische Themen anzusprechen. Sie befürchten die unvermeidliche Frage: »Jetzt verstehe ich, was schiefläuft, aber was soll ich tun, Herr Doktor?« Im Falle von körperlicher Krankheit wird vom Arzt erwartet, nach Erstellen der Diagnose einen bestimmten Rat hinsichtlich einer Operation oder der Einnahmen von Medikamenten, zu geben. In der Psychotherapie braucht man sich jedoch unter keinerlei Druck zu fühlen, einen Rat oder bestimmte Anweisungen zu erteilen. Ausnahmen sind Patienten wie Dr. Osgood (siehe Seite 37 – 43), wo man direkt interveniert, um einen Patienten zu mobilisieren, der sonst sinnloserweise weiter regredieren würde. Im Fall von Mrs. Kruger hatte der Arzt eine Frau vor sich, deren Kompetenzgefühl als Mutter durch das Erwartungsmuster erschüttert war, das ihre Schwiegermutter ins Spiel brachte. Nachdem dieser Konflikt aufgedeckt war, konnte der Arzt seine Autorität und sein Wissen benutzen, um die Selbstachtung der Mutter und das Vertrauen in ihre Fähigkeiten zu stärken. Wenn der Patient das Problem identifiziert hat und bereit zu sein scheint, etwas zu ändern, ist es viel produktiver – so wie es hier gemacht wurde – , zu sehen, welche Lösung er selbst für möglich hält, als ihm Lösungsvorschläge zu machen. Dann kann man die Möglichkeiten durchspielen, um zu sehen, ob die in Gedanken entwickelten Pläne durchführbar erscheinen. Damit hilft man dem Patienten, Schwierigkeiten, die möglicherweise bei der Durchführung des Plans auftreten, vorherzusehen und sich darauf vorzubereiten. Mit anderen Worten, man hilft dem Patienten in dem Bereich der Entwicklungsspirale, in dem Entscheidungen getroffen werden.

Mrs. Kruger:	Nun, Herr Doktor, ich fürchte, ich habe Sie schon zu lange aufgehalten. Ich lasse Sie jetzt besser zu Ihren anderen Patienten.
Arzt:	Nein, gar nicht. Billys Zukunft ist mir auch wichtig. Was Sie sagen, klingt gut, finde ich. Ich denke, es ist einen Versuch wert.
Mrs. Kruger:	Ich habe wirklich das Gefühl, daß ich es jetzt angehen kann. Danke. Vielen Dank.
Arzt:	Rufen Sie mich auf jeden Fall in einer Woche, oder wenn Sie wollen, früher an, und lassen Sie mich wissen, wie es läuft.

Am späten Nachmittag machten der Arzt und sein Student wie immer, wenn am Abend noch Sprechstunde war, eine Essenspause, in der sie die Ereignisse des Tages diskutierten.

Arzt:	Nun, was denken Sie über den heutigen Tag, George? Gibt es etwas, was Sie besprechen möchten?
Student:	Dieses Baby mit dem Gewichtsverlust –
Arzt:	Ach ja, Billy Kruger. Ich habe mir schon gedacht, daß Sie diesen Fall herausgreifen.
Student:	Es war eine glückliche Wendung, daß sie zu reden anfing. Wir hätten vielleicht sonst nie herausgefunden, was dem Jungen fehlte. Ich meine, Gewichtsverlust unbekannten Ursprungs, da kann man an alles mögliche denken.
Arzt:	Und alle möglichen Tests und Untersuchungen anordnen, die nicht nur sehr teuer sind, sondern beim Kind ein unnötiges Trauma und bei den Eltern unnötige Angst verursachen, weil die sich natürlich fragen, was los sein könnte. Aber Glück war das nicht.
Student:	Was war kein Glück?
Arzt:	Daß Gladys Kruger über ihre Probleme mit ihrer Schwiegermutter zu reden anfing.

Student: Ich habe nicht gehört, daß Sie sie hinsichtlich ihrer häuslichen Situation oder irgendwelcher möglichen Störungen befragten. Sie haben nur einfach geredet, und sie hat sich geöffnet.

Arzt: Ich habe einfach so geredet wie gestern, als ich zufällig Herb Jones' Bauch abtastete und wir zufällig die vergrößerte Leber entdeckten.

Student: Was wollen Sie denn damit sagen! Ich konnte sehen, daß der Mann gelbe Augen hatte, und dies hat zusammen mit seiner Klage, müde und appetitlos zu sein, sicher dazu geführt, daß Sie sich mächtig für seine Leber interessierten.

Arzt: Richtig. Aber Billys Mutter sendete durch ihre ungewöhnliche Angespanntheit und ihren sorgenvollen Gesichtsausdruck ebenfalls Signale. Das fiel mir auf, noch bevor Sie mir etwas über den Jungen erzählte.

Student: Ich nehme an, wenn ich bemerkt hätte, daß sie angespannt und besorgt war, hätte ich dies ihrer Sorge über die Symptome des Kindes zugeschrieben.

Arzt: Eine gute Bemerkung! Natürlich, ich habe den Vorteil, sie und ihre Familie seit vielen Jahren zu kennen. Es ist einer der Vorteile des Hausarztes, den ich sehr schätze, daß man die Gelegenheit hat, seine Patienten als Menschen kennenzulernen. Sie war schon einmal bei mir, als das Baby krank war, und wenn sie auch eine besorgte Mutter ist, eine ängstliche ist sie nicht. In dem Augenblick, als ich sie sah, fragte ich mich, was ihr persönlich Kummer bereitete. Dann suchte ich eine Gelegenheit herauszufinden, unter welchem Streß, wenn überhaupt, sie stand. Ich erhielt meine Chance, als sie den Jungen anfuhr, weil er herumspielte. Sehr uncharakteristisch für sie, würde ich sagen.

Student: Was wäre gewesen, wenn sie nichts gesagt, sondern nur auf das Ende der Untersuchung gewartet hätte?

Arzt: Dann hätte ich die Initiative ergreifen müssen, indem ich beispielsweise gesagt hätte: »Nun, Billy ist im Grunde in guter körperlicher Verfassung, aber ich frage mich, was mit Ihnen ist. Sie scheinen mir nervös und angespannt zu sein, vielleicht ein Grund dafür, daß das Baby nicht gut ißt. Wenn Sie Sorgen haben, möchte ich gerne etwas darüber wissen und Ihnen helfen, wenn ich kann. Vielleicht können wir in mein Sprechzimmer gehen und uns dort alleine und ungestört unterhalten.«

Student: Bei ihr würde das vielleicht gehen, aber ich frage mich, ob es nicht möglicherweise andere Leute beleidigend fänden, wenn Sie sie nach ihren persönlichen Angelegenheiten fragten?

Arzt: Vielleicht. Aber wenn dem so wäre, würde ich einfach erklären, daß ich mich für den psychologischen Streß, unter dem meine Patienten stehen, genauso zuständig fühle wie für ihre körperlichen Schmerzen. Eigentlich kann ich mich nicht daran erinnern, daß dieses Problem jemals aufgetaucht wäre. Die Leute hungern nach Verständnis, und man begegnet selten irgendwelchen Einwänden, wenn man Interesse für das Gefühlsleben eines Patienten zeigt. Ganz im Gegenteil, normalerweise heißen sie es willkommen. Wenn sich Patienten in dieser Hinsicht beklagen, dann darüber, daß wir uns für sie als Menschen nicht genug interessieren.

Student: Ich nehme an, ein Grund dafür ist, daß wir nicht die Zeit dafür haben, uns so darauf einzulassen. Wenn man für jeden Patienten eine halbe oder eine ganze Stunde aufwenden würde, hätte man für nichts mehr sonst Zeit, dann hätte man eine psychiatrische Praxis.

Arzt: Wieviel zusätzliche Zeit verbrachte ich mit Billy und seiner Mutter? Ich rede nicht davon, mit Leuten, die einen Spezialisten brauchen, Psychotherapie zu machen. Ich rede über das, was Sie heute gesehen haben. Wir sprechen sowieso mit unseren Patienten. Ich meine nur, wir sollten dem Aufmerksamkeit schenken, was sie sagen, und dies produktiv nutzen. Wir sollten das nicht für reine Höflichkeitsfloskeln oder leeres Gerede halten. In Wirklichkeit habe ich keine Zeit verloren, sondern mir selbst und Gladys Kruger ziemlich viel Zeit gespart – ganz zu schweigen von meiner und ihrer Angst um Billys Wohlergehen – , indem wir eine vernünftige Erklärung für die Probleme des Jungen herausarbeiteten.

Student: Das klingt völlig plausibel. Aber was ist, wenn Sie falsch liegen?

Arzt: Was wäre dann? Manchmal machen wir trotz intensivster Bemühungen und ausgeklügeltster Tests Fehler, aber das sollte uns nicht davon abhalten, Entscheidungen zu treffen und nach ihnen zu handeln, wenn wir das Gefühl haben, es ist für unsere Patienten das beste. Wie bei jeder

Diagnose handelt es sich auch hier um eine Hypothese, die geprüft werden wird, und wir werden sehen, was passiert.

Eine Woche nach dem Besuch erhielt der Arzt von Gladys Kruger einen Anruf.

Mrs. Kruger: (H*eiter und vergnügt)* Ich habe gerade gedacht, jetzt rufe ich Sie an, Herr Doktor, so wie Sie mich gebeten haben.

Arzt: Gut. Ich habe mich schon gefragt, wie es mit Ihnen und Billy läuft.

Mrs. Kruger: Billy geht es gut. Ich denke, wir sind auf dem richtigen Weg.

Arzt: Schön zu hören. Ißt er wieder gut, ist er wieder ganz der Alte, vergnügt und munter?

Mrs. Kruger: Ja, alles ist in Ordnung.

Arzt: Und Ihre Schwiegermutter? Größere Probleme?

Mrs. Kruger: Das war das Lustige daran. Den großen Knall hat es nie gegeben.

Arzt: Sie haben Billy abends die Flasche gegeben, und sie hat daraus keine Staatsaffäre gemacht?

Mrs. Kruger: Eigentlich hat sich alles noch früher aufgelöst. Als ich von Ihnen nach Hause kam, wollte Billy spielen. Greta sagte, ich sähe müde aus und es sei sowieso Zeit für das Nickerchen des Babys, also sollte er ins Bett gehen und sie würde mir einen Kaffee machen und wir könnten ein wenig zusammensitzen und reden. Ich entschloß mich, es auf der Stelle mit ihr auszutragen. Ich sagte ihr, ich würde mit Billy in den Hof hinaus gehen. Es war ein schöner Tag, und er wäre drinnen eingesperrt gewesen und brauchte frische Luft – er hatte sowieso im Wagen geschlafen und daher überhaupt kein Nickerchen nötig. Ich sagte ihr, wir würden hinten im Hof sein, und wenn sie ihren Kaffee rausbringen und uns Gesellschaft leisten wolle, sei sie willkommen.

Arzt: Wow! Was geschah dann?

Mrs. Kruger: Ich war so überrascht. Ich kriegte keinerlei Widerspruch. Im Gegenteil, sie sagte so etwas wie, Entschuldigung, ich hab' nicht dazwischenfunken wollen, ich wollte nur helfen'. Ich glaube, meine Stimme muß ziemlich ärgerlich geklungen haben. Deshalb sagte ich ihr, daß ich wüßte, daß sie es gut meinte und daß sie eine große Hilfe wäre, aber daß sich die Zeiten geändert hätten, und wir unsere Kinder anders erziehen würden als sie die ihren damals erzogen hat. Sie schien das zu akzeptieren.

Arzt: Gut. Und seither ist alles in Ordnung?

Mrs. Kruger: Ich glaube schon. Es ist jetzt leichter, zu ihr nett zu sein, nachdem wir die Dinge klargestellt haben. Wir tun beide unser Bestes. Sie hat ein paar sehr gute Ideen das Haus betreffend – Tapeten und so – , also hole ich ihren Rat ein, und das gefällt ihr. Sie möchte halt nützlich sein.

Arzt: Ich glaube, Sie haben das Richtige getroffen. Sie möchte nicht ins Abseits geschoben werden, nur weil sie älter ist. Sie will, so wie wir auch, daß ihre Ideen etwas gelten. Deshalb ist es großartig, daß es einen Bereich gibt, wo sie etwas beitragen kann, ohne Ihnen auf die Füße zu treten. Also, wenn nichts Ungewöhnliches passiert, werde ich Sie sehen, wenn Billys nächste Untersuchung fällig ist.

Wie Gladys Kruger sehen Patienten, die in Therapie kommen, oft eine Menge Hindernisse, die jeglicher Lösung des interpersonalen Aspekts ihres Problems im Wege zu stehen scheinen; wenn es ihnen aber gelingt, den intrapsychischen Aspekt ihrer Schwierigkeit zu lösen, stellen sie wie Mrs. Kruger auch fest, daß sie in ihrem Bemühen, ihre Bedingungen zu verbessern, nicht gehindert werden. Ich habe dies wiederholt bei Jugendlichen und jungen Erwachsenen beobachtet, die völlig aufgelöst zu mir kamen, weil ihre Eltern sich ihren Entscheidungen hinsichtlich Beruf, Freunden, Kleidungsstil oder sonstiger Dinge in den Weg stellten. Arbeitet ein Jugendlicher erst einmal seine eigene Ambivalenz durch – beispielsweise darüber, daß er nicht in die beruflichen Fußstapfen des Vaters tritt – und konfrontiert dann seine Eltern entschieden, aber nicht feindselig, indem er überzeugende Argumente für seine Entscheidung liefert, gibt es plötzlich keine Einwände mehr, sondern Hilfsangebote und gute Wünsche. In Mrs. Krugers Situation hat wahrscheinlich die Kritik der Schwiegermutter einige latente Zweifel über ihre eigene Fähigkeit als Mutter angesprochen – und bei welchen Eltern lauern solche nicht irgendwo im Hintergrund? Als Mrs. Kruger geholfen wurde, die Sache zu durchdenken, kam sie zu dem Schluß, daß von ihr keine Perfektion verlangt wurde, sondern daß sie sich selbst genügend vertrauen und es darauf ankommen lassen konnte, daß die Fehler, die sie bei ihrem Sohn machte, behebbar sein würden. Als sie an diesem Punkt angelangt war, konnte sie mit ihrer Schwiegermutter anders interagieren. Paradoxerweise entlastete es diese, als sie ihr sagte, daß sie sich um ihren Enkel nicht zu sorgen brauche, daß sie (die Mutter) sich um alles kümmere, und daß Billys Wohlergehen nicht in ihrem (der Großmutter) direkten Verantwortungsbereich liege. Billy Krugers Fall veranschaulicht die Wichtigkeit präventiver Psychotherapie. Bei Kindern in der Schule und im Krankenhaus habe ich beobachtet, daß Depression – der Rückzug von altersgerechtem, zielorientiertem Verhalten – eher die Norm als die Ausnahme zu sein scheint. Dies ist ein Eindruck, der von meinen Kollegen, die in Kinderpsychiatrie und -

psychoanalyse ausgebildet sind, generell bestätigt wird. Manche dieser Depressionen sind meiner Meinung nach weitgehend unnötig. Die Ursache liegt in einem Mangel an richtiger Information über die Bedeutung der affektiven Entwicklung des Kindes und der Wichtigkeit, affektive Kommunikation vom Beginn des Lebens an zu fördern. (Siehe Seite 112-120 zur Diskussion der Depression.)

Es ist besonders in den Familien, die die Soziologen heute zur »Unterschicht« zählen, wichtig, daß Ärzte, Krankenschwestern und Sozialarbeiter die Eltern über die Bedeutung der affektiven Entwicklung im Säuglings- und Kindesalter aufklären. Sie sollten ihnen nahebringen, wie wichtig diese ist, und ihnen helfen, die affektive Kommunikation zwischen ihnen und ihren Kindern zu fördern. Eltern in dieser Gruppe ökonomisch und bildungsmäßig benachteiligter Menschen sind oft stark depressiv, und ziehen sich von ihren Sprößlingen und auch vom Rest der Gesellschaft zurück. Während der ersten und wichtigsten formenden Lebensjahre unterstimuliert und affektiv zu kurz gekommen, sind diese Kinder später selten in der Lage, aus der Gelegenheit zur Entwicklung, die das Bildungssystem bietet, Nutzen zu ziehen – trotz der speziellen Programme, die ihnen dabei helfen sollen. Wenn sie mit drei oder vier Jahren die sogenannten »Kopf-Start«-Programme durchlaufen, ist es bereits zu spät, die affektiven Defizite, die sie als Säuglinge erlitten haben, wieder zu beheben. Diese Kinder, die als Jugendliche und Erwachsene häufig Versager sind und nicht selten delinquent werden, um sich ein Gefühl von Kompetenz und Selbstachtung zu verschaffen, sind regelmäßig in einer emotional verständnislosen und nicht auf sie eingehenden Umgebung aufgewachsen. Solche Kinder sind nicht darauf vorbereitet, von dem zu profitieren, was ihnen ein Schulsystem anbietet, in dem Erfolg auf der erwarteten Übertragung eines positiven affektiven Kontakts zwischen Kind und Eltern auf die Person der Lehrers gründet (Basch 1988 a).

Ärzte und andere im Gesundheitwesen Tätige sind in der einzigartigen Lage, diesen schwerwiegenden Defiziten begegnen zu können, indem sie Eltern vor und nach der Geburt ihrer Kinder, beispielsweise in den Kliniken, die Grundzüge affektiver Kommunikation lehren und deren Wichtigkeit für das Wohlergehen sowohl des Kindes als auch der Eltern aufzeigen. Diese beispielslose Gelegenheit, präventive Psychiatrie auszuüben, könnte künftigen Generationen immenses Leid und der Gesellschaft enorme ökonomische und menschliche Verluste ersparen.

Die Regulation des Affekts im Säuglingsalter

Die Funktion der Kognition

Wie ich bereits erwähnte, betonte Freud (1915 c), daß die psychologische Abwehr, und damit die Arbeit des Psychotherapeuten, immer mit Affekten zu tun hat. Ganz gleich, welche diagnostische Bezeichnung man ihren Schwierigkeiten gibt, Patienten, die zu einem Psychotherapeuten kommen, leiden im Grunde an den Folgen einer unangemessenen oder gestörten affektiven Entwicklung, oder an dcn Auswirkungen unzureichender emotionaler Kontrolle. In gewisser Weise zeigen Patienten, sofern sie krank sind, die Art von affektiven Extremen, die man bei Säuglingen beobachtet – von affektiven Stürmen, die durch Vernunft nicht beeinflußt werden können, hin zu dramatischem, totalem Rückzug von affektiver Erfahrung. Wenn der Therapeut weiß, wie die optimale Entwicklung von Kontrolle über das affektive Leben verläuft – wie es dazu kommt, daß affektive Reaktionen verändert und gewählt werden, anstatt einfach stattzufinden oder hervorgerufen zu werden – kann er besser beurteilen, was im affektiven Leben eines Patienten schiefgelaufen ist, und mit diesem Wissen als Wegweiser das Problem korrigieren.

Wie Abbildung 4.3 zeigt, ist die allgemein akzeptierte Aufteilung der mentalen Vorgänge in Kognition und Affekt irreführend. Kognition bedeutet: »zu Erkenntnis gelangen«, »wissen«; und, wie wir gesehen haben, gelangen wir zu vielen unserer Erkenntnisse durch affektive Kommunikation. *Kognition* oder *Denken*, so wie diese Begriffe traditionell verwendet werden (und wie auch ich sie verwenden werde, da ich mich in diesem Fall dem Brauch beuge), beziehen sich auf das, was grob unter der Überschrift *Vernunft* oder *Logik* gefaßt wird, und repräsentieren das, was Zerebrum oder Neokortex zur menschlichen Erfahrung beitragen. Wie der Name verrät, ist der Neokortex der jüngste Teil des Gehirns. Wie eine Mütze im Winter über den Kopf gezogen, umhüllt er das ältere Mittelhirn, den Sitz des Affekts. Hicr spiegelt die Anatomie die Funktion, denn, so wie ich es sehe, besteht der primäre Zweck der Kognition darin, das affektive System vor unnötiger Stimulation und vor Überreaktion zu schützen.

Lernen durch Erfahrung

Wenn der Affekt eine unwandelbare Modalität bliebe, nach der das Gehirn seine Entscheidungen organisiert, wären die Ergebnisse alles andere als anpassungsfähig. Da der Säugling vom Affekt des Augenblicks total erfaßt wäre, würden sich seine Ressourcen bald erschöpfen. Er würde auch die Signale seiner Umgebung nicht wahrnehmen können, die zu einer Modifikation seiner Reaktion aufrufen. An dieser Stelle kommen der Neokortex und das Lernen ins Spiel.

Ich würde Lernen definieren als Verbinden und Kodieren von Signalen, um Erwartungsmuster zu bilden, deren Funktion in der Kontrolle von Spannung besteht (siehe auch Seite 64 und 80). Wenn wir ein Neugeborenes beobachten, das in der Nacht, weil es hungrig ist, aufwacht, werden wir sehen, daß es schreien wird, bis es etwas wie eine Brustwarze zwischen seinen Lippen spürt. Des weiteren können wir beobachten, daß das gleiche Baby schon nach wenigen Tagen zu weinen aufhört, sobald Vater oder Mutter den Raum betritt, das Licht anmacht und Vorbereitungen für die Mitternachtsmahlzeit trifft. Der Säugling hat Signale miteinander verbunden, um ein Muster zu bilden, das für Füttern steht, oder das er als solches bezeichnet; die Schritte der Eltern, das Andrehen des Lichts und die schläfrige, aber ruhige Stimme, all dies entspricht in ausreichendem Maß seiner Erwartung, so daß er die Anspannung aushalten und das Interesse entfalten kann: Das Baby hat etwas gelernt. Es hat seine affektive Reaktion auf quälenden Hunger entsprechend moduliert.

Dieser Prozeß beinhaltet auf seiten des Babys weder Reflexion noch Erinnerung. Etwa die ersten achtzehn Monate des Lebens funktioniert das Gehirn sensomotorisch, wie Jean Piaget, der weltbekannte Entwicklungspsychologe, dies nannte (Piaget und Inhelder 1969). Was in dieser Zeit noch nicht funktionsfähig ist, ist die Fähigkeit zu imaginieren. Obwohl das Baby in diesen eineinhalb Jahren eine Menge lernt – m Verhältnis gesehen vielleicht mehr als während des ganzen restlichen Lebens – kann es keine Vorstellungen benutzen, um seine Handlungen zu verdinglichen und über sie nachzudenken. Bis zum Erreichen der nächsten Reifungsstufe ist es in der Realität des Augenblicks gefangen.

Wir kennen alle den herzzerreißenden, qualvollen Schrei, wenn ein Baby eine Herausforderung zu meistern versucht, indem es die Fertigkeiten anwendet, die es entwickelt hat, jedoch keinen Erfolg damit hat. Wenn die motorische Aktivität nicht das gewünschte Resultat bringt und die mit dem Interesse und der Erregung verbundene Spannung mindert, die beispielsweise ein Spielzeug, das sich außer Reichweite befindet, auslöst, kann sich der Säugling nicht selbst beruhigen. Er kann nicht überlegen, daß es vielleicht genauso gut wäre zu warten, bis seine Mutter zur Hilfe käme, und bis dahin statt dessen das über ihm hängende Mobile zu betrachten. Die Frustrationsspannung steigt, bis es zu einem Schrei voller Qual und Pein kommt. Wenn die Mutter jedoch präsent ist, kann diese Erfahrung ein adaptives sensomotorisches Muster schaffen, das unerträgliche Spannung erst gar nicht entstehen läßt: Das Baby lernt möglicherweise, auf den begehrten Gegenstand zu zeigen anstatt nur seine Hände nach ihm auszustrecken. Die Mutter reagiert vielleicht so darauf, daß sie dem Baby das Spielzeug gibt und damit bei diesem eine neue und weniger frustrierende Handlungsmöglichkeit bestärkt, zu bekommen, was es will. Man sollte sich davor in acht nehmen, dem Baby den Gedanken zuzuschreiben: »Es ist zu weit weg, aber Mami wird es für mich holen.« Gedanken wie »ich«, »Mami«, »zu weit weg« sind noch nicht möglich. Das Zeigeverhalten ist ein Handlungsschema, das unter anderen Umständen spannungsmindernde Ergebnisse mit sich gebracht hat, und jetzt als Möglichkeit zur Verfügung steht, um etwas zu bekommen.[4]

Organisation durch Kommunikation

Die Unfähigkeit des Säuglings, sich in der sensomotorischen Phase der kortikalen Entwicklung selbst zu beruhigen, indem er über seine Erfahrungen nachdenkt, unterstreicht die Wichtigkeit einer guten Kommunikation zwischen Säugling und Pflegepersonen. Etwa die ersten eineinhalb Jahre muß der Erwachsene der sensomotorischen Seite des Kindes ergänzend eine reflektierende Komponente zur Verfügung stellen, um das optimale Spannungsniveau aufrechtzuerhalten und die Kanäle für Lernerfahrungen offen zu halten (Beebe und Sloate 1982; Beebe und Stern 1977; Demos und Kaplan 1985; Stechler und Kaplan 1980; Stern 1984).
Wenn die affektiven Signale eines Säuglings nicht angemessen beantwortet werden – und was angemessen ist, wird je nach Säugling und Umständen verschieden sein –, kann er möglicherweise immer weniger mit der Spannung umgehen, die durch aufsteigende Affekte erzeugt wird. Dies kann dazu führen, daß sich der Säugling isoliert, um Gelegenheiten, die frustrierend sein könnten, und damit Spannung überhaupt zu vermeiden. Dieses Phänomen wurde von Virginia Demos und Samuel Kaplan (1985) untersucht. Sie bauten ihr Experiment auf der Tatsache auf, daß Säuglinge den Menschen instinktiv besondere Aufmerksamkeit schenken, und oft lange und suchend in das Gesicht der Mutter sehen, um daran ihr (der Säuglinge) Verhalten organisieren. Diese Forscher haben über einen Zeitraum von Monaten die Reaktionen von zwei Müttern auf ihre blicksuchenden Säuglinge gefilmt, und die darauffolgenden, ganz unterschiedlichen Persönlichkeitsentwicklungen festgehalten. Eine Mutter verstand den Blick ihres Babys als Einladung zu einem gemeinsamen Austausch via Gesichtsausdruck. Sie gab dem Baby einen beständigen, aber lebhaften Blick zurück, kombiniert mit Berührung, Reden und zärtlichen Äußerungen, solange, bis das kleine Mädchen seine Aufmerksamkeit anderswohin richtete. Diese Art von Erfahrung lehrte das Baby, daß Interesse und Aktivität lohnend waren. Weitere Filme zeigten, daß es sich zu einem selbstsicheren Säugling entwickelte, der gerne Aktivität initiierte. Sie konnte alleine spielen, hieß aber auch den Kontakt mit anderen willkommen und teilte eifrig ihr Interesse mit Mutter oder Vater, Geschwistern, Besuchern oder wer auch immer gerade da war.

Eine andere Mutter, die den beständigen Blick ihres Säuglings als Zeichen für Langeweile mißverstand, wandte immer schnell ihren Kopf weg, um ihr kleines Mädchen durch ein Spielzeug oder eine andere Zerstreuung zu unterhalten. Es dauerte nicht lange, bis dieses Baby den Versuch aufgab, seine Mutter für Aktivitäten zu gewinnen. Zuerst lag es einfach da und starrte ins Leere. Allmählich lernte es, alleine zu spielen, jedoch langsam und ohne viel Interesse. Es reagierte nicht sofort auf die Stimme seiner Mutter oder auf ihre Versuche, es zum Spielen zu bringen. Sein Vater und sein Bruder konnten es von seinen einsamen Beschäftigungen ablenken, aber nur, indem sie ihre Stimmen hoben und sich intensiv bemühten, zu ihm durchzudringen.
Kliniker sind schon lange der Meinung, daß die ersten beiden Lebensjahre in vielerlei Hinsicht die wichtigsten für die psychische Entwicklung sind. Experimente wie diese bestätigen diese Ansicht. Lange bevor der Säugling über die Beschaffenheit seiner Umgebung und die Menschen darin reflektieren kann, erzeugen die Folgen der affektiven Kommunikation zwischen Säugling und Pflegepersonen einen präverbalen Sinn dafür, was das Baby von der Welt erwarten kann. Mit den Erwartungmustern, die während der sensomotorischen Phase der Entwicklung abgespeichert werden, bringt der Säugling in die folgende Kindheitsphase eine bereits komplexe und eindeutige Charakterstruktur mit, die alle künftigen Erfahrungen färben wird. Optimalerweise wird sie natürlich durch weitere Reifung beeinflußt und modifiziert. Da Patienten in der Therapie – ganz gleich, wie reif sie kognitiv sind – dazu neigen, auf den Therapeuten die scheinbar unveränderten affektiven Erwartungen zu übertragen, die während dieser präverbalen Periode niedergelegt wurden, ist es von unschätzbarem Wert, wenn der Therapeut die Untersuchungsergebnisse von Säuglingsforschern kennt. Das aktuelle Wissen über die frühe Entwicklung kann den Therapeuten leiten, wenn er mit einem Patienten die Reaktivierung dieser primitiven, früher adaptiven, aber jetzt behindernden und frustrierenden Verhaltensmuster durchlebt. Er kann dem Patienten helfen, seine Vergangenheit zu verstehen und allmählich über sie Kontrolle zu erlangen, indem er diese frühen Erfahrungen auf ein verbales, reflektives Niveau hebt. Mit dem Thema Übertragung werde ich mich in Kapitel 6 beschäftigen. Jetzt komme ich zu der Entwicklung des Selbstsystems – dem System, das einem Menschen erlaubt, diese Veränderung zu vollziehen.

Anmerkungen

1 In bezug auf das Verhalten enthält Freuds Erklärungstheorie einen Widerspruch: Obwohl er in »Das Unbewußte« (1915 c) klarstellte, daß sich alle Merkmale des Bewußtseins ohne dessen Beteiligung zeigen können, hatte er sich bereits in *Entwurf einer Wissenschaftlichen Psychologie* (1895) und im 7. Kapitel der *Traumdeutung* (1900) auf die Aussage festgelegt, daß das Bewußtsein der Auslöser für Verhalten ist (Basch 1975 a, 1976 a). Wenn man den

Affekt und nicht das Erleben von Bewußtheit als Motivation für Verhalten ansieht, wird dieses Paradox korrigiert.

2 Persönliche Mitteilung, 1986.

3 Die subkortikal ausgelösten affektiven Programme, die Tomkins beschrieb, sind ein gutes Beispiel für das, was man heute in der Biologie unter *Instinkt* versteht. Menschliche Wesen erben einen Lebensplan, ein Set von Transformationsregeln (Campbell 1982), die sie darauf programmieren, auf Stimulation so zu reagieren, daß die Überlebenschance des Individuums, und letztlich der Spezies, steigt (Gould und Gould 1981; Gould und Marler 1987).

4 Der bekannte Säuglingsforscher und Psychoanalytiker Daniel Stern (1985) nennt diese infantile adaptive Generalisierung von Handlungen »RIGs« (Representations of Interactions that have been Generalized).

5. Das Selbstsystem

Psychotherapie war lange Zeit eine Methode, die sich auf der Suche nach einer wahrhaft erklärenden Theorie befand. Solange der Gegenstand psychotherapeutischer Bemühung eine mythologische und unerklärbare Einheit ist, die als »Seele« oder »Geist« bezeichnet wird, ist keine verifizierbare, kohäsive und systematische Erklärung für die Erfolge von Psychotherapien – und noch wichtiger, für ihre Fehlschläge – möglich. Auf der anderen Seite ist es auch unbefriedigend, die komplexen Funktionen, die mit der Entscheidungsfällung einhergehen – gewöhnlich mit »Geist« (mind) bezeichnet –, einfach auf die neurologische Aktivität des Gehirns zu reduzieren, auf der die entscheidungsfällende Aktivität beruht.

Die Erfindung der allgemeinen Systemtheorie durch Ludwig von Bertalanffy (1968) bot einen Ausweg aus diesem Dilemma. Ein System ist eine Einheit, die durch ihre Funktion, weniger durch ihre physikalischen Merkmale gekennzeichnet wird; es ist eine stabile, informationsverarbeitende Funktionseinheit, die aus einer Hierarchie von miteinander interagierenden Feedbackschleifen besteht. Ein System besitzt Kontinuität in der Zeit, widersteht Deformierungen und dehnt seinen Einfluß aus, wenn die Bedingungen günstig sind (Paul Weiss 1973). Die affektiven und kognitiven informationsverarbeitenden Aktivitäten des Gehirns bilden zusammen ein solches System – hier Selbstsystem genannt –, das die Anpassung an die Umgebung regelt. Lernen, Kreativität, freier Wille sind Begriffe, die die Wirkungen eines funktionierenden Selbstsystems beschreiben. In gleicher Weise sind die verschiedenen Formen seelischer Schwierigkeiten Ausdruck unbefriedigender Kompromisse, die das Selbstsystem im Verlauf der Anpassung als Folge seiner Beschränkungen, äußerer Streßfaktoren oder von Problemen mit dem neurologischen Substrat, in dem das Selbstsystem existiert, machen mußte.

Die Macht der Wahl: Die Kontrolle über Entscheidungsfällung beim Säugling und Kleinkind

Menschliche Wesen lernen im Säuglingsalter im wesentlichen genauso wie andere Säugetiere. Wir kombinieren angeborene wahrnehmende und ordnende Fähigkeiten mit Erfahrung – vor allem der Erfahrung, die aus affektiver Kommunikation stammt –, um uns der Welt um uns herum anzupassen. Aber zwischen dem achtzehnten und vierundzwanzigsten Lebensmonat reift die Fähigkeit, sich etwas in der Vorstellung ins Gedächtnis zu rufen, sich unabhängig von äußeren Eindrücken ein inneres Bild zu machen. Hier zieht man die Trennlinie zwischen Säuglingsalter und Kindheit. Und es ist diese Funktion, und nicht das Denken per se, das menschliche Wesen einzigartig macht.

Imagination und Erinnerung

Erinnerung mittels Imagination versetzt das Kind in die Lage zu abstrahieren und mit früher kodierten Wahrnehmungen wie mit Objekten umzugehen, die erforscht und manipuliert werden können. Jetzt spielt das Kind nicht nur mit der Mutter, sondern kann später mit seiner Vorstellung von ihr und ebenso mit dem dazugehörigen Affekt umgehen, indem es die Vorstellung von der Mutter von der Erfahrung insgesamt abstrahiert, es sie von den Spielen trennt, die sie zusammen spielen (Basch 1981). Diese Fähigkeit zur Objektivierung wird auch Symbolisierung genannt, weil die abstrahierte Erinnerung für ein tatsächliches Ereignis, das früher stattgefunden hat, steht oder es symbolisiert.[1] An diesem Punkt kann das Kind beginnen, immaterielle »Dinge« zu erschaffen – imaginäre Einheiten, die nur im Gehirn existieren. »Mutter« und »Vater« beispielsweise existieren nicht »da draußen«; sie sind Bezeichnungen für die Beziehungen, die mit der körperlichen Person verbunden sind. (Mit Ausnahme von Eigennamen sind die Namen, die wir für Menschen gebrauchen, Hinweise auf Beziehungen: etwa Arzt und Lehrer.) Das Kind kann weitergehen und Geister, Drachen und ähnliches in seinem Gehirn erfinden, die allein eine intrazerebrale Existenz haben. Denken kann sich jetzt mittels reiner Kategorisierungen fortentwickeln, wobei nominale Einheiten verwendet werden – wie Subjekt und Objekt; Teil und Ganzes; und Vergangenheit, Gegenwart und Zukunft. Die Vorstellung kann auf der Grundlage dessen ausgeführt werden, was bereits imaginiert wurde; und dies kann wiederum als Basis für weiteres Imaginieren ad infinitum dienen. Die Zergliederung und Manipulation von Ereignissen, die durch symbolische Repräsentation möglich wird, befreit den Menschen von der Unmittelbarkeit von Erfahrung, von der alle anderen Tiere beherrscht werden.

Kreativität

Symbolische Repräsentation aufgrund von Imagination oder Phantasie ist die Basis für Kreativität. Durch Imagination wird es möglich, in die Feedbackschleife, in der das Vergleichen von Mustern stattfindet, ein Ziel einzuführen, das allein psychische Realität besitzt – sagen wir einmal, eine Zukunftshoffnung. Dann trifft die betreffende Person die Entscheidungen, die sie aufgrund ihrer Annahme am besten zur Verwirklichung des imaginären Ziels führen. Ein wenig verwirrend ist es, daß eine Feedback- oder Rückkoppelungsschleife mit einem auf die Zukunft gerichteten Ziel »Feedforwardschleife« oder »positive Rückkoppelungsschleife« genannt wird. Die Arbeitsweise letzterer unterscheidet sich in Wirklichkeit nicht von dem gewöhnlichen zielgerichteten Rückkoppelungsmechanismus; sie wird nur anders genannt, da das Ziel in dem Moment nur in der Phantasie existiert und dort bleibt, bis es in der äußeren Welt realisiert wird. Feedforwardschleifen ermöglichen Planung für die Zukunft und Kreativität. So war ich zum Beispiel in meiner Phantasie Arzt und später Psychotherapeut – lange bevor ich die Zeugnisse erhielt, die meinen Status auswiesen.

Freier Wille

Imagination erlaubt einen Aufschub zwischen Impuls und Handlung. In der Umgangssprache wird diese Fähigkeit zum Handlungsaufschub oft mit »Denken« gleichgesetzt: Das Bewußtsein wird benutzt, um eine Situation nochmals durchzuspielen und sich alternative Ergebnisse auszumalen, bevor man zu einem Schluß kommt, was zu tun ist. Am Anfang ist diese Kontrolle des Verhaltens durch Vorstellung der Zukunft auf das Problemlösen in der physikalischen Welt beschränkt. Was aber den Affekt angeht und die Auswirkungen, die das eigene Verhalten auf das Gefühlsleben anderer haben kann, zeigen sich Kinder, vor allem kleine Kinder, bekanntlich besonders unbedacht. Im Laufe weiterer Reifung kann sich der Mensch jedoch die affektiven Folgen seiner Handlungsvorhaben, sowohl auf sich selbst wie auf andere vorstellen; und tatsächlich können in diesem Prozeß wiederum Affekte erzeugt werden. Affekte werden jetzt nicht länger nur durch äußere Reize mobilisiert; jetzt können Signale, die dem Kortex entspringen, bei der Erinnerung an frühere Erfahrungen oder der Vorstellung von neuen Erfahrungen auch das limbische System des subkortikalen Gehirns stimulieren. So ist der Mensch in der Lage, Affekte zu erzeugen und sie mit einer phantasierten Handlung zu verbinden, ohne notwendigerweise eine muskuläre Aktivität in Gang zu setzen. Außerdem hat er hierdurch eine Gelegenheit, über die Folgen nachzudenken, welche die tatsächliche Ausführung eines solchen Verhaltens hätte. Dieses Reflektieren wiederum mobilisiert affektive Reaktionen, die den anfänglichen Affekt entweder stärken und die Balance zugunsten der geplanten Aktivität ausrichten, oder aber den Affekt so modifizieren, daß die Person den Plan ändert oder ihn aufgibt. Wenn eine solche bewertende Aktivität bewußt ist, wird sie als Ausübung freien Willens erlebt: Man ist sich subjektiv dessen gewahr, daß man sowohl über den Vorgang des Entscheidens als auch über das nachfolgende Verhalten Kontrolle ausübt, indem man über die eigenen Affekte bestimmt anstatt von ihnen bestimmt zu werden (Basch 1978).
Das Zusammenspiel von Affekt, Kognition, Vorstellungsrepräsenstanz und der Erfahrung von freiem Willen erzeugt die übergeordnete Struktur, deren Funktionen gleichbedeutend mit seelischem Leben[1] sind, und auf denen der Fokus bei der psychotherapeutischen Aktivität liegt: es ist das, was ich das Selbstsystem nenne (siehe auch Basch 1988b).[2]

Das Selbstsystem

Offene und geschlossene Systeme

Leben hängt auf allen Ebenen – der vegetativen, psychologischen oder sozialen – von der Fähigkeit des Organismus ab, sich an die Umwelt anzupassen, die die Existenz oder einen Teilaspekt der Existenz möglich macht. Diese Anpassung macht die ständige Verarbeitung von Signalen durch miteinander verbundene, fehlerkorrigierende Rückkoppelungsschleifen erforderlich. Zusammen bilden diese Rückkoppelungsmechanismen hierarchische Organisationen oder Systeme, die die Umwelt kontrollieren oder sich ihr anpassen. Seit der Pionierarbeit von Norbert Wiener (1948, 1956), der als erster das Konzept der Rückkoppelungsschleife und seine Bedeutung beschrieb, ist eine ganze Gruppe von Wissenschaften begründet worden – Informationstheorie, Kontrolltheorie, Kybernetik, Kommunikationstheorie, Systemtheorie, Strukturalismus, Computerwissenschaften. Alle beschreiben die Natur solcher Organisationen und die Gesetze, nach denen sie arbeiten (siehe Buckley 1968; Campbell 1982; Fields und Abbott 1963).

Systeme, deren Funktionsweisen sich den veränderten Bedingungen der Umwelt anpassen können, werden offene Systeme genannt. Mit anderen Worten, offene Systeme sind Organisationen, die aus Erfahrung lernen können. Systeme, die mittels Programmen arbeiten, die relativ unflexibel sind und sich nicht den Umständen entsprechend ändern können, werden geschlossene Systeme genannt. Zum Beispiel beobachtete der Biologe Dean E. Wooldridge (1963, 1968) bei der Erforschung der Gewohnheiten einer bestimmten Wespenart, Sphex ichneumoneus, daß das Weibchen zur Zeit des Eierlegens einen Bau vorbereitet; dann fliegt es los, um eine Grille zu fangen, und sticht und lähmt sie, um sie dann zu ihrem Bau zu bringen. An der Schwelle legt sie die Grille ab und inspiziert den Bau, um sicherzugehen, daß noch alles in Ordnung ist. Erst dann bringt sie die Grille hinein, legt ihre Eier neben dieser ab, dichtet den Eingang der Behausung ab, fliegt weg und kommt nicht wieder. Wenn die Jungen auch alleine schlüpfen müssen, so ist doch gut für sie gesorgt; sie können von der Grille fressen, bis sie in der Lage sind, den Bau zu verlassen und sich alleine durchzubringen. Wenn Wooldridge die Grille ein paar Zentimeter von der Schwelle wegrückte, während die Wespe den Bau inspizierte, brachte diese ihre Beute nicht einfach an ihren alten Platz und dann in das vorher besichtigte Nest, sondern plazierte die Grille statt dessen wieder an der Schwelle, ging in den Bau hinein, um ihn nochmals zu begutachten, kam wieder und zog erst dann ihr Opfer hinein. Wooldridge verrückte die Grille an die vierzig Mal; und kein einziges Mal kam die Wespe einfach heraus, nahm die Grille und brachte sie nach innen. Jedesmal mußte das gesamte Ritual wiederholt werden. Somit ist das für diese Handlung verantwortliche System, so geschickt und komplex sein Aufbau auch ist, doch ein geschlossenes; es ist nicht in der Lage, auf der Grundlage von Erfahrung eine neue Information zu schaffen, es ist unfähig zu lernen. (Ganz ähnlich sind die Probleme, aufgrund derer Patienten in die Psychotherapie kommen, ein Beispiel für die Arbeitsweise von geschlossenen Systemen. Während ein Patient vielleicht denkt, daß er alle möglichen Entscheidungen trifft, zeigt die Beobachtung dessen, was er mit seinem Verhalten erreicht, immer wieder, daß sich ein im Bereich der Pathologie fixiertes Muster, unbeeinflußt von Erfahrung, wiederholt. Eben weil die Probleme von Patienten den Charakter geschlossener System haben, kann der Therapeut darauf vertrauen, daß er in der Übertragung eine echte Kopie des Verhaltens beobachten können wird, das für die Schwierigkeiten der Betroffenen verantwortlich ist.)

Wie bei Tieren wird auch beim Menschen die Regulierung des viszeralen oder vegetativen Milieus von relativ geschlossenen Systemen kontrolliert. So können wir beispielsweise nicht länger als ein paar Minuten ohne Luft leben: Unser Atmungssystem kann die Information nicht verwenden, daß Luft nicht verfügbar ist, und sich dann dergestalt anpassen, daß es Sauerstoff aus Wasser entnimmt, oder Sauerstoff durch ein anderes Gas ersetzt. In anderer Hinsicht jedoch sind wir die flexibelsten aller Kreaturen – eine Flexibilität, die durch das Selbstsystem möglich wird. Die Programme, aus denen das Selbstsystem besteht, sind die Wächter der Ordnung. Sie stellen Kompetenz und letztlich Selbstachtung sicher.

Die Evolution des Selbstsystems

In der Evolution wird unterhalb des Säugetierniveaus die Anpassung an die Umgebung durch im wesentlichen feste, ererbte Programme vollzogen – wie bei der eben beschriebenen Wespenart –, die bestimmen, wie ein Tier auf eine begrenzte Anzahl von spezifischen Reizen reagiert. Da diese Tiere keinerlei Ungewißheit unterworfen sind, können sie aus den Umweltreizen keine neue Information erzeugen; sie funktionieren als im wesentlichen vorhersagbare oder geschlossene Systeme. Säugetiere erwarben eine höhere, der Anpassung dienende Flexibilität, als sich die rigiden, die Triebe steuernden Programme für Interaktion zu zunehmend offeneren Systemen entwickelten, die die Tiere mit Ungewißheit, Wahlmöglichkeiten und der Möglichkeit zu lernen konfrontierten. So wird sich ein Frosch, der von seinen Trieben her darauf programmiert ist, auf die Muster eines bewegten schwarzen Fleckes zu reagieren, zu Tode hungern, wenn er von frisch getöteten, aber bewegungslosen Fliegen umgeben ist. Ein Säugetier jedoch, das seiner gewohnten Art und Weise, seinen Hunger zu stillen, beraubt ist, kann sich an eine ungewohnte Situation durch Versuch und Irrtum anpassen.

Bei Säugetieren funktioniert das die Triebe und die Entwicklung steuernde, vererbte Programm nicht nach dem einfachen Reiz-Reaktions-Schema – eine Reaktion erfolgt unausweichlich auf einen bestimmten Reiz –, sondern mehr nach dem Prinzip einer Leitlinie, die die Anpassung ermöglicht. Indem dem einzelnen Tier Raum gelassen wird, eine Vielfalt von Verhaltensweisen als Reaktion auf seine unmittelbare Umgebung zu entwickeln, wird der Erhalt der Art sichergestellt (Arnold 1960). Wenn ein Tier einmal nicht mehr als vorprogrammierter Automat funktioniert, sondern damit konfrontiert ist, wichtige, der Anpassung dienende Entscheidungen zu treffen, muß es einen gewissen Sinn dafür entwickeln, als eine Einheit zu funktionieren, die sich von ihrer Umgebung unterscheidet. Das Selbstsystem ist die vermittelnde Struktur zwischen angeborenem Trieb – dem vererbten Programm für die Erzeugung von Information bei einer bestimmten Spezies – und den Erfordernissen und Gegebenheiten der Umwelt. Unter der Schirmherrschaft des Selbstsystems funktioniert das Gehirn des Säugetiers sozusagen als ein sich selbst programmierender Computer.

Selbstsystem und Person

Der Begriff Selbstsystem ist nicht zu verwechseln mit Person. Person bezieht sich auf ein soziales Wesen; Selbstsystem ist ein Sammelbegriff, der eine Hierarchie von neurologisch kodierten, zielgerichteten Feedbackschleifen umfaßt, deren Aktivitäten den Charakter ausmachen und das Verhalten steuern. Da diese terminologischen Unterscheidungen praktische (klinische) Folgerungen haben, ist es bei der Verwendung des unspezifischen Begriffs Selbst notwendig festzulegen, ob man sich auf die Person im allgemeinen Sinn oder das zugrundeliegende Selbstsystem bezieht – die biologische Einheit, deren Aktivität das Identitätsgefühl ersterer stützt.

Da das Selbstsystem als solches nie bewußt ist, müssen unsere Vorstellungen über sein Funktionieren oder Nicht-Funktionieren aus Schlußfolgerungen gewonnen werden. Die Person jedoch steht uns direkt zur Erkundung zur Verfügung. Somit deckt sich das, was man über diese beiden in Erfahrung bringt, nicht unbedingt. Zum Beispiel ist die Frau, die mir gebenüber sitzt, ungeheuer selbstsicher: außer ihr scheint es nichts zu geben. Sie war jedoch von ihrer Familie zu mir gebracht worden, weil sie Verträge und Schuldscheine unterschrieben hatte, die ihre Mittel weit überstiegen. Von ihrem Verhalten und ihrer Geschichte her komme ich zu dem Schluß, daß diese selbstbewußte Person ein Selbstsystem hat, das sich mittels einer manischen psychotischen Episode vor überwältigender Angst und Unsicherheit hinsichtlich seiner Fähigkeit, weiter richtig zu funktionieren, schützt.

Um noch einmal daran zu erinnern: Der Neurotiker glaubt nicht, daß sein zwanghaftes Händewaschen einen Sinn hat. Wie Freud (1916/17) sagte, sieht er sein Symptom als Fremdkörper und erkennt es nicht als zu ihm gehörig an.

Im Laufe der analytischen Erforschung der Entstehung des Selbstsystems dieser Person, erhält das Symptom mehr Bedeutung. Man erfährt beispielsweise, daß es auftritt, wenn der Betroffene sich von Schuldgefühlen zu befreien sucht, die mit unbewußten Vatermordimpulsen in Zusammenhang stehen.
Wie diese Beispiele zeigen, spiegelt der Gebrauch von Person und Selbstsystem die Unterscheidung zwischen dem Interpersonalen und dem Intrapsychischen wider; zwischen dem, was dem Bewußtsein zugänglich ist, und dem, was unbewußt und, mehr oder minder, nicht zu greifen ist.

Die symbolische Welt

Ein Gehirn, das der Vorstellung und der Erinnerung fähig ist, kann seine eigene Welt erzeugen. Diese nannte Bertalanffy (1967) die symbolische Welt. Folglich muß unser Selbstsystem in seiner Funktion, Entscheidungen zu treffen, an zwei Schnittstellen vermitteln: einmal zwischen sich selbst und der äußeren Welt; zum anderen zwischen sich selbst und der Welt der symbolischen Erfahrung – das heißt, den Mustern, die durch imaginative Manipulation von früher gemachten Wahrnehmungen erzeugt werden.[3] Das Selbstsystem, anfänglich eine Schöpfung des Gehirns, kontrolliert und leitet aufgrund seiner vermittelnden Funktion das Gehirn in seiner Beziehung zur Welt. Indem es ein Gleichgewicht zwischen der symbolischen Aktivität von Gedanken und den Einschränkungen und Chancen der äußeren Welt herstellt, läßt das Selbstsystem das entstehen, was ich die Entwicklungsspirale genannt habe (siehe Kapitel 2).

Geist (»Mind«)

Obgleich der Begriff »Geist« oft als Sammelbegriff für Denken, Fühlen und Willen verwendet wurde (siehe Seite 57 – 64), hatte er immer eine andere Bedeutung: Er stand für eine geheimnisvoll führende oder richtungsweisende Einheit, die, wie Descartes' »Seele«, durch ihre Fähigkeit, Entscheidungen zu treffen, Verhalten kontrolliert. Das Konzept eines Selbstsystems, so wie ich es ausführe, erfüllt diese letztere Funktion, wodurch die Notwendigkeit entfällt, einen Geist oder eine Seele im Sinne einer übernatürlichen, jedoch ansonsten unbekannten Einheit zu postulieren.

Das geschlossene Selbstsystem: Psychopathologie

Die menschliche Fähigkeit zu symbolisieren macht Kreativität möglich und befreit uns potentiell weitgehend von der Tyrannei sowohl des Triebes als auch der Umwelt. Jedoch kommt es eher öfter als selten vor, daß die nicht festgelegte offene Entwicklungsgeschichte des Selbstsystems (die phänomenologisch als Charakterbildung erfahren wird) so abhängig ist von Konstitution, Zufall und dem Erwerb passenden Inputs aus der Umwelt, daß sie für Verformung oder Vernichtung sehr anfällig ist. Auf den effektiven Umgang mit solchen Bedrohungen ist das Selbstsystem nicht immer vorbereitet. Um sich vor diesen zu schützen, kann sich das System vor Reizen verschließen, wodurch es die Erzeugung von Information behindert, die für stetiges Wachstum notwendig ist. Diese Versuche zum Selbstschutz, so notwendig sie zu der Zeit, zu der sie gemacht werden, auch sind, werden zu einem Teil des Selbstsystems und beeinflussen seinen künftigen Kurs. Psychopathologie unterschiedlichen Schweregrads kann das Endergebnis solcher Verzerrungen sein.

Wenn es einem Teil des Selbstsystems an notwendiger Kreativität und Anpassungsfähigkeit fehlt, verliert der Mensch seine Willensfreiheit: Das heißt, er hat keine freie Wahl hinsichtlich seines Handelns, sondern sieht sich vielmehr ständig ein vorgefertigtes Muster wiederholen. (Freud nannte dies Wiederholungszwang [1920].) Mit anderen Worten, der Patient, der zur Behandlung kommt, bietet dem Therapeuten ein Selbstsystem, das sich in einem oder mehreren wichtigen Bereichen als geschlossen darstellt. Wie ich in Kapitel 6 ausführen werde, ist es die Aufgabe des Psychotherapeuten, einem sich solchermaßen in Not befindenden Patienten zu helfen, sein System zu öffnen. Dies geschieht dadurch, daß er den Patienten dabei unterstützt, die Widerstände gegen die Veränderung der Muster in seinem Nervensystem zu überwinden, die darüber bestimmen, wie er wichtige Signale interpretiert. Das Ziel ist nicht einfach die Beseitigung von Symptomen. Vielmehr geht es bei der Neufassung des informationsverarbeitenden Modus des Selbstsystems um die Wiederherstellung der kreativen Fähigkeit und der Wahlfreiheit des Patienten.

So wie alle Systeme des Körpers, hat das Selbstsystem verfügbare Mechanismen, die dafür da sind, seine Integrität und seine Funktionen zu schützen, wenn diese in Gefahr sind. Diese Schutzmechnismen sind dem Husten oder der Atemnot des Atmungssystems oder der Seekrankheit und dem Erbrechen des Magen-Darm-Systems insofern ähnlich, als sie unspezifisch sind: Das heißt, sie signalisieren nur, daß etwas nicht in Ordnung ist, aber sie identifizieren dieses Etwas nicht. Sich seiner selbst als wahrnehmend und handelnd gewahr zu werden erzeugt Reflexion und ist der erste dieser Schutzmechnismen. Wenn es nicht gelingt, die Ordnung wiederherzustellen, tauchen verschiedene Grade von Angst auf. Indem infolge der Angst alle Ressourcen des Selbstsystems auf die Störungen, welcher Art sie auch sein mögen, konzentriert werden, die seine Fähigkeit, effektiv zu funktionieren, möglicherweise beeinträchtigen, kann Angst das Problem beseitigen. Wenn dies nicht geschieht, können verschiedene Schutzmanöver wie Rückzug, Verdrängung oder Verleugnung ins Spiel gebracht werden, um die Schwierigkeit auszusondern. Eine andere Möglichkeit ist, daß sich das Selbstsystem in Depression und schließlich Apathie zurückzieht, um dem zu entkommen, womit es nicht zurechtkommt.

Der Teufelskreis der Angst

Das erste Anzeichen einer Desorganisation im Selbstsystem ist, daß etwas bewußt wird. Wie ich bereits am Beispiel des Autofahrers zeigte, der auf vertrauter Straße plötzlich durch ein Hinweisschild auf Straßenarbeiten wieder wachsam wird, entsteht nur dann Bewußtheit, wenn sich die Notwendigkeit ergibt, Wahrnehmungen nochmals durchzuspielen, damit sie ihren richtigen Platz in der Summe der Erfahrungen finden oder zur Neufassung irgendeines Aspekt des relevanten Erwartungsmusters führen oder als folgenlos eingestuft wieder fallengelassen werden. Wenn das Bewußtsein bei seiner Aufgabe scheitert, schafft die weiterbestehende Unordnung einen Zustand von Überstimulierung. Beim Säugling, der noch nicht reflektieren kann, führt Überstimulierung zur Sendung von Distreßsignalen, wie weinen und um sich schlagen. Idealerweise wird dieses Verhalten die Aufmersamkeit der Pflegepersonen auf sich ziehen, die sich in das System einschalten und die Ordnung wiederherstellen können, entweder durch bestimmte Interventionen (Windeln wechseln, ein Spielzeug bringen) oder durch allgemein beruhigendes Verhalten wie schaukeln und das Baby halten. Bei Erwachsenen kommt es zu Angstgefühlen, wenn es der Reflexion – das heißt, dem bewußten nochmaligen Durchspielen problematischer Wahrnehmungen und Vorstellungen – nicht gelingt, Überstimulierung zu vermindern und wieder Ordnung herzustellen.

Angst wird gewöhnlich als unangenehmes Gefühl von Besorgtheit definiert, das durch innere und unbekannte, weniger durch äußere und beobachtbare Gefahr erzeugt wird. In meinem Denkschema jedoch ist Angst kein Gefühl, sondern eine Emotion, da der Affekt der Angst die Person sowohl als Subjekt als auch als Objekt betrifft; es ist, als wollte die Person sagen: »Ich fühle mich durch eine Unordnung gefährdet, die aus mir zu kommen scheint.«

Ganz wie Freud (1926a) beschrieb, dient Angst als Signal. Ich sehe sie als inneres Unlustsignal, das dem Selbstsystem entspringt. Es ist jedoch weniger auf andere gerichtet – so wie im Falle eines bekümmerten Kindes –, sondern es ist vielmehr eine Botschaft an das Selbstsystem selbst, alle seine Ressourcen zu mobilisieren und die bedrohte Ordnung wiederherzustellen.

Der psychologische Ursprung der Angst

In der Therapiesituation gibt es häufig eine Phase der Angst, wenn sich der Patient kurz vor Erinnerungen an traumatische frühere Erfahrungen befindet, die bis dahin unbewußt oder nicht ausgesprochen waren und die nun zugänglich werden. An diesem Punkt haben möglicherweise weder der Patient noch ich irgendeine Ahnung, was ihn in die Angst gestürzt hat. In diesem Fall finde ich es oft nützlich, dem Patienten eine allgemeine Erklärung des Prozesses zu geben, so ähnlich, wie ich es hier beschrieben haben. Diese Erklärung gibt dem

Patienten oft ein Gefühl der Kontrolle über das, was mit ihm geschieht, und es wird ihm dadurch möglich, die spezifischen Gedanken, die hinter der Angst stecken, an die Oberfläche kommen zu lassen und zu besprechen.
Angst kann leicht sein oder zu einem Gefühl namenloser, nahender Katastrophe oder Panik anwachsen, dem der Betroffene mit aller Macht zu entkommen sucht. Starke Angst wird oft von Entladungsreaktionen des Nervensystems begleitet wie Schwitzen, schnelles Atmen und beschleunigter Puls. Diese Körpersignale wiederum nähren das Gefühl, daß die Dinge außer Kontrolle sind, und steigern die Angst, was wiederum die Körperreaktionen intensiviert. So entsteht ein Teufelskreis.

Die körperlichen Ursprünge der Angst

Diese Situation kann sich umkehren, wenn die Aktivität des Nervensystems durch andere Faktoren als solche, die eigentlich Angst erzeugen, ausgelöst wird. Vor einigen Jahren beispielsweise saß ich ungeheuer gelangweilt in einer scheinbar endlosen Ausschußsitzung, als ich mich plötzlich in den Klauen von etwas befand, was ich als Angstattacke identifizierte. Ich fragte mich, ob vielleicht etwas von dem, worüber gesprochen worden war, einen empfindlichen oder konflikthaften Punkt bei mir getroffen hatte und mein Selbstsystem bedrohte oder mich verunsicherte; aber alles, was ich bisher gehört hatte, hatte mich nur schläfrig gemacht. Auch war ich dem Vorsitzenden gegenüber alles andere als ambivalent eingestellt: Ich hätte ihn ohne weiteres erschossen, wenn die Chance bestanden hätte, straflos davon zu kommen; also war es nicht unbewußte Feindseligkeit, die mich nervös machte. Ich holte mir schnell die Ereignisse des Vortags und die Träume der letzten Nacht ins Gedächtnis, aber sie gaben mir nicht den geringsten Hinweis, warum ich diese zunehmend schmerzliche und inzwischen ziemlich erschreckende Angst erlebte. Ich war schweißgebadet, mein Puls ging mindestens zweimal so schnell wie normal, und ich verspürte das dringende Bedürfnis, aufzustehen, aus dem Raum zu rennen und aus meiner Haut zu fahren. Endlich fiel mir ein, daß dies meine dritte Sitzung in ebenso vielen Stunden war; da ich nichts Besseres zu tun hatte, hatte ich in jeder dieser quälenden Sitzungen einige Tassen Kaffee getrunken. Die übermäßige Menge an Koffein, die ich konsumiert hatte, war für meine Angstsymptome verantwortlich. Wie es Donald L. Nathanson (1987) formuliert, hatte ich auf der Grundlage meiner früheren Erfahrung eine falsche Verknüpfung gebildet und aus einer chemisch ausgelösten affektiven Reaktion eine Emotion gemacht.
Mir fiel auf, wie sehr meine Reaktion derjenigen von Patienten glich, denen ich ausführlich erklärte, was während einer Angstattacke mit ihnen geschah: meine steigende Angst vor dem, was in mir vor sich ging; die Angst vor meiner Angst verschwand, sobald ich verstand, was sich ereignet hatte. Obwohl meine

Symptome noch mindestens eine Stunde lang anhielten und ich mich weiterhin unbehaglich fühlte, klang mein Gefühl von Panik ab.
Ernster sind die autonomen Krisen, die durch hormonelle Störungen – Schilddrüsenüberfunktion zum Beispiel, Tumore der Nebennieren oder des Gehirns – in Gang gesetzt werden können. Der Therapeut darf deshalb nicht von vornherein annehmen, daß die Ängste eines Patienten notwendigerweise psychisch bedingt sind, sondern muß auch die Möglichkeit in Betracht ziehen, daß sie durch die Fehlfunktion eines Systems – und zwar nicht des Selbstsystems – ausgelöst sind. Dies ist besonders wichtig, wenn ein Patient das erste Mal zu einem Therapeuten kommt. Bei einem Patienten, den der Therapeut gut kennt, ist es gewöhnlich viel leichter festzustellen, ob der Urspung eines Symptoms psychisch ist oder irgendwelchen Störungen der Funktion eines anderen Systems zuzuschreiben ist. Ich habe einmal eine ältere Frau mit einer Depression behandelt, die so ernst war, daß eine Einweisung in ein Krankenhaus notwendig wurde. Sie reagierte gut auf Psychotherapie und kam nach ihrer Entlassung einmal die Woche in meine Praxis. Kurze Zeit später rief sie mich eines Abends an. Sie klagte über Ängste und drückte ihre Befürchtung aus, wieder depressiv zu werden und vielleicht wieder ins Krankenhaus zu müssen. Nachdem ich sie an diesem Tag gerade erst gesehen hatte, wußte ich, daß sie gut mit ihrem Leben zurechtkam, und daß ihre früheren Probleme ihr nicht mehr im Weg standen. Sie verneinte, als ich sie fragte, ob sich seit ihrem Besuch bei mir irgend etwas passiert sei. Das Gefühl, daß ihr etwas zustoßen würde, hatte sie wie aus heiterem Himmel überfallen. Obwohl sie erst kürzlich eine körperliche Untersuchung gehabt hatte, bei der nichts Außergewöhnliches festgestellt wurde, wies ich sie an, sofort ihren Internisten aufzusuchen und sagte, daß ich auch mit ihm sprechen würde. Auf meinen Rat hin kam sie ins Krankenhaus, und es stellte sich heraus, daß ihr sonst leicht erhöhter Blutdruck plötzlich stark angestiegen war. Leider verschlechterte sich ihr körperlicher Zustand; sie erlitt einen Schlaganfall und starb ein paar Tage später (siehe auch Beigler 1957).

Die Folgen der Angst

Angst dient insofern einem sinnvollen Zweck, als sie die Aufmerksamkeit auf das Vorhandensein eines ungelösten Problems lenkt und die kognitiven Ressourcen mobilisiert, um diese Bedrohung der inneren Ordnung bewußt werden zu lassen. Wie jedes andere Schmerzsignal jedoch wird die Angst, wenn sie länger anhält und intensiv ist, ihrerseits zum Problem; und in dem dringenden Bedürfnis, das momentane Unbehagen zu mildern, erhält die Wiederherstellung der Ordnung Priorität um jeden Preis, während die zugrundeliegende Schwierigkeit, die in erster Linie die Angst verursachte, möglicherweise beiseite geschoben wird.
Ich habe Angst mit anderen Formen von Schmerz verglichen, die uns mitteilen,

daß irgend etwas irgendwo im Körper schiefläuft. Es gibt jedoch einen bedeutenden Unterschied zwischen dem Selbstsystem und dem übrigen Körper; ich habe schon auf ihn angespielt – nämlich, die Anpassungsfähigkeit von ersterem. Die Schmerzen bei Blinddarmentzündung können zwar mit Morphium beseitigt werden, jedoch ist die Wahrscheinlichkeit hoch, daß die zugrundliegende Erkrankung das Leben des Patienten in kurzer Zeit beenden wird, wenn er nicht operativ behandelt wird. Dies gilt für die meisten ernsteren körperlichen Leiden, denn ein im wesentlichen geschlossenes System hat relativ wenig Toleranz für fortdauernde Störungen seiner Funktion. Beim Selbstsystem jedoch kann die Ordnung auch dann wiederhergestellt werden, wenn ein bewußtes Durchspielen des Unordnung stiftenden Faktors die Diskrepanz zwischen Erwartungen und dem störenden traumatischen Element nicht löst. Es kostet allerdings ein Opfer.
Wenn keine Hilfe erfolgt, und das Selbstsystem keine bessere Möglichkeit hat, mit einer angstauslösenden Situation umzugehen, schließt es in bezug auf sein eigenes Funktionieren Kompromisse, um der Bedrohung durch eine zu starke Desorganisation zuvorzukommen. Solch ein Kompromiß eines Selbstsystems kann ein Rückzug in Depression sein oder die Vermeidung weiterer Traumatisierung durch einen Entwicklungsstillstand. Oder das Trauma wird durch Symptombildung oder andere Störungen der normalen Charakterentwicklung verarbeitet oder kompensiert.[4] Am Ende jedoch schlägt der Versuch, mit der Angst auf eine pathologische Art und Weise fertig zu werden, meist fehl. Dann kommt der Betroffene wegen der dadurch entstandenen sekundären Schwierigkeiten zum Therapeuten – beispielsweise wegen neurotischer Symptome oder Charakterproblemen. Der Therapeut muß aufpassen, das Symptom nicht fälschlicherweise für die Krankheit selbst zu halten. Bei angstbedingten Kompromißbildungen bleibt durch zu langes Abwarten am Anfang der Therapie die zugrundeliegende Bedrohung der Ordnung unbearbeitet, wodurch es oft zu einem überlangen und quälenden Verlauf der auf Einsicht zielenden Therapie kommt. Einem solchen Patienten muß der Therapeut helfen, die Schritte seiner Entwicklung zurückzuverfolgen, um die psychologischen Umstände zu verstehen und über sie Kontrolle zu erlangen, die eine so starke Angst verursachten, daß das Selbstsystem ernstlich gestört wurde.

Depression

Angst ist eine Mitteilung an das Selbstsystem, seine ihm verfügbaren Ressourcen zu mobilisieren, um Streß zu verarbeiten. Schlägt dieses Bemühen fehl, kann es zu Depression kommen. Diese halte ich für einen allgemeinen Schutzmechanismus, zu dem ein Selbstsystem greifen kann, wenn es unfähig ist, die Ordnung wiederherzustellen (Basch 1975a). Eine Depression zeigt an, daß sich das Selbstsystem angesichts seiner Unfähigkeit zu einer Problemlö-

sung auf höherer Ebene auf ein niedrigeres Funktionsniveau zurückziehen mußte. Depression dient auch als Mitteilung, als Botschaft an die Welt überhaupt, daß auf das Selbstsystem nicht länger gezählt werden kann, daß es in wesentlicher Hinsicht aufgehört hat zu funktionieren, daß der Betroffene die letzte Hoffnung aufgegeben hat, und daß von außen Hilfe kommen muß.[5] Innerhalb gewisser Grenzen ist Depression, genauso wie Angst, eine nützliche Mitteilung. Ein deprimiertes Gesicht, sei es das eines unterstimulierten Kindes in einem Kinderbett oder das eines älteren Menschen, der in einem Altersheim alleingelassen ist, ist ein erbärmlicher Anblick. Es ist ein Ausdruck, der normalerweise Mitleid oder Zärtlichkeit und den Wunsch zu helfen hervorruft.
Nur wenigen von uns sind Gefühle von Depression fremd. Ich für meinen Teil fühlte mich während des Schreibens dieses Buches öfter als ich zählen kann frustriert und blockiert bei dem Versuch, mich auszudrücken. Ich zog mich mehrmals in die Depression zurück und wünschte das ganze Unternehmen zur Hölle. Ich litt an schrecklichen Gedanken, wie mein Leben sein würde, wenn ich den Job nicht beenden oder ordentlich ausführen würde. Ich versuchte mich selbst zu beruhigen, indem ich mir aus dem Kühlschrank einen Snack holte, woraufhin ich mich haßte, da ich wußte, wie sehr ich mich hassen würde, wenn ich am nächsten Morgen auf die Waage stieg. Ich klagte meiner Frau die Unmöglichkeit, so weiterzuleben, nur damit sie mir 1) wie schon unzählige Male vorher versicherte, daß ich das Problem bewältigen könnte und würde, und mir 2) befahl, mich an die Arbeit zu machen. Genau das tat ich dann notgedrungen. Ich wurde wieder ängstlich, setzte mich aber hin und nahm das Problem nochmals in Angriff. Ich stellte fest, daß sich meine düstere Stimmung aufhellte, als ich wieder kreativ mit dem Ordnungsprozeß beschäftigt war, und zwar ganz gleich, ob ich bei der Problemlösung erfolgreich war oder nicht.
Wenn jedoch niemand da war, dem ich mein Leid klagen konnte, und ich genug gelitten hatte und zu der Überzeugung kam, daß das Elend, elend zu sein, das Elend der Unzufriedenheit mit meinem Schreiben überwog, machte ich mit mir selbst das gleiche wie mit Dr. Osgood – ich legte die Aufgabe, die mich ängstigte, beiseite und ersetzte sie durch eine, die leichter zu bewältigen war. Gewöhnlich ordnete ich meinen Schreibtisch, indem ich die Post durchging, die sich häufte, Rechnungen bezahlte, ein oder zwei Briefe beantwortete und, nachdem ich mir gezeigt hatte, daß ich in der Lage war, Ordnung zu schaffen, machte ich mich wieder an die Aufgabe, die mir vorher Kopfzerbrachen bereitet und mich zu vorübergehendem Aufgeben gebracht hatte. Und siehe da, die kreative Kraft des Unbewußten machte sich ans Werk, und wie von selbst kam mir eine Idee, wie ich mich aus der Sackgasse, in der ich mich befand, befreien könnte – und so fort.
Sich deprimiert fühlen ist nicht das gleiche wie eine klinische Depression haben. Zwischen meiner Erfahrung und der von Dr. Osgood gab es offensichtliche Unterschiede. Der eine war natürlich vor allem der, daß mein Rückzug

von meinem zielgerichteten Handeln nicht so global und tief wie der seine war. Zum anderen war ich immer noch fähig, mir selbst zu helfen, oder ich konnte die Hilfe, die mir andere anboten, sofort verwenden. Ein klinisch depressiver Zustand ist weniger leicht umkehrbar und erfordert gewöhnlich professionelle Intervention.

Klinische Depressionen können zwei verschiedene Formen annehmen, eine endogene und eine exogene. Die Differentialdiagnose ist sehr wichtig, da die Natur der Depression eine große Rolle bei der Wahl der für einen bestimmten Patienten geeigneten Therapieform spielt. Wenn wir einen Vergleich mit einem Computer ziehen, könnten wir sagen, daß die endogene Depression durch ein Problem entsteht, das mit dem Funktionieren der Hardware des Gehirns zu tun hat – mit dem neuronalen Netzwerk als solchem und/oder den chemischen Austauschvorgängen, die die Weiterleitung von Nervenimpulsen ermöglichen. Eine exogene oder reaktive Depression dagegen beruht auf einem Fehler der Software – das heißt, einer Unfähigkeit der ererbten und gelernten, der Anpassung dienenden Programme, die dazu da sind, den Streß, der von außen an das System herangetragen wird, angemessen zu verarbeiten. Endogene Depressionen sind typischerweise von solchen vegetativen oder organischen Anzeichen wie Schlaflosigkeit, gedrückte Stimmung, die am Morgen schlimmer ist und sich gegen Abend aufhellt, Konzentrationsunfähigkeit, Appetitverlust und damit verbundenem Gewichtsverlust, Verstopfung und Amenorrhoe begleitet. Diese Anzeichen schließen jedoch nicht automatisch eine reaktive oder exogene Depression aus, die durch ein Ereignis in der Außenwelt ausgelöst wird, welches vom Selbstsystem etwas verlangt, was dieses nicht leisten kann. Nur eine sorgfältige Untersuchung der vergangenen und gegenwärtigen Dynamik des Patienten kann den wahrscheinlichen Grund für das depressive Syndrom feststellen.

Primäre reaktive Depression

Exogene oder reaktive Depressionen können primär oder sekundär sein. Beispielsweise kann ein unterstimulierter Säugling wie Billy Kruger später an einer primären reaktiven Depression leiden. Ähnlich kann man als Rentner und alter Mensch einen Mangel an Anforderung und Stimulation erleben und damit zu wenig Gelegenheit haben, Kompentenz zu zeigen. Dies kann zu einem Verlust der Selbstachtung und einem Rückzug in eine primäre exogene Depression führen. Sowohl die Depression des Kindes als auch die des alten Menschen können durch passende Stimulation behandelt werden. Während dies bei einem Säugling und Kind leicht ist, ist es bei einem alten Mann oder einer Frau, die sich beiseite geschoben fühlen und ihr Leben als gescheitert ansehen, wesentlich schwerer.

Statt die allzu häufige Einstellung unserer Gesellschaft zu übernehmen, daß der pensionierte Arbeiter oder die Hausfrau uninteressant und ohne Zukunft sind – eine Plage, die man außer Sichtweite halten oder in einem Altersheim einschließen muß – behandle ich diese älteren Patienten wie alle anderen auch. Ich lade sie ein – wenn nötig, bestehe ich darauf – , mir ganz genau von ihrem vergangenen und gegenwärtigen Leben zu erzählen. Gerade die Erfahrung, daß ein Mensch, den sie respektieren, daran interessiert ist, ihnen zuzuhören und nicht nur etwas über sie wissen, sondern von ihnen lernen möchte, läßt diese Patienten ihr Leben oft neu bewerten. Was sie für ereignislos und banal hielten, erweist sich als aufregend und interessant; was sie als gescheitertes Leben betrachten, verbirgt oft wirkliches Heldentum und enorme Leistungen. Diese neu gewonnene Perspektive bringt häufig eine dramatische Veränderung, so daß solche Patienten ihre Beziehungen neu gestalten können und manchmal ihre letzten Jahre als ihre glücklichsten erleben. Die Überzeugung des Therapeuten, daß die Entwicklungsspirale nicht enden muß, bevor das Leben endet, ist vielleicht der wichtigste Faktor bei der Behandlung des älteren Patienten mit einer im Grunde unkomplizierten depressiven Reaktion. Junge Therapeuten oder Therapeuten mittleren Alters müssen sich davor hüten, sich mit dem Patienten zu identifizieren und mit ihrer eigenen Angst vor dem Scheitern, Älterwerden und Sterben die klinische Situation zu beeinflussen.

Sekundäre reaktive Depression

Bei einer großen Zahl der Patienten, die wegen reaktiver Depressionen zur Behandlung kommen, sind die depressiven Symptome die Folge einer früheren Störung und somit sekundär. Wenn es mit den pathologischen Verarbeitungsmechanismen nicht gelingt, die Angst unter Kontrolle zu bringen, erfolgt ein sekundärer Rückzug auf den von Hilflosigkeit geprägten depressiven Zustand. In solchen Fällen muß der Therapeut von der Oberfläche in die Tiefe arbeiten. Als erstes gilt es, die depressiven Symptome in den Griff zu bekommen. Wenn sich der Patient genügend von diesen erholt hat, muß der Ursprung des zugrundeliegenden Problems, das die Depression des Patienten ausgelöst hat, erforscht werden. Im Fall von Roger Flynn (siehe Kapitel 8) wird die Behandlung eines solchen Patienten näher ausgeführt. Al Gertz und Mrs. Senoj waren ebenfalls wahrscheinliche Anwärter für eine Erkrankung an sekundärer reaktiver Depression.

Endogene Depression

Endogene Depressionen der leichteren Art – Dr. Osgoods Krankheit ist ein typisches Beispiel – können in ihrer Erscheinungsform zwar den reaktiven Depressionen ähneln, sie sind jedoch meiner Meinung nach unterschiedlicher Herkunft, und müssen daher unterschiedlich behandelt werden. Bei der Diagnostik einer Depression, bei der keine äußere auslösende Situation entdeckt werden kann, muß der Therapeut, bis zum Beweis des Gegenteils, annehmen, daß eine wichtige organische Komponente mit im Spiel ist. Möglicherweise wurde die Gehirnaktivität elektrochemisch oder mechanisch gestört; letzteres kann auf das Vorhandensein von Tumoren oder anderen beengenden Schädigungen zurückzuführen sein. Multiple Sklerose und andere degenerative Erkrankungen des zentralen Nervensystems, bösartige Tumore anderswo im Körper (vor allem Bauchspeicheldrüsenkarzinome), Infektionen und Kreislaufprobleme können ebenfalls für eine depressive Regression verantwortlich sein. Gewöhnlich sind bei mechanischen oder infektuösen Störungen des normalen Funktionierens des Gehirns zusätzlich zur Depression neurologische Anzeichen und Symptome sichtbar. Ich habe zwar einen solchen Fall in den über dreißig Jahren meiner klinischen Praxis noch nicht gesehen, aber es ist im Prinzip möglich, daß Depression das einzige Anzeichen beispielsweise für einen Gehirntumor ist.

Seit Anfang der 50er Jahre wurden einige Medikamente entdeckt, die, obgleich man nicht exakt weiß, wie sie genau wirken und wie sie ihre heilsame Wirkung entfalten, sich als hilfreich bei der Milderung der Symptome der endogenen Depression erwiesen haben. Wie ich Dr. Osgood sagte, behandelten Psychotherapeuten, bevor diese Psychopharmaka zur Verfügung standen, endogene Depressionen erfolgreich ausschließlich mit Psychotherapie. Dabei halfen sie dem Patienten, das zu tun, was ich, wie ich beschrieb, bei Gelegenheit für mich selbst tue: schrittweise in die Routine einer tragfähigen Selbstachtung zurückzukehren.

Mit dem Aufkommen von Psychopharmaka wurde es wichtig, auch bei solchen depressiven Rückzügen, die ganz klar mit entwicklungsbedingten und/oder unmittelbaren äußeren Schwierigkeiten in Zusammenhang zu stehen schienen, die Möglichkeit einer organischen Komponente in Betracht zu ziehen. Ich hatte in der Analyse oder intensiven Psychotherapie Fälle von hartnäkkigen Depressionen, die auf medikamentöse Behandlung reagierten. Mehrere dieser Patienten haben berichtet, daß sie durch die Antidepressiva zum ersten Mal in ihrem Leben erfuhren, wie es sich anfühlte, nicht gedrückter Stimmung zu sein. Die Verbesserung ihrer Stimmungslage beseitigte jedoch nicht die Probleme, die sie ursprünglich in die Behandlung kommen ließ. Diese Patienten fühlten sich besser, aber sie fühlten sich nicht gut.

Zwar behaupten die Pharmaziehersteller in ihrer Werbung, daß Patienten, die Psychopharmaka nehmen, auch in der psychotherapeutischen Behandlung Riesenerfolge verbuchen könnten, doch dies entspricht nicht meinen Erfahrungen. Die Aufhellung der endogenen Unterströmung der Depression erleichtert es dem Therapiepatienten nicht, mit seinen psychischen oder »Software«-Problemen besser umzugehen. Ich habe den Verdacht, daß die Menschen, von denen diese dramatisch positive Reaktion auf Medikation berichtet wird, psychotherapeutischen Bemühungen unzugänglich waren. Wahrscheinlich waren es Patienten mit einem primär endogenen Problem, die ausschließlich medikamentös hätten behandelt werden müssen. Die Patienten jedoch, über die ich spreche, leiden an zwei Typen von Depression gleichzeitig: einmal an der endogenen, zum anderen an einer reaktiven sekundären Depression in Verbindung mit charakterologischen Schwierigkeiten.

Aufgrund des unspezifischen Ursprungs depressiver Erkrankungen müssen Psychotherapeuten, die nicht gleichzeitig Ärzte sind, während der diagnostischen Phase von depressiven Patienten eine geeignete Beratung haben, um zu entscheiden, ob identifizierbare organische Ursachen für die depressive Episode vorliegen und/oder ob der Patient eine andere Behandlung als eine Psychotherapie erhalten sollte. Ist dies der Fall, ist eine zweigleisige Behandlung angezeigt. Erfolgt zu Beginn der Behandlung, wenn der Plan für die erste Phase der Therapie gemacht wird, keine Empfehlung für eine Medikation und der Patient reagiert dann auf die Psychotherapie nicht wie erwartet, sollte der Zustand des Patienten regelmäßig mit einem Psychiater als Berater überprüft werden, um möglicherweise andere Behandlungsformen in Betracht zu ziehen.

Als Psychiater, der fast ausschließlich Psychotherapie und Psychoanalyse ausübt, habe ich festgestellt, daß die Psychopharmakologie sehr komplex und zu einem Spezialgebiet geworden ist, das meine Kenntnisse übersteigt. Patienten wie Dr. Osgood, für die sowohl Psychotherapie als auch Medikation angezeigt sind, verschreibe ich immer noch einfache Antidepressiva als Begleitmaßnahme für meine psychotherapeutischen Bemühungen. Wenn sich jedoch keine befriedigenden Ergebnisse einstellen, bespreche ich die Situation mit dem Patienten und überweise ihn an einen Kollegen, der auf diesem Gebiet spezialisiert ist, wobei ich weiter die Psychotherapie durchführe.

In den Fällen, wo die Bildung, Handhabung und Lösung der therapeutischen Übertragung das Hauptziel ist – das heißt, in der Psychoanalyse oder psychodynamischen Psychotherapie – , die Medikation jedoch auch als notwendig erachtet wird, überweise ich die Patienten für diesen Teil der Behandlung immer an einen Kollegen. Meiner Meinung nach würde jedes Verschreiben eines Medikaments meinerseits eine unnötige Beeinträchtigung meiner primär therapeutischen Rolle ergeben. Natürlich haben Kollegen, die außerhalb von Ballungszentren praktizieren, vielleicht nicht die Wahl, Patienten sofort zu fähigen Psychopharmakologen zu überweisen, und müssen ihnen daher selbst ein Medikament verschreiben. Die möglicherweise durch diese Doppelrolle ausgelösten psychologischen Probleme müssen dann psychotherapeutisch bearbeitet werden.

Schwere endogene Depressionen, einschließlich des Zustandes völliger Apathie, Melancholie genannt, reagieren gewöhnlich nicht auf Psychotherapie und erfordern Medikation oder Elektroschocktherapie. Warum letztere Behandlung funktioniert, weiß niemand; aber in einigen Fällen bessert sie die Symptome der Krankheit dramatisch.

Als ich als Arzt in einem psychiatrischen Krankenhaus zu praktizieren begann, war meine erste Patientin eine Frau mittleren Alters, die seit acht Jahren hier war und von einem Arzt zum nächsten gereicht wurde, wenn deren Dienste auf der Station abgeleistet waren. Sie wurde psychotherapeutisch in Gruppen und Einzelstunden, drei- und viermal die Woche, behandelt und am Wochenende wurden Familiensitzungen abgehalten – alles ohne Ergebnis. Gelegentlich schien sie ein wenig gebessert und ging nach Hause, nur um ein paar Tage oder Wochen später wieder zusammenzubrechen und hospitalisiert zu werden. Ich las ihre lange Krankengeschichte und versuchte mehrmals, mit ihr zu reden. Sie war auf typische Weise unkooperativ und einsilbig, aber ihr Gesicht und ihre Haltung sprachen Bände, welch schrecklichen Schmerz sie erlebte. Der gesunde Menschenverstand sagte mir, daß die Wahrscheinlichkeit groß war, daß ich als blutiger Anfänger mit Psychotherapie nicht mehr ausrichten würde als meine erfahreneren Vorgänger. Ich hatte über Elektroschocktherapie gelesen, und mir schien, daß es nichts zu verlieren gab, wenn ich sie in diesem Fall ausprobierte. Ich arbeitete in einem psychotherapeutisch orientierten Umfeld, in dem zu dieser Zeit physikalische Therapien als zweite Wahl betrachtet wurden und ihre Anwendung als gleichbedeutend damit, einen Patienten aufzugeben. Trotzdem akzeptierte mein Stationschef, wenn auch widerwillig, meinen Vorschlag. Ich denke, er wollte mir wahrscheinlich eine Lektion über die Nutzlosigkeit einer solchen Behandlung erteilen.

Wir planten eine Reihe von Elektroschocks und begannen, sie zu verabreichen. Nach drei Behandlungen hatte sich an der Symptomatik der Patientin nicht viel geändert und ich fragte mich, ob diese Methode nicht ebenfalls ein Fehlschlag sein würde. Ich hatte auch andere Patienten auf dieser Station, und als ich gerade zu einem von ihnen ging, kam eine Patientin, die ich nicht kannte, auf mich zu und redete mich auf lebhafte, freundliche Art und Weise an. Ich hatte dieses unangenehme Gefühl, das ich oft auf Partys bekomme, wenn mich jemand, den ich offensichtlich kennen sollte, aber nicht wiederkenne, ganz vertraulich behandelt, und ich versuche, meine Unwissenheit zu verbergen, während ich verzweifelt nach irgendeinem Hinweis auf die Identität der Sprecherin und unsere früheren Berührungspunkte suche. Sie mußte bemerkt haben, was mich beunruhigte, denn sie sagte mit einem strahlenden Lächeln: »Dr. Basch, erkennen Sie Ihre Patientin nicht wieder?« Daraufhin erkannte ich sie natürlich. Ich hatte sie einfach nie mit lebendigem Gesicht gesehen. Sie war nach der vierten Elektroschockbehandlung ein anderer Mensch. Ihre Besserung hielt an, und sie wurde bald entlassen. Ich konnte ihren weiteren Weg über mehrere Jahre verfolgen: Es blieb bei ihrem guten Zustand.

Wie ich schon sagte, weiß niemand, warum Elektroschocktherapie wirkt. Meine Vermutung ist, daß die desorganisierende Wirkung des elektrischen Stroms, der durch das Gehirn läuft, dieses dahingehend stimuliert, sich total neu zu organisieren. Dies hat eine heilsame Wirkung und ist dem Effekt ähnlich, den das künstliche hohe Fieber hatte, mit dem man vor der Entdeckung der Antibiotika bei Patienten mit bestimmten hartnäckigen Infektionen manchmal erfolgreich das Immunsystem stimulierte. Leider kam die Elektroschocktherapie in Verruf, weil sie wahllos angewendet und Patienten verabreicht wurde, die eigentlich Psychotherapie brauchten – ähnlich, wie es heute oft mit Psychopharmaka geschieht. So überrascht es nicht, daß diese Patienten nicht gesund, sondern, im Gegenteil, kränker wurden. Der Grund dafür war nicht die Elektroschocktherapie, sondern die Tatsache, daß sie nicht die Behandlung erhielten, die ihnen hätte helfen können. Elektroschocktherapie sollte nicht in Vergessenheit geraten, vor allem dann, wenn die medikamentöse Therapie bei Patienten mit endogenen oder vegetativen, zu Funktionsunfähigkeit führenden Depressionen, nicht anschlägt.

Das Argument, daß Elektroschocktherapie nicht angewendet werden sollte, weil sie Gedächtnisverlust bewirkt, läßt sich meiner Meinung nach nicht aufrechterhalten. Meine Erfahrung, die zugegebenermaßen schon länger zurückliegt, war die, daß der bleibende Gedächtnisverlust bei Patienten, die Elektroschockbehandlung erhielten, nur die Einzelheiten der Krankheit und die Behandlung selbst betraf. Wenn sich der Patient nach der Elekroschockbehandlung in bezug auf Details aus seinem Leben vor der Krankheit verwirrt fühlte oder sie vergessen hatte, so gab sich dies innerhalb weniger Wochen. Danach funktionierte er wieder ganz normal. Jedenfalls macht für mich das Verbot der Behandlung, weil die Möglichkeit eines solchen Nachspiels besteht, für mich in Antracht des schrecklichen Leids, das durch eine richtig eingesetzte Elektroschocktherapie gelindert werden kann, keinen Sinn. Ich würde das Vorenthalten dieser Behandlung, wenn sie erforderlich ist, vergleichen mit dem Verbot einer lebensrettenden Operation, das damit begründet wird, daß die Haut des Patienten dabei möglicherweise Kratzer abbekommt.

So wie der Therapeut wachsam sein muß in bezug auf die Möglichkeit, daß seine Patienten zusätzlich zur Psychotherapie eine Medikation benötigen, sollte man nie die Wichtigkeit einer Psychotherapie für Patienten vernachlässigen, die psychotrope Medikamente einnehmen oder eine Elektroschockbehandlung erhalten. Medikation und Elektroschockbehandlung sind kein Ersatz für Psychotherapie. Meine Faustregel lautet, daß jeder Patient, der so krank ist, daß er Psychopharmaka erhält, begleitend Psychotherapie und dann Nachuntersuchungen benötigt. Allerdings heißen Patienten mit endogenen Depressionen selten den Versuch willkommen, mit ihnen eine aufdeckende Psychotherapie durchzuführen – auch nicht nach ihrer Genesung. Es ist für sie gewöhnlich ein unangenehmer und unproduktiver Streß, wenn man versucht, sie zur Introspektion anzuhalten, um ihre Persönlichkeitsstruktur zu erforschen. Was sie jedoch brauchen, ist Unterstützung bei der Bewältigung der Scham, die sie oft wegen ihrer Krankheit und Funktionsunfähigkeit empfinden. Des weiteren ist eine auf Verständnis gründende Beziehung zum Therapeuten gewöhnlich hilfreich, den hospitalisierten Patienten darauf vorzubereiten, in sein normales Umfeld zurückzukehren. Regelmäßige Nachuntersuchungen beruhigen diese Patienten, denn sie befürchten verständlicherweise, wieder krank zu werden und geraten unter psychischem Streß leicht in Angst. Außerdem können Rückfälle vermieden oder gemildert werden, wenn sie in einem frühen Stadium, das heißt auch oft, bevor sich der Patient dessen bewußt ist, was mit ihm geschieht, entdeckt werden.

Abwehrmechanismen

Wenn eine Bedrohung, die die Integrität des Selbstsystems in Frage stellt und Angst verursacht, nicht richtig gelöst wird, kann ein Mensch, wie gesagt, einen depressiven Rückzug und eine potentiell ernste und globale Beeinträchtigung seiner Funktionsfähigkeit erleiden. Das Selbstsystem kann jedoch diese Folgen zu vermeiden versuchen, indem es sogenannte Abwehrmechanismen aktiviert. Das Gehirn erzeugt ständig mehr Information als für die Anpassung nötig ist. Es ist völlig egal, ob das Auto, das frontal auf Sie zukommt, wenn Sie den Highway entlangfahren, ein grüner Chevrolet ist mit drei Insassen. Was wichtig ist, ist die Tatsache, daß dieses Auto die Mittellinie überfährt, und daß Sie das Lenkrad nach rechts herumreißen müssen, um einen Unfall zu vermeiden. Das Gehirn jedoch notiert alles und filtert dann aus, was nicht notwendig ist. Wenn Ihre Mitfahrer Sie fragen würden: »Was für ein Auto war das?«, würden Sie wahrscheinlich antworten: »Ich weiß nicht. Ich habe nicht darauf geachtet. Was auch immer es war, es fuhr jedenfalls haarscharf vorbei.« Wenn Sie jedoch später am Tag im Radio hören, daß drei Bankräuber vom Ort ihres Verbrechens mit einem grünen Chevrolet geflüchtet sind, wird diese Information plötzlich wichtig und dringt ins Bewußtsein: es gibt einen »Gedächtnisblitz«. Diese Sortier- und Filtermechnismen des Gehirns können in pathologischer Weise benutzt werden: Das heißt, Information wird nicht deshalb blokkiert, weil sie unwichtig ist, sondern vielmehr, weil sie das Selbstsystem in Hinblick auf das Entstehen von nicht handhabbaren Affekten als bedrohlich bewertet. Diese Kontrollmanöver werden Abwehrmechanismen genannt. Der ständige Gebrauch von Abwehrmechanismen stört die Reifung. Wenn ein Affekt, der im Zusammenhang mit bestimmten Erfahrungen stand, an seinem Ausdruck gehindert wird, kann in diesem Erfahrungsbereich keine affektive Reifung stattfinden. Dies hat wiederum eine Wirkung auf die Bildung des Charakters und dessen Arbeitsweise. Ich nehme an, Al Gertz, der Taxifahrer, mußte alle Gedanken und Wünsche in bezug auf Gehalten-, Getröstet- und Verstandenwerden auslöschen – das heißt, abwehren –, weil er irgendwann im Leben, wahrscheinlich sehr früh, gelernt hatte, daß solche Bedürfnisse nicht zu der gewünschten oder zu einer befriedigenden Reaktion führten. Warum weiterhin solchen Schmerz erleben, wenn es keine Erleichterung gab? Also wur-

den diese Gefühle, anstatt daß er sie intensiver erlebte und lernte, erfolgreich mit ihnen umzugehen, automatisch durch einen undifferenzierten Ärger ersetzt.
Je früher in der Entwicklung sich das Trauma ereignet, das den Aufbau einer Abwehr nötig macht, desto umfassender ist meist die Hemmung des Affekts. Auf höheren Reifungsstufen können Abwehrmechanismen selektiver wirken, so daß die affektive Reife ganz befriedigend erscheinen kann, solange man nicht an die problematischen Aspekte der Psyche des Patienten rührt. Wenn wir um die primären Abwehrmechanismen des Patienten wissen, haben wir einen aussagefähigen Schlüssel zu den Entwicklungsproblemen in Händen, die in der Behandlung angegangen werden müssen, und zu der produktivsten Art und Weise, uns dem Patienten zu nähern. Freud entdeckte drei grundlegende Abwehrmechanismen gegen schmerzvolle Affekte: Urverdrängung, Verleugnung, und sekundäre Verdrängung oder Verdrängung im eigentlichen Sinn (Freud 1915b, 1927). Ich füge den Rückzug hinzu: Es ist der erste Abwehrmechanismus, der uns im Leben zur Verfügung steht, um uns vor Überstimulation zu schützen.

Rückzug

Rückzug ist die früheste Abwehrmöglichkeit des Menschen. Der Säugling, der seinen Kopf wegdreht, einschläft oder seine Aufmerksamkeit woandershin richtet, wendet notwendige, gesunde Manöver an, um unnötige Überstimulierung zu vermeiden. Wie die Studie von Demos und Kaplan (1985) zeigte (Seite 97 – 98), wird dieser anfänglich schützende Mechanismus pathologisch und stört die normale Entwicklung, wenn Fehler in der Kommunikation den Kontakt zu Menschen so frustrierend werden lassen, daß sich das Baby selbst isoliert.

Urverdrängung

Ich finde es klinisch nützlich, das, was Freud Urverdrängung genannt hat, als eine Form von Entwicklungshemmung zu sehen, infolge derer die sensomotorischen Verarbeitungsmuster nicht in gedankliche Vorstellungen umgesetzt werden – in symbolische Konzepte höheren Niveaus, die uns in die Lage versetzen, über das, was wir tun oder erleben, nachzudenken anstatt einfach mit einer Handlungsart auf die Stimulation zu reagieren (Basch 1977). Ohne symbolische Repräsentation kann man Ereignisse erfahren, aber nicht manipulieren: Das heißt, man kann sie sich nicht ins Gedächtnis rufen oder sie reflektieren. Durch Urverdrängung kann man sich gegen schmerzvolle affektive Erfahrungen schützen, indem man sie nicht bis auf die Gefühlsebene vordringen läßt, was aber natürlich seinen Preis kostet. Auf der anderen Seite, und dies kommt häufig vor, können solche Entwicklungshemmungen durch Mangel entstehen. Nicht ausreichende affektive Stimulation, gleich ob umfassend oder auf bestimmte Bereiche bezogen, läßt das Seelenleben verarmen und liefert somit, wenn das Kind die Stufe der Kognition erreicht hat, keine Grundlage für die Symbolisierung (siehe auch Stern 1985, Seite 209 – 11).

Sekundäre Verdrängung oder Verdrängung im eigentlichen Sinn

Die Fähigkeit zu verbaler Vorstellung und logischem Denken ermöglicht zwei komplexe Abwehrmechanismen: Sekundärverdrängung, auch Verdrängung im eigentlichen Sinn genannt (Freud 1895, 1915b), und Verleugnung (Freud 1927). Die sekundäre Verdrängung zerschneidet das Band zwischen affektivem Gedächtnis und Worten; die Verleugnung blockiert die Bildung eines Bandes zwischen Wahrnehmung und Affekt.

Die sekundäre Verdrängung ist der Abwehrmechanismus, der Psychotherapeuten wahrscheinlich am geläufigsten ist und den sie am genauesten kennen. Freud lehrte, daß die scheinbar vergessenen Erinnerungen an frühkindliche sexuelle Phantasien und/oder Erfahrungen weder vergessen sind noch einfach verschwinden. Statt dessen werden sie sekundär verdrängt: das heißt, die Verbindung zur verbalen Sprache, die diese affektgeladenen Erfahrungen einmal hatten, wird zerstört, so daß man mit diesen Erinnerungen nicht mehr logisch umgehen kann. Freud nannte diese Verdrängung sekundär, da hier, anders als bei der Urverdrängung, durch die ein Ausschluß von Vorstellung geschieht, die wortsymbolische Verbindung, deren Zusammenhang mit der Erfahrung zunächst hergestellt wurde, später zerstört wird. Eine einst erregende und/oder angenehme Erinnerung wird dann zu einer verbotenen, und die Gefahr, daß diese im Bewußtsein auftaucht, erzeugt so viel Angst, daß Verdrängung ins Spiel gebracht werden muß.[6]

Verleugnung

Obwohl Freud die Verleugnung als Gegenstück der sekundären Verdrängung und als absolut gleichbedeutend ansah, ist die Verleugnung wahrscheinlich der am wenigsten bekannte, am häufigsten mißverstandene und deshalb vernachlässigte Abwehrmechnismus (Basch 1983b).[7] Während sich die sekundäre Verdrängung gegen die Gefahr von innen richtet – das heißt gegen das Erinnern und Streben nach Erfüllung verbotener sexueller und aggressiver Wünsche –, richtet sich die Verleugnung gegen Gefahren aus der äußeren Welt. Indem die Verleugnung des Affektes die Bildung einer affektiven Verbindung zwischen einer potentiell traumatischen Erfahrung und dem Affekt, den diese erwartungsgemäß erzeugen würde, verhindert, vermindert sie die Wichtigkeit dieser Erfahrung für das Selbstsystem, denn etwas, was zwar in seiner Existenz anerkannt wird, aber nicht affektiv besetzt ist, kann außer Betracht bleiben. So ist Verleugnung ein Weg, sich unbewußt über die wahre, und das heißt, die affektiv-emotionale Bedeutung eines Ereignisses zu täuschen.

Freud (1927) fiel die Verleugnung zum ersten Mal bei Patienten auf, die einen Elternteil in der Kindheit verloren hatten, aber darüber in der Analyse nicht sprachen. Wenn sie auf diese Auslassung aufmerksam gemacht wurden, behandelten sie diesen Verlust völlig nüchtern und unemotional. Sie hatten nicht die Realität ihres Verlustes verleugnet und hatten auch nicht die Erinnerung daran verdrängt; sie blieben nur scheinbar unberührt davon. Ich behandelte in meiner eigenen Praxis einen solchen Mann. Er war acht Jahre alt gewesen, als sein Vater starb, und kam zu mir, als er Mitte dreißig war. Auf meine Frage, woran er sich aus der Zeit des Todes seines Vater erinnerte, und was dieser für ihn damals und heute bedeutete, hatte er im Grunde nichts zu sagen. Seine Rationalisierung war, daß die äußeren Bedingungen seiner Kindheit durch den Tod seines Vater kaum beeinflußt worden waren. Die Familie blieb in dem gleichen Haus, in dem er aufgewachsen war, es war eine Menge Geld vorhanden, und das Leben lief weiter wie vorher. Seine Indifferenz wurde verständlicher, als klar wurde, daß er durch die Angst seiner Mutter und seiner Großeltern vor dem Thema Tod aktiv daran gehindert worden war, über seine Reaktion auf das Ableben seines Vaters zu sprechen. Er war nicht zur Beerdigung mitgenommen worden; danach war der Name seines Vater selten, wenn überhaupt noch, erwähnt worden, und alle Fotografien und Erinnerungsstücke an den Vater waren außer Sichtweite gebracht worden.

So hatten diejenigen, die in der Lage hätten sein müssen, mit ihm über das Geschehene zu sprechen und ihm das sichere Gefühl zu vermitteln, daß er weiterhin geliebt und versorgt würde, diesen Mann durch ihre Angst geradezu dazu aufgefordert, die traumatische Wirkung des Todes seines Vaters zu verleugnen. Hätten sie sich auf diese Weise förderlich verhalten, hätte der Tod seines Vater seiner Entwicklungsstufe gemäß in sein Leben integriert werden können, anstatt ihm einen Schlag zu versetzen, der zu Desorganisation führte und eine affektive Reaktion ausschloß. Dieser Mann erlaubte sich in seiner Behandlung unter größten Schwierigkeiten und zum ersten Mal in seinem Leben, sich der Verluste in seinen Beziehungen bewußt zu werden und mit ihnen emotinal umzugehen. Die Durcharbeitung begann mit seinen Reaktionen auf meinen Urlaub; diese konnte er im nachhinein mit dem Tod seines Vaters in Verbindung bringen; und schließlich, und dies war affektiv stark besetzt, mit der Beendigung seiner Therapie bei mir.[8]

Dieser Fall veranschaulicht ein allgemeines Merkmal von Patienten, deren Hauptabwehr die Verleugnung ist: in ihrer Kindheit wurde diese Abwehr durch eine Umgebung gefördert, die die Diskussion angsterzeugender Themen aktiv entmutigte oder gar unterdrückte. In einem solchen Milieu lernt ein Kind bald, daß Versuche, über solche Belange zu sprechen, dazu führen, daß sich die

Erwachsenen zurückziehen; und sein Unbehagen und seine Angst wachsen dadurch. Es ist dann nur ein kleiner Schritt zu der Einstellung, daß man, solange man über schmerzliche Ereignisse nicht redet oder nachdenkt, ihren emotionalen Folgen entkommen kann.[9]

Das Außerachtlassen der Wirkung des Abwehrmechanismus der Verleugnung auf die Charakterbildung, ist wahrscheinlich für einen großen Prozentsatz von therapeutischen Fehlern in der Psychoanalyse und Psychotherapie verantwortlich. Gewöhnlich wird Verleugnung mit Verdrängung verwechselt und als solche behandelt: Das heißt, der Therapeut bleibt relativ ruhig und zurückhaltend, die Übertragung des zugrundliegenden Affekts des Patienten erwartend, um ihn zu interpretieren und dabei dem Patienten die richtigen Worte zu vermitteln, mit denen er das, was er erlebt, beschreiben kann. Dies ist genau die falsche Herangehensweise an einen Patienten, der durch die Abwehr der Verleugnung Angst vermeidet. Es ist sogar so, daß diese Abwehr dadurch Nahrung erhält statt aufgelöst zu werden. Während das wortkarge Verhalten des Therapeuten bei der Behandlung von neurotischen Patienten, bei denen die sekundäre Verdrängung die Hauptabwehr ist, eine der Therapie nützliche Angst aufbaut und bis dahin verborgenen Erinnerungen erlaubt, aufzutauchen, haben Patienten, die verleugnen, keinen Verlust an Erinnerungen: die Erinnerungen sind dem Bewußtsein zugänglich, aber sie scheinen keine Rolle zu spielen. Der Patient, der den Mechanismus der Verleugnung benützt, braucht die Erlaubnis und Hilfe des Therapeuten, um den Affekt zu finden und auszudrücken, der an die bewußten, aber verleugneten Erinnerungen angebunden werden muß – ein Prozeß, der, wie der Fall von Ester Romberg veranschaulicht (Kapitel 9), eine andere Technik erfordert, als die, mit der man eine sekundäre Verdrängung, wie im Fall von Otto Neubach (Kapitel 10), behandelt.

Das Scheitern der Abwehr

Wenn die Abwehr eines Patienten die Angst nicht in Schach halten kann oder später unter wachsendem Streß zusammenbricht, entwickeln sich weitere Symptome. Eine Psychoneurose beispielsweise ist das Ergebnis des Scheiterns von Verdrängung; Anfälle von narzißtischer Wut zeigen das Scheitern von Verleugnung an; und es kann sich eine sekundäre reaktive Depression entwickeln, wenn eine Urverdrängung nicht mehr effektiv funktioniert.

Ich möchte jedoch betonen, daß weder der Effekt, den Abwehrmechanismen auf die Charakterentwicklung haben, noch die sekundären Symptome, die sich entwickeln, wenn die Abwehr fehlschlägt, das grundlegende Problem eines Patienten kennzeichnen. Durch die Symptome bekommen wir allenfalls eine leise Ahnung davon, wie das Selbstsystem versucht hat, sich zu verteidigen und anzupassen; eine weitere und oft langwierige Untersuchung ist erforderlich, um die Natur und Ätiologie der Schwierigkeiten des Patienten zu bestimmen. Aus diesem Grund ist für mich die anfängliche diagnostische Bewertung eines Patienten hauptsächlich dazu da, mir im Falle einer lange bestehenden Charakterpathologie zu sagen, auf welchem Reifeniveau das grundlegende Trauma aufgetreten ist; oder, wenn das Trauma erkennbar ist und sich später im Leben ereignet hat (eine Scheidung, ein beruflicher Rückschlag, ein lebensbedrohlicher Unfall), wo die verletzlichen Bereiche in der Reifung dieses Patienten liegen.

Ich sollte klarstellen, daß die Tatsache, daß jemand in seiner Entwicklung ein Trauma erlitten hat, nicht notwendigerweise bedeutet, daß die Eltern des Patienten oder irgend jemand anderer an dem, was geschehen ist, schuld ist. Trauma, heute auch oft Empathieversagen (Kohut 1977) oder Versagen des Selbstobjekts (Stolorow und Brandchaft 1987) genannt, bezieht sich darauf, daß der Patient Ereignisse wahrnimmt und registriert, welche scheinbar daran beteiligt sind, ein pathologisches Ergebnis zu erzeugen. Ein Säugling beispielsweise, der zu früh auf die Welt kommt, oder mit einer angeborenen Übererregbarkeit, einer körperlichen Krankheit, einer Beeinträchtigung der Sinnesorgane oder mit kognitiven Handicaps, kann sogar liebende Fürsorge und Aufmerksamkeit als traumatisch erleben. Ebenso schaffen Beschönigung und/oder falsche Interpretation von Ereignissen durch das bewußte und unbewußte Phantasieleben des Patienten zum Zeitpunkt des Geschehens oder auch später oft Situationen, die ein Abwehrmanöver notwendig machen.

Meine Einschätzung der Fähigkeit des Patienten zu affektiver Integration und Kommunikation leitet mich beim Nachdenken über den Behandlungsplan und bei der Entscheidung über die technische Herangehensweise, die ich benutzen werde. Da die primäre Abwehr in der Pathologie eines Patienten zu einem Großteil davon abhängt, wann das Selbstsystem das entscheidende Trauma erlitt, das die grundlegende Verletzbarkeit des Betroffenen bedingte, prägt die Art dieser Abwehr oft das phänomenologische Bild der Probleme eines Patienten. Ob ein Patient beispielsweise an einem Borderlinezustand, einer Persönlichkeitsstörung oder einer Neurose leidet, hängt stark davon ab, wann die Störung der affektiven Entwicklung erfolgte. Abwehrmechanismen können jedoch gut miteinander und nebeneinander bestehen, und beim reiferen Patienten können zur Zeit von Streßperioden frühere, primitivere Abwehrmanöver zum Vorschein kommen. Es ist nicht unüblich, daß Patienten während einer therapeutischen Behandlung manchmal für kurze Zeit, manchmal länger, solche Abwehrregressionen erfahren. Wenn dies geschieht, passe ich meine Interventionen an, indem ich das vorhandene, frühere Entwicklungniveau, auf das eine solche Regression hinweist, berücksichtige.

Das Studium des Selbstsystems – seine Natur, seine Bedeutung und die Art und Weise, wie es unter widrigen Bedingungen seine Integrität wahrt – bereitet den Weg für eine umfassende Herangehensweise an den Prozeß der Therapie. Es gilt herauszufinden, wie die Wiederholung der Vergangenheit in der bestehenden Patient-Therapeut-Beziehung zum Vorteil genutzt werden kann, um die Folgen früherer Entwicklungsstörungen im Leben eines Menschen aufzuheben.

Anmerkungen

1 Ich nenne alles »psychisch«, was an der Schnittstelle von Umwelt und affektiv reagierendem Gehirn stattfindet, dessen Erwartungsmuster potentiell modifiziert werden können.(Ich fühle mich George Klumpner sehr verpflichtet, der mich als erster dazu anregte, Psychologie im weitesten Sinne als Schnittstelle zwischen Körperreaktionen und Erleben zu sehen; ebenso bin ich für meine Diskussionen mit Douglas Detrick dankbar, der den Kern des Psychologischen auf jene zwischen Gehirn und der Umwelt stattfindenden Aktivitäten einengte, die mit der Erzeugung und/oder Kommunikation von Affekten einhergehen.)

2 Der Begriff Selbstsystem wurde, soweit ich weiß, von dem Begründer der Schule der interpersonalen Psychiatrie, Harry Stack Sullivan (1940), eingeführt; er hat ihn allerdings anders verwendet, als ich es hier tue.

3 Ich verwende den Begriff *Ich*, den Freud (1923) und später der Psychoanalytiker Heinz Hartmann (1939) zur Beschreibung der der Anpassung dienenden Instanz benutzten, nicht, da er unauflösbar verknüpft ist mit der Triebtheorie der Entwicklung, psychischem Determinismus und dem Glauben, daß die Grundbedürfnisse des Säuglings – das Es – nicht anpassungsfähig sind und in Konflikt mit dem Ich stehen. Neuere Untersuchungsergebnisse im Bereich der Säuglingsforschung führen mich zur Ablehnung dieser drei Annahmen. Eine Zusammenfassung dieser Ergebnisse aus der Säuglingsforschung ist bei mir zu finden (1977), bei John Bowlby (1969, 1980), Joseph Lichtenberg (1983) und Daniel Stern (1985).

4 Menschen, die dafür, wahrscheinlich erblich bedingt, prädisponiert sind, treten in der Psychose einen allgemeinen Rückzug an, um ihr bedrohtes Selbstsystem zu schützen. So schmerzhaft sie auch oft ist, die eigenartige Welt, die sich der schizophrene oder der manische Patient baut, ist immer noch eine Art und Weise zu funktionieren – eine Möglichkeit, das Selbstsystem zusammenzuhalten. Die therapeutische Herangehensweise an solche Patienten ist ein Gebiet für sich, auf das ich hier nicht näher eingehe.

5 Meine Sichtweise steht in Kontrast zu der Freuds, der in *Trauer und Melancholie* (1917) Depression als ein Zeichen von nach innen gerichteter Aggression ansah. Ich will nicht sagen, daß es bei Konflikten, die mit unbewußter Wut zu tun haben, keine depressiven Rückzüge gibt, aber die beiden sind nicht unvermeidlich miteinander verknüpft. Es ist ein immer noch häufig gemachter therapeutischer und technischer Fehler anzunehmen, daß bei einer Depression immer versteckte Aggression im Spiel ist; und daß, wenn solche Gefühle nicht im klinischen Material auftauchen, der Patient sie auf jeden Fall vor dem Therapeuten verbirgt.

6 Eine weitere Diskussion der sekundären Verdrängung erfolgt auf Seite 252 – 253.

7 Anna Freud trennte in ihrem viel zitierten Werk *Das Ich und die Abwehrmechanismen* (1937) *denial*, die *Verleugnung der Realität*, ein Abwehrmechanismus von psychotischen Patienten, nicht scharf von *disavowal*, der *Verleugnung des Affekts*, dem wahrscheinlich häufigstem Abwehrmechanismus der Verleugnung, dem man in der Praxis der aufdeckenden Psychotherapie mit narzißtisch verletzbaren Patienten begegnet. Dies hat zur Folge, daß vieles von dem, was in der englischsprachigen klinischen Literatur über die *Verleugnung des Affekts* geschrieben wurde, *denial* genannt wird, vorausgesetzt, der Patient ist nicht psychotisch (Basch 1983).

8 Wenn ich den Abwehrmechanismus der Verleugnung beschreibe, werde ich oft gefragt, wie sich dieser von der Affektisolierung unterscheidet. Dieser sogenannte Abwehrmechanismus (A. Freud 1937) wird gewöhnlich mit zwangsneurotischen Patienten in Zusammenhang gebracht. Wie jedoch Freud (1915c) feststellte, ist jede Abwehr eine Abwehr gegen Affekte und damit, operational gesprochen, eine Form von Affektisolierung. Es wird dann bei zwanghaften oder anderen Formen von Psychopathologie zu einer Frage der Festlegung, welche grundlegende Abwehr eines bestimmten Patienten dazu verwendet wird, einen Affekt zu isolieren, um Angst zu verhindern: Rückzug, Urverdrängung, Verdrängung im engeren Sinn oder Verleugnung.

9 Weitere Beschreibungen der Funktionsweise und der Folgen der Verleugnung sind bei Theodore L. Dorpat (1985, 1987) und Robert Jay Lifton (1986) zu finden. Eine klinische Veranschaulichung der Wirkungen dieser Abwehr liefert die Falldarstellung von Ester Romberg (Kapitel 9).

6. Das Herzstück der Behandlung: Der Therapeut und die Übertragung

Die therapeutische Übertragung steht im Mittelpunkt der dynamischen Psychotherapie. Dem Patienten gelingt es nicht, Kompetenz und Selbstachtung zu erreichen, weil sein Entscheidungsfällungsprozeß wesentlich durch traumatisch erzeugte Erwartungsmuster behindert ist. Diese Muster beeinflussen gewöhnlich die Beziehungen des Patienten zu anderen Menschen und hindern ihn daran, das beste aus seinen Fähigkeiten, oder auch aus Chancen, zu machen. Diese kontraproduktiven Beziehungsprogramme sind unbewußt und können weder vom Patienten noch vom Therapeuten direkt beeinflußt werden. Früher oder später jedoch fließen diese pathologischen Muster jedoch auch in die Beziehung zum Therapeuten ein. Dann kann er dem Patienten helfen, sie zu erkennen und aufzulösen oder, wo dies nicht möglich ist, sie zu verbessern oder besser mit ihnen umzugehen. Die Wiederholung dieser charakteristischen, aber selbstschädigenden Muster gegenüber dem Therapeuten macht die therapeutische Übertragung aus.

Freuds Entdeckung des Übertragungsphänomens (Breuer und Freud 1893 bis 95) und der psychoanalytischen Methode, die es ermöglichte, damit therapeutisch zu arbeiten, sind die Basis der modernen Psychotherapie von heute. Freud sah jedoch nur psychoneurotische Patienten als fähig an, eine therapeutische Übertragung, eine sogenannte Übertragungsneurose (1915c, S.301f.); (1916–17, S.455 f; 1920, S.19; 1926b, S.268) auszubilden. Viele Jahre engte dieses Diktum ernstlich die Anwendung von Freuds Methode auf andere als neurotische Patienten ein und führte zur Aufsplitterung im Bereich der Psychotherapie, denn der Praktiker, der nicht-neurotischen Patienten helfen wollte, sah sich nach anderen Möglichkeiten um, um mit den Problemen dieser Patienten umzugehen (Basch 1985). Diese Einengung der psychoanalytischen Methode auf Patienten mit Psychoneurosen – das heißt, auf Patienten, deren primäres Problem im Bereich der psychosexuellen Entwicklung und des Ödipuskonfliktes liegt (siehe Kapitel 10) – erwies sich als falsch, wie der Psychoanalytiker Heinz Kohut aufzeigte (1971). Kohut erbrachte klinische Beweise, daß es keine Rechtfertigung dafür gab, die Bildung einer therapeutischen Übertragung auf die unbewußten Erwartungsmuster zu beschränken, die mit infantiler Sexualität und dem Ödipuskonflikt zu tun haben: Patienten mit anderen Arten von Problemen, insbesondere mit narzißtischen Persönlichkeitsstörungen, bildeten ebenfalls Übertragungen auf den Therapeuten aus, die mit Freuds Methode erfolgreich bearbeitet werden konnten. Schließlich entwickelte Kohut (1977, 1984) eine allgemeine Klassifizierung von Übertragungen, die die Kluft zwischen weniger intensiven Formen der Psychotherapie und der klassischen Psychoanalyse verminderten (Basch 1983c).

Kohuts Erweiterung von Freuds grundlegendem Beitrag, zusammen mit dem, was man inzwischen über die normale Entwicklung und das Selbstsystem weiß, eröffnet die Möglichkeit, eine universell brauchbare psychotherapeutische Technik zu formulieren. Diese Möglichkeit wird in der praktischen therapeutischen Arbeit durch die Fähigkeit des Therapeuten zur Empathie verwirklicht: die Fähigkeit zu hören, zu verstehen und die affektive Botschaft hinter den Worten eines Patienten angemessen zu nutzen. Wenn der Therapeut empathisch ist, kann er in die therapeutische Beziehung Interventionen einbringen, die die Schwierigkeiten des Patienten auf eine phasengerechte Art und Weise ansprechen, indem sie den kognitiven und affektiven Entwicklungsstand, den der Patient in der Beziehung zum Therapeuten zu einer bestimmten Zeit zeigt, berücksichtigen. Dies wiederum erlaubt dem Patienten, das, was der Therapeut in bezug auf sein Selbstsystem mitteilt, zu integrieren und zu seinem Besten für das Erreichen von Kompetenz und Selbstachtung zu nutzen. Dies ist ein Prozeß, den Kohut (1971) *umwandelnde Verinnerlichung* (transmuting internalization) nannte.

Die affektive Bindung

Aus praktischen Gründen denke ich, daß sich meine Patienten in vier große Kategorien einteilen lassen, ganz gleich welche spezifischen Symptome sie aufweisen. In die erste Kategorie fallen diejenigen, die in den ersten paar Monaten ihres Lebens die Erfahrung einer mißglückten affektiven Bindung gemacht haben; in die zweite diejenigen, die gelernt haben, sich ihrer affektiven Reaktionen zu schämen; Patienten der dritten Kategorie hatten Probleme mit der affektiven Übereinstimmung; und zur vierten Kategorie schließlich gehören diejenigen, deren Schwierigkeiten von affektiven Traumata während der ödipalen Phase der psychosexuellen Entwicklung stammen. Diese Kategorien, die ich im folgenden nur kurz umreiße, werden in den anschließenden Fallbeispielen ausführlich dargestellt.

Scheitern der affektiven Bindung

Wenn die Ausbildung einer entwicklungsfähigen affektiven Bindung zwischen Mutter und Kind in den ersten Lebensmonaten fehlschlägt, kann das die Grundlegung der Spannungskontrolle stören und damit die Entwicklung der regulierenden Funktionen. Diese sind nötig, um den affektiven Input Schritt für Schritt zu verarbeiten und somit Unter- wie auch Überstimulierung zu vermeiden. Andernfalls wird es im späteren Leben schwer, mit anderen Menschen auf produktive und sinnvolle Weise in Beziehung zu treten. Patienten, die eine solche Schädigung erlitten haben, kündigen ihre Probleme gewöhnlich sofort durch die Art und Weise an, wie sie mit dem Therapeuten in Beziehung treten

– sie zeigen sich gereizt, mißtrauisch und unfähig, eine Befriedigung aufzuschieben oder hierbei einen Kompromiß einzugehen. Dies ist, in Kombination mit einer anscheinend totalen Mißachtung der Bedürfnisse anderer, das Erkennungszeichen für die sogenannte *Borderline-Persönlichkeit*[1] . Die Fälle Jim Zurf und Tina Pearl werden als Beispiele für die Behandlung einer solchen Störung dienen (Kapitel 7, bzw. 9).

Sich seiner Affekte schämen

Viele Patienten schämen sich ihrer Affekte und kontrollieren ihre affektiven Reaktionen übermäßig stark. Ursache hierfür ist entweder eine affektive Unterstimulierung im Säuglingsalter und/oder die Intoleranz der Eltern für den affektiven Ausdruck des Babys. Diese Intoleranz führt zu einer Entwicklungsverzögerung, die später den Übergang vom Affekt zum Gefühl stört (man erfährt einen Affekt, über den man aber nicht sprechen kann oder den man nicht sofort oder richtig erkennen kann). Aus der Unfähigkeit heraus, diesen Übergang kompetent zu bewältigen, schützen sich diese Patienten selbst, indem sie sich von dem Affekt oder dessen Stimulierung zurückziehen. In der Folge verarmt ihr Innenleben, und ihre relative Unfähigkeit, ihre affektiven Reaktionen zu identifizieren und auszudrücken, macht es für sie schwierig, zu anderen einen wirklich tiefen Kontakt herzustellen. Diese Menschen, die sich gewöhnlich gut unter Kontrolle haben, sind verantwortungsbewußt, produktiv und arbeiten hart. Jedoch scheint es in ihrem Leben wenig Freude oder Befriedigung zu geben, denn sie wirken chronisch gelangweilt und traurig. Sie sind Sklaven der Pflicht und ohne diese verloren. Wenn von ihnen emotionale Flexibilität verlangt wird, ziehen sie sich leicht in eine sekundäre, reaktive Depression zurück, die möglicherweise von hypochondrischen und somatischen Symptomen, weniger von vegetativen Symptomen, begleitet ist. Wenn der Therapeut diesen Patienten helfen kann, ihre Scham und/oder Angst vor dem Ausdrücken ihrer Affekte zu überwinden, ist das Ergebnis für den Patienten als auch für den Therapeuten gewöhnlich sehr erfreulich. Dies erfolgt, indem er sie dabei unterstützt, ihre affektiven Reaktionen auf bewußter Ebene zu erfahren und dann zu artikulieren. Roger Flynn (Kapitel 8) gehört zu dieser Patientengruppe; wahrscheinlich auch Al Gertz und Mrs. Senoj, jedoch bin ich mir der Diagnose nicht ganz sicher, da ich die Probleme dieser beiden nicht in der Tiefe untersucht habe.

Probleme der affektiven Übereinstimmung

Es gibt im Säuglingsalter eine Phase, in der das Baby ein subjektives Gefühl seines Selbst entwickelt. In dieser Phase, die zwischen dem siebten und achtzehnten Monat liegt, zeigt das Kind, daß es die interpersonale Dimension

von Beziehungen wahrnimmt und verlangt eine Antwort, die Daniel Stern *affect attunement* (Stern 1984, 1985; Stern et al. 1985) – affektive Übereinstimmung – genannt hat. In dieser Zeit braucht das Kind seine Mutter, durch deren Stimme, Gesten, Gesichtsausdruck und andere Verhaltensweisen es erfährt, daß sie an seinem Tun affektiv teilnimmt; daß sie das gleiche empfindet; daß die Person, an der es im Moment am meisten interessiert ist, seine affektive Erfahrung mit ihm teilt. Dadurch, daß es verstanden wird und erfährt, daß sein Tun etwas bewirkt, wird seine Kompetenz bestätigt. Diese Art von Interaktion bildet den Schauplatz für die Entwicklung eines gesunden Selbstkonzeptes des Kindes, sobald dies kognitiv möglich ist. Wird auf ein Kind dieser Entwicklungsstufe nicht genügend und angemessen eingegangen, wird es sich möglicherweise zunehmend solcher Bedürfnisse schämen. Dies kann dazu führen, daß später die Sehnsucht nach dem Interesse anderer Menschen und deren Teilnahme am eigenen Seelenleben verleugnet wird. Da diese Bedürfnisse zu lange unbefriedigt geblieben sind, wird es zu schmerzvoll, sie anzuerkennen – jedoch, weit davon entfernt zu verschwinden, bestimmen sie im verborgenen alle Beziehungen. Dieses Entwicklungsdefizit führt auch oft zu einem kompensatorischen, leistungsorientierten Selbstvertrauen, das, wenngleich es sich vielleicht sozial anpassungsfähig und ökonomisch lohnend erweist, subjektiv unbefriedigend bleibt.
Ich habe festgestellt, daß Patienten mit sogenannten narzißtischen Persönlichkeitsstörungen gewöhnlich mit diesen Problemen zu kämpfen haben. In den letzten Jahren wurden bei der psychotherapeutischen Behandlung solcher Patienten – ein Beispiel dafür ist Esther Romberg (s. Kap. 9) – erhebliche Fortschritte gemacht.

Empathieversagen während der ödipalen Phase

In die vierte Kategorie fallen Patienten, die als erste Freuds Aufmerksamkeit auf sich zogen: Menschen mit Psychoneurosen und psychoneurotischen Charakterstörungen. Anders als die bisher beschriebenen Patienten, hatten diese Menschen im Säuglingsalter eine gesunde affektive Entwicklung und bildeten eine im wesentlichen gesunde Charakterstruktur aus. Dann jedoch, mit etwa drei bis fünf Jahren erfuhren sie ein Empathieversagen. Sie erlebten hinsichtlich ihrer Konkurrenzbestrebungen, insbesondere im Bereich der kindlichen Sexualität, ein vollständiges oder teilweises Fehlen an affektiver Übereinstimmung. Als Folge davon ist so ein Kind möglicherweise nicht in der Lage, die globalen sexuellen Erregungsgefühle, die auf die Elternfiguren gerichtet sind, in jene Vielfalt von Liebesgefühlen zu überführen, die zwar genitale Erregung einschließt, aber nicht auf sie beschränkt ist. Die angemessene Transformation und Umorientierung von kindlichen Sexualimpulsen kann erschwert oder verhindert werden. Die Fälle von Otto Neubach, Irma Waller und Norma

Newton veranschaulichen die therapeutische Behandlung der möglichen Folgen solcher Traumata (s.Kap. 10).
Wenn ich diese pathologischen Typen oder Syndrome auch aus praktischen Gründen getrennt habe, so sind sie doch keineswegs immer diskrete, einfache oder leicht zu identifizierende Einheiten. Ein Syndrom kann die Gestalt eines anderen annehmen; eines oder mehrere können kombiniert sein; und Patienten können, sogar während einer einzigen Sitzung, von einem höheren pathologischen Entwicklungsstand zu einem früheren regredieren. Im großen und ganzen jedoch habe ich diese Kategorien nützlich gefunden. Ein Therapeut kann sich innerlich so auf die affektive Kommunikation und/oder das affektive Defizit des Patienten einstellen, daß er seine Aufmerksamkeit auf den unbewußten Entscheidungsfällungsprozeß richtet, der das Verhalten des Patienten leitet. So kann ein Therapeut vermeiden, sich von der Natur der Symptome des Patienten per se oder den immer komplizierteren Details seines oder ihres vergangenen und gegenwärtigen Lebens verwirren zu lassen oder sich darin zu verfangen (s. auch Socarides und Stolorow 1984 – 85).

Die Entwicklung der Übertragung

Die zwei Schlüsselworte in der dynamischen Psychotherapie sind *Unbewußtes* und *Übertragung*. Genauso wie das *Unbewußte* hat der Begriff *Übertragung* seine Wurzeln in jederzeit erhältlicher Alltagserfahrung, und ist somit alles andere als obskur. Eltern nehmen sich viel Zeit, ihren Kindern gute Manieren, d. h. bestimmte Benimmregeln in sozialen Situationen beizubringen. Regeln sind natürlich eine Möglichkeit, Erwartungsmuster festzulegen. Haben Kinder einmal gelernt, sich in den verschiedenen Räumen eines Hauses – Flur, Wohnzimmer, Eßzimmer, Bad und Schlafzimmer – richtig zu benehmen, betrachtet man sie als gesellschaftsfähig. Mütter sagen: »Jetzt kann ich ihn überallhin mitnehmen«, und meinen, daß ihr Kind die Familie nicht blamieren wird, indem es sich schlecht benimmt. Man kann jetzt damit rechnen, daß es das, was es zu Hause gelernt hat, in vergleichbaren neuen Situationen anwenden, reaktivieren oder wiederholen – und das heißt *übertragen* – wird. So ist Übertragung, genau genommen, allgegenwärtig. Das bedeutet, man bringt immer alte Erwartungsmuster mit und überträgt sie auf neue Situationen, um die Erfahrung des gegenwärtigen Augenblicks zu organisieren.
Manchmal jedoch sind die Erwartungsmuster oder -regeln, die man gelernt hat, nicht mehr anwendbar. Während meiner Marinezeit in Japan war ich einmal bei einem japanischen Arzt und seiner Familie zu Gast. Ich wußte ihr Haus nicht einmal richtig zu betreten. Wie und wo sollte ich meine Schuhe ausziehen: Bevor ich über die Schwelle trat? In der Eingangshalle? Was sollte ich mit ihnen tun, wenn ich sie ausgezogen hatte? Und so weiter. Mein erlerntes Drehbuch für sozialen Benimm auf diese neue Umgebung anzuwenden, wäre

total unangemessen gewesen. Wie ein Kind mußte ich nach den grundlegenden Anweisungen fragen und langsam lernen, was von mir in einem japanischen Haushalt erwartet wurde.

Diesen Schritt – zu erkennen, wenn alte Regeln nicht mehr gelten, und neue gesucht und gelernt werden können und müssen – können psychotherapeutische Patienten nicht vollziehen, da sie in ihrer Pathologie gefangen sind. Der Begriff Übertragung, so wie er von Breuer und Freud (1893 – 95) das erste Mal als technischer Begriff gebraucht wurde und seither von Therapeuten benutzt wird, bezieht sich auf die unangemessene Anwendung von Wahrnehmungs- und Verhaltensmustern, wie in Kapitel 5 beschrieben – unangemessen deshalb, weil die Muster wie ein unflexibles, geschlossenes System gehandhabt werden. Hat man in der frühen Kindheit auf eine Situation mit Abwehrverhalten reagiert, bewertet man ähnliche Situationen, als wären sie gleich, und reagiert auch in gleicher Weise auf sie. So hat möglicherweise das, was einer von Menschen erwartet und welche Rollen er ihnen zuschreibt, wenig mit dem zu tun, was diese tatsächlich mitzuteilen versuchen (siehe auch Basch 1980, SS. 35 – 69).

In der Therapie paßt sich der Patient entsprechend dieser alten Erwartungsmuster an den Therapeuten an; aus ihrer Wiederholung oder Reaktivierung kann der Therapeut dann etwas über die unbewußten Erwartungen, Enttäuschungen, Hoffnungen, Wünsche und Ängste des Patienten erfahren. In der Übertragung erlebt der Patient in mehr oder minder verschleierter Form die Auswirkungen seiner Traumata wieder – Traumata, die das System zu früh in seiner weiteren Entwicklung blockiert haben, da der Schutz des Selbstsystems Vorrang vor der Lernerfahrung hatte.

Der Übertragungswiderstand

Unter dem Gesichtspunkt, daß der Patient unbefriedigte affektive Bedürfnisse wiederholt, kann der Verlauf einer Psychotherapie grob in zwei Phasen unterteilt werden: die des Widerstands gegen die Übertragung und die der Arbeit innerhalb der Übertragung. Bei ersterer, bei der Abwehr gegen oder der Angst vor Übertragung, leistet der Patient unbewußt dagegen Widerstand, in die therapeutische Beziehung frustrierte affektive Bedürfnisse einzubringen. Statt dessen verdoppelt er seine charakteristischen Abwehrmanöver gegen das Wiedererleben dieser Bedürfnisse, deren frühere Enttäuschung den Kern seiner Schwierigkeiten bildet. Er konzentriert sich dann vielleicht auf seine Symptome als solche und besteht darauf, daß sich der Therapeut direkt mit ihnen befaßt statt ihre Bedeutung zu hinterfragen. So kann ein hypochondrischer Patient beispielsweise abstreiten, daß seine Angst, sich bei der Erkältung des Therapeuten anzustecken und daran zu sterben, verstanden werden muß. Statt dessen beharrt er vielleicht darauf, daß der Therapeut einen Mundschutz trägt, oder er sagt die Stunde ab, wenn der Therapeut auch nur die geringsten Anzeichen einer Virusinfektion zeigt. Möglicherweise paßt der Patient seine charakteristische Abwehrhaltung auch der therapeutischen Situation an. So kann sich ein zwanghafter Patient so sehr bei Details von nebensächlichen Dingen aufhalten, daß das, was er ursprünglich sagen wollte, nie ganz klar wird. Aber wenn der Therapeut ihn darauf aufmerksam macht, wird der Patient wahrscheinlich ehrlich und vorwurfsvoll sagen, daß er nur tat, was verlangt wird, nämlich *alles* zu sagen, was er denkt oder fühlt. (Wenn dieser nicht ungewöhnliche Übertragungswiderstand in eine Sackgasse führt, ist meiner Erfahrung nach folgende Frage nützlich: »Sie haben hier getan, worum ich Sie bat, und ich bin nicht zufrieden. Welche Gefühle löst das bei Ihnen aus und was denken Sie darüber?« Dann kann der Therapeut auf die affektive Reaktion des Patienten auf diese Frage eingehen.)

Scham

Meiner klinischen Erfahrung nach stößt der Therapeut bei dem Versuch, den Übertragungswiderstand durchzuarbeiten, beim Patienten am häufigsten auf den äußerst wichtigen Affekt der Scham. Nicht die Scham als solche ist pathogen, weit gefehlt. Scham ist für einen Erwachsenen eine so schmerzhafte Emotion, daß man sich kaum vorstellen kann, daß sie ein grundlegendes Manöver ist, das dem Schutz dient. Daß dem so ist, zeigt sich deutlicher im Säuglingsalter.
Wenn ein Säugling affektive Übereinstimmung benötigt, sein Erwartungsmuster aber nicht erfüllt wird, so bringt dies das Kind in einen Zustand von Frustration und wachsender Spannung, einen Zustand von Inkompetenz, mit dem es dann irgendwie umgehen muß. Nehmen Sie als Beispiel ein Baby, das für sein kreatives Spiel im allgemeinen gelobt wird, und das sich, anstelle eines Schläfchens, damit beschäftigt, ein Buch, das aus Versehen in seinem Bettchen vergessen wurde, zu zerreissen und alles um näheren Umkreis mit kleinen Papierschnitzeln zu bedecken. Wenn der Vater in das Zimmer kommt, reagiert er nicht wie sonst auf das aufgeregte, stolze Lächeln seiner Tocher mit mimischen und stimmlichen Äußerungen der Bewunderung und des Lobs für ihre innovativen Taten, sondern macht ein böses Gesicht und beklagt mit ärgerlichem Tonfall das Durcheinander, das jetzt aufgeräumt werden muß. Das Mädchen hat mit ihrem Vater den Kontakt verloren, konnte ihm nicht entlokken, daß er sich affektiv auf sie einstellt. Allem Anschein nach befindet sich der Vater nicht auf derselben Wellenlänge und hat nicht die Absicht, an der Aufregung und dem Stolz seiner Tochter Anteil zu nehmen. Da das Kind mit dem Vater keinen Augenkontakt halten kann, senkt es seinen Blick und den Kopf – das ist die grundlegende Schamreaktion. Obwohl das Baby seine Erfahrung nicht wie ein Erwachsener begrifflich fassen kann, ist es physiolo-

gisch dem gleichen inneren Aufruhr ausgesetzt, unter dem ein Erwachsener unter ähnlichen Umständen leiden würde. Das Kind ist Opfer der unangenehmen Spannung von Erwartung und Erregung, die sich nun, da sie keinen anderen Ausweg findet, im ganzen Körper, und besonders im Kopf, als Hitzewellen bemerkbar macht. Aber wieviel schlimmer wäre es für das Kind gewesen, hätte es ungeachtet der ärgerlichen elterlichen Botschaft weiter aufgeregt geplappert, weil es immer noch erwartete, daß sich sein Vater freut. Das Kind, das aller Wahrscheinlichkeit nach noch mehr Ärger des Vaters erlebt hätte, wäre als Folge der kontinuierlichen Enttäuschung in wachsende innere Desorganisation und schließlich immer intensivere Umlust geraten. Das Schamgefühl hat das Mädchen geschützt, denn es beendete die unrealistische Erwartung, diese Angelegenheit werde glücklich und voller Wertschätzung durch den Vater ausgehen.

In Kapitel 4 spielte sich eine ähnliche Situation in der Erwachsenenwelt ab. Joe Herman wurde sich bewußt, daß der Zugführer, dem er die Vorfälle der letzten Nacht erzählte, kein Interesse an diesen Geschichten hatte. Joes Erregung, seine Erfahrung sofort zu teilen, schlug in Scham um; und obwohl er seinen äußeren Körperausdruck kontrollierte, erfuhr er innerlich das Unbehagen, das für diesen Affekt typisch ist. So schnell wie möglich hörte er daraufhin mit seinen Erzählungen auf.

Scham ist das Gegenstück von Überraschung; beides sind mit Interesse/Erregung (Tomkins 1962 – 63) verbundene Hilfsaffekte. Während Überraschung signalisiert: »Laß alles andere sein und richte deine Aufmerksamkeit hierher«, signalisiert Scham dem Selbstsystem, daß es sich selbst schützen soll, indem es das Interesse vom Gegenstand seiner Aufmerksamkeit abzieht (Nathanson 1987). In zweiter Linie ist die Schamreaktion im Laufe der Evolution entstanden, um Kapitulation, das Verlangen nach Vergebung und den Wunsch nach Wiederaufnahme des Kontakts zu signalisieren (Lewis 1981). So hatte Mrs. Herman, nachdem sie ihre Tochter scharf zurechtgewiesen hatte, auf Jennys Schamreaktion hin deren Würde wiederhergestellt.

Der Nutzen der Schamreaktion, die das Selbstsystem durch die Modifikation von Erwartungsmustern im Interesse der sozialen Reifung schützt, wird pervertiert, wenn das Bedürfnis des Kindes nach der bestätigenden elterlichen Antwort oder dem Spiegeln ständig ignoriert, mißverstanden oder bestraft wird. Ein solches Erziehungsverhalten kann den Aufbau einer chronischen, Schamgefühle produzierenden Spannung bewirken, welche die Funktionen stört, die dem Kind Affekte anzeigen. Nun ist die Schamreaktion nicht mehr nützlich, sondern verstärkt statt dessen die bereits erfolgte Schädigung. Wenn jemand sich seines affektiven Lebens im allgemeinen – weniger eines bestimmten Verhaltens – schämt, vermeidet er defensiv die Mobilisierung von Affekten. In der Psychotherapie manifestiert sich diese Abwehr häufig in dem bereits erwähnten Übertragungswiderstand (s. auch Broucek 1982).

Auflösung des Übertragungswiderstandes

Es ist gewöhnlich so, daß es um so länger dauert, die Abwehrmechanismen im Charakter eines Patienten zu überwinden, je früher in der Entwicklung diese erhebliche Schädigung erfolgt ist. Schließlich sollen die Abwehrmechanismen den Patienten davor bewahren, in der Übertragung das Trauma wiederzuerleben, das sein Selbstsystem ursprünglich bedroht hat. So kann es im Fall von Borderline-Patienten manchmal Jahre dauern, bevor sich eine solche Übertragung ausbildet; oft ist es tatsächlich so wie im Fall von Tina Pearl (Kapitel 10), daß die Behandlung manchmal keinerlei Fortschritte zeigt, ja sogar scheitert, weil scheinbar keine Übertragung hergestellt werden kann. Auf der anderen Seite sind Patienten mit narzißtischen Persönlichkeitsstörungen oder Psychoneurose im allgemeinen übertragungsbereit – einige liefern schon in der ersten Stunde untrügliche Beweise für das Vorhandensein von Übertragungsmaterial. Wenn der Therapeut meint, daß er bei einem Patienten nicht mit der Übertragung arbeiten kann, oder daß er diese nicht zu fördern oder zu untersuchen braucht, weil das Problem des Patienten eher eng umrissen ist, wendet er vielleicht hauptsächlich kognitive und verhaltenstherapeutische Techniken an, um dem Patienten zu helfen (SS. 58-60). Verhaltenstherapeutische Strategien sind manchmal nützlich, um Abwehrmechanismen zu umgehen, und kognitive Techniken können manchen Patienten helfen, die Art und Weise zu ändern, in der sie ihre Widerstände einsetzen, so daß diese effektiver wirken und den Lebensstil des Patienten weniger beeinträchtigen. Auch wenn der Therapeut bei Bedarf immer wieder kognitive und verhaltenstherapeutische Techniken als Hilfsstrategien einsetzt, gilt das primäre Interesse der auf Einsicht abgestellten oder dynamischen Therapie den offenen und verdeckten Zielen des Patienten, besonders wenn diese konflikthaft sind. Die zugrundeliegende Dynamik kann in der therapeutischen Übertragung äußerst effektiv beobachtet und aufgelöst werden.

Die Bewertung des Reifenniveaus der Übertragung

Wenn die Durcharbeitung eines vorhandenen Übertragungswiderstands beginnt, wird der Therapeut deutliche Anzeichen dafür feststellen können, daß der Patient in der therapeutischen Situation fixierte Muster affektiver Kommunikation mobilisiert und wiedererlebt. Diese zeigen an, wann die Angst entstand, die eine gesunde Reifung störte, und auch wie sie entstand. Die Entwicklungsphase, in der die Grundprobleme entstanden, wird durch das Reifeniveau der affektiven Kommunikation angezeigt. Ist der Patient unfähig, affektiven Druck auszuhalten? Reagiert der Patient affektiv, ist aber nicht in der Lage, seine Erfahrung in Worte zu fassen? Zeigt der Patient Scham über seine eigenen Bedürfnisse? Müht er sich ungeheuer ab, dem Therapeuten zu gefallen, und glaubt er dabei, daß ihn der Therapeut für einen Versager hält? Oder zeigt der Patient das gleiche Problem andersherum, indem er versucht, die therapeutische Situation und den Therapeuten hinsichtlich Intelligenz, Leistungen, Witz oder anderer Eigenschaften zu dominieren? Ist der Patient seiner eigenen Gefühle gewahr, aber anscheinend unfähig, die Gefühle anderer zu erkennen oder zu berücksichtigen? Die Antworten auf solche Fragen können dem Therapeuten anzeigen, auf welchem Niveau affektiver Transformation die Schwierigkeiten eines bestimmten Patienten entstanden: Ihr Weg führt von der Kontrolle affektiver Spannung zu Gefühlen, zu Emotionen, und dann schließlich zur Empathie.

Das Niveau affektiver Reife, auf dem sich ein Patient bewegt, zeigt dem Therapeuten, was der Patient zu hören bereit ist, wie auch, auf welche Art und Weise der Therapeut am effektivsten intervenieren kann. Es ist beispielsweise sinnlos, mit einem Mann über sein Bedürfnis nach empathischem Verstehen zu sprechen, wenn deutlich ist, daß dieser sich kaum seiner eigenen Gefühle gewahr ist. Der Therapeut muß sich ihm auf mehr konkrete Art nähern: »Jetzt wissen wir, wie Sie sich fühlten, als Ihr Chef nichts dazu sagte, daß Sie die ganze Woche an diesem Projekt gearbeitet haben. Ich halte es für sehr wahrscheinlich, daß Ihre Reaktion heute mit Ihrer Erfahrung als kleiner Junge zu tun hat, als Ihr Vater Ihre Hilfsbereitschaft nie anerkannte – wie Sie sein Auto wuschen, den Rasen mähten, und so fort. Sie erinnern sich nur noch an die Magen- und Kopfschmerzen, die Sie oft bekommen haben, aber ich denke, daß damit eigentlich Ärger und Enttäuschung herauskamen. Da Sie wußten, Sie würden bestraft werden, wenn Sie Ärger zeigten, war dies Ihre Art auszudrükken: 'Tut weh'.« Bei einem affektiv reiferen Patienten müßte der Therapeut vielleicht nur sagen: »Genau wie Ihr Vater«, und der Patient würde die Bedeutung dieser Aussage sofort erfassen.

Die Form der Übertragung

Das Niveau affektiver Reife, das ein Patient seiner Pathologie entsprechend zeigt, gibt dem Therapeuten Hinweise, *wann* ein Patient in seiner Entwicklung geschädigt wurde. Die Anzeichen dafür, *wie* ein Patient affektiv traumatisiert wurde, zeigen sich in der Form, die die Übertragung annimmt. Die Form der Übertragung leitet den Therapeuten bei der Suche nach der Natur des Bedürfnisses, das während der Entwicklung des Patienten frustriert wurde. Hier hat sich das Konzept der *Selbstobjekt*-Übertragungen des Psychoanalytikers Heinz Kohut als grundlegend erwiesen.

Während der langen Zeit der extrauterinen Reifung des Menschen hat der Erwachsene eine besondere Aufgabe: Er muß in der affektiven Kommunikation mit seinem Baby zu gegebener Zeit als zusätzliches Selbstsystem fungieren, welches das Selbstsystem des Kindes davor schützt, von den an es gestellten Forderungen überwältigt zu werden. Dies nannte Kohut (1971, 1977) die Selbstobjekt-Erfahrung. Damit soll ausgedrückt werden, daß die erwachsene Fürsorgeperson für das Baby als Erweiterung seines Selbst existiert und von ihm auch so erlebt wird. Dabei soll sie sich, immer verfügbar, so verhalten, daß das Selbstsystem des Kindes stabilisiert wird, wann immer dieses System in Gefahr ist (s. auch Marian Tolpin 1971).

Kohut arbeitete drei Grundbedürfnisse der frühen Entwicklung heraus. Ein Kind oder Säugling benötigt es, daß seine kompetenten Handlungen bestätigt und anerkannt werden; daß es zu Zeiten von Streß oder Spannung geschützt und unterstützt wird, wenn es selbst noch nicht die Kompetenz hat, damit befriedigend umzugehen; und daß es von seiner Familie als Mitglied und Mitmensch anerkannt wird. Wenn diesen Bedürfnissen kaum entsprochen wird oder sie mißverstanden werden, übertragen sie sich möglicherweise in der therapeutischen Beziehung auf den Therapeuten. Kohut spricht von diesen Wiederholungen als *Spiegel-*, *idealisierende* und *Alter-ego-*Übertragungen. In der Spiegelübertragung sucht der Patient Bestätigung durch die Anerkennung des Therapeuten; in der idealisierenden Übertragung sieht der Patient zum Therapeuten als bewunderten und mächtigen Helfer auf, der ihn schützen wird und von dem er Stärke beziehen kann; in der Alter-ego-Übertragung sucht der Patient das beruhigende Gefühl, das ein »sein wie« in einem Familienverband vermittelt.

Die Spiegelübertragung

Wie die experimentellen Untersuchungen von Papousek (1969) und anderen Säuglingsforschern gezeigt haben, ist für ein Baby nichts so bestärkend wie das Herstellen einer unmittelbaren Beziehung zwischen dem, was es tut, und dem, was in seiner Umgebung geschieht (SS. 33 – 34). Es ist für Säuglinge und Kinder besonders bedeutsam, von ihren Eltern eine angemessene, bestätigende affektive Reaktion zu erhalten, da sie Kompetenz in Kommunikation und autonomem Verhalten anstreben. Die Spiegelübertragung zeigt das Bedürfnis oder den Wunsch des Patienten nach einer solchen Bestätigung durch den Therapeuten.

Die idealisierende Übertragung

Wenn die Sehnsucht unerfüllt blieb, bei Bedarf von einer bewunderten, mächtigen Elternfigur gestärkt und beschützt zu werden, entsteht eine idealisierende Übertragung. Die Zufriedenheit, Sicherheit und Beruhigung, die dem Säugling und Kleinkind vermittelt werden, wenn es zärtlich, aber fest von den Armen der Eltern umschlossen oder getragen wird, bildet die Basis für diese Reaktion.

Es ist ein Bedürfnis, mit jemandem vereint zu sein, zu dem man aufsehen kann, und der einem die Inspiration, die Stärke und was auch immer verleihen kann, die man braucht, um die Stabilität des Selbstsystems aufrechtzuerhalten, wenn man gefährdet, frustriert oder auf der Suche nach Sinn und Bedeutung ist.

Die Alter-ego-Übertragung

Das Bedürfnis nach einer Reaktion, durch die ein Band der Gleichheit oder Ähnlichkeit zwischen den Interaktionspartnern in einer therapeutischen Beziehung anerkannt wird, drückt sich in der Alter-ego-Übertragung aus. Dieses Phänomen wurde zuerst als ein Teil des Spiegelungsprozesses angesehen; aber Kohut (1984) unterschied die beiden später, weil er zu dem Schluß kam, daß die Alter-ego-Übertragung die Antwort auf ein grundlegendes menschliches Bedürfnis ist: das Bedürfnis, ganz selbstverständlich in seiner Menschlichkeit, verwandtschaftlichen Zugehörigkeit oder Gleichheit von anderen Mitgliedern der Spezies anerkannt zu werden. Verständlicherweise wurde die Alter-ego-Übertragung anfangs unter die Spiegelübertragung subsumiert, denn die Bestätigung des Wertes eines Säuglings oder Kindes durch seine Angehörigen, die erfreute und stolze Anerkennung seiner Taten befriedigt auch das Bedürfnis des Jugendlichen, der seine Zugehörigkeit zur Gruppe bestätigt sehen möchte. Es gibt jedoch im Alltag Situationen, in denen die Stärkung des Selbst nicht durch die beruhigende Vereinigung mit der größeren Stärke des Ideals oder durch die Kompetenz und Leistung bescheinigende Spiegelung geschieht, sondern dadurch, daß man sich von jemandem getragen fühlt, in dessen Gegenwart man sich als akzeptiert empfindet. Der kleine Junge, der seinen Spieltisch ins Büro des Vaters räumt, so daß er an der Seite seines Vaters »arbeiten« kann, veranschaulicht die Suche nach dieser Art von Selbstobjekterfahrung. Das vielleicht dramatischste und vielsagendste Beispiel für das Bedürfnis nach Alter-ego-Selbstobjekterfahrungen ist Kohuts Vermutung, daß das Selbst sogar beim Sterben kohäsiv und in Funktion bleiben kann, wenn jemand da ist, der dem Sterbenden die Hand hält und seinem Selbst auf diese Weise bestätigt, daß seine Verbindung zur Menschheit aufrechterhalten bleibt, auch wenn er aus dem Leben scheidet (s. auch Detrick 1986).

Obwohl sich das Bedürfnis nach angemessenen Selbstobjekterfahrungen im Säuglings- und frühen Kindesalter am deutlichsten und dramatischsten zeigt, besteht es, wie Kohut betonte, das ganze Leben lang, wann immer das Selbstsystem in der Gefahr von Fragmentierung, Energieverlust oder Desorganisation (Kohut und Wolf 1978) ist. Reife besteht nicht darin, daß man seine Selbstobjektbedürfnisse hinter sich läßt, sondern vielmehr darin, die Fähigkeit zu entwickeln, stärkende Selbstobjekterfahrungen in alters- und situationsgerechter Art und Weise herbeizuführen, wenn das Selbstwertsystem gefährdet ist. In solchen Zeiten stützt man sich vielleicht auf die Stärke von anderen oder

auf den Erinnerungswert früherer Spiegel-, Alter-ego- oder idealisierender Selbstobjekterfahrungen (s. auch Goldberg 1988).
Ich habe anhand des Beispiels des Taxifahrers Al Gertz und seiner Art, mit mir in Beziehung zu treten, schon gezeigt, wie sich diese Grundbedürfnisse in unkomplizierter Form manifestieren. Sein angeblich gegen mich gerichteter Ärger zeugte von einem verletzbaren Selbstsystem und hatte mit mir als Person nichts zu tun. Als ich den schmerzlichen Unterschied, den er zwischen unseren Lebensstilen sah, verminderte, indem ich unsere Ähnlichkeit betonte – wir waren beide beim Militär gewesen –, begegnete ich seinem Bedürfnis nach der Anerkennung von Ähnlichkeit. So waren wir dann nicht ganz so verschieden, und er konnte mir meinen Pelzkragen verzeihen. Und dann kamen seine Idealisierungsbedürfnisse hoch: Vielleicht könnte er wie ich zur Schule gehen und dadurch das hinter sich lassen, was er als erniedrigende Arbeit ansah. Als ich mich dann mit der selbstabwertenden Sicht seiner Person nicht einverstanden zeigte, begegnete ich seinem Bedürfnis, in seiner Kompetenz auf eine Art und Weise bestätigt zu werden, die er niemals für möglich gehalten hätte. Alles in allem führten meine Interventionen zu dem, was Kohut *umwandelnde Verinnerlichung* (1971, 1977, 1984, 1987) nannte, nämlich eine Veränderung des Denkens über und Umgehens mit problematischen Situationen, die auf der Integration der therapeutischen Transaktion beruht.

Umwandelnde Verinnerlichung

Mit *umwandelnder Verinnerlichung* (transmuting internalization) meinte Kohut, daß der Patient fähig wird, die Funktion des Verstehens, die anfangs der Therapeut innehat, zu übernehmen und sich nach und nach zu eigen zu machen. Umwandelnde Verinnerlichung ist keine Identifikation mit dem Therapeuten, sondern ein selektiver Prozeß, in dem sich der Patient auf seine eigenen Bedürfnisse einstimmt. Der berühmte Psychologe Lev S. Vygotsky (1934) beschrieb, wie man einem Kind Mathematik beibringt. Zuerst gibt man ihm die Formeln und lehrt ihm ihren Gebrauch. Dann stellt man dem Kind Aufgaben, so daß es die Formeln immer wieder anwenden kann und dabei zunehmend geschickter und flexibler wird. Eines Tages kapiert das Kind, scheinbar plötzlich, die Bedeutung seines Tuns, und das, was bisher mechanisch vollzogen wurde, ist nun ein sinnvolles mathematisches Konzept, ein Teil dessen, was Vygotsky »inner speech« (innerer Dialog) nannte. Der von Vygotsky beschriebene Prozeß ist der *umwandelnden Verinnerlichung* nach Kohut ähnlich: Was vorher dem Therapeuten gehörte, gehört jetzt dem Patienten.
Um diesen Punkt deutlich zu machen, verwendete Kohut (1984) eine witzige Analogie, nämlich die Assimilation von Nahrungsmitteln. Der Patient ißt ein Beefsteak. Nun ist es nicht so, daß der Patient eine Kuh wird, sondern das

Beefsteak macht eine Transformation durch und wird ein Teil des Körpers des Patienten.
Es gibt jedoch einen sehr entscheidenden Unterschied zwischen normalen Lernvorgängen und therapeutisch induzierter umwandelnder Verinnerlichung. In der Psychotherapie geschieht die Förderung von Einsicht parallel zu den unbewußten Widerständen, die sich in den Abwehrhaltungen des Patienten zeigen und Erwartungsmuster darstellen, die ein geschlossenes System gebildet haben. Der Patient hütet sich davor, sich neuen Erfahrungen zu öffnen, denn dies löst in ihm überwältigende Angst aus. Er kann nur dann die Möglichkeit einer Besserung in Betracht ziehen, wenn die empathische Einstimmung des Therapeuten auf seine Situation diese Angst reduziert. Aus diesem Grund sind intellektuelle Einsichten, die der Therapeut vermittelt – Freud (1912, 1913) hat vor langer Zeit schon darauf hingewiesen – nur bei Patienten wirksam, die affektiv darauf vorbereitet sind, sie zu hören.

Der Inhalt der Übertragung

Zusätzlich zum Niveau der affektiven Entwicklung des Patienten und der Form seiner Übertragung wird die therapeutische Intervention von einem dritten Faktor bestimmt – dem Inhalt der Übertragung. Taucht das Spiegelungsbedürfnis im Zusammenhang mit psychosexuellen Themen auf – den oralen, analen und phallischen Konflikten, die Freud (1905) untersuchte und so ausführlich beschrieb? Mit anderen Worten, teilt der Patient mit, daß er als sexuelle Person anerkannt werden möchte, ohne daß er sich schuldig fühlen oder schämen muß? Oder aber geht es um das Bedürfnis nach Anerkennung von Autonomie und Kreativität, nach Lob für seine Initiative. Oder handelt es sich um das, was Bowlby (1969, 1980) *attachment needs* (Bindungsbedürfnisse) nannte: die Bestätigung des Anrechts auf Unterstützung, wenn es einer solchen bedarf? Die Antworten auf diese Fragen findet der Therapeut in den Worten und Verhaltensweisen des Patienten, mit denen er seine Übertragungsbedürfnisse ausdrückt. Die Informationen hinsichtlich der affektiven Reife des Patienten, der Form der Übertragung und der Natur der Bedürfnisse des Patienten bilden zusammen ein dreidimensionales Gitter. Dieses liefert dem Therapeuten eine Orientierung und bereitet ihn darauf vor, die Entwicklungsspirale so in Gang zu setzen, daß die Therapie erfolgreich verläuft.

Empathisches Verstehen: Clarence Albright

Wenn der Therapeut die Mitteilungen des Patienten empathisch versteht, so schlägt er damit die Brücke zwischen dem theoretischen Wissen des Entwicklungsprozesses und seiner therapeutischen Anwendung. Empathie bedeutet, sich in die Erfahrung eines anderen *einzufühlen*. Praktisch gesprochen heißt Empathie, daß der Therapeut die Worte des Patienten nicht einfach für bare Münze nimmt, sondern nach der tieferen Bedeutung des Gesagten oder nicht Gesagten sucht. Hierbei läßt er sich von den affektiven Signalen führen, die der Patient, oft unbewußt, übermittelt – so wie im Fall von Clarence Albright.

Mr. Albright:	Oh, was soll ich sagen? Es hat sich seit gestern nichts verändert.
Therapeut:	Trotzdem, Sie scheinen in anderer Stimmung zu sein. Gestern, als Sie gingen, fühlten Sie sich gut, aber heute hängen Ihre Mundwinkel irgendwie nach unten.
Mr. Albright:	Vielleicht ist es das Wetter.
Therapeut:	Vielleicht. Fing es an, als Sie heute morgen aus dem Fenster sahen?
Mr. Albright:	Nee. Tatsache ist, daß ich mich echt gut fühlte, bis ich hier war. Ich habe sogar auf dem Herweg gepfiffen.
Therapeut:	Aber Ihre Stimmung hat sich geändert. Wann ist das passiert? Als Sie das Behandlungszimmer betraten?
Mr. Albright:	Im Wartezimmer, glaube ich.
Therapeut:	In dem Moment, als Sie Ihren Mantel aufhängten? In dem Moment, als Sie sich hinsetzten?
Mr. Albright:	Als Sie zu spät kamen. Aber das waren nur ein paar Minuten, ich weiß nicht, warum mich das stören sollte. Dafür haben Sie gestern länger gemacht; ich mußte in der Tiefgarage mehr als sonst bezahlen, also war ich in die nächste Stunde gerutscht. So gleicht es sich aus.
Therapeut:	Sie erwähnten, daß Sie auf dem Herweg pfiffen.
Mr. Albright:	So?
Therapeut:	Was für eine Melodie war es?
Mr. Albright:	Oh, ich weiß nicht. Ich kann mich nicht erinnern, wie sie heißt.
Therapeut:	Sie sie für mich.
Mr. Albright:	Kann ich auch summen?
Therapeut:	Sicher (*Mr. Albright summt.*) Das ist aus *South Pacific*.
Mr. Albright:	Ja, genau. Heißt das nicht »Laß mich niemals gehen«?
Therapeut:	Ich glaube, eigentlich heißt der Titel »Some Enchanted Evening«, aber vielleicht ist nur die letzte Zeile, »Laß mich niemals gehen«, wichtig.
Mr. Albright:	Sie beziehen das auf sich und mich?
Therapeut:	Ja. In der gestrigen Sitzung hatten Sie das Gefühl, verstanden zu werden, freuten sich darüber, daß wir auf der gleichen Wellenlänge sind, stellten sich vor, wie schön es für uns beide ist, uns weiterhin jeden Tag zu sehen – und

dann hole ich Sie zu spät herein. Das tut weh.

Mr. Albright: Das könnte stimmen. Ich bin jetzt nicht mehr so schlecht gelaunt. Warum bin ich da nicht draufgekommen? Es ist ein bißchen so wie ich mich fühle, wenn ich von der Arbeit heimkomme, und Shirley kocht oder telephoniert, und sie läßt nicht gleich alles fallen, um mich zu begrüßen.

So wie auch Freud (1921), der Empathie das *sine qua non* für das Verstehen des psychischen Zustands eines anderen Menschen nannte, taten sich Therapeuten schwer damit zu beschreiben, was sich im einzelnen abspielt, so daß empathisches Verstehen zustande kommt. Mangels einer besseren Definition wurde Empathie häufig als etwas bezeichnet, was dem Therapeuten als Qualität oder Talent zu eigen ist. Entweder er ist »empathisch« oder »unempathisch«, so wie jemand »musikalisch« oder »unmusikalisch« genannt wird. Ich denke nicht, daß es so ist. Ich glaube, daß empathisches Verstehen das Ergebnis eines Prozesses ist, der aufgegliedert, beschrieben, gelehrt und gelernt werden kann. Meistens kann ein erfahrener Therapeut schnell und unbewußt, wie aus einer unmittelbaren, mysteriösen Intuition heraus, zu empathischem Verstehen kommen. Aber dies zeigt nur, daß der Therapeut gelernt hat, eine komplizierte Aufgabe fachkundig auszuführen. Er handelt wie jemand, der über eine vertraute Straße fährt und nicht mehr auf jede Kurve achtgeben muß. Wenn man Psychotherapie jedoch lehrt, kann man deutlich sehen, mit wieviel Fleiß und häufig auch Schmerz die Ausbildungskandidaten diese Fertigkeit erwerben. Oft genug wird auch der Experte frustriert sein und sich als unfähig erleben, zum Patienten einen empathischen Kontakt herzustellen. In solchen Fällen ist es hilfreich, sich die Schritte klarzumachen, die zu empatischem Verstehen führen, und über jeden einzelnen nachzudenken, um das Problem herauszufinden, das einen solchen Kontakt verhindert.

Obwohl ich mich nicht bewußt auf das einstimmte, was hinter dem Schamgefühl stand, das Mr. Albright infolge seines Bedürfnisses erlebte, konnte ich im nachhinein die einzelnen Schritte verfolgen:

1. Ich wurde mir des Affekts bewußt, den der Patient in mir wachrief.
2. Ich trat einen Schritt beiseite und betrachtete mein affektive Reaktion objektiv.
3. Ich identifizierte den affektiven Zustand des Patienten.
4. Ich machte mir die Bedeutung der Botschaft des Patienten klar.
5. Ich kam zu einem Entschluß darüber, wie ich das, was ich erfahren hatte, am wirksamsten nutzen konnte.

Die affektive Reaktion des Therapeuten auf den Patienten

Wie schon diskutiert (SS. 71 – 75) unterliegt die anfängliche Reaktion auf die Intensität und Form einer Stimulation nicht kortikaler Kontrolle. Das bedeutet, es ist keine Sache des Nachdenkens, sondern des Gewahrwerdens, daß das, was geschehen ist, eine Wirkung auf das ausgeübt hat, was wir dann in Begriffen von Gefühlen und Emotionen näher ausführen können. Noch bevor Mr. Albright zu sprechen begonnen hatte, reagierte ich auf die lasche Art seiner Begrüßung und auf die Niedergedrückheit, die er ausstrahlte, als er vom Wartezimmer in den Behandlungsraum ging. Ich empfand Mitleid mit mir selbst – es war nicht gerade ein toller Tag gewesen, und ich hatte geglaubt, mit diesem Patienten würde ich wenigstens die Früchte unserer letzten, sehr produktiven Sitzung ernten. Aber als er zu sprechen begann, fühlte ich mich schlechter; der dumpfe Ton seiner Stimme und seine allgemeine Unlebendigkeit zogen mich noch weiter hinunter. Ich fühlte mich schuldig: Mr. Albright vermittelt mir das Gefühl, als sei ich ihm nicht gerecht geworden. Und jetzt wurde ich ärgerlich. Ich hatte in unserer letzten Stunde so hervorragende Arbeit geleistet. »Was hat das für einen Sinn? Es ist, wie wenn man auf Wasser schreibt«, dachte ich voll Selbstmitleid und faßte damit die Enttäuschung der ersten Minute unserer Sitzung zusammen.

Die affektive Reaktion des Therapeuten dezentrieren

Ein affektives Erleben zu dezentrieren heißt, einen Schritt zur Seite zu treten und über das eigene Gefühl leidenschaftslos nachzudenken. Anstatt einfach auf das Gefühl zu reagieren, das ich durch Mr. Albrights Haltung und Tonfall bekommen hatte, war ich in der Lage, die Tatsache in Rechnung zu stellen, daß das, was in mir vor sich ging, vom Patienten ausgelöst wurde und zwar aus Gründen, die mit ihm zu tun haben, nicht mit mir. Es war etwas Intrapsychisches, nicht etwas Interpersonales. Es war nicht so, daß er mich deshalb dazu brachte, mich mies zu fühlen, weil er mich als Person angreifen wollte. Indem er mir schlechte Gefühle vermittelte, versuchte er unbewußt, mir etwas zu sagen; und es war mein Job, die Botschaft zu entschlüssen und, wenn möglich, ihm zu helfen, sie in Worte zu fassen. In meiner eigenen Psychoanalyse hatte ich genug über mich gelernt, um zu wissen, warum mein Gefühl von Kompetenz und meine Selbstachtung durch Mr. Albrights Worte und Haltung in Frage gestellt worden war; und nachdem ich sie einmal verstanden hatte, konnte ich meine eigenen Belange beiseite lassen und statt dessen mit dem Patienten zusammen die Gründe dafür erforschen, daß er sich so armselig fühlte. An diesem Punkt lösten sich meine gedrückte Stimmung und mein Ärger auf und statt dessen empfand ich Interesse. Ich war jetzt wieder Herr meiner selbst und konnte mich ganz auf den Patienten konzentrieren. Ich mußte mich nicht mehr mit der Reaktion abmühen, die Mr. Albright in mir ausgelöst hatte und die dazu geführt hatte, daß ich mich momentan hilflos und ineffektiv fühlte.

Optimalerweise wird das Potential an affektiven Reaktionsmöglichkeiten eines Menschen durch angemessene Eltern-Kind-Interaktionen maximiert, so daß die affektive Entwicklung ungehindert bis ins Erwachsenenalter fortschreiten kann. In der Praxis ist ein solcher Verlauf eher die Ausnahme als die Regel. Wenn man im Säuglings- und Kindesalter entscheidend, oft traumatisch mißverstanden worden ist, kann dies im späteren Leben dazu führen, daß man sich in Psychotherapie begibt oder daß man Psychotherapeut wird. Wenn letzterer sich aus Angst vor weiteren Verletzungen und Enttäuschungen gefühlsmäßig nicht einlassen kann, stellt dies eine echte Barriere für die Effektivität seiner therapeutischen Arbeit dar. Das heißt, ein Therapeut kann sich unbewußt davor schütze sowohl die positiven wie die negativen Gefühle vollkommen zu erleben und anzuerkennen, die Patienten in ihm hervorrufen. Aus diesem Grund wurde es fast von Beginn der Freudschen Ära der Tiefenpsychologie an akzeptiert, daß ein Therapeut behandelt werden muß, bevor er andere behandeln kann. Die Therapie des Therapeuten hat zwei Hauptfunktionen: erstens, sie soll helfen, das negative Schicksal der eigenen affektiven Entwicklung zu verstehen, damit die eigene Fähigkeit zu affektiver Resonanz wieder ausreichend hergestellt werden kann; und zweitens, sie soll es ermöglichen, die Kontrolle über das eigene affektive Erleben zu gewinnen anstatt von der affektiven Reaktion auf den Patienten kontrolliert zu werden.

Das Dezentrieren erlaubt dem Therapeuten, darüber nachzudenken, was der Patient empfindet; es geht nicht um das, was der Therapeut hinsichtlich des Patienten empfindet. Nicht, daß letzteres unwichtig und nutzlos wäre. Im Gegenteil, die Gefühle des Therapeuten über den Patienten liefern oft den Schlüssel zu dem, was zwischen dem Patienten und anderen Menschen schiefläuft. Vor allem bei Patienten mit frühen Schädigungen in der affektiven Entwicklung zögere ich nicht, anhand der Gefühle, die sie in mir ausgelöst haben, die Schwierigkeiten zu erklären, von denen sie mir berichten. So sage ich beispielsweise: »Worauf der Chef (Frau, Freund) so ärgerlich reagiert, ist die Art von Gefühl, das auch ich erlebte, als Sie sich so wie heute gaben. Sie dachten, Sie seien sachlich, während ich das Gefühl hatte, daß Sie mich niedermachen.«

Therapeuten halten manchmal eine affektive Reaktion auf einen Patienten, besonders wenn sie intensiv ist, fälschlicherweise für eine der Therapie abträgliche »Gegenübertragung«. Ich denke im Gegenteil, daß die affektive Reaktion des Therapeuten auf das, was ein Patient sagt oder tut, richtig gebraucht, von unschätzbarem Wert ist, um den Patienten verstehen zu lernen. Das, was Freud (1910) *Gegenübertragung* genannt hat, ist die auf unbewußten Problemen begründete Unfähigkeit des Therapeuten, sich von der affektiven Reaktion auf den Patienten zu distanzieren. Und tatsächlich kann der Therapeut, der sich in den Fängen seiner eigenen unerkannten und unbewußten Probleme befindet, oft nicht wissen, was in der Therapie schiefläuft, und noch weniger kann er etwas dagegen oder damit tun. Ein Therapeut in einem solchen Dilemma braucht Selbstanalyse, Supervision und/oder weitere persönliche Behandlung.

Den affektiven Zustand des Patienten feststellen

Der Therapeut ist nun an einem Punkt, an dem er die inhaltlichen Aussagen des Patienten mit dessen affektiver Botschaft vergleichen kann. Als ich über Mr. Albrights Eröffnungerklärung »Oh, was soll ich sagen? Es hat sich seit gestern nichts verändert« nachdachte, sagte ich mir schließlich: »Wenn dem so wäre, müßte er ruhig oder gelangweilt klingen, aber das tut er nicht. Wenn ich diesen Mann anhöre, fühle ich mich hilflos, verloren, ausgenutzt, mißverstanden und verlassen. Ja, genau das ist es, was sein unglückliches Gesicht und seine Stimme in mir auslösen.« Es kam mir ein kurzer Erinnerungsblitz. Ich hatte einmal einen älteren Jungen mit seinen Freunden zu einer Radtour aufbrechen sehen, der zu seinem jüngeren, etwa achtjährigen Bruder sagte, er sei zu klein, um mitzukommen. Dieser, nur wenige Augenblicke vorher noch ungeheuer stolz auf sein neues Zweirad, weinte jetzt verzweifelt über diese Ungerechtigkeit. Ich beschloß nun, der scheinbaren Diskrepanz zwischen Mr. Albrights Worten und der Stimmung, die er durch seinen Tonfall und sein schleppendes Verhalten signalisierte, Aufmerksamkeit zu schenken. Wie ich schon berichtete, konnten wir dann tatsächlich feststellen, daß er sich schlecht fühlte, und daß daß dieser Niedergeschlagenheit das Warten und der um mehrere Minuten verspätete Beginn seiner Sitzung vorausging.

Kurz gesagt, man kann Einfühlen (Empathie) in die Kommunikation eines anderen Menschen mittels der drei genannten Schritte erreichen. Kohut (1959) nannte dies *stellvertretende Introspektion* (vicarious introspection). Diese Schrittfolge ermöglicht es sowohl den Inhalt als auch den affektiven Gehalt der Botschaft, die eine Person offen oder verdeckt aussendet, richtig einzuschätzen (Basch 1983a). So glaubte ich, nun zu einem empathischen Verstehen der Kommunikation meines Patienten gekommen zu sein. In der Psychotherapie umfaßt *Empathie* oder *empathisch zu sein* nicht nur das Verstehen, sondern auch die therapeutische Anwendung dieses Verstehens. Dies beinhaltet zwei weitere Schritte: Zum einen das Herausarbeiten dessen, was der Patient über sich zu sagen versucht; zum anderen die Entscheidung, *ob* und gegebenenfalls *wie* man auf das durch diese Botschaft signalisierte Bedürfnis eingehen will. Obwohl ich diese erweiterte Sicht der Empathie akzeptiere, weil sie sich eingebürgert hat, sind die Schritte vier und fünf keinesfalls einfach von der Fähigkeit des Therapeuten abhängig, die volle Bedeutung der Kommunikation des Patienten aufzufassen. Welche Schlüsse der Therapeut aufgrund dessen, was er hört und erlebt, zieht, welche Aussagen zur Entwicklung er etwa macht und wie er dann mit dem Patienten therapeutisch umgeht – dies alles wird von seiner Theorie bestimmt. Es ist davon abhängig, welche Auffassung der Therapeut von Sinn und Ziel der Therapie hat. Diese theoretische Position, die der Therapeut gelernt und akzeptiert hat, wendet er nun auf das Material des Patienten an.

Die Bedeutung der Botschaft eines Patienten herausfinden

Auf das hier beschriebene Modell der kindlichen Entwicklung bezugnehmend, fragte ich mich: »Was teilt Mr. Albright mit – nicht nur über seinen gegenwärtigen psychischen Zustand, sondern über die dahinterstehenden Ursachen?« Hier zog ich in Betracht, daß mein Patient überhaupt nicht gelangweilt und uninteressiert war, wie er anfangs behauptete, sondern in Wirklichkeit traurig und enttäuscht. Ich verglich sein Verhalten mit dem eines Kindes, das auf die besorgte Frage »Was ist los?« mit »Oh, nichts« antwortet, während es gleichzeitig hofft – auch wenn es sich schämt, das zuzugeben –, daß seine Eltern seine Qual bemerken und sich die Mühe machen, sie zu ergründen und sich darum zu kümmern.

Mr. Albright entstammte einer sehr großen Familie. Sein Vater übte zwei Jobs aus, um finanziell über die Runden zu kommen. Obwohl ein anständiger, wohlmeinender Mensch, war er aufgrund seiner Arbeit für seine Kinder selten emotional verfügbar. Als Kind suchte Mr. Albright bei einem älteren Bruder männliche Unterstützung und war bitter enttäuscht, als dieser Bruder die Heimatstadt der Familie verließ; der Patient war zu dieser Zeit acht Jahre alt. In der Therapie hatte der Patient eine idealisierende Übertragung ausgebildet – er suchte in mir den verfügbaren Vater, den er nie hatte. Ich vermutete, daß meine Verspätung, und war sie in den Augen eines Erwachsenen auch noch so geringfügig, beides zusammengebracht hatte: Die Enttäuschung, seinen Bruder verloren zu haben, und die wahrscheinlich viel früher erfolgte Enttäuschung darüber, daß sein Vater nicht da war, wenn er die Arme nach ihm ausstreckte. Nun verstand ich, warum mir selbst plötzlich diese Erinnerung an einen älteren Bruder, der seinen jüngeren im Regen stehen ließ, in den Sinn gekommen war. Aufgrund des Zusammenhangs, in dem sich die Enttäuschung des Patienten ereignete, dachte ich, daß sie mehr mit Bindungsbedürfnissen als mit psychosexuellen Wünschen oder Autonomiebedürfnissen zu tun hatte.[1]

Wie man seine Kenntnisse am effektivsten einsetzt

Meine Entscheidung hinsichtlich meines therapeutischen Vorgehens gründete auf der eben ausgeführten Theorie, daß menschliches Verhalten von Affekten motiviert ist; daß Affekte eine Reifung durchlaufen; und daß in der therapeutischen Situation sowohl der Inhalt des affektiven Gedächtnisses als auch das Niveau der affektiven Reife des Patienten zum Ausdruck kommen.

Wäre es in diesem Gespräch mit Mr. Albright um die grundlegende Spannungskontrolle gegangen, hätte ich wahrscheinlich viel schneller meine Vermutungen über das, was sich abspielte, formuliert, um den ärgerlichen, schmerzlichen und gewöhnlich unproduktiven Reaktionen zuvorzukommen,

die solche primärprozeßhaft agierenden Patienten oft haben, wenn sie sich gefühlsmäßig vernachlässigt fühlen.
Hätte es sich um einen Patienten gehandelt, der Gefühle nicht benennen kann, hätte ich vielleicht über die Gefühle gesprochen, die er in mir auslöste. Ich hätte ihm gesagt, wie traurig und schuldig ich mich fühlte, als ich sah, wie ärgerlich er war. Damit hätte ich ihm ein Beispiel gegeben, wie man eine affektive Erfahrung in ein Gefühl verwandelt. Dann hätte ich ihn gebeten, wenn möglich das gleiche zu tun.
Hätte ich aus meiner bisherigen Arbeit mit Mr. Albright den Schluß gezogen, daß er an irgendeiner psychoneurotischen Störung litt, dann hätte es keinen Grund gegeben, die Aufmerksamkeit auf den Affekt als solchen zu richten, es sei denn, um ihm das Auftauchen zu ermöglichen. Vielleicht hätte ich nichts gesagt und gewartet. Wenn der Patient weiter geschwiegen hätte, hätte ich die traditionellen psychoanalytischen Bemerkungen gemacht – wie »Ja«, »Hmmm?« oder »Sagen Sie einfach, was Ihnen durch den Kopf geht« –, die normalerweise ausreichen, um bei solchen Patienten Assoziationen auszulösen.
Aufgrund des bisherigen Therapieverlaufs war ich jedoch der Meinung, daß Mr. Albright zu den Menschen gehörte, die in entscheidenden Entwicklungsphasen einen Mangel an affektiver Einstimmung (affect attunement) erlitten hatten. Deshalb beschloß ich, weder zu schweigen noch den Affekt zu artikulieren, den ich zu erkennen glaubte. Mein Vorgehen war hingegen, ihn aktiv zu fragen. Dabei verhielt ich mich jedoch so, daß er, zumindest in dem Moment, die Scham überwinden konnte, daß er meiner bedurfte und sich dieses Bedürfnisses auch bewußt zu werden. Dieser Schritt wurde für ihn dadurch möglich, daß ich ganz offen und verständnisvoll, und ohne mich zu verteidigen, feststellte, daß ich durch mein Zuspätkommen seine Verstimmung bewirkt hatte. Daß ich guten Grund zu der Annahme hatte, mit meiner Interpretation auf der richtigen Spur zu sein, zeigte mir der Patient mit seinen Worte: «Warum bin ich da nicht draufgekommen?« und seinen Einfällen zu anderen Vorkommnissen, die ähnlich verstanden werden konnten (Freud 1937).
Ich habe nun die wissenschaftliche Grundlage für Psychotherapie dargestellt und gezeigt, wie man sie mittels einer Technik in die Praxis umsetzen kann, auf der Überprüfung und Handhabung der Übertragung gründet. Lassen Sie mich jetzt zur Kunst der Psychotherapie kommen – der eingehenden Anwendung der Theorie auf spezifische Fälle. In den Kapitel 7 bis 10 werde ich Fallbeispiele für die vier häufigsten Gruppen von Psychotherapiepatienten bringen: Patienten mit frühen Störungen der affektiven Bindung (Jim Zurf, Bob Granger, Tina Pearl); Patienten, die sich infolge der Blockierung ihrer gesunden affektiven Entwicklung ihrer Gefühle schämen und sich in Depression zurückziehen (Roger Flynn); Patienten, deren affektive Bedürfnisse hinter einem defensiven Leistungverhalten und scheinbar erfolgreicher sozialer Anpassung verborgen

sind (Esther Romberg); und schließlich die Patienten, die in der ödipalen Phase der psychosexuellen Entwicklung ein entscheidendes affektives Trauma mit nachfolgender Reifungshemmung erlebten (Otto Neubach, Irma Waller, Norma Newton).

Anmerkung

1 Kohut (1959) definierte Empathie gewöhnlich als *vicarious introspection* (stellvertretende Introspektion) und betrachtete sie als Methode, mit der Psychoanalytiker Daten sammeln. Er verwendete *Empathie* oder *mit dem Patienten empathisch sein* jedoch oft gleichbedeutend mit *therapeutisch sein*. Darunter verstand er, daß der Therapeut bei seinen Interpretationen dem eigenen Versagen als Selbstobjekt Aufmerksamkeit schenkt, da dieses Versagen den Patienten dazu bringt, mit Rückzug, Ärger, Niedergeschlagenheit oder anderen Anzeichen für Verletztheit zu reagieren. Kohuts Einführung dieser Neuerung in das therapeutische Werkzeug der Psychoanalyse (1971, 1977) war sowohl revolutionär als auch evolutionär. Er korrigierte damit die traditionelle psychoanalytische Annahme, wonach die Reaktion des Patienten auf die Worte, die Persönlichkeit oder das Verhalten des Analytikers immer eine reine und einfache Übertragungsmanifestation darstellt, die im Zusammenhang mit früheren Konflikten, in denen es um die Abfuhr von sexuellen und aggressiven Spannungen ging, interpretiert werden müssen. Jedoch ermöglicht es genau die Rolle, die der Therapeut im Erleben des Patienten spielt, die idealisierenden, Spiegel- und Alter-ego-Bedürfnisse des Patienten am deutlichsten zu verstehen. Leider kennzeichnete Kohut diese Beteiligung des Therapeuten nicht durch einen, den Tatbestand besser charakterisierenden Fachausdruck. Harry Stack Sullivan (1940) nannte den Therapeuten einen »teilnehmenden Beobachter« und meinte damit, daß dieser einen Anteil an der Reaktion des Patienten hat; George Atwood und Robert Stolorow (1984) diskutieren den Einfluß des Therapeuten auf die klinische Veränderung unter der Rubrik *Intersubjektivität*; und Howard Bacal (1983) subsumiert ihn unter *optimales Eingehen* (optimal responsiveness).

7. Störungen der affektiven Bindung und Rückzug aus der Bindung

Den Widerstand gegen die Behandlung überwinden: Jim Zurf

Herr Dr. Zurf und seine Frau kamen zu mir, um sich wegen ihres sechzehnjährigen Sohnes Jim beraten zu lassen; dieser hatte, ihrer Beschreibung nach zu urteilen, ernste Entwicklungsschwierigkeiten. Seine Noten in der High-School waren schlecht, für seine Lehrer stellte er ein Erziehungsproblem dar, und er schien keine Freunde zu haben. Zu Hause provozierte er ständig seine Eltern. In Wort und Tat zeigte er ihnen, wie er ihre Werte verachtete, insbesondere ihre Wunschvorstellungen, die ihn, ihr einziges Kind, betrafen. Ihrer Meinung nach hatte sich Jim, bis etwa zu seinem 13. Lebensjahr, recht normal entwickelt; zumindest hatte er ihnen keine nennenswerten Schwierigkeiten bereitet. Bis dahin war der offensichtlich sehr intelligente Junge immer gut in der Schule gewesen, ohne viel dafür tun zu müssen. Ich hatte den Eindruck, daß die Familie nicht viel Nähe zuließ. Auch hatten die Eltern alles getan, was nötig war und was von ihnen erwartet werden konnte. Sie boten ihrem Sohn eine gepflegte, vorstädtische Umgebung, wo er in den Genuß dessen kam, was sie für die beste Gesellschaft, die beste Erziehung und die besten Freizeitmöglichkeiten hielten. Sie schienen gewillt, den Rat der Schulleitung zu akzeptieren, Jim psychiatrisch untersuchen und, falls notwendig, behandeln zu lassen. Sie zeigten sich jedoch nicht besonders besorgt oder interessiert, sondern verhielten sich so, als sei eine psychiatrische Behandlung eine weitere Unterstützung, die sie ihrem Sohn angedeihen lassen würden, wenn dies von Autoritäten empfohlen wurde.

Erstinterview: Die wahren Gefühle des Patienten herauslocken

Therapeut: Nun, Jim, bisher habe ich von Ihnen nur durch Ihre Eltern gehört. Jetzt möchte ich gerne etwas von Ihnen selbst hören.

Jim: Was zum Beispiel?

Therapeut: Oh, was Sie über die Probleme denken, deretwegen Sie hier sind. Was Sie glauben, inwiefern ich Ihnen nützlich sein kann. Was es für ein Gefühl für Sie ist, hier zu sein. Solche Dinge.

Jim: Ich bin hier, weil man mich geschickt hat. Ich habe keine Probleme. *Sie* denken, ich habe Probleme.

Therapeut: Waren es Ihre Eltern, die entschieden haben, daß Sie hierherkommen?

Jim: So ist es.

Therapeut: Und Sie hatten nichts mitzureden?

Jim: Richtig.

Therapeut: Nun, das ist problematisch.

Jim: Wie meinen Sie das?

Therapeut: Als Ihre Eltern das erste Mal zu mir kamen und mir erzählten, wie unglücklich Sie zu sein schienen, und welche Schwierigkeiten Sie hätten, zu Hause und in der Schule klarzukommen, schlug ich Ihren Eltern vor, sie sollten die Situation mit Ihnen besprechen und Ihnen die Möglichkeit bieten, hierher zu kommen. Sie sollten dann selbst entscheiden, ob Sie hier einen Versuch machen wollen.

Jim: Wo ist da der Unterschied? Niemand geht gerne zu einem Klapsdoktor.

Therapeut: Oh, es ist durchaus möglich, gerne hierher zu kommen, aber ich spreche im Moment nicht von gerne und ungerne, sondern von der Entscheidung zu kommen oder nicht zu kommen.

Jim: Wo ist da der Unterschied?

Therapeut: Wenn jemand Probleme hat, sein Leben auf den richtigen Weg zu lenken, und die Hilfe, die Freunde, Eltern, Lehrer und andere geben können, nichts zu nützen scheint, dann ist die Entscheidung, zu einem Psychiater zu gehen, möglicherweise recht sinnvoll. Sie müssen darüber nicht glücklich sein, aber es muß Ihre Entscheidung sein. Psychotherapie beruht auf Zusammenarbeit, und es ist daher erforderlich, daß jeder von uns die Entscheidung trifft mitzumachen.

Jim: Ich bin nicht verrückt.

Therapeut: Genau. Es gibt zwei Arten von Menschen, die zum Psychiater kommen: solche, die entschieden haben, daß sie diese Art von Hilfe brauchen und wünschen, und solche, denen man nicht zutrauen kann, daß sie ihre eigenen Entscheidungen treffen, und die daher gegen ihren Willen zum Arzt gebracht werden müssen. Es sind letztere, die oft an dem leiden, was wir psychotische Krankheiten nennen, das, was der Mann von der Straße »verrückt« nennt. Ich arbeite nur mit dem ersten Typ von Menschen, mit dem Patienten, der sich entschieden hat, mal zu schauen, ob ich ihm eine Hilfe sein kann.

Jim: Völliger Quatsch! Kinder entscheiden nichts. Ich schätze, wir gehören zu den Verrückten.

Therapeut: Das stimmt nicht. Schon Babys treffen Entscheidungen, ebenso Kinder, und gewiß auch Teenager wie Sie. Natürlich, welcher Art die Entscheidungen sind, die geweils getroffen werden können, hängt von dem Entwicklungsstand und den Umständen des Betroffenen ab. In Ihrem Alter haben Sie aber sicherlich etwas mitzureden, wenn es um Ihren weiteren Lebensweg geht, um das, was Sie tun und nicht tun wollen.

Mir war fast sofort klar, daß Jim mit meinen Versuchen, ihn besser kennenzulernen, statt zu kooperieren es darauf anlegte, mich in meinen Bemühungen auflaufen zu lassen, indem er den Prozeß entweder abbrach oder ihn zu einer Kopie der Beziehung machte, die er mit seinen Eltern zu haben schien. Besonders in Situationen wie dieser liefert eine allgemeine Theorie darüber, wie und warum Therapie funktioniert, einen Orientierungsrahmen. Der Therapeut kann sein theoretisches Wissen verwenden, um die Sitzung zu fokussieren und das dahinterstehende Problem in Angriff zu nehmen, bevor er noch die spezifischen Faktoren der Psychodynamik des Patienten und deren Ursprung kennt.

Was mich überraschte, war, daß mich Jims Anti-Haltung nicht störte oder ärgerte. Seine Abwehr erinnerte mich ganz stark an einen kleinen Jungen, der seine Angst hinter gespieltem Draufgängertum verbarg. Mich überkam eine Welle der Sympathie für seine Not und, im übertragenen Sinne, das Bedürfnis ihm meine Arme entgegenzustrecken; ich wollte ihm versichern, daß ich auf seine Bedürfnisse eingehen wollte und konnte; daß ich erkannte, wie sehr er sich wünschte, jemandem nahe zu sein, der diese Sehnsucht verstehen konnte, und daß ich verstand, wie groß seine Angst war, daß jeder Versuch in dieser Richtung frustriert werden würde.

Gleichzeitig war mir klar, daß mein affektives Verstehen von Jims Lage, auch wenn ich damit richtig lag, auf Identifikation beruhte und nicht mit Empathie verwechselt werden sollte (SS. 141-46; siehe auch Basch 1983a). Jims Verhalten und Einstellung erinnerten mich an Erfahrungen aus meiner eigenen Vergangenheit, doch sind solche Reaktionen, wenngleich ich gelernt hatte, sie nicht beiseite zu schieben, keine nützlichen Wegweiser für therapeutische Interventionen. Mit anderen Worten: Was ich mir vielleicht gewünscht hatte oder geglaubt hatte zu brauchen, als ich mich als Jugendlicher wie Jim verhielt, stimmte nicht notwendigerweise mit dem überein, was er brauchte oder gebrauchen konnte. Nachdem ich eine Weile mit dem Dezentrieren fortgefahren war, beschloß ich, meine Reaktion auf Jim vorläufig als Hinweis darauf zu akzeptieren, was möglicherweise auf einer tieferen Ebene in ihm ablief. Dabei berücksichtigte ich, daß die unmittelbar von ihm ausgehende Botschaft dergestalt war, daß er nicht bereit war, mich als hilfreiche Person zu sehen und entsprechend zu handeln. Er brauchte den Abstand zwischen uns, und er mußte gute Gründe dafür haben.

Ich war jetzt so weit, eine Arbeitshypothese zu formulieren, die mich bei meiner Annäherung an Jim leiten würde, zumindest in dieser ersten Sitzung. Ich fragte mich: »Warum zeigt jemand ein solches Oppositionsverhalten, mit dem er sich wahrscheinlich den Menschen, auf den es gerichtet ist, zum Feind macht?« Und ich antwortete mir: »Aus dem gleichen Grund, aus dem jeder Mensch handelt: um Kompetenz zu erreichen oder die eigene Selbstachtung zu steigern oder zu schützen.« Daraus ergab sich die Frage: »Warum muß Jim in dem Bemühen sich zu beweisen, ein Verhaltensmuster herstellen, das, wenn es wirkt, dazu führt, daß er nicht gemocht und zurückgewiesen wird?« »Weil er keine Wahl hat«, schien mir die einzig vernünftige Antwort zu sein.

Ich nahm es für den Moment als bare Münze, was ich über Jims Scheitern in der Schule gehört hatte, über seinen Mangel an Freunden und die Schwierigkeiten, die er mit seinen Eltern hatte. Ich kombinierte diese Information mit seinem Bedürfnis, sich von mir durch unfreundliche Antworten auf meine Annäherungsversuche zurückzuziehen, und kam zu dem vorläufigen Schluß, daß seine Fähigkeit, affektiver Kommunikation zu vertrauen, in einem frühen Stadium seiner Entwicklung beträchtlich beschädigt worden war – zu einer Zeit, als Rückzug die einzig verfügbare Abwehr gegen das Erleben von Schmerz war. Sein grantiges Verhalten, das dazu führte, daß er nun gemieden wird und isoliert ist, diente dazu, Erregungen abzuschirmen. Auf seine ganz eigene Art und Weise war er daher kompetent. Das Problem war, daß eine solch globale, primitive Abwehr sehr wahrscheinlich nicht zu hoher Selbstachtung, zu fortgesetzter Entwicklung seines Charakters oder zur Verwirklichung seines Potentials als Mensch führen konnte. Es wäre jedoch sinnlos, zumindest in diesem frühen Stadium der Behandlung, ihn mit der Tatsache zu konfrontieren, daß er selbst seine Katastrophen heraufbeschwor, denn das *seinem* Erwartungsmuster entsprechende Ziel erreichte er ja auf diese Weise.

Um therapeutischen Einfluß zu gewinnen, schuf ich eine Situation, in der er sich nicht darauf verlassen konnte, daß ich ihm sagen würde, was er tun sollte, so daß er sich dann widersetzen konnte. Statt seine implizite Einladung zu einem Machtkampf zu akzeptieren – den ich sicher verlieren würde –, lenkte ich seine Aufmerksamkeit auf etwas anderes. Ich bestand darauf, daß ich weit davon entfernt war, bei ihm meine Autorität einzusetzen, sondern daß ich vielmehr sein Recht und seine Verpflichtung anerkannte zu entscheiden, was er für sich selbst wollte und warum. Damit verhinderte ich, daß er sich der Täuschung hingab, er hätte entschieden, was er tun – oder richtiger gesagt, nicht tun – sollte, während er in Wirklichkeit gar keine Entscheidung getroffen hatte. Auf diese Weise war es mir möglich, die Wirksamkeit seines Manövers kurzzuschließen: Ich gab ihm sozusagen nicht das Feedback, durch das er sein unausgesprochenes Ziel erreichen konnte, welches, zumindest so wie ich es sah, etwa so lautete: »Jetzt hab' ich dich verärgert und aus der Fassung gebracht, nicht wahr!? Wer ist jetzt hilflos und schwach und fühlt sich mies?« Im gleichen Augenblick jedoch, in dem ich seine gewohnte Art und Weise zu funktionieren frustrierte, betrat ich die Entwicklungsspirale: Ich erkannte sein Recht und seine Verpflichtung an, Entscheidungen über seine Zukunft zu treffen. Ich bestand nicht darauf, daß ich es am besten wußte; und ich war tatsächlich darauf vorbereitet, unsere erste Sitzung die letzte sein zu lassen, wenn dies seine Entscheidung war. Auf lange Sicht wäre eine Beendigung einem Weitermachen, das er als Zwang empfand, vorzuziehen. Ich nahm jedoch nicht an, daß er diesen Weg einschlagen würde, denn ich glaubte, daß er noch auf ein Leben hoffte, das anders aussah als das, was er führte. Erstens, er hatte seine Verabredung mit mir eingehalten; zweitens – und das halte ich für sehr bedeutsam – gab es die Reaktion, die er in mir hervorrufen konnte. Sein feindseliges Benehmen stimmte mich gar nicht feindselig, sondern rief in mir das Bedürfnis hervor, ihn in die Arme zu nehmen: Ich hatte das Gefühl, daß in diesem grantigen jungen Mann ein kleiner Junge lebendig war, daß man sich diesem Kind jedoch auf Umwegen nähern mußte.

Ich reagierte auf Jims provokative Art nicht und erfüllte somit seine negativen Erwartungen nicht, sondern behandelte ihn statt dessen höflich und ging mit ihm so um, als ob er es nicht darauf anlegte, mich zu ärgern, sondern als ob er wirklich nach Erklärungen suchte (und ich spürte, daß dies wahrscheinlich auf einer tieferen Ebene stimmte). So versuchte ich, bei ihm das Bedürfnis zu wecken, die Signale, die ich sendete, zu ordnen oder zu organisieren. Dieses Vorgehen zeigte einigen Erfolg.

Jim: Es ist mein Leben, und ich kann damit machen, was ich will. Sie tun so, als sei ich das Problem, aber sie haben schon aufeinander eingehackt, bevor ich auf der Welt war.

Therapeut: Hmmm?

Jim: Sie schütten sich ein paar Drinks rein, und ich höre sie schreien: »Ich hätte mich nie von dir zur Ehe überreden lassen sollen. Ich hätte mich vor Jahren von dir scheiden lassen sollen.« Und er: »Glaubst du, du wärst mit dem Rumtreiber, mit dem ich dich erwischt habe, besser dran? Zumindest bringe ich Geld nach Hause.« Wenigstens für diese Geschichte können sie mich nicht verantwortlich machen, denn zu der Zeit gab es mich noch nicht.

Therapeut: Das klingt übel. Ich höre in Ihrer Stimme echten Schmerz, wenn Sie mir erzählen, was Sie anhören mußten.

Jim: Ach was, es kümmert mich einen Dreck.

Therapeut: Wenn Ihre Eltern Sie anschreien, können sie sich nicht gegenseitig anschreien. Vielleicht ist es so: Wenn Sie Ihren Eltern Schwierigkeiten machen, und diese Sie dann anmeckern können, haben sie keine Zeit mehr, miteinander zu streiten.

Jim: Ziemliche Scheiße!

Therapeut: Ich stimme Ihnen zu, aber was kann man da machen?

Jim: Wie soll sich damit, daß ich hierherkomme, irgend etwas ändern?

Therapeut: Das ist schwer zu sagen. Wir stellen jedoch oft fest, daß, sobald sich ein Familienmitglied, das in einen Streit verwickelt ist, entscheidend verändert, das ganze System eine neue Balance finden muß. Gewöhnlich verändert es sich zum Besseren. Es ist natürlich möglich, daß Ihre Eltern Sie als Blitzableiter benötigen für das Unglück in ihrem Leben, was auch immer es ist, und daß sie, ohne es zu wollen, Sie effektiv daran hindern, für Ihre Schwierigkeiten eine Lösung zu finden. Auf der anderen Seite, als ich mit ihnen sprach, schienen sie Ihnen helfen zu wollen. Sie sind möglicherweise gewillt, Sie wachsen zu lassen und uns eine Chance zu geben, das zusammen zu tun, was Ihre Eltern und Sie nicht ohne Hilfe schaffen würden.

Jim: Was wollen Sie, daß ich tue?

Therapeut: Sie haben entschieden, einen Versuch zu machen?

Jim: Ich glaube schon...

Therapeut: Gut. Ich auch.

Ich glaubte, mit Jim auf der richtigen Spur zu sein; nicht einfach deshalb, weil er die Entscheidung getroffen hatte, die Arbeit mit mir fortzusetzen, sondern weil er spontan über etwas zu sprechen begonnen hatte, was ein zentrales Problem von ihm zu sein schien – die Unzufriedenheit seiner Eltern miteinander. Dies versetzte mich in die Lage, ihn in die affektive Dimension seiner Schwierigkeiten einzuführen. Bei vielen meiner männlichen Patienten, die in einem frühen Entwicklungsstadium Schwierigkeiten mit affektiver Kommunikation hatten, war mir aufgefallen, daß sie um so mehr fluchten und/oder eine vulgäre Sprache verwendeten, je näher sie den Themen kamen, die sie beunruhigten. Meistens ist es nicht mangelndes Vokabular, das die Patienten zu solchen Ausdrücken zwingt, sondern der Mangel an Erfahrung, mit einem starken Affekt direkt umzugehen. Es scheint die einzige Möglichkeit für sie zu sein, einem Gefühl, das eigentlich nach feineren Nuancen verlangt, stimmlich Ausdruck zu verleihen. Ich verstehe es als Ruf nach Hilfe bei der Kommunikation, dem ich zu entsprechen versuche, indem ich so gut ich kann dem Sprache verleihe, was ein Patient meinem Empfinden nach zu sagen versucht. Wenn die Patienten fähiger werden, mit ihren früheren Erfahrungen umzugehen und eine passendere Sprache zu benutzen, nehme ich es als ein Zeichen für ihre affektive Reifung.

Lassen Sie mich hier etwas zu der Sprache sagen, die der Therapeut in der therapeutischen Beziehung verwendet. Ich werde nicht selten gefragt, ob nicht meine Betonung der affektiven Reifung und der frühen Entwicklungsstadien Patienten infantilisiert und eine ungesunde Abhängigkeit fördert. Wie aus dem Gesprächsausschnitt ersichtlich ist, sprach ich mit Jim Zurf wie mit einem Erwachsenen; und so spreche ich eigentlich auch mit Kindern. *Was* ich sage – und *wieviel* – hängt von dem Bedürfnis des Patienten und dem Stadium der Behandlung ab; *wie* ich etwas sage, hängt nicht davon ab. Wenn ich mit Patienten über das Kind in ihnen spreche, tue ich niemals so, als seien sie wirklich Kinder oder Babys. Indem ich auf Jims einsilbige Kommentare mit langen Erklärungen antwortete, sprach ich die Person an, die er sein könnte, und nicht die Person, als die er sich aufgrund seiner Probleme darstellte. Ich glaube, daß diese Herangehensweise, weit davon entfernt, Patienten zu infantilisieren, entwicklungsfördernd ist. Sie erlaubt einem Patienten zu regredieren, wenn es im Laufe der Behandlung notwendig ist, während der Patient auf einer anderen Ebene gleichzeitig weiß, daß ich seine Pathologie nicht mit seiner Gesamtpersönlichkeit verwechsle (siehe auch Kohut 1987, S. 39; Gedo 1979).

Selbstbehindernder Rückzug

Nachdem Jim sich darauf eingelassen hatte, mit mir zu arbeiten, kam er regelmäßig einmal die Woche zu mir. Wie ich erwartete, versuchte er, mit mir die gleiche Situation herzustellen wie bei sich zu Hause und in der Schule: nämlich herauszufinden, was Erwachsene von ihm wollten, so daß er dann diese Bestrebungen frustrieren konnte. Eine Sitzung ganz am Anfang seiner Behandlung lief so ab:

Jim:	Ich habe nichts –
Therapeut:	Es ist nichts passiert, worüber es sich zu sprechen lohnte?
Jim:	Ich weiß nicht, was Sie wollen.
Therapeut:	Was ich will? Ich will nur ein bißchen Spaß haben.
Jim:	Huh?
Therapeut:	Einigen Menschen macht es einen Riesenspaß, Kreuzworträtsel zu lösen oder ein Puzzle zusammenzusetzen. Mir gefällt es, Menschen dabei zu helfen, ihr Leben anzuschauen, so als wäre es ein Rätsel oder ein Puzzle, und herauszufinden, was sie wirklich wollen und warum sie es nicht bekommen. Wenn dieser Teil gelöst ist, können sie ihre Zukunft planen.
Jim:	Ich weiß, was ich will.
Therapeut:	Hmm?
Jim:	Ich will einfach in Ruhe gelassen werden.
Therapeut:	In Ruhe gelassen werden, um was zu tun?

Jim: Woher soll ich das wissen?

Therapeut: Ich denke, solange Sie die Antwort auf diese Frage nicht kennen, ist »in Ruhe gelassen werden« vielleicht nicht das, was Sie wirklich wollen. Ich meine, wenn mir jemand sagt, er will alleine gelassen werden, um einen Film im Fernsehen zu sehen, etwas zu basteln oder einfach die Natur zu genießen, könnte das einen Sinn ergeben; aber wenn Sie mir sagen, daß Sie einfach alleine gelassen werden wollen, aber nicht wissen, warum, dann denke ich, daß es um was anderes geht.

Jim: Was anderes?

Therapeut: Oh, etwa, daß Sie in Wirklichkeit allein gelassen werden wollen, nicht weil Sie alleine gelassen werden wollen, sondern weil Sie bisher nicht allzu viel davon hatten, wenn Sie nicht alleine waren. Daß das Zusammensein mit Menschen für Sie nicht funktioniert. Daß Ihr Ziel nicht so sehr darin besteht, etwas zu bekommen, sondern vielmehr darin, etwas zu vermeiden – die Frustration und den Schmerz zu vermeiden, sich *un*verstanden zu fühlen zum Beispiel.

Jim: Ja, das schmerzt im Arsch.

Therapeut: Was?

Jim: Ach wissen Sie…

Therapeut: Denken Sie jetzt an eine bestimmte Situation?

Jim: Ja, ich glaube. Diese blöde Mieze von Lehrerin, sie sagt, ich soll bei einer großen Diskussion über Atombomben und so Zeug mitmachen, Partei ergreifen, wissen Sie, und ich soll die Seite vertreten, die sagt, daß sie okay sind. Was bringt das, verdammt noch mal? Was wir sagen, ist sowieso egal. Wenn sie sie fallen lassen, lassen sie sie fallen; wir haben da nichts mitzureden. Vielleicht wäre es eine gute Sache. Damit das Ganze ein Ende hat.

Therapeut: Mit anderen Worten, Sie würden bei der Debatte die Frage in den Mittelpunkt stellen, ob die Menschheit es wert ist, gerettet zu werden oder nicht, und Sie würden die Frage negativ beantworten.

Jim: Ja, aber worauf wollen Sie hinaus?

Therapeut: Alles, was man tut, hat ein Ziel. Wenn es das Ziel Ihrer Debatte wäre zu entscheiden, ob in naher Zukunft Atombomben verwendet werden sollen oder nicht, hätten Sie ganz recht, wenn Sie sagen, daß es ganz gleich ist, zu welchem Schluß die Klasse käme, denn es würde aller

Wahrscheinlichkeit nach keinen Einfluß auf die Handlungsweise einzelner Länder haben. Ich glaube jedoch nicht, daß die Lehrerin dies bezweckte, als sie die Aufgabe stellte. Was sie wahrscheinlich fördern will, ist Ihre Fähigkeit, schlüssige Argumente zu entwickeln und sie auf überzeugende Art und Weise darzustellen. Die Auseinandersetzung über Pro und Kontra von Atomwaffen ist einfach ein Thema, das sie als geeignet für eine gute Diskussion hielt.

Jim: (*Geringschätzig*) Ja, das weiß ich.

Therapeut: Natürlich tun Sie das. Aber als Sie anfingen, über diese Aufgabe zu reden, stellten Sie es so dar, als sei die Lehrerin wirklich eine Idiotin; daß sie erwartete, daß Sie eine Diskussion über Weltaffären ernst nehmen, auf die Sie, wie Sie wissen, keinen Einfluß haben. Wenn man die Sache so betrachtet, macht es keinen Sinn, sich mit der Debatte zu befassen, und ich wäre dumm, wenn ich versuchte, Sie zu überreden, dies zu tun. Aber wie steht es damit zu lernen, stichhaltig zu argumentieren und sich effektiver auszudrücken? Beherrschen Sie das?

Jim: Sie meinen, ich sollte tun, was sie sagt – in die Bibliothek gehen und so Zeug?

Therapeut: Ich kann solche Entscheidungen nicht für Sie treffen. Was ich versuche, ist, Ihnen zu helfen, klar zu sehen, worum es geht, welche Möglichkeiten zu handeln Ihnen – vernünftig betrachtet – offenstehen, und sie mit Ihnen durchzudenken. Wenn Sie einmal die Bedeutung einer bestimmten Tätigkeit verstanden haben, worum es sich wirklich handelt und wie es sich möglicherweise auf Sie auswirkt, würde ich erwarten, daß ein Mensch Ihres Alters ganz gut entscheiden kann, ob er loslegen und dieses bestimmte Ziel verfolgen will.

Jim: Nun, ich habe überhaupt keine Ziele, wie Sie sagen. Genau darüber schimpft mein Vater immer: »Keine Richtung!« Ich kann einfach keine erkennen. Er will, daß ich wie er bin: »Ergreife einen Beruf, und mach etwas aus dir.« Nein danke. Wenn ich sehe, was aus ihm geworden ist…Es hat keinen Sinn, sich für so etwas kaputtzumachen.

Therapeut: Was finden Sie so sinnlos dabei?

Jim: Dieses ganze Scheißgeld macht ihn mit Mom nicht glücklicher. Sie hat drei Pelzmäntel, aber sie ist auch nicht glücklich.

Therapeut: Fällt Ihnen auf, daß Sie immer wieder auf die Beziehung Ihrer Eltern zurückkommen, sobald Sie klarmachen wollen, daß es sinnlos ist, sich etwas vom Leben zu erhoffen und für die Zukunft zu planen?

Jim: Ich weiß nicht. Sie tun nichts anderes als sich anzuschreien – außer natürlich, wenn ihre Freunde dabei sind. Dann geht es echt höflich und nett zu. Verlogene Scheiße!

Therapeut: Dann können Sie also nett und höflich sein, jedoch nur, wenn sie nicht alleine sind?

Jim: Ja, hab' ich doch gesagt. Also?

Therapeut: Mir scheint, Sie wissen, was Sie nicht wollen, haben aber noch keine rechte Vorstellung davon, was sich lohnen könnte, wofür Sie sich einsetzen könnten.

Jim: Sind Sie glücklich?

Therapeut: Ich weiß die meiste Zeit, warum ich tue, was ich tue. Das wirkt zumindest stark vorbeugend gegen das Unglücklichsein.

Jim: Nun, meine Eltern sind nicht glücklich.

Therapeut: Es hört sich sicher nicht so an, als seien sie es.

Jim: Ja, also, das zeigt, daß Sie falsch liegen.

Therapeut: Wie das?

Jim: Sie wissen, warum sie sich die ganze Zeit anschreien. Sie können sich auf den Tod nicht ausstehen, darum! Aber das zu wissen macht sie nicht weniger unglücklich.

Dies war das erste Mal, daß Jim Neugierde bezüglich meiner Person zeigte. Er schritt dazu, mich als Modell zu benutzen, als Gegenteil des elterlichen Vorbildes für Gefühle und Verhaltensweisen. Ohne es zu äußern nahm ich zur Kenntnis, daß eine leichte Bewegung in Richtung auf etwas stattfand, was eines Tages eine idealisierende Übertragung werden könnte.

Therapeut: Ich bezweifle stark, ob Ihre Eltern wissen, warum sie sich die ganze Zeit an die Gurgel gehen. Wenn sie es wüßten, hätten sie schon lange etwas dagegen unternommen.

Immer wenn Leute wiederholt dasselbe machen, obwohl es zu nichts führt, kann man darauf wetten, daß sie nicht wissen, woher ihre Gefühle wirklich kommen oder was der Sinn ihres Verhaltens ist. Ich würde wetten, daß das Unglücklichsein Ihrer Eltern eine Menge damit zu tun hat.

Jim: Ist das Ihr Job? Solche Sachen herausfinden?

Therapeut: Die ganze Zeit.

Jim: Dann sollten sie hier sein, nicht ich.

Therapeut: Was fühlen Sie jetzt im Moment, Jim?
Jim: Huh?
Therapeut: Nehmen Sie Gefühle oder Emotionen wahr, wenn Sie mit mir über die Behandlungsbedürftigkeit Ihrer Eltern reden?
Jim: Ich weiß nicht.
Therapeut: Ihr Gesicht verdüsterte sich irgendwie und Sie sahen wirklich traurig aus.
Jim: Kann sein.
Therapeut: Ich denke, die Situation Ihrer Eltern tut Ihnen sehr weh.
Jim: Mittlerweile ist es mir scheißegal. Vielleicht, als ich ein kleiner Junge war…Jetzt bin ich es gewöhnt…Die halbe Zeit höre ich sie nicht einmal. Es ist mir echt schnurz.
Therapeut: An einige Dinge gewöhnt man sich nie. Vielleicht sind Sie sich dessen oder Ihrer Gefühle nicht bewußt, aber Ihr Gesichtsausdruck sagt mir, daß es immer noch sehr weh tut, und es ist ja auch verständlich.

Bei dem Versuch, Jim bei der Artikulation seiner Gefühle zu helfen, ergriff ich wieder die Gelegenheit, die Aufmerksamkeit von seiner Beschreibung von Verhalten und Ereignissen zur affektiven Reaktion auf die Situation hin zu verlagern.

Die nächste Sitzung versäumte Jim. Als ich ihn am Abend anrief, erzählte er mir, daß er in der Schule nachsitzen mußte, weil er den Unterricht gestört hatte. Seine Stimme vermittelte ein wenig Trotz und auch Triumph. Er sagte, er würde zu seiner nächsten Stunde in der kommenden Woche kommen. Da es bei mir zeitlich ging, schlug ich vor, er solle am nächsten Tag nach der Schule vorbeikommen. Er erhob keinen Einwand und akzeptierte mein Angebot.

Als er da war und ich ihn nach Einzelheiten des Vorfalls vom Tag zuvor fragte, gab er damit an, daß es ihm gelungen war, das »Arschloch von Lehrer« so aufzuregen, daß der Mann ärgerlich wurde und ihm das Nachsitzen verordnete. Bei näherer Betrachtung stellte sich heraus, daß dieser Lehrer Jims Fähigkeiten gesehen und sich besonders für ihn interessiert hatte.

Ich gab Jim die Deutung, daß er sich vielleicht deshalb daneben benommen habe, um Schwierigkeiten zu bekommen, und daß dies eine Selbstschutzreaktion auf das Unbehagen wäre, das in seiner letzten Sitzung in ihm entstanden war, als wir seine wahren Gefühle hinsichtlich seiner Familiensituation zu erforschen begannen. Ich sagte ihm weiter, daß er möglicherweise sein Unbehagen in Ärger verwandelte, weil er sich damit wohler fühlte und damit leichter umgehen konnte. Des weiteren hätte er damit auch eine Situation geschaffen, die ihn daran hinderte, zu mir zu kommen und möglicherweise noch einmal diese Gefühle anschauen zu müssen, nachdem er doch sein bestes getan hatte, sie zu begraben und ihr Wiedererleben zu vermeiden. Ich teilte Jim meine Vermutung mit, daß bei seinen Eltern etwas ähnliches ablief; daß eine Verwirrung über ihre Gefühle zu ständigem Streit führte, der zu keiner Lösung führen konnte, weil sie niemals die dahinterliegenden Gründe für ihre Verzweiflung angingen. Es sehe für mich so aus, als hätte er gelernt, auf ähnliche Art und Weise mit Unglücklichsein umzugehen; sein oppositionelles Verhalten führte nur zu Folgeproblemen und nicht zu persönlichen Lösungen, da es die Fragen nicht anging, die ihn wirklich beunruhigten: nämlich, was es bedeutet, in chronischer Spannung, in einer aufreibenden Atmosphäre zu leben. Das hätte möglicherweise bei ihm zur Überzeugung geführt, daß er von seinen Eltern nur dann einen Schimmer von Aufmerksamkeit erhalten könnte, wenn er Probleme schuf, die das eine, um das sie sich wirklich sorgen zu schienen, unterminierten – das Aufrechterhalten der Fassade einer sozial korrekten, konformen, nach oben strebenden Familie.

An diesem Punkt, nach etwa vier Monaten Behandlung, trat das Ausmaß seiner Pathologie stark und deutlich hervor, wobei ich jedoch noch immer das Gefühl hatte, daß Jim geholfen werden konnte und er von unserer Arbeit profitierte. Paradoxerweise, jedoch verständlich, stellten meine Fähigkeit und Bereitschaft, mit ihm auf eine zärtliche und verständnisvolle Art und Weise umzugehen, für ihn eine Bedrohung dar, die er neutralisieren mußte. Ich vermutete, daß sein Verhalten den Glauben ausdrückte, ihm würde der Schmerz seiner Sehnsucht nach der Liebe und Zuwendung, die er zu fürchten schien, erspart bleiben, wenn er mich beleidigen oder entmutigen könnte. Also fuhr ich fort, wann immer es möglich war, das zu fokussieren, was ich für seine wahren Gefühle hielt, und versuchte, ihm zu zeigen, daß ich gut damit umgehen konnte, wenn er seine affektiven Bedürfnisse ausdrückte.

Rückzug war tatsächlich Jims Hauptabwehr gegen Angst, aber ein sogar noch ernsteres Problem bestand darin, daß der Rückzug nicht effektiv war. Offensichtlich hatte diese Abwehr auch nicht einen einzigen Teilaspekt seines Lebens zu schützen vermocht; in keinem Bereich hatte er die Freiheit, kompetent zu handeln und zu ein wenig Selbstachtung zu kommen. Er schien keine affektive Spannungskontrolle zu besitzen; alles, was er tun konnte war flüchten, wenn solche Gefühle hochkamen.

Lassen Sie mich als Kontrast kurz einen Fall besprechen, der Jims Fall oberflächlich ähnelt, bei dem es aber gelang, den Rückzug als Schutzmechanismus erfolgreich einzusetzen.

Anpassungsfördernder Rückzug: Bob Granger

Einmal kamen die Eltern eines jungen Mannes zu mir in Beratung: Ihr Sohn hatte sich geweigert, mit ihnen in Kontakt zu bleiben und war zwei Jahre lang nicht nach Hause gekommen, als er auf dem College in einer anderen Stadt studierte. Er war nun während der Sommerferien nur deshalb nach Hause gekommen, weil die Eltern gedroht hatten, seine Rechnungen nicht mehr zu bezahlen, wenn er nicht heimkäme und sich einverstanden erklärte, eine psychiatrische Beurteilung machen zu lassen. Sie malten ihren Sohn in den schwärzesten Farben: wie Jim Zurf war Bob in der Schule und zu Hause nichts anderes als ein Ärgernis gewesen; er hatte sich von der Familie isoliert und hatte wenige oder keine Freunde. Das College, das er sich ausgesucht hatte, hielten sie für das einzige, das überhaupt gewillt war, ihn aufzunehmen. Es war ein kleines, relativ unbekanntes, am Ende der Welt gelegenes Institut, das solchen Studenten eine Chance gab, deren akademische Laufbahn nicht erfolgreich war, aber die ein Talent für die graphischen Künste zeigten. Seine Eltern hatten widerstrebend zugestimmt, ihn für ein Jahr dorthin zu schicken, und dann noch ein Jahr, obwohl er ihnen nichts darüber mitteilte, wie es ihm ging oder welchen Beruf er ergreifen wollte. Nachdem sie von ihrem Hausarzt und einem befreundeten Psychologen gewarnt worden waren, daß der offensichtliche Rückzug ihres Sohnes Bob auf einen psychotischen Prozeß hinweisen könnte, bestanden sie darauf, daß er einen Psychiater aufsuchte.

Als ich, wie üblich im dreiteiligen Anzug, die Wartezimmertür öffnete, um Bob Granger zu holen, bekam ich einen richtigen Schrecken. Er war ein dürrer, wenig einnehmender Kerl. Seine langen, hinten mit einem Band zusammengehaltenen Haare, sahen alles andere als sauber aus. Die Andeutung eines Schnurrbärtchens auf seiner Oberlippe nahm sich in seinem pickeligen Gesicht lächerlich aus. Das zerlumpte T-Shirt und die fleckigen, abgeschnittenen Bluejeans, die junge Männer dieses Jahr trugen, um ihre athletischen Körper zu zeigen, betonten bei ihm nur das Fehlen desselben. Alles in allem sah er bizarr aus, und zusammen mit seinen intensiv starrenden, leicht hervortretenden Augen, verleitete mich seine Erscheinung zu der Annahme, daß sein Äußeres eine chaotische innere Welt widerspiegelte. Meine Befürchtungen wurden schnell zerstreut. Bob und ich vertraten zwar unterschiedliche Lebensstile, aber ich lernte bald, daß er auf seine Art, genauso wie ich auf die meine, seine Nische im Leben gefunden hatte. Dort, innerhalb seiner ganz speziellen Lebensumstände, funktionierte er zufriedenstellend und kam dabei seinen persönlichen Zielen näher.

Wie Jim war Bob am Anfang verständlicherweise mißtrauisch, da er mich als Anwalt seiner Eltern ansah. Ich ging mit dieser Haltung so um, daß ich geradeheraus über das vorangegangene Interview mit ihnen sprach, ihm aber versicherte, daß ich ohne seine Erlaubnis keinen weiteren Kontakt mit seinen Eltern haben würde. Wie Jim erklärte Bob, daß er nur auf Drängen seiner Eltern zu mir gekommen war; sie hatten seine künftige Unterstützung von dem Ergebnis dieses Besuchs abhängig gemacht. Er selbst habe keine Probleme und brauche keine psychiatrische Hilfe. Ich sagte etwas wie: »Im Grunde sagen Sie mir, daß Sie mit sich und Ihren Lebenszielen zufrieden sind.« »Ja.« »Fein, dann würde ich gerne etwas darüber hören. Was tun Sie jetzt? Wie geht es Ihnen dabei? Und wo sehen Sie sich in fünf Jahren? In zehn Jahren?«

Ganz anders als Jim schien Bob jetzt überzeugt, daß ich wirklich etwas von ihm hören wollte, und er war in der Lage, mir ohne Ärger oder Feindseligkeit eine ganze Menge über sich selbst zu erzählen. Er sagte, daß er auf dem College erfolgreich war und sich gut mit einer Gruppe ähnlich denkender Kommilitonen verstand. Er hatte Freunde und Freundinnen und stand gut mit seinen Lehrern, obwohl er sein Studium im großen und ganzen frei und unabhängig von seinen Lehrern gestaltete und erst am Ende einige Abschlußexamen machen mußte. Er war offensichtlich so begabt, daß ihm erlaubt worden war, seinen Interessen so nachzugehen, wie er es sich vorstellte. Als Hauptgrund dafür, daß er in der Sommerpause zwischen dem ersten und zweiten Studienjahr nicht nach Hause gekommen war, gab er an, daß eine Werbefirma auf ihn zugekommen war, die für seine Fähigkeiten Verwendung hatte. Dort konnte er im Sommer ganztags und während des Schuljahres halbtags arbeiten. Auf diese Weise bestritt er alle seine Ausgaben außer den Kosten für den Unterricht; dies war eine Tatsache, die seine Eltern mir gegenüber nicht erwähnt hatten. Bob war sauer, daß er in diesen Ferien nach Hause kommen mußte und so die Gelegenheit verpaßte, eine Arbeit zu tun, die ihn interessierte und ihm außerdem gutes Geld brachte.

Um auf die Phasen der Psychotherapie zurückzukommen (SS. 28-33): Bei diesem Erstgespräch mit Bob war das Erstaunen der Orientierung vorausgegangen. Jeder Therapeut begegnet Patienten, deren Erscheinung, Ansichten, Lebensstil und Background ihm so fremd sind, daß er für die Person nur wenig Neugierde und Interesse aufbringen kann. Statt dessen weckt eine Art »Fremdenangst« in ihm das Bedürfnis, sich gegen diese Störung zu verteidigen. Wie kann der Therapeut unter diesen Umständen zu empathischem Verstehen kommen, den notwendigen Abstand von der eigenen Reaktion auf den Patienten gewinnen, ohne sich von diesem zurückzuziehen? Wie im Fall von Bob kann man die Orientierung wiederaufnehmen und schließlich eine Zusammenarbeit zustande bringen, wenn man an das Kompetenzbedürfnis des Patienten denkt. Das Maß dafür ist sein Niveau der Selbstachtung, seine Entscheidungfähigkeit und das Ausmaß, in dem er mit seinem Verhalten die Elemente der Entwicklungsspirale stärkt. Wenn man die Selbstachtung des Patienten als Richtschnur nimmt, kann man es weitgehend verhindern, die eigenen Werte, moralischen Maßstäbe oder andere Vorlieben einzubringen. Auch die egozentrische Haltung, daß man das für psychologisch gesund, normal oder optimal hält, dem stark ähnelt, was einem selbst stark ähnelt, läßt sich dadurch vermeiden. Deshalb war ich, als ich Bob solche Fragen stellte wie: »Wo stehen Sie jetzt, und wo sehen Sie sich selbst in einigen Jahren?« nicht nur daran interessiert, Daten über seine Entwicklung und seine Zukunftsziele zu sammeln. Ich wollte ihm auch die Gelegenheit geben, mir zu vermitteln, wie er sich selbst sah im Unterschied zu dem, wie ich ihn möglicherweise aufgrund meiner eigenen Erfahrungen und meines Backgrounds beurteilen würde. Bobs Antwort stellte mich zufrieden, da er positiv über sich selbst dachte und auch allen Grund dazu hatte. Er hatte Menschen, die ihm wichtig waren und eine Arbeit, die ihn interessierte, und – damit verbunden – Pläne zu Zielen, die er verwirklichen wollte. Nur bezüglich der Beziehung zu seinen Eltern bestand für mich Unklarheit. Auf die entsprechende Frage hin wurde Bob, kurz zuvor noch offen und mitteilsam, plötzlich ausweichend und unverbindlich. Er sprach in Allgemeinplätzen – »Wir kommen einfach nicht miteinander aus« – und ich konnte ihn nicht dazu bewegen, genaue Beispiele zu nennen. Außerdem wurde er mir gegenüber mißtrauisch und fragte sich, was ich noch in petto hätte.

In der Psychotherapie kommt eine solche Sperre in Teilbereichen wie im Fall von Bob häufiger vor als die globale Hemmung, an der Jim litt. Bob war in der Lage, mich zu »hören«. Er war in der Lage, (1) das Erwartungsmuster, das aufgrund seiner wie auch immer gearteten Vorurteile mir gegenüber entstanden war – seine Vorurteile basierten darauf, daß er mich mit den Forderungen seiner Eltern und den Vorstellungen, die das Wort *Psychiater* in ihm heraufbeschwor, in Verbindung brachte –, mit (2) der tatsächlichen Person und ihrem Verhalten zu vergleichen; doch er konnte sehen, daß die zwei Begriffe *Anwalt meiner Eltern* und *Dr. Basch* nicht übereinstimmten. Er konnte diese dann mittels der ihm zur Verfügung stehenden Verhaltensskripte voneinander trennen und einen produktiven Kontakt zu mir aufnehmen. Aber als seine Eltern ins Gespräch kamen, mobilisierte er ganz automatisch ein Vermeidungsverhalten, welches anzeigte, daß es Ärger geben würde. Er konnte über dieses Thema nicht nachdenken. Wenn diese Art von Denkblockade auftritt, und früher oder später ist dies immer das Fall, ist der Therapeut auf eine Goldmine – *Widerstand* heißt der technische Ausdruck dafür – gestoßen. Er kann sich dann überlegen, wie diese Ader am besten zu Tage zu fördern ist.

Ich erklärte Bob meine Verwirrung und schlug vor, bei unserem nächsten Treffen eine Familiensitzung mit ihm, seiner Mutter und seinem Vater zu machen, damit ich mir über seine Situation klarer werden könnte. Auf diese Art könnte ich mit seinen Eltern sprechen, ohne daß er sich Sorgen machen mußte, was ich ihnen erzählte. Bob war mit diesem Plan einverstanden.

In der Gegenwart seiner Eltern wurde Bob ein anderer Mensch. Er jammerte, klagte, schmollte und lieferte insgesamt ein viel unreiferes Bild von sich als vorher. Seine Eltern, die sich als vernünftige und gerechte, wenn auch emotional distanzierte Menschen zeigten, als ich mit ihnen alleine sprach, schienen jetzt partout ihren Ärger an Bob abreagieren zu wollen; an allem, was er früher getan hatte und heute tat, fanden sie einen Fehler und kritisierten daran herum. Während ich die drei eine Zeitlang weitermachen ließ, kristallisierte sich allmählich ein deutlicheres Bild der Familienbeziehungen heraus. Es gab in der Tat eine psychotische oder nahezu psychotische Person in der Familie, aber es war nicht Bob, sondern seine Mutter. Es schien, als könnte sie sich nur dadurch aufrechterhalten, indem sie über ihr Haus und sämtliche Bewohner absolute

Kontrolle ausübte. Obwohl sie heftig darüber klagte, daß Bob nicht hilfsbereit und kooperativ wäre und sich von der Familie absonderte, stellte sich heraus, daß sie es nicht ertragen konnte, wenn er irgend etwas im Haus berührte – buchstäblich: berührte. Wenn er sein Bett machte, machte sie es erneut und klagte, daß er es nicht richtig gemacht hatte. Wenn er sich auf ihr Drängen hin dranmachte, Geschirr auf den Tisch zu stellen oder wegzuräumen, schrie sie, er würde es sicher fallen lassen und riß es ihm aus den Händen. Bobs Vater hatte sich an die Situation angepaßt, indem er allem zustimmte, was seine Frau sagte, und ihren Verdammungen die seinen hinterherschickte. Da sein Büro, von dem aus er sein Geschäft betrieb, an die Wohnung angrenzte, stand er als Verstärker der Klagen seiner Frau vierundzwanzig Stunden am Tag weitgehend zur Verfügung. So war er, psychologisch ausgedrückt, in der Vorstellung des Sohnes eine von ihr nicht getrennte Person. Als diese Situation klarer wurde und ich sie ein wenig zu untersuchen begann, wurde deutlich, daß Bob seiner zwanghaften Mutter ständig ein ungeheures Opfer gebracht hatte durch die Unterdrückung seiner Selbstachtung. Bob war offensichtlich technisch begabt: von klein an hatte er sich es selbst beigebracht, alle Arten von Maschinen zu bauen und zu reparieren. Während der High-School arbeiteten er und ein Klassenkamerad in der Garage der Eltern des Klassenkameraden an einem Wagen, der fast reif für den Schrottplatz war und richteten ihn komplett wieder her. Als dann einmal etwas mit dem Wagen der Familie nicht in Ordnung war, wies die Mutter Bobs Angebot zurück, nach der Ursache zu suchen und behauptete, daß er den Schaden sicher nur vergrößern würde. Der Vater stimmte zu, brachte den Wagen unter erheblichen Kosten, aber ohne Ergebnis, von einer Werkstatt zur anderen, und gab ihn schließlich mit hohem finanziellem Verlust gegen ein neues Modell in Zahlung. Als diese Geschichte in der Familiensitzung zur Sprache kam, konnte es Bob nicht unterdrücken erfreut zu grinsen, was seine Mutter sofort als ein Beispiel für seine Feindseligkeit ihnen gegenüber anführte. Weder die Mutter noch der Vater hatten eine Ahnung davon, daß Bobs offenkundige Freude an ihrem Pech seinen Ursprung in verletzten Gefühlen hatte, die durch ihre Unfähigkeit ausgelöst wurden, ihn anzuerkennen und zu bewundern und seinen Fähigkeiten einen Entfaltungsraum zu geben.

Es wurde immer deutlicher, daß es für Bob angesichts des pathologischen Verhaltens der Mutter, welches verhinderte, daß er durch kompetentes Verhalten zu Selbstachtung gelangte, nur zwei Alternativen gab: sich wie der Vater der Mutter zu unterwerfen, oder sich, wenn er mit ihnen zusammen war, psychisch abzuschotten oder so schnell wie möglich von zu Hause zu verschwinden. Er hatte sich für letzteres entschieden. Mein Eindruck war, daß der Patient unter den gegebenen Umständen für sich selbst das beste getan hatte. Wahrscheinlich war es ihm nur aufgrund seiner ungewöhnlichen Begabung und hohen Intelligenz möglich, das Aufwachsen in dieser Atmosphäre psychisch so gut zu überstehen, daß er sein Leben selbständig führen konnte.

Ich sagte den Eltern bei unserer Zusammenkunft, daß ihre Ängste ihn bezug auf eine Geistesgestörtheit ihres Sohnes unbegründet wären; daß sie mit allen Mitteln seine Ausbildung unterstützen und ihn seinen Weg in der Welt finden lassen sollten und daß es angesichts der offensichtlichen Spannungen zwischen ihnen allen hilfreich sein könnte, eine gute Familientherapie zu machen. Letzterer Vorschlag wurde einstimmig zurückgewiesen. Daraufhin gab ich schließlich den Rat, wie bisher weiterzumachen und keine allzu langen Zusammenkünfte herbeizuführen, da sie zwar als Familie nicht miteinander zurechtkamen, aber jeder einzelne für sich offenbar schon. Ich bot an, mit Bob in wöchentlichem Abstand weiterzumachen, und er kam noch einige Male. Nachdem er jedoch die Zusicherung erhalten hatte, daß sein Unterricht weiterhin unterstützt würde, hatte er das Gefühl, daß es eigentlich nicht mehr viel zu reden gab. Ich wies ihn darauf hin, wie stark er sich in Anwesenheit seiner Eltern veränderte, und erklärte ihm, daß er in diesem Bereich seiner Persönlichkeit offensichtlich traumatisiert worden war. Von meinem Vorschlag, mit mir zusammen die Wirkung zu erforschen, die dies auf seine Entwicklung gehabt hatte, hielt Bob nichts, und das war verständlich. Er hatte überlebt, indem er sich von seinen emotionalen Bedürfnissen in bezug auf seine Eltern zurückzog, und man konnte von ihm so wenig wie von irgendeinem anderen Menschen erwarten, daß er diese Abwehrhaltung aufgab; es sei denn, sie funktionierte nicht mehr effektiv und ließ als Folge Angst hochkommen. Dies war im Moment nicht der Fall. Bob hatte ein Umfeld gefunden, in dem er kompetent funktionieren und damit seine Selbstachtung steigern konnte. Seine Psychotherapie hingegen hatte nicht lange genug gedauert. Sie war auch nicht intensiv genug geworden, um ihm zu erlauben, in der Übertragung auf mich die affektiven Bedürfnisse zu reaktivieren, die ursprünglich seinen Eltern galten. Bob schützte sich gegen jegliche Übertragungsbindung, indem er unter dem einen oder anderen Vorwand jede zweite Therapiestunde versäumte. Er stimmte sofort zu, als ich nach drei weiteren Sitzungen meinte, daß er nun vielleicht erreicht hatte, weswegen er gekommen war: nämlich, die Bestätigung eines unabhängigen Dritten zu erhalten, daß er mehr als fähig wäre, sein Collegestudium gut abzuschließen; daß seine Ziele realistisch wären; und daß seine Eltern keinen Grund hätten, sein Studium nicht weiterhin zu unterstützen.

Ich komme nun zu der Aussage zurück, die ich mit dem Vergleich von Jim Zurfs und Bob Grangers Situation verdeutlichen wollte, nämlich, daß das Vorhandensein einer Abwehr, in diesem Fall der des Rückzuges, nichts über das Ausmaß der Pathologie aussagt. In beiden Fällen hatten die Eltern als erste Informanten ein düsteres Bild ihres jeweiligen Sprößlings gezeichnet. Es fiel mir jedoch ziemlich leicht, Bob von dem Bild zu unterscheiden, das seine Eltern von ihm darstellten, und von dem gleichfalls negativen Eindruck, den er auf mich machte, als mein Blick das erste Mal auf ihn fiel. Wie Jim leugnete Bob, daß irgend etwas nicht in Ordnung war. Als ich aber sagte: »Okay, sagen

Sie mir, was in Ordnung ist – was Sie gemacht haben und was Sie vorhaben«, teilte er mir sofort mit, was ich wissen mußte, um zu verstehen, wie er es schaffte, zu einer Kompetenz zu kommen, die für ihn von Bedeutung war, und wie er sich wiederum aufgrund der daraus entstehenden Selbstachtung so entscheiden und verhalten konnte, daß eine weitere akademische, soziale und persönliche Entfaltung möglich war. Bob hatte sich selbst aus einer Familiensituation entfernt, in der er sich unterdrückt und mißverstanden fühlte; er hatte auch gelernt, in der Beziehung zu den Menschen seiner neuen Umgebung ein anderer zu werden. Bob konnte sich in eine neue Situation so weit einlassen, daß er erkennen konnte, ob die Menschen, mit denen er zu tun hatte, sich ihm gegenüber wie seine Eltern oder anders verhalten würden. Dies konnte Jim nicht; ihm war es nicht möglich, aus einem bestimmten Verhaltensmuster auszubrechen. Ich hatte den Eindruck, daß Jim stärker an seine Eltern gebunden und von ihnen abhängig war. Es war ihm nicht geglückt, Interessen zu entwickeln oder Fertigkeiten zu erwerben, die es ermöglicht hätten, sich wie Bob als eigenständiges Individuum zu entfalten. Daß Jims Bindung an seine Eltern eine negative Form annahm, ist hier nicht entscheidend. Denn obwohl er immer eine Gegenposition zu dem einnahm, was sie von ihm wollten oder für ihn erhofften, war er von ihnen ebenso abhängig wie ein Kind, dem es eine innere Notwendigkeit ist, die Wünsche seiner Eltern zu erfüllen. Wie bei einem solchen Kind war Jims Verhalten immer eine Reaktion auf das Skript seiner Eltern und nicht eine Antwort auf sein eigenes Skript. Es hatte den Anschein, als betrachte er andere Autoritätsfiguren, wie Lehrer und meine Person, einfach als Elternersatzfiguren und nicht als eigenständige Individuen, die ihm vielleicht sogar die Möglichkeit boten, eine andere und bessere Beziehung als die zu seinen Eltern zu haben.

Wie Bobs Fall zeigt, ist die Opposition gegen »die da oben« nicht im Prinzip problematisch; Jims Schwierigkeit war, daß seine Rebellion zu keinerlei Steigerung seiner Selbstachtung führte. Er hatte kein weiterführendes Ziel; allem Anschein nach konnte er nur eins tun, nämlich immer wieder demonstrieren, daß ihn niemand dazu bringen konnte, erfolgreich zu sein. Sein Selbstbild ließ es nicht zu, daß von ihm Initiative ausging (Kohut 1971); sein oppositionelles Verhalten war von seinen Vermutungen darüber geleitet, was andere von ihm wollten oder erwarteten, nicht von einem zielgerichteten Programm, das seine eigenen Ziele ausdrückte. Er war, wie ein geschlossenes System, nicht offen dafür, neue Information zu erzeugen und dadurch Erwartungsmuster zu ändern, die der Anpassung nicht mehr dienlich waren.

Hin zur umwandelnden Verinnerlichung: Jim Zurf

Ein entscheidender Wendepunkt in der Übertragung

Nachdem Jim Zurf etwa ein Jahr bei mir war, stellte ich zu meiner Zufriedenheit fest, daß er gerne zu unseren Sitzungen kam, wenn er auch meinen Vorschlag verschmähte, uns häufiger als einmal die Woche zu treffen. Sein Verhalten sagte mir, daß ihm unsere Arbeit etwas Wichtiges gab. Nach außen hin veränderte sich sein Verhalten kaum, jedoch konnte er mich immer besser ausreden lassen, wenn ich mit ihm darüber sprach, welche Verbindung ich sah zwischen seiner gegenwärtigen Absonderung von potentiellen Freunden und Mentoren und der Verletzung und Enttäuschung, die er früher erlebte, als er versucht hatte, das Interesse seiner Eltern an seinem Leben zu wecken. Es wurde deutlich, daß der Bericht der Eltern über Jims im wesentlichen problemlose Kindheit eine törichte Illusion war. Er war kein Problemkind gewesen. Er hatte ihre Pläne und ihr Leben – in das sie ihn selten einbezogen – nicht behindert. Aber er war zweifellos chronisch in sich zurückgezogen und depressiv. Wann immer er konnte, hatte er sich in Schlaf geflüchtet, und wenn er wach war, war er leicht ablenkbar und unaufmerksam. (Seine Eltern hatten es mir nicht erzählt, aber Jim erinnerte sich, daß man ihn in der Volksschule wegen Konzentrationsstörungen auf den Vorschlag des Schulpsychologen hin zum Arzt der Eltern schickte, der ihm Medikamente gab. Diese schienen jedoch keinerlei therapeutische Wirkung auf Jim gehabt zu haben.)

An diesem Punkt der Behandlung beschloß Jim, von der High-School zu gehen; er war in der Schule nicht besser als am Anfang der Therapie bei mir und fehlte meistens. Ich hörte davon das erste Mal von seinem Vater, der mich anrief und drohte, Jims Behandlung zu beenden, da ihm diese Wendung anzeigte, daß meine Arbeit mit seinem Sohn gescheitert sei. Ich antwortete ihm ausweichend, um Zeit zu gewinnen. Bevor noch irgend etwas anderes geschah, wurde Jims Mutter krank, kam ins Krankenhaus und mußte sich wegen einer bösartigen Geschwulst eine Brust entfernen lassen. Obwohl ihr Arzt bezüglich ihrer Überlebenschancen optimistisch war, fiel sie in eine Depression, die die Einweisung in ein psychiatrisches Krankenhaus notwendig machte.

Jim war nun die meiste Zeit des Tages und Abends alleine. Sein Vater war entweder in seinem Büro oder bei seiner Frau im Krankenhaus. Jim war nicht mehr in der Schule und Freunde hatte er keine. Die verschiedenen Haushaltshilfen, die in seiner Kindheit für die Familie gekocht und auf ihn aufgepaßt hatten, waren längst gegangen, so daß es jetzt niemanden gab, der wenigstens für seine Grundbedürfnisse sorgte. So aß er die meiste Zeit in einem Restaurant. Eines Tages fragte ihn der Geschäftsführer des Restaurants, ob er einen Teilzeitjob als Bedienungshilfe und Tellerwäscher wollte – ein Angebot, das Jim annahm, vielleicht aus Langeweile, vielleicht, weil niemand da war, der ihn zu irgendeiner produktiven Tätigkeit bewegen wollte. Wie er mir sagte, erwartete er, daß sich sein Vater darüber aufregen würde, daß er sich auf die unterste Stufe der Arbeitsleiter stellte; und tatsächlich machte der Vater zuerst einige verächtliche Bemerkungen über das Schicksal von High-School-Abgängern. Schließlich aber erzählte er Jim, daß er in seinem ersten regelmäßigen Job auch als Bedienunghilfe gearbeitet hatte. Tatsächlich war Jims Vater durch das Interesse eines Restaurantgastes an ihm dazu gekommen, trotz der armen und ungebildeten Familienverhältnisse, aus denen er stammte, auf das College zu gehen und dann eine zahnmedizinische Ausbildung zu machen. Nun, da seine Frau im Krankenhaus war und Jims Arbeit in ihm Erinnerungen an seine Jugend weckte, machte er einen Versuch, mit seinem Sohn zu reden. Er erzählte einige Geschichten aus der Zeit, als er im Restaurant gearbeitet hatte, und fand es offensichtlich interessant, seine früheren Erfahrungen mit denen zu vergleichen, die Jim jetzt machte. Zu diesem Zeitpunkt der Therapie brachten meine Bemühungen einige ziemlich dramatische Ergebnisse. Die bis dahin nie dagewesenen Versuche des Vaters, mit seinem Sohn eine Art Beziehung aufzunehmen, mobilisierten Jims frühe diesbezügliche Sehnsucht und Enttäuschung derart, daß er sie nicht länger verleugnen konnte.

Jim: Ja, jetzt will er plötzlich mit mir zusammensitzen und reden. Ich schaue fern, und er kommt irgendwie mit der Zeitung rein und setzt sich hin, als wollte er lesen, aber ich weiß, er will mit mir reden. Er gibt so Kommentare ab, wissen Sie, wie: »Ist das eine gute Show?« oder: »Ich glaube, den Typ habe ich letzte Woche schon mal gesehen. Wie heißt der gleich wieder?« Ich laß ihn einfach auflaufen.

Therapeut: Was sagen Sie zu Ihrem Vater?

Jim: Nichts. Nur »ja« und »nein« und »ich weiß nicht«.

Therapeut: Das hört sich an, als würden Sie ihm eine Dosis seiner eigenen Medizin verpassen. Er war nicht da, als Sie ihn brauchten, und jetzt haben Sie die Plätze getauscht.

Jim: Ja, wo sind jetzt alle ihre reizenden Freunde? Die ersten paar Wochen, als sie krank war, riefen sie an oder luden ihn zum Essen ein.

Therapeut: Haben sie Sie auch eingeladen?

Jim: Ja, aber ich bin nie mitgegangen. Sie haben mich eh nicht gewollt, waren nur höflich.

Jetzt jedenfalls ist es bei uns wie auf einem gottverdammten Friedhof. Niemand ruft an. Mir macht das einen Riesenspaß. Wenn er das Telephon klingeln hört, rast er hin, aber meistens ist es das Restaurant, das anfragt, ob ich eine Stunde früher kommen kann oder solche Sachen.

Therapeut:	Sie wissen, wie das für Ihren Vater ist – wie einsam es ist, wenn niemand wissen will, wie man sich fühlt oder sich darum kümmert, was man gemacht hat.
Jim:	Wollen Sie was wissen?
Therapeut:	Sicher.
Jim:	Ich übertreibe jetzt nicht. Als ich in der fünften Klasse war, ungefähr elf verdammte Jahre alt, sind sie einen Monat lang nach Europa gefahren. Das Dienstmädchen hatten sie entlassen, also holten sie sich ein paar Tage vor Abreise dieses fette Stück Scheiße mittels einer Zeitungsannonce, das auf mich und das Haus aufpassen sollte, wissen Sie. Diese verdammte Mieze war verrückt! Die erste Nacht, die wir alleine im Haus sind, wache ich auf, sie schreit etwas von jemandem, der hinter ihr her ist. Ich liege im Bett, zu Tode erschrocken, sie brüllt weiter. Schließlich stehe ich auf, so leise wie möglich. Sie ist nicht in ihrem Zimmer. Ich schleiche nach unten. Da steht sie in der Küche mit einem verdammten Tranchiermesser in der Hand, schreit irgendeinen Kerl, der nicht da ist, an, sie würde ihn nicht damit davonkommen lassen und so Zeugs. Was sollte ich tun? Schließlich fällt mir ein, ich könnte versuchen, sie da rauszuholen. Wenn sie mit diesem Messer auf mich zukäme, könnte ich, wie ich wußte, schneller als sie rennen, und da war ein Fenster, von dem aus ich auf das Garagendach springen konnte. Die Vorder- oder Hintertür zu nehmen, wäre nicht gut. Bis ich die auf hätte, hätte sie mir meine gottverdammten Eier abgeschnitten. Also mache ich den Mund auf, um sie anzureden, aber ich habe so verdammt Angst, daß ich ihren verdammten Namen vergesse. Sie brüllt immer noch, so daß ich schließlich sage: »Hey, Lady, es ist niemand da, nur ich.« Aber ich habe solche Angst, daß es nur ganz leise rauskommt. Aber sie hört etwas und schaut herüber zur Treppe, wo ich stehe, und ihre Augen haben diesen verrückten, starren Blick, als ob sie nicht wüßte, wo zur Hölle sie ist. Jetzt habe ich echt Angst und ich schreie: »Ich bin's nur! Jim, das Kind!« Das scheint sie ein bißchen zur Besinnung zu bringen, sie scheint sich irgendwie zu erinnern, wer ich bin, aber sie tut dieses verdammte Messer nicht weg. Sie sagt: »Du mußt mir helfen. Er ist hier drinnen.« Ich muß ihr helfen? Oh,

Scheiße! Aber wenigstens, wenn sie denkt, ich bin auf ihrer Seite, wird sie mich nicht erstechen. Also sage ich: »Ich werde Ihnen helfen. Wir werden alle Zimmer durchsuchen.« Also bringe ich um ein Uhr morgens diese fette Hure von einem Zimmer ins nächste, drehe die Lichter an, schaue hinter die Vorhänge und aus dem Fenster, versuche sie zu überzeugen, daß wer auch immer hinter ihr her ist, nicht hier ist. Ich versuche herauszufinden, wer dieser Kerl ist, aber sie redet nicht. Folgt mir nur überallhin und legt dieses verdammte Messer nicht weg. Nach einer Weile jedoch fängt sie zu weinen an und sagt zu mir: »Kleiner Junge« – sie konnte sich auch nicht an meinen Namen erinnern – »weißt du, wo dein Vater den Whisky aufbewahrt? Ich darf sicher einen kleinen Drink nehmen.« Nun, ich zählte zwei und zwei zusammen. Ich wußte über diese Alkis Bescheid, die durchdrehen, wenn man sie trockenlegt, und ich dachte mir, vielleicht hat sich diese Mieze ausgenüchtert, um diesen Job zu kriegen, und jetzt sieht sie weiße Mäuse. Also sagte ich: »Sicher, Sie sehen ein bißchen krank aus. Setzen Sie sich nur, ich bringe Ihnen was.« Nun, ich wußte, der Alte hatte den Stoff hinter den paar Buchattrappen im Schrank. Man drückt einen Knopf und das Ding geht auf, und da hat er den Alk gebunkert. Sie wußten nicht, daß ich wußte, wo der Knopf war, aber ich habe es gewußt. Gott sei Dank! Ich bringe ihr also Flasche und Glas, und sie kann das gottverdammte Zeug kaum einschenken, so zittern ihre Hände. Also schenke ich ihr ein, und sie trinkt es quasi in einem Zug und bittet um noch einen. Nach ein paar derartigen Schlucken sinkt sie in ihren Sessel und verdreht irgendwie die Augen. Ich denke: »Oh, verdammt, sie ist tot!« Aber sie fängt zu schnarchen an, also weiß ich, sie ist nur hinüber, und endlich fällt ihr das verdammte Messer aus der Hand. Ich schnappe es mir und renne in die Küche, sammele alle scharfen Messer ein und verstecke sie im Keller. Dann lasse ich sie einfach, wo sie ist, und gehe nach oben, rücke die Kommode an meine verdammte Tür für den Fall, daß sie aufwacht und nach wer weiß wem sucht, und gehe ins Bett – ich mußte noch eine Mütze Schlaf kriegen, bevor es Zeit für die Schule war. Da stelle ich dann fest, daß ich ganz naß bin. Ich hatte solche Angst gehabt, daß ich mir in die Hose gepinkelt

> hatte, und es nicht einmal gemerkt hatte. Aber ich war so verdammt fertig. Ich warf die Hose einfach auf den Boden und ging irgendwie schlafen.

Jim erzählte weiter, wie er am Morgen die Dame, die auf ihn aufpassen sollte, noch schlafend antraf, sich sein Frühstück machte, so gut er konnte, und in die Schule ging. Als er mittags zum Essen heimging, schlief sie noch immer, aber er wußte, sie mußte irgendwann, während er weg gewesen war, aufgestanden sein, da sie ihr Schläfchen jetzt vor dem Fernseher hielt. Die Flasche, die voll gewesen war, als er sie aus dem väterlichen Versteck geholt hatte, war jetzt fast leer. Nun erkannte Jim, daß es mit dieser Frau nicht besser werden würde, daß sie im Grunde unfähig war, für sich selbst zu sorgen, geschweige denn für ihn und das Haus.

Obwohl ihn seine Eltern jeden Sonntag anriefen, um nachzufragen, ob alles in Ordnung war, wurde Jim schnell klar, daß sie nichts hören wollten, was sie hätte beunruhigen können. Als sie das erste Mal anriefen, deutete er an, daß es mit seiner »Aufpasserin« Probleme gab – woraufhin ihm seine Mutter ins Wort fiel, er solle kooperativ sein und der Frau keine Schwierigkeiten machen.

Den ganzen darauffolgenden Monat war Jim sich selbst und dieser Invalidin überlassen. Er tat sein bestes, um für sie und sich etwas zu essen zu machen; er kaufte Lebensmittel ein und bereitete sie so gut er konnte zu. Da seine Phantasie und Kochkunst aber natürlich begrenzt waren, lebten sie von Ernußbutterbroten, Kartoffelchips, Milch, Süßigkeiten und Hotdogs, welche er warm machen konnte. Jeden Tag versorgte er sie mit soviel Alkohol, wie er für nötig hielt, um ihr empfindliches geistiges Gleichgewicht aufrechtzuerhalten. Dabei mußte er die Menge begrenzen, zum einen, damit sie nicht in einen totalen Stupor verfiel, zum anderen, damit der ständig schwindende Vorrat an Alkoholika vorhielt, bis seine Eltern zurückkehrten. Als er sah, daß die harten Sachen bei ihrem hohen Verbrauch vor Ablauf des Monats zu Ende gehen würden, streckte er ihre Ration Bourbon oder Scotch Whisky in kluger Voraussicht mit Brandy, Wein und den verschiedenen Fruchtlikören, die im hinteren Teil des Alkohollagers gestapelt waren. Seinem Gast schien dies egal zu sein; sie schüttete alles in sich hinein, was sie bekam, stand selten von ihrer Lagerstatt vor dem Fernseher auf, eigentlich nur, wenn sie die Lust überkam, in einem richtigen Bett zu liegen.

Einige Tage bevor seine Eltern zurückkommen wollten, warnte Jim sie vor, und sie strengte sich an, nüchtern zu werden. Zusammen versuchten sie, das Haus in Ordnung zu bringen, jedoch ohne allzu großen Erfolg. Als seine Eltern ankamen, sagten sie jedoch nichts über das heillose Durcheinander, das sie vorfanden. Auch über die fast totale Plünderung des mehr als großzügig ausgestatteten Alkoholschrankes hörte er nie ein Wort. Tatsächlich fragten sie ihn nie, was er während ihrer Abwesenheit ausgestanden hatte, und er erzählte es niemals von sich aus. Innerhalb weniger Stunden nach der Rückkehr seiner

Eltern entwickelte er hohes Fieber. Der Kinderarzt, den sie herbeiriefen, konnte keine spezielle körperliche Krankheit finden, die für seine Symptome verantwortlich war. An die Woche, die er im Bett verbrachte, hat er keine Erinnerung. Die Geschenke und Souvenirs, die ihm seine Eltern von ihrer Reise mitgebracht hatten, interessierten ihn nicht besonders und waren bald verloren oder kaputt.

Bevor mir Jim diese Geschichte erzählte, hatte er über sich nie mehr als ein oder zwei Sätze gesprochen, und diese mußte ich ihm gewöhnlich Wort für Wort aus der Nase ziehen. Ich nahm die Tatsache, daß er mir jetzt, noch dazu in solcher Ausführlichkeit, von sich erzählte, als Zeichen dafür, daß er in den Monaten, in denen ich mit ihm gearbeitet hatte, gelernt hatte, mir zu vertrauen; aber was noch wichtiger war, meiner Meinung nach baute er seine Barrieren sich auszudrücken gerade jetzt ab, weil die Einsamkeit und Verlorenheit seines Vaters in ihm ähnliche Gefühle wiedergeweckt und mobilisiert hatten. Der von ihm wiedergegebene Vorfall stellte auf dramatische Art dar, wie ein Kind während seiner prägenden Jahre durch die Unverständigkeit und Unverantwortlichkeit seiner Eltern in ein chronisches Gefühl von Isolation und Gefahr geraten kann.

(Normalerweise beende ich meine Sitzungen pünktlich, aber dies war eine Ausnahme. Zehn oder fünfzehn Minuten vor dem normalen Stundenende hatte Jim begonnen, mir die Geschichte, wie er im Stich gelassen worden war, zu erzählen. Ich hörte aufmerksam und ohne Kommentar zu und machte keinerlei Versuch, den Fluß seiner Gedanken zu beschleunigen oder zu unterbrechen. Er brauchte etwa zwanig Minuten oder mehr, seine Geschichte mit allen Einzelheiten auszuschmücken. Glücklicherweise hatte ich danach eine Verwaltungssitzung, so daß ich einfach beschloß, an dieser nicht teilzunehmen. Nicht um alles in der Welt hätte ich Jim an diesem entscheidenden Wendepunkt unterbrochen; und ich wußte, daß ich danach auch Zeit benötigen würde, um ihm zu antworten. Ich würde auch Zeit benötigen, um sicherzustellen, daß seine ungewohnte Offenheit keine nachteilige Auswirkung für ihn haben würde, und um alles zu tun, was ich konnte, damit dieser Zugang zu den affektiven tieferen Schichten offenblieb. Hätte ich nach Jims Stunde einen anderen Patienten gehabt, hätte ich diesen einfach warten lassen müssen; ich hätte später begonnen und dann die psychologischen Implikationen, die meine Verspätung für diesen Patienten gehabt hätte, bearbeitet. Ich hätte Jim nicht gehen lassen können, bevor wir zu einem akzeptablen Abschluß gekommen wären, genausowenig wie ein Chirurg einen Patienten mitten in einer Operation liegen lassen kann, um sich um einen anderen Fall zu kümmern.)

Therapeut: Auf der einen Seite ist dies natürlich eine sehr traurige Geschichte, Jim. Aber man kann auch erkennen, daß Sie ein einfallsreicher kleiner Kerl waren...

Jim: Ja, ich glaube schon.

Therapeut: Welche Gefühle haben Sie, wenn Sie an diese Zeit Ihres Lebens denken?

Jim: Eine irre Wut krieg ich. Würde es Ihnen nicht auch so gehen?

Therapeut: Wütend, weil weder Ihre Eltern noch die Frau, die sie anstellten, besser für Sie sorgten? Aber haben Sie jetzt auch wieder etwas von der Angst und Einsamkeit spüren können, die Sie damals sicher erlebt haben? Sie haben sich erinnert, welche Angst Sie hatten, als Sie erkannten, daß die Frau so schlimm war und nicht nur unfähig.

Jim: Ja, schon. Aber was bringt es, das alles aufzuwärmen?

Therapeut: Es ist in vielerlei Hinsicht gut. Ich denke, Sie machen erneut die Bekanntschaft mit vielen Gefühlen, die sehr schmerzvoll waren und die deshalb aus Ihrem Bewußtsein gelöscht werden mußten. Aber wenn Sie Ihr Inneres sozusagen abtöten müssen, nimmt Ihnen das einen Menge weg und schränkt Ihr Leben unnötig ein.

Jim: Nun, jetzt ist er an der Reihe.

Therapeut: Irgendwie aber macht es Ihren Vater vielleicht menschlicher. Zu erleben, daß er die gleichen Gefühle hat wie Sie früher, zeigt Ihnen vielleicht zumindest, daß es an sich nichts Falsches oder Beschämendes ist, sich zu ängstigen und zu leiden, wenn man sich alleine fühlt.

In den darauffolgenden Monaten kamen wir oft auf diese Episode zurück; sie wurde das, was Stern (1985) die »organisierende therapeutische Metapher« *(organizing therapeutic metaphor)* genannt hat, das heißt, ein wichtiges Ereignis, das der Patient in der Therapie wiedererlebt, und das für seine Lebensgeschichte symbolisch ist oder sie auf irgendeine bedeutende Art zusammenfaßt. Es war in der Behandlung sicherlich ein Wendepunkt: Es leitete die Phase der *Integration* ein, in der Jim und ich sehen konnten, daß seiner Vergangenheit und seiner Gegenwart ein Muster der Vermeidung gemeinsam war, das er sich früher einmal als absolut notwendig für sein psychisches Überleben angeeignet hatte (SS. 120 – 23). Ich kam zu dem Schluß, daß es auch das erste Zeichen einer *Spiegelübertragung* (S. 141) darstellte: Als Jim die Geschichte noch einmal durchlebte, sprach er leidenschaftlich, so als müßte er mir die Realität und die Bedeutung seiner Erfahrung beweisen. Ich glaube, daß ihm die Überzeugung, ich würde ihn nicht ihm Stich lassen, ermöglichte, auf mich die Hoffnung zu übertragen, daß er schließlich doch noch verstanden würde.

Von da an verlief Jims Entwicklungsprozeß nicht immer so dramatisch, sondern manifestierte sich eher in stetigen kleinen Veränderungen seines Verhaltens in den Sitzungen. Obwohl er noch lange zynisch und negativistisch blieb, wurden seine Kraftausdrücke seltener, und seine Sprache wurde grammatikalisch richtiger. Seine allgemeine Besserung spiegelte sich darin, daß ihm in seinem Restaurant eine Lehrstelle als Kellner angeboten wurde.

In den folgenden Stunden berichtete er nicht so freimütig von sich wie bei dieser entscheidenden Sitzung; aber dadurch, daß ich die affektive Seite der verschiedenen Themen, die er ansprach, betonte, konnte er seine Gefühle immer differenzierter wahrnehmen und über sie nachdenken. Emotional nicht mehr auf seinen Allzweckärger beschränkt, war er nun in der Lage, seine Gefühle den jeweiligen Situationen entsprechend richtig zuzuordnen.

All dies bedeutete meines Erachtens, daß es ihm möglich geworden war, eine bessere Spannungskontrolle auszuüben. Seine neue Bereitschaft, seine Erfahrungen mit mir zu teilen und meine Sicht der Dinge wissen zu wollen, wies darauf hin, daß sich sein Selbstsystem konsolidiert hatte und so weit gereift war, daß er sich an mich wenden konnte, wenn er mit seinen Gefühlen nicht zurechtkam oder eine Bestätigung seiner Gefühle brauchte.

In der Übertragung reifen: Der Umgang mit Affekten

Eines Tages kam Jim in meine Praxis und setzte sich, ohne Mantel und Schal abzulegen. Es war zwar ein kalter Tag, aber in meinen Räumen war es durchaus warm. Ich fragte mich, was los war.

Therapeut:	Wollen Sie Ihren Mantel nicht ausziehen, Jim?
Jim:	Ach nein, es ist schon gut so.
Therapeut:	Sie werden schmoren.
Jim:	(*Kurz aufbrausend)* Das ist meine Sache.
Therapeut:	Ich werde Sie bestimmt nicht bremsen. Aber was, denken Sie, ist unsere Sache? Sagen Sie, sehe ich da Hosenbeine von einem Smoking? Sie werden doch nicht durchbrennen und sich verheiraten wollen, ohne es mir zu sagen?
Jim:	(*Wird rot und lacht verlegen)* Wir haben heute Abend eine Party. Das Restaurant ist heute geschlossen wegen dieser Hochzeitsgesellschaft, die das Ganze für den Abend gemietet hat.

Am Anfang der Behandlung hätte ich es nicht gewagt, Anmerkungen zu Jims Kleidung zu machen, oder ihm Vorschläge zu machen, wie er es sich bequem machen könnte. So etwas hätte bei ihm einen Wutanfall provoziert und die Therapie empfindlich gestört, vielleicht sogar beendet. Viele Monate lang basierte unsere Beziehung auf dem, was Kohut (1971) *empathisches Eintauchen* nannte, eine oft lange Vorbereitungsphase, die notwendig ist, wenn das Selbstsystem eines Patienten labil ist. Es ist das empathische Eintauchen des Therapeuten, das den Widerstand des Patienten gegen die Übertragung nach und nach auflöst. In dieser Phase versucht der Therapeut, für den Patienten Verständnis zu zeigen, ohne das Verhalten des Patienten direkt anzugehen oder dem Patienten zu deuten, was seine Äußerungen nach Auffassung des Therapeuten auf einer tieferen Ebene meinen könnten. Daß ich bei Jim jetzt andere Maßnahmen ergreifen konnte, zeigt, wie weit wir gekommen waren. Sein alter Hang zu ärgerlichem Rückzug war noch vorhanden, jedoch nur kurz: Er besaß das Vertrauen, daß ich ihn nicht verletzen wollte, und somit mußte er nicht wie früher bei der geringsten Bedrohung ein massives Abwehrmanöver durchführen.

Mit meiner nächsten Bemerkung und meinem Scherzen wollte ich ihn auf eine weitere Phase seiner Reifung vorbereiten – der symbolischen Beeinflussung von Affekten. Es war ein gutes Zeichen, daß er als Reaktion auf meinen Scherz errötete, aber dann klarstellte, warum er einen Smoking trug: In bezug auf sich selbst humorvoll sein zu können, zeigt die Fähigkeit an, sich so weit von sich selbst zu distanzieren, daß man zumindest damit anfangen kann, sich selbst mit den Augen anderer zu betrachten.

Therapeut:	Dann müssen also alle Kellner einen Smoking tragen?
Jim:	Ja. Ich gehe gleich von hier aus hin und helfe bei der Vorbereitung. Keine Zeit dazwischen zum Umziehen. Es ist eigentlich kein Smoking, wissen Sie, nichts Modisches. Wir leihen ihn alle bei einem Uniformverleih, wo sie uns hinschicken – das heißt, wenn man keinen eigenen hat.
Therapeut:	Ich nehme an, die alten Hasen machen so viele Partys mit, daß sie einen eigenen besitzen müssen.
Jim:	Ja, wenn man jedesmal zwölf Kröten für die Ausstattung blecht, zahlt es sich aus, sich einen eigenen zuzulegen.
Therapeut:	Ich nehme an, bei den Trinkgeldern lohnt es sich.
Jim:	Oh ja, bei einer Party wie der heutigen garantieren sie das Trinkgeld gleich im Vertrag. Es ist gutes Geld.
Therapeut:	Meinen Sie, Sie werden in einen Smoking investieren?

Während ich mit Jim dieses ernsthafte Gespräch über die Bedeutung des Tragens eines solchen Anzugs führte, versicherte ich mich, daß er bemerkte, daß ich ihn mit meinem Versuch, humorvoll zu sein, nicht kleinmachen wollte. Indirekt zeigte ich ihm, daß mir bewußt war, was dies in bezug auf die Kompetenz, die er erlangt hatte, bedeutete, und daß er wirklich stolz darauf sein konnte. Dieses – in der Terminologie von Kohut (1971) ausgedrückt – Spiegeln unterstützt beim Patienten das Gefühl echter Selbstachtung, bis der Patient in der Lage ist, sich selbst Anerkennung zu geben, wann immer ihm diese gebührt; oder, wie es Kohut ausdrückte, die umwandelnde Verinnerlichung der Selbstobjektfunktion des Therapeuten ermöglicht es dem Patienten, das für sich selbst zu tun, wofür er vorher den Therapeuten benötigte.

Jim:	Mal sehen. Ein paar Typen arbeiten nebenher an ihren freien Tagen im Party-Service. Dafür bin ich noch nicht gut genug.

Therapeut: Glauben Sie, daß Sie es irgendwann sein werden?

Jim: Ja, vielleicht. Dieser Typ, Max, wissen Sie, er hat mir eine Menge beigebracht. Es gibt einen Haufen kleiner Dinge, die das Ganze ziemlich erleichtern, wenn man sie kennt.

Hier demonstrierte Jim seine Fähigkeit zur Idealisierung: Er konnte hochsehen und von diesem älteren, erfahreneren Mann lernen und sich durch den Austausch bereichert, und nicht bedroht, fühlen – ein weiteres wichtiges Zeichen für Jims Fortschritt.

Therapeut: Oh, ja. Wie in jedem anderen Geschäft. Aber ich glaube, dies ist das erste Mal, daß Sie in einem solchen festen Rahmen arbeiten?

Jim: Ja.

Therapeut: Ist irgendwie aufregend, nicht wahr?

Jim: Oh, ich weiß nicht.

Therapeut: Doch, sicher. Ich stelle mir das sogar als eine Art Reifeprüfung vor. Wenn Sie dafür sorgen, daß diese Party läuft, den Anzug tragen und all dies, werden Sie als richtiger Kellner anerkannt. Ein Kellner, der Anspruch auf gute Bezahlung hat, und von dem erwartet wird, daß er seinen Job professionell macht.

Jim: So ist es wohl.

Therapeut: Ich erinnere mich, daß ich in Ihrem Alter in einem Krankenhaus einen Putzjob hatte. Nach einer Weile durfte ich den Pflegern helfen, Patienten in Rollstühlen herumzufahren, Röntgenaufnahmen überbringen und solche Sachen. Das war erheblich interessanter als einen Besen zu halten, und als sie sahen, daß ich mich wirklich anstrengte und hart arbeitete, wurde ich befördert. Ich werde nie vergessen, wie aufgeregt ich war, als ich zum Operationssaal ging und eine weiße Hose, ein weißes Hemd und eine Schürze anzog, die Standarduniform für meine neue Position. Ich war sehr stolz und dachte, daß ich toll aussah, aber gleichzeitig schämte ich mich und fragte mich, ob man mich vielleicht auslachen und nicht ernst nehmen würde. Niemand lachte. Auch sagte niemand etwas, was mich enttäuschte. Sie akzeptierten die Tatsache, daß ich jetzt Pfleger war, ohne weiteres, aber ich brauchte eine Weile, es selbst zu akzeptieren. Bewundert werden wollen, aber doch Angst haben, daß es nicht geschieht, das führt zu einer Erregung, mit der wir manchmal nicht gut umgehen können. Nun, wie dem auch sei, Sie sehen großartig aus. Mußten Sie sich die Fliege selbst binden?

Als Jim reifer wurde, konnte er es zulassen, Affekte zu erleben, vor denen er früher geflüchtet wäre. Die Tatsache, daß es die Umstände mit sich brachten, daß er zu dieser Stunde in seinem Smoking kommen mußte, war eine glückliche Fügung. Solche Gelegenheiten bieten Möglichkeiten für therapeutische Interventionen, die jedoch, wenn sie nicht bei der richtigen Gelegenheit erfolgen, die keimende Selbstachtung eines Patienten empfindlich verletzen können. Mit meinen Bemerkungen versuchte ich die Gefühle aufzunehmen, die Jim meiner Vermutung nach zu dieser affektiv stark besetzten Zeit hatte, so wie eine Mutter sich affektiv auf ihr Baby einstellt, indem sie mit der Tonlage und dem Rhythmus ihrer Stimme die Aktivität des Kindes aufnimmt (Stern 1985): Ich erzählte Jim, wie ich mich fühlte, als ich mich vor vielen Jahren in einer ähnlichen Lage wie er jetzt befunden hatte. Die Erinnerung an diese Zeit meines Lebens wurde wachgerufen, als ich sah, wie stolz Jim war, und gleichzeitig zu schüchtern, um mich wissen zu lassen, wie gut und wichtig er sich fühlte – mit seinem Smoking als sichtbarem Beweis, daß man ihn für so kompetent hielt, daß man ihn befördert hatte. Nach meiner kleinen Rede wollte ich ihm nicht das Gefühl vermitteln, daß er darauf antworten mußte; ich wollte ihn nicht damit verunsichern; es genügte, daß er hörte, daß ich seine Gefühle verstehen und teilen konnte. Deshalb kam ich auf den neutraleren Aspekt des Gesprächs zurück und lud ihn ein, mir mehr zu erzählen über die Einzelheiten seiner Ausstattung und die vor ihm liegende Arbeit.

Wenn der Therapeut den Impuls verspürt, eine persönliche Erfahrung mit einem Patienten zu teilen, erhebt sich die Frage, ob dies wirklich im Interesse des Patienten ist, oder ob es mit dem Bedürfnis des Therapeuten zusammenhängt, verstanden zu werden (das heißt, ob der Therapeut den Patienten dazu benutzt, eine Selbstobjekterfahrung zu machen). Kam letzteres einmal vor, habe ich mich über diesen Bruch in der Technik bestimmt geärgert, wenngleich es beim Patienten keinen Schaden anzurichten schien. Ich habe im Laufe der Jahre gelernt, mich zurückzuhalten, wenn ich einen großen Drang verspürte, einem Patienten etwas über mich oder meine Lebenserfahrungen mitzuteilen. Dieser starke Drang zeigt mir an, daß ich innerlich nicht genügend von meiner affektiven Reaktion auf den Patienten distanziert bin, und daß es gut wäre, meine Bedürfnisse von den seinen zu trennen, bevor ich etwas sage. Hier in Jims Fall gelang es mir gut, abzuwägen, was dafür und was dagegen sprach, ihm meine Erfahrung mitzuteilen. Am Ende entschied ich mich dafür: erstens, wie ich schon sagte, weil es mir die dem Stand der Behandlung am besten entsprechende Möglichkeit schien, zu zeigen, daß ich mich auf seine affektive Botschaft eingestellt hatte; zweitens aber, weil ich ihm auch vermitteln wollte, daß das Phantasieleben, das nun meiner Vermutung nach für ihn möglich wurde, an und für sich nicht beschämend war. Weit davon entfernt, mich von ihm abzugrenzen, fühlte ich mich ihm mit solchen Erfahrungen verwandt. Zu oft erfahren Jugendliche, vor allem, wenn sie keine Romane lesen, nie, daß sie sich von ihren gleichaltrigen Gefährten – oder den älteren, in diesem Fall – nicht so sehr unterscheiden, da alle im Notfall ihre Phantasie zu Hilfe nehmen, um Unterstützung, Beruhigung oder Anregung zu finden (s. auch Basch 1980, SS. 143 – 45).

Jim:	Nein, sie geben einem eine Fliege zum Anstecken.
Therapeut:	Kann ich sie vielleicht sehen?
Jim:	Es ist heiß hier drinnen.
Therapeut:	Ja, es ist warm hier drinnen – aber auch der Konflikt zwischen dem Wunsch, gesehen zu werden und der Furcht, daß dieser Wunsch nur zu Enttäuschungen führen wird, erzeugt eine innere Spannung, die Ihr Herz schneller schlagen läßt und bewirkt, daß Sie sich heiß, verschwitzt und überreizt fühlen. Mit anderen Worten, wir neigen dazu, uns zu schämen, wenn wir nicht ganz sicher sind, wie wir in unserer neuen und unvertrauten Rolle aufgenommen werden.
	(*Jim sagte nichts, zog aber seinen Mantel und Schal aus und ließ sie auf den Boden fallen.*)
	Gut. Jetzt fühle ich mich auch besser. Stehen Sie doch bitte mal eine Minute auf. (*Jim steht auf*) Gar nicht schlecht. Sie haben Sie wirklich gut gekleidet. Ich finde, Sie sehen nett und sehr professionell aus. Was wird es bei dieser Party zu essen und trinken geben?

An dieser Stelle half ich Jim, mit seinen Schamgefühlen umzugehen. Dabei spreche ich nicht von der pathologischen Scham – der Scham über die Scham und über Gefühle im allgemeinen, die den massiven Rückzug und die Isolation bedingte, in der er sich befand, als er zum ersten Mal zu mir kam. Vielmehr meine ich die eher normale, zu erwartende Scham, die oft in Zusammenhang mit gesundem Exhibitionismus auftaucht und aus dem Gefühl besteht, Bewunderung zu verdienen und gleichzeitig zu fürchten, daß einem diese vorenthalten wird. Ich erklärte Jim, was meiner Meinung nach in ihm vorging, und übte auch Druck auf ihn aus, zu handeln und sich seiner Angst in meiner Gegenwart zu stellen. Ich ließ ihn aufstehen, weil ich hoffte, es würde ihm ein wenig leichter fallen, mit diesem Gefühl umzugehen, wenn es in anderen, ähnlichen Situationen wiederauftauchen würde, wo er aufgrund seiner neu gefundenen Kompetenz zu Recht mit sich zufrieden und auf sich stolz war – mit anderen Worten, ich *desensibilisierte* ihn gegen seine Scham.

Dadurch, daß Jim seine Gefühle kennenlernte und sie zunehmend akzeptierte, wurde er frei, mit seinem Leben mehr anzufangen als einfach ständig seine früheren Enttäuschungen zu wiederholen. Ich erfuhr nun nach und nach mehr über den Manager, seine Kollegen und die Gäste des Restaurants. Anstatt einfach nur auf das zu antworten, was ich sagte, brachte Jim Gesprächsthemen

ein. Zuerst sprach er mit mir, als erwartete er, daß ich nichts von dem verstand, was er sagte, bis er schließlich meine Meinung über seine Interaktion mit verschiedenen Leuten des Restaurants wissen wollte.
Es war für mich offensichtlich, daß jetzt eine Blockade für Jims psychologische Entwicklung überwunden war, und daß er nun aus Erfahrung lernte anstatt sein Verhalten einfach von vorher festgelegten Überzeugungen bestimmen zu lassen. Es war nie in Frage gestanden, daß er dafür genügend Intelligenz besaß; meine anfängliche Hypothese, die ich dann in der therapeutischen Situation prüfte, war, daß er durch das Bedürfnis, affektive Stimulierung zu vermeiden, im Leistungsbereich blockiert war. Ich vermutete aufgrund der Art und Weise, wie sich Jim am Anfang mir gegenüber benahm, daß seine Erwartung, die Mobilisierung von Hoffnung, Erregung, Begeisterung oder Sich-auf-etwas-Einlassen werde nur zu bitterer Enttäuschung führen, letztlich verhinderte, daß er sich bietende Möglichkeiten für soziale und intellektuelle Entwicklung, die sich ihm boten, wahrnahm. Als sich durch die Krankheit seiner Mutter und die darauffolgende Reaktion seines Vaters die Gelegenheit bot, an diesem Aspekt seiner Entwicklung zu arbeiten, ergriff ich sie. Ich glaube, es war richtig, dies zu tun, denn nachdem er in der Lage war, die affektiven Erfahrungen, die sein Leben geformt hatten, wiederzuerleben und sich mit ihnen zu befassen, konnte eine weitere Reifung einsetzen.

Abschluß der Behandlung

Jim begann über eine mögliche Karriere im Restaurant- und Hotelmanagement nachzudenken. Als er sich bei den entsprechenden Schulen nach Kursen erkundigte, die zu einem Zertifikat in diesem Bereich führten, stellte er fest, daß ein High-School-Abschluß die Voraussetzung für die Aufnahme war. Zuerst versuchte er, sich das, was ihm noch fehlte, in Fernkursen zu erarbeiten, aber er hatte nicht die Disziplin, selbständig zu lernen und dann die Aufgaben zu machen, die er an die Schulzentrale zurückschicken mußte. Er war zu stolz, um eine Wiederaufnahme in die High-School am Stadtrand zu bitten, von der er abgegangen war; er wollte kein Mitschüler der jüngeren Brüder und Schwestern seiner früheren Klassenkameraden werden. Schließlich machte er eine Schule im Stadtzentrum ausfindig, die Kurse für Leute wie ihn anbot, die nach Verlassen der High-School feststellten, daß die Nachteile eines fehlenden Abschlusses dafür sprachen, es noch einmal zu versuchen.
Als er zum ersten Mal einige Kurse an dieser Schule besuchte, war er ein wütender Prahlhans: Er ging wieder in die Schule, war dort mit einem Haufen harter Jungs zusammen, die sich auch nichts gefallen ließen, und wehe dem Lehrer, der ihn reizte... Ich verstand sein Verhalten als Regression zu der Aggressivität, die er im Erstinterview mir gegenüber gezeigt hatte. Es war seine Art, auf Anforderungen zu reagieren, denen er sich früher – weil so allein –

nicht gewachsen gefühlt hatte. Ich teilte ihm diesen Gedanken mit und erklärte, daß das, was in ihm ablief, weder ungewöhnlich noch unerwartet war. Jeder, der von starken Gefühlen bedroht wird, kann vorübergehend seine logische Problemlösungsfähigkeit verlieren und seine Angst hinter Ärger und ähnlichem verstecken. Mit anderen Worten, er verhält sich mehr wie ein kleines Kind, das noch nicht groß genug ist, sich dadurch zu helfen, daß es über die Ursache der Angst nachdenkt. Also, sagte ich zu Jim, war der erste Geschäftsordnungspunkt, die Art des Affektes festzustellen, mit dem er umzugehen versuchte. Ich mutmaßte, daß der Ärger sekundär war; daß er durch tiefere Gefühle, nämlich Zweifel und Scham verursacht wurde: Zweifel, ob er es jetzt schaffen würde, weil er seinen Fernkurs nicht fertiggemacht hatte; Scham, weil er zugeben mußte, daß er auf den konventionellen Weg zurückgehen mußte, den er früher verschmäht hatte.

Daß Jim an diesem Wendepunkt weniger fähig war, mit seinen Affekten umzugehen, und in Folge davon ein Stück weit seine Bewältigungsfähigkeit einbüßte, war nichts Unerwartetes. Kohut (1987) hat darauf hingewiesen, daß das Selbst in einer Zeit, in der Reifungsfortschritte gemacht werden, aber noch nicht gefestigt sind, besonders verletzbar ist. In solchen Zeiten muß der Therapeut den Patienten unterstützen, indem er ihm zu verstehen hilft, daß ein vorübergehendes Nicht-Funktionieren zu erwarten ist, daß dies den Fortschritt des Patienten jedoch durchaus nicht aufhebt, sondern ihn bestätigt.

Jim:	Wenn er (*sein Vater*) sagt: »Ich habe es dir ja gesagt«, schlage ich ihn k.o.
Therapeut:	Ich denke, Ihre Gefühle wären sehr verletzt. Wenn Sie verletzt sind, brauchen Sie Verständnis. In dieser Hinsicht sind Ihre Eltern nicht so großartig, wie wir wissen. Sie müssen immer mit Zurückweisung und Unverständnis rechnen. Dadurch wird es schwierig für Sie, Ihre Schritte zurück zu verfolgen und es noch mal zu versuchen, wenn Sie glauben, einen Fehler gemacht zu haben. Aber ich denke nicht, daß Sie befürchten müssen, Ihren Vater zu schlagen, ihn k.o. zu schlagen. Sie haben diese Grenze noch nie überschritten, und ich glaube nicht, daß Sie es jetzt tun werden. Aber wenn Ihr Vater Sie in Ihren Gefühlen wieder nicht verstünde, würde es ziemlich wehtun. Wir müssen Sie deshalb auf diese Enttäuschung vorbereiten, damit Sie Ihre Ausbildung nicht gefährden oder Ihre Lust darauf verlieren, nur um mit ihm abzurechnen.
Jim:	Ich glaube, ich komme damit zurecht.
Therapeut:	Das denke ich auch. Aber die Frage ist, wie sehr Sie verletzt sein werden, wenn es soweit ist. Indem Sie

	darüber nachdenken, was Sie möglicherweise zu erwarten haben, wie Sie sich vielleicht fühlen werden, was Sie tun werden und wie Sie sich mit dem fühlen werden, was Sie getan haben, bereiten Sie sich darauf vor, die Dinge zu handhaben anstatt sich dem Augenblick, in dem es geschieht, auf Gedeih und Verderb auszuliefern.
Jim:	So mache ich es bei der Arbeit. Es ist wie ein Spiel. Mittlerweile kann ich einen ganzen Tisch abschätzen, wie ich am besten auf die Gäste zugehe, und zwar einfach aufgrund der Art und Weise, wie sie aussehen und handeln. Ein paar meiner Kollegen können einem sagen, was die Leute bestellen werden, noch bevor die Menükarte verteilt ist, und wieviel Trinkgeld sie kriegen werden.
Therapeut:	Haben Sie jemals versucht, sie umzudrehen? Einen Miesepeter zum Lachen zu bringen, so daß er Ihnen am Ende entgegen seiner Absicht ein Riesentrinkgeld gibt?
Jim:	*(Lachend)* So wie Sie es mit mir machen. Wenn ich nichts zu sagen habe, kriegen Sie schließlich doch was raus aus mir.
Therapeut:	Genau – und jeder fühlt sich dann besser.
Jim:	Es ist leichter, wenn es nicht die eigene Familie ist.
Therapeut:	Das ist wahr. Man kann besser Abstand nehmen, objektiver sein, wenn die Betreffenden nicht seit den ersten Lebenstagen eine Rolle im eigenen Leben spielen. Sie bedeuten einem dann nicht so viel. Das heißt, sie können einem nicht so leicht diese grundlegende Enttäuschung des Mißverstandenseins bereiten, die wir als hilflose Babys oder kleine Kinder erfuhren.

Daß Jims Regression vorübergehend war, wird von der Tatsache unterstrichen, daß wir in der Lage waren, mit seinen Schwierigkeiten auf einer verbalen, interpretativen Ebene umzugehen: Er mußte mir nicht durch ein Ausagieren außerhalb der Behandlungssituation zeigen, daß er Probleme hatte und Hilfe brauchte. Des weiteren konnte ich seine neu entwickelte Fähigkeit ansprechen, Probleme mittels Vorstellung und Phantasie anzugehen. Er konnte Analogien verwenden, um klarzumachen, was vor sich ging, und auf meine Kosten einigen Humor an den Tag legen. Seine Erkenntnis, daß seine und meine Strategien beim Umgang mit unserer jeweiligen Kundschaft ähnlich waren, zeigte an, daß ihm an dieser Stelle eine Alter-ego-Übertragung auf mich Unterstützung gab.

Es war nicht überraschend, daß Jim ganz gut zurechtkam, als er wieder zur Schule ging. Da er äußerst intelligent war, stellten die Kurse keine große Herausforderung für ihn dar, nachdem seine Affekte unter besserer Kontrolle standen. Er konnte unsere Stunden mehr und mehr als Puffer benutzen, um ein Überreagieren oder unangemessene Reaktionen auf schwierige zwischenmenschliche Situationen zu verhindern. Auf das Gefühl, von Lehrern oder Schulverwaltern ungerecht behandelt zu werden, reagierte er mehrfach fast mit einem erneuten Schulabbruch. Aber es fiel ihm zunehmend leichter, das Gefühl hinter seiner Wut zu erkennen – die Verletztheit über das Nichtverstandenwerden, und was dies in ihm wachrief – und dann die Vergangenheit von der Gegenwart zu trennen, bevor er handelte.

Sein Sozialleben wurde nun immer lebhafter, und er gewann Freunde und Freundinnen. Zum ersten Mal in seinem Leben – er war jetzt bald neunzehn – fühlte er sich selbstbewußt genug, um sich mit Mädchen zu verabreden. Er hielt sich für beliebt genug, um ertragen zu können, daß seine Einladungen manchmal zurückgewiesen wurden oder die Verabredungen mit ihm nicht eingehalten wurden.

Zu gegebener Zeit erhielt er nicht nur sein Diplom, sondern schloß sogar mit Auszeichnung ab. Um dies zu würdigen, schenkte ich ihm ein Geschichtsbuch über die berühmtesten Hotels der Welt. Ich schrieb eine Gratulation hinein, in der ich ausdrückte, daß sein Abschluß nicht nur eine schulische Leistung, sondern auch einen persönlichen Sieg darstellte, und daß ich mich glücklich schätzte, dabei Zeuge gewesen zu sein.

Kurz nach der Abschlußfeier fing Jim auf einer Schule für Gaststättengewerbe an, stellte aber bald fest, daß er die Ausbildung, die er anstrebte, am besten in Europa bekommen konnte. Eine kleine Geldanlage, die sein Vater früher für seine Ausbildung eingerichtet hatte, war inzwischen soweit angewachsen, daß er im Ausland studieren konnte. Kurz nachdem er in dem von ihm gewählten Beruf die Grundausbildung abgeschlossen hatte, ging er – mit glühenden Empfehlungen seiner Lehrer und seines vorherigen Arbeitgebers – zu einem weltbekannten französischen Küchenchef in die Lehre.

Ich hatte ihn aufgefordert, mir zu schreiben oder mich anzurufen, wenn er das Bedürfnis hatte. Kurz nachdem er sich in Übersee niedergelassen hatte, erhielt ich einen positiv lautenden Brief. Ich schrieb zurück, aber ich hörte erst wieder an Weihnachten von ihm, als ich von ihm ein paar Zeilen erhielt, die ich wiederum beantwortete. Die nächsten paar Jahre schrieben wir uns immer zu Weihnachten ein Kärtchen.

Ich sah Jim nur noch einmal, etwa fünf Jahre nach Beendigung seiner Therapie. Er war zur Beerdigung seiner Mutter zurückgekommen. Angeblich war sie nach einem plötzlichen und unerwarteten Herzanfall gestorben, aber er hatte Grund zu dem Verdacht, daß sie Selbstmord begangen hatte. Er war von ihrem Tod nicht besonders betroffen und fühlte keinen Verlust, nur ein vages Mitleid mit ihrem unglücklichen Leben. Er hatte das Gefühl, als hätte er seine Kindheit und alles, was damit zu tun hatte, abgestreift, als er nach Europa ging; sein Leben spielte sich jetzt anderswo ab.

Während seines Besuches zeigte er mir auch einige Bilder von sich und einer Frau, mit der er ein Jahr lang zusammengelebt hatte. Sie war eine Witwe mit zwei kleinen Kindern, an denen er sehr hing. Er wollte sie heiraten, aber sie wollte nicht, weil sie der Meinung war, ihr Altersunterschied – sie war fünfzehn Jahre älter als er – würde nur zu unlösbaren Problemen führen. Er hatte nach der Trennung sehr um sie getrauert, aber er vermißte die Kinder sogar noch schmerzlicher. Er war sich bewußt, daß in dieser Beziehung *er* ihnen das gab, was er nie erhalten hatte, und daß dies ein Schritt auf seinem langen Weg der Heilung seiner Wunden war. Es war für mich deutlich, daß seine affektive Reifung nach der Beendiung seiner Therapie bei mir weitergegangen war, und daß er jetzt in der Lage war, komplexe Gefühle zu erleben und zu artikulieren. Er erzählte mir, daß seine Karriere gute Fortschritte machte, daß er mit seinem Leben zufrieden wäre und daß er nicht glaubte, jemals wieder für immer in die Vereinigten Staaten zurückzukehren. Er hatte vor, weiter zu arbeiten und sein Können in verschiedenen berühmten Küchen Europas zu erweitern und er hoffte, einmal auf dem Kontinent sein eigenes Gasthaus eröffnen zu können.
In viereinhalb Jahren Psychotherapie mit einer Sitzung pro Woche wurde Jim Zurf von einem konfusen Sechzehnjährigen, der sich gegen seine Sehnsucht nach menschlichem Kontakt und Zuwendung nur durch unfreundliches und unzugängliches Verhalten wehren konnte, zu einem jungen Mann, der wichtige affektive Reaktionen nicht nur tolerieren, sondern auch mit Erfolg um solche werben konnte. Er wurde fähig, seine Gefühle zu artikulieren und sie symbolisch zu beeinflussen. Außerdem war er in der Lage, seine Vorstellung zu benutzen, um Zukunftspläne zu machen und seine Phantasie einzusetzen, um sich zu entspannen, wenn er über- oder unterstimuliert war. Die Inhalte von beidem – der Abwehr gegen seine Bedürfnisse und das Ausdrücken seiner Bedürfnisse in der Übertragung – standen primär in Zusammenhang mit den Themen Bindung und Zuneigung. Nachdem er mit diesen offen umgehen konnte, schien die Entwicklung in den Bereichen Autonomie, Kreativität und Psychosexualität zufriedenstellend fortzuschreiten, ohne daß eine spezifische Intervention von meiner Seite notwendig war. Als die Übertragung ausgebildet war, war sie haupsächlich eine Spiegelübertragung, aber es kamen auch Elemente der idealisierenden und der Alter-ego-Übertragung ins Spiel. In Jims Behandlung wurde die Übertragung nicht durch Deutung aufgelöst. Sie wurde statt dessen dazu benutzt, die Lücken in seiner Entwicklung zu heilen, die durch die traumatischen Entbehrungen seiner Kindheit entstanden waren. Durch die *umwandelnde Verinnerlichung* der Selbstobjektfunktionen des Therapeuten wurde die Übertragung durch das ersetzt, was Kohut (1977) *kompensatorische Stuktur* nannte: Bewältigungsfertigkeiten, die nicht mehr defensiv sind, sondern die verläßlich dazu beitragen, die Kohäsion des Selbstsystems aufrechtzuerhalten. Ich hätte zu Beginn unserer Arbeit nicht mit Sicherheit voraussagen können, ob Jim die Ausdauer oder Fähigkeit haben würde, mit

Hilfe der Psychotherapie einen solch dramatischen Wachstumsprozeß zu machen. Ich hatte viele Patienten, die anfangs viel weniger gestört schienen als Jim, aber die ihre Sache nicht annähernd so gut machten. Alles in allem war seine Behandlung für mich eine äußerst lehrreiche und dankbare therapeutische Erfahrung.

8. Rückzug der Gefühle in der Depression

Der Mann, den Gott nicht wollte: Roger Flynn

Roger Flynn, vierundvierzig Jahre alt, wurde mir zur Begutachtung überwiesen, da er in Gefahr stand, seine Stelle zu verlieren. Seine Arbeitgeber hatten festgestellt, daß er immer häufiger unentschuldigt der Arbeit ferngeblieben war und zunehmend unfähiger wurde, am Montageband mit anderen zusammen zu arbeiten. Dies war nach ihrer Meinung ein Entlassungsgrund. Seine Gewerkschaft hingegen vertrat die Ansicht, daß seine Schwierigkeiten medizinisch-psychologische Gründe hätten und er einen Genesungsurlaub bekommen sollte, ohne dadurch irgendwelche Nachteile zu erleiden. Der gewerkschaftliche Vertrauensarzt teilte mir mit, daß Mr. Flynn von Kopf bis Fuß untersucht worden war, einschließlich neurologischer Tests, und daß er bis auf einen geringfügig erhöhten Blutdruck bei guter Gesundheit war. Als mich Mr. Flynn anrief, um einen Termin zu vereinbaren, klang er ärgerlich. Er hielt nicht damit hinter dem Berg, daß er nur kam, weil ihm gesagt worden war, daß er mußte. Als ich vorschlug, eine Zeit auszumachen, die uns beiden paßte, war seine Stimme barsch und bitter, als er sagte: »Ist mir egal, sie haben mich von der Arbeit beurlaubt. Ich habe sowieso nichts zu tun.«

Erstinterview: Vom Erstaunen zur Orientierung

Als ich an dem verabredeten Tag ins Wartezimmer ging, um ihn zu holen, kam mir bei seinem Anblick sofort der Einfall, Mr. Flynn wäre für die Möbel zu groß. Er hing auf dem Stuhl, seine Beine weit in den Raum gestreckt, so daß man leicht darüber stolpern konnte. Er hatte einen Overall aus Jeansstoff an und ein kariertes Sporthemd, dessen Kragen offenstand. Eine nach unten gezogene Schirmmütze verbarg die Hälfte seines Gesichts. Er war gerade dabei, sich eine Zigarette anzuzünden. Von mir keinerlei Notiz nehmend, schnippte er das Streichholz aus und zog den Aschenbecher zu sich her. Schließlich sah er mich ziemlich böse an. Meinen Gruß nahm er kaum zur Kenntnis, widerwillig schüttelte er meine dargebotene Hand. Dann nahm er seine Mütze ab und folgte mir ins Praxiszimmer. (Mr. Flynns Erscheinung und Verhalten verstärkten meine anfänglichen Bedenken, die mir bereits während unseres Telefonats gekommen waren; und als ich ihn hineingeleitete und ihn aufforderte, sich zu setzen, wurde ich mir meiner Muskelanspannung bewußt: es war so, als würde ich mich darauf vorbereiten, einen Angriff abzuwehren. Erst später erinnerte ich mich daran, daß mir die Tatsache, daß er seine Mütze abgenommen hatte, als er das Behandlungszimmer betrat, angenehm aufgefallen war.)

Therapeut: Also, Mr. Flynn, Sie wissen natürlich, daß mich Ihre Gewerkschaft gebeten hat, einen Bericht über Ihre psychische Verfassung im Zusammenhang mit Ihrer Arbeitssituation zu erstellen.

Mr. Flynn: Das hat man mir gesagt.

Therapeut: Erzählen Sie mir doch, was aus Ihrer Sicht bei der Arbeit geschehen ist, und warum Sie zu mir geschickt wurden.

Mr. Flynn: Eigentlich sollten Sie darüber einen Bericht von denen bekommen haben.

Therapeut: Ja, den habe ich hier, aber ich habe ihn noch nicht gründlich gelesen. Ich würde viel lieber zuerst hören, was Sie mir über sich zu sagen haben.

Ich bemerkte, daß sich sein Gesicht, bisher immer gleich mißmutig, aufhellte, wenn auch nur für einen Augenblick. Wenn es auch kurz war, so ließ es mich hoffen. Es erinnerte mich an eine junge Frau, die einige Jahre vorher bei mir gewesen war; sie hatte unsere erste Stunde mit einer Schmährede gegen Ärzte im allgemeinen und Psychiater im besonderen begonnen. Als sie mich schließlich anklagte, nur ihr Geld zu wollen, antwortete ich, nun, da sie das Thema auf den Tisch brachte, könnten wir gerne über den finanziellen Aspekte unserer Arbeit reden. Ich nannte ihr meinen Stundensatz, fragte sie, ob sie darauf vorbereitet war, ihn zu bezahlen und informierte sie, daß ich, wie sie richtig angenommen hatte, erwartete, sofort bezahlt zu werden. Ihr Gesicht erhellte sich wie bei Mr. Flynn einen Augenblick lang, und es folgten zwei produktive Jahre Psychotherapie. Erst nach ein paar Behandlungsmonaten konnten wir über die symbolische Bedeutung ihrer Anfangsattacke sprechen: nämlich, die Angst, daß ich wie ihre Eltern scheinheilig sei, meine Bedürfnisse und Erwartungen verleugnete, behauptete, mich allein für ihr Wohlergehen zu interessieren und dann von ihr die gleiche selbstaufopfernde Hingabe zu verlangen. All dies fiel mir in den Bruchteilen von Sekunden ein, als sich Mr. Flynns Gesicht erhellte. Ich hatte nun zwei entgegengesetzte Erwartungsmuster – ein pessimistisches und ein optimistisches – und ich war bereit, diese mit den Signalen zu vergleichen, die Mr. Flynn im weiteren Verlauf senden würde. Meine Anspannung wich nun meinem Interesse für den Weitergang unseres Gesprächs.

Therapeut: (*Fährt fort)* Ihr Arzt sagte mir am Telefon, daß es bei der Arbeit einige Probleme gab; daß Ihre Firma Sie feuern will, daß Ihre Gewerkschaft denkt, es sei eine medizinische Angelegenheit, und daß Sie offenbar körperlich gesund sind. Es wäre schön, wenn Sie mir jetzt Weiteres erzählen würden.

Mr. Flynn: Werden Sie ihnen weitergeben, was ich sage?

Therapeut: Nicht unbedingt. Wenn ich nach unseren Gesprächen genügend Informationen habe, um den Bericht zu erstel-

	len, werde ich ihn mit Ihnen durchsprechen und Sie können entscheiden, ob er so weggeschickt werden soll. Wie ich Ihrem Gesundheitsdienst sagte, mache ich nur so und nicht anders bei dieser Begutachtung mit.
Mr. Flynn:	Ich kann also nicht bestimmen, was Sie in Ihren Bericht schreiben, aber ich kann Ihnen sagen, daß Sie ihn nicht abschicken sollen?
Therapeut:	Genau. Außerdem bin ich völlig offen dafür, Ihre Anregungen aufzunehmen und meinen Bericht etwas abzuändern. Er wird jedoch dann, wenn wir ihn wegschicken, im großen und ganzen das enthalten, was wir besprochen haben und zu welchen Schlüssen wir gekommen sind.

Es beeindruckte mich, wie Mr. Flynn seine eigenen Interessen vertreten konnte. Er war intelligenter und differenzierter als ich seiner Haltung und Erscheinung nach erwartet hatte. Das ursprüngliche Erwartungsmuster, das durch seine Erscheinung und sein Benehmen erzeugt worden war, wurde durch die Erfahrung umgestoßen. Ich hatte den Patienten aufgrund eines nur kurzen Eindrucks in ein Schema gepreßt, das auf meinen eigenen früheren Erfahrungen basierte. Dies befriedigte immer weniger, je weiter die Stunde voranschritt. Ich begann dann, mir ein Modell des Patienten zu zimmern, das, wenn auch an diesem Punkt des Interviews noch vage, vielleicht dem, wie er wirklich war, näher kam. So schritt der Auswertungsprozeß auf eine Weise voran, die ziemlich das Gegenteil von dem war, was ich als Student über Erwartungen gelernt hatte: nämlich, daß der Psychiater, ohne zu urteilen, allein durch Sammlung von Fakten zu seinen Schlüssen über einen Patienten kommt. Meiner Erfahrung nach bildet man sich leicht am Anfang ein Urteil – der Patient hat diesen oder jenen Persönlichkeitstypus – , aber wenn sich der Patient nach und nach enthüllt, werden die Dinge weniger eindeutig. Dann denke ich nicht mehr über mögliche Schlußfolgerungen nach, sondern lehne mich zurück, um zu sehen, wie sich mein mentales Modell des Patienten herausbildet. Bezüglich Roger Flynn registrierte ich – zufällig, aber nicht unwichtig – die Tatsache, daß er keine offensichtlichen Denkstörungen hatte, daß seine Affekte zu seinem Verhalten und seinen Aussagen paßten, und daß er sich erfolgreich an die Interviewsituation anpaßte. Obwohl ich noch nicht sicher sein konnte, hatte er aller Wahrscheinlichkeit nach keine gravierende psychotische Erkrankung.

Mr. Flynn:	Wo soll ich anfangen?
Therapeut:	Versuchen Sie, mir auf Ihre Art mitzuteilen, was ich wissen muß, um Sie und die Umstände, in denen Sie sich befinden, zu verstehen. Wie zum Beispiel sehen Sie die Ereignisse, deretwegen Sie hierher kamen?
Mr. Flynn:	Ich bin weniger fürs Reden, mehr fürs Arbeiten. Jetzt

wollen sie mich loswerden.

Therapeut: Und Sie wollen den Job behalten?

Mr. Flynn: Ich habe nichts gegen meinen Job. Klar will ich bleiben. Jedenfalls habe ich keine Wahl, ich muß meinen Lebensunterhalt verdienen.

Therapeut: Woraus besteht Ihre Arbeit genau?

Mr. Flynn: Maschinen. Störungssuche, Qualitätskontrolle. Wenn die Geräte nicht richtig zusammengebaut sind, muß ich herausfinden, warum nicht. Manchmal wissen die Neuen nicht, was sie tun sollen, und ich muß es ihnen zeigen. Dann kommt es vor, daß man defekte Teile kriegt und rausfinden muß, wo im Fertigungsprozeß ein Fehler gemacht wurde. Solche Dinge.

Therapeut: Und Sie mögen den Job?

Mr. Flynn: Ich habe viel dafür getan, ihn zu bekommen, ich muß ihn mögen.

Therapeut: Wie meinen Sie das?

Mr. Flynn: Ich habe zwanzig Jahre gebraucht, um meinen Weg nach oben zu machen. Ich habe in dem Laden jede Art von Arbeit gemacht. Es gibt dort in der Abteilung nichts, was ich nicht tun kann. Ich habe nicht einmal die High-School abgeschlossen. Nie ist jemand, der nicht die High-School abgeschlossen hat, so weit gekommen. Einige haben sogar ein paar Kurse Ingenieurswesen auf dem College gemacht.

Therapeut: Kein Wunder, daß Sie stolz sind auf das, was Sie erreicht haben.

Mr. Flynn: Ich glaube, es ist das einzige, worauf ich stolz sein kann.

Es hörte sich an, als sei Mr. Flynns streitlustige Haltung nicht charakteristisch für seine übliche Art der Anpassung, sondern als sei sie vielmehr eine Reaktion darauf, daß er sich in Gefahr sah, seinen Job zu verlieren. Er schien zu sagen, daß die Arbeitssituation, in der er ein hohes Niveau an Kompetenz zeigte, seine Quelle der Selbstachtung war. Wenn dies so war, könnte sein Ärger in gewisser Weise ein gesundes Zeichen sein im Sinne eines aktiven Kampfes gegen Verzweiflung und gegen eine depressive Lösung.

Therapeut: Und trotzdem gibt es irgendwie Schwierigkeiten? Ist das neu?

Mr. Flynn: Erst seit sechs Monaten oder so, vielleicht ein bißchen länger. Ich hatte noch nie Schwierigkeiten, Sie können das nachprüfen. Ich würde nicht dort sein, wo ich bin, wenn ich Schwierigkeiten machen würde.

Therapeut: Welche Art von Schwierigkeiten?

Mr. Flynn: Ich komme einfach mit dem Boß von der Schicht nicht klar, das ist alles.

Therapeut: Wie kommt das?

Mr. Flynn: Weil er ein korinthenkackendes Arschloch ist! Darum! Können Sie das nicht verstehen? *(Der Patient, bis dahin ganz sachlich, war plötzlich so wütend, daß mich die Intensität seines Gefühls ziemlich betroffen machte.)*

Therapeut: Nicht genau. Ich war selbst schon öfter reichlich wütend, deshalb weiß ich, wie es sich anfühlt, so ärgerlich zu sein. Aber ich weiß deshalb noch nichts über den Grund, warum Ihre Situation so heftige Gefühle bei Ihnen auslöst. Was mich aus der Fassung bringt, stört Sie vielleicht überhaupt nicht, und umgekehrt.

Mr. Flynn: (*Immer noch sehr ärgerlich)* Nach zwanzig Jahren brauche ich mir von irgendeinem Deppen, der nicht länger bei der Firma ist als ich, nicht sagen lassen, was ich tun soll und wann ich was tun soll.

Therapeut: Womit nervt Sie der Boß?

Mr. Flynn: Er ist nicht mein Boß! Er ist der Boß auf der Schicht, das ist alles! Ich hätte das auch werden können, wenn ich gewollt hätte. Ein aufs Podest gehobener Vorarbeiter, das ist alles. Nur weil er einen weißen Mantel trägt, braucht er sich doch nicht mit dem Hauptbüro verbünden!

Therapeut: Und warum hackt er auf Ihnen rum?

Mr. Flynn: Er hat nie etwas Bestimmtes. Es ist seine Haltung, erhaben und mächtig. Die Art und Weise, wie er die Zahlen von mir entgegennimmt und auf seinen Notizblock schreibt. Wetten, er denkt, seine Scheiße stinkt nicht. Wenn etwas schiefläuft, tut er immer so, als sei es dein Fehler. Schreibt einen Bericht für die Großmeister da oben und macht mich für etwas verantwortlich, was ein Haufen Idioten, die man gar nicht erst hätte einstellen sollen, verbockt hat. Wenn die Produktion sinkt, ist das nicht meine Schuld! Ich muß es dann ausbügeln und ihnen zeigen, was sie falsch gemacht haben. Ich bin ein verdammter Schullehrer geworden, bin nicht mehr Maschinenschlosser. Anstatt in seinem komischen Mantel mit dem Notizblock rumrennen, sollte er lieber aushelfen, seine Ärmel gelegentlich mal hochkrempeln. Scheiße, ich kannte ihn schon, als seine Pfoten ziemlich schmutzig waren.

Therapeut: Hat er Ihnen Schwierigkeiten gemacht? Hat er über Ihre

	Arbeit so berichtet, daß Ihre Vorgesetzten Sie zur Rechenschaft gezogen haben?
Mr. Flynn:	Nein, nichts dergleichen. Er ist zu schlau, um gleich rauszukommen und mir was anzuhängen, was nicht Hand und Fuß hat. Aber es ist seine Haltung – die Art, wie er einen anschaut. Die anderen können sehen, was er denkt, der Hurensohn! Wie soll ich dafür sorgen, daß der Laden läuft, wenn mich meine eigenen Jungs auslachen.
Therapeut:	Haben die Männer am Band über Sie gelacht?
Mr. Flynn:	Das sollten sie besser nicht versuchen. Ich bin vielleicht kein Jugendlicher mehr, aber wer mit mir Ärger haben will, kann jederzeit mit mir rausgehen!

Mr. Flynns Ausbruch machte mir ein wenig Angst, denn er signalisierte, daß etwas vor sich ging, dem ich besondere Beachtung schenken sollte. Meine Ängstlichkeit war mit einer kleinen Desorientierung verbunden, die nicht durch die Intensität des Ärgers des Patienten entstanden war, sondern durch die Tatsache, daß er so grundlos schien. Unserem gewohnten Denkschema zufolge sollte der Auslöser für so eine heftige Reaktion klar und ohne weiteres identifizierbar sein. Wenn Mr. Flynn gesagt hätte, daß er wütend war, weil dieser Mann und nicht er befördert worden war, oder weil er ihn um etwas betrogen hatte, was rechtmäßig ihm gehörte, oder etwas ähnliches, hätte ich zumindest verstanden, wie der Patient seine Wut erklärt und rationalisiert. Ungeachtet meiner Bereitschaft, die Berechtigung des Ausbruchs des Patienten vorläufig anzuerkennen, ergab Mr. Flynns Ärger an dieser Stelle des Gesprächs noch keinen Sinn. Kurz spielte ich mit der Möglichkeit der Diagnose einer Paranoia. Vielleicht war es voreilig gewesen, eine Psychose auszuschließen. Obwohl man hieraus einen Fall von Verfolgungswahn machen könnte, paßte das allgemeine Bild, das Mr. Flynn abgab, nicht dazu. Verglichen mit den paranoiden Patienten, die ich gesehen hatte, war Mr. Flynn viel zu leidenschaftlich. Er wurde immer ärgerlicher und verwirrter, als er über seine Situation sprach, und versuchte, mir seine Wut hautnah darzubieten, während sich Paranoide gewöhnlich in die kühle Sicherheit eines gut organisierten Systems zurückziehen, das – jedenfalls ihnen selbst – eine plausible Erklärung liefert. Ich hatte den Eindruck, daß Mr. Flynn etwas zu rationalisieren versuchte, was ihn in der Gewalt hatte, ohne daß er wußte, warum oder wie dies geschehen war.

Therapeut:	Nun, Mr. Flynn, Sie sind sehr ärgerlich über etwas, aber ich denke, Sie tappen über die Gründe Ihrer Gefühle genauso im dunklen wie ich. Vielleicht sollten Sie und ich einen Blick auf diesen Bericht werfen, den der Arzt vom Gesundheitsdienst geschickt hat. Vielleicht kann er zur Klärung beitragen.
Mr. Flynn:	Wie Sie wollen.

Therapeut: *(Liest den Bericht und faßt den Inhalt zusammen)* Diesem Bericht nach sind Sie ein Spitzenmann! Das Ding liest sich wie eine Rede bei einer Auszeichnungsfeier. Nichts als Lob für Sie als Mensch, als Arbeiter und als Leiter Ihrer Gruppe. Offensichtlich versteht von denen auch keiner, was mit Ihnen los ist. Sogar dieser Typ, auf den Sie so wütend sind, Paul heißt er, glaube ich –

Mr. Flynn: Schwanzlutscher!

Therapeut: Paul kann gar nicht aufhören, Gutes über Sie zu sagen. Seiner Aussage nach haben Sie fast zur selben Zeit dort angefangen, und obwohl Sie nicht befreundet sind, sind Sie immer gut miteinander ausgekommen, während Sie beide die Karriereleiter hochgeklettert sind.

Mr. Flynn: Jetzt ist es anders. Das Zeugs, das Sie da erzählen, stammt von *damals*. Ist alles beschissener Quatsch, soweit es mich betrifft.

Therapeut: Paul kann sich nicht vorstellen, was mit Ihnen beiden geschehen ist. Soweit er weiß, sind Sie einfach immer bösartiger und unkooperativer geworden, die Produktion ist bedeutend gesunken, und alles, was er tun kann, ist, Ihnen den Arbeitsplatz freizuhalten.

Mr. Flynn: Ich sagte, das ist alles beschissener Quatsch!

Therapeut: Ich lese nur den Bericht über Sie vor, der mir zugeschickt wurde. Ich sage nicht, daß ich der Meinung bin, daß er das, was hier vorgeht, richtig wiedergibt. Sollen wir ihn zuerst durchgehen und dann darüber reden, ob Sie zustimmen oder nicht?

Mr. Flynn: Ja, machen Sie.

Therapeut: Es ist hier so dargestellt, daß Paul Sie alles andere als auf dem Kicker hat, sondern vielmehr alles in seiner Macht Stehende tut, um Sie gegen Ihre Vorgesetzten zu verteidigen –

Mr. Flynn: Er deckt nur…Okay, okay, ich bin schon still.

Mr.Flynns Fähigkeit, seine Wut zurückzuhalten, zeigte an, daß er auf einem höheren Niveau affektiver Reife funktionierte als Jim Zurf zu Beginn unserer Arbeit. Wenn er Angst hatte, konnte Jim nur angreifen oder sich zurückziehen; er konnte nicht warten, um zu sehen, was passiert, so wie es Mr.Flynn vermochte.

Therapeut: Paul scheint derjenige zu sein, der die Gewerkschaft aufmerksam gemacht und darauf bestanden hat, daß mit Ihnen aufgrund der dramatischen Veränderung Ihrer Persönlichkeit medizinisch etwas nicht in Ordnung sein muß. Des weiteren sieht es so aus, daß eine sehr gründliche und umfassende körperliche Untersuchung bei Ihnen keinerlei Probleme entdecken konnte.

Mr. Flynn: Warum wurden diese Tests mit den Drähten auf meinem Kopf und diesem anderen Ding gemacht?

Therapeut: Es war eine neurologische Untersuchung, ein Gehirnwellentest und ein Computertomogramm des Gehirns. Manchmal stehen plötzliche dramatische Persönlichkeitsveränderungen in Zusammenhang mit organischen Störungen des Gehirns – Infektionen, Schläge, Krebs oder anderen Arten von Tumoren. In Ihrem Fall war alles negativ – das heißt, es gibt keinerlei Anzeichen für einen Hirnschaden. So sind wenigstens einige Möglichkeiten ausgeschlossen worden, wenn uns auch der Bericht nicht positiv sagt, wo die Gründe liegen.

Mr. Flynn: Sie werden mich jetzt wohl als bekloppt vermerken, so ein Typ halt, der nicht ganz richtig im Kopf ist.

Therapeut: Die Beschreibung paßt nicht ganz zu Ihnen.

Mr. Flynn: Dann sollte ich nicht hier sein.

Therapeut: Im Gegenteil. Es kommen viele Leute hierher, die mit sich selbst oder dem Leben nicht klarkommen und nicht genau wissen, warum. Unser Job besteht darin, herauszufinden, was Sie so unglücklich macht.

Mr. Flynn: Was bringt es, das herauszufinden? Wenn man unglücklich ist, ist man unglücklich.

Therapeut: Soweit ich es aufgrund des Berichts beurteilen kann, haben Sie nur einen Feind, und zwar sich selbst, wenn wir auch noch nicht herausgefunden haben, warum Sie sich so selbstzerstörerisch verhalten.

Mr. Flynn: Sie glauben ihnen und nicht mir, ist es nicht so?

Therapeut: Nein, ganz und gar nicht. Das Problem ist, daß Sie auch keine Erklärung haben. Ich bin es gewohnt, daß sich Menschen über andere beklagen, sie für ihre Probleme verantwortlich machen. Dabei stellen sie das Ganze so dar, daß ihre Seite immer ganz und gar berechtigt und logisch erscheint. Der und der hat das und das bewirkt, und jenes dies und dieses das.

Wie schon mehrmals zuvor erläuterte ich an dieser Stelle dem Patienten nicht nur die Fakten, sondern erklärte, wie ich zu meinen Schlüssen gekommen war. Das bedeutet, ich zeigte ihm das Erwartungsmuster oder die Theorie, die ich bei meinem Versuch verwendete, ihn zu verstehen. Auf diese Art nahm ich meinem Tun nicht nur das Geheimnisvolle, sondern bereitete den Patienten auch darauf vor, später im Umgang mit sich selbst die gleiche Strategie anzuwenden.

Mr. Flynn:	Ich habe Ihnen schon gesagt, daß mich Paul anscheißt!
Therapeut:	Sie ersetzen Tatsachen durch Flüche. Vielleicht ist es Paul, auf den Sie wütend sind, aber bis jetzt haben Sie die Gründe dafür noch nicht sehr überzeugend dargestellt.
Mr. Flynn:	Das ist Ihre Meinung.
Therapeut:	Das ist meine Meinung – zumindest bis jetzt.
Mr. Flynn:	Was werden Sie also in Ihren Bericht schreiben?
Therapeut:	Wir sind überhaupt noch nicht soweit, daß wir einen schreiben können. Wir haben jedoch einen guten Anfang gemacht. Wir wissen, daß Sie ein respektierter, fähiger und erfolgreicher Mann sind, der weder körperlich noch geistig krank ist, und der auf dem besten Weg zu sein scheint, alles, wofür er sein Leben lang gearbeitet hat, kaputtzumachen. Warum, wissen wir nicht, aber irgendwie hat es etwas mit diesem Arbeitskollegen, Paul, zu tun, der Sie bis vor etwa sechs Monaten nicht zu stören schien.
Mr. Flynn:	So habe ich das noch nie auf die Reihe gebracht.
Therapeut:	Dabei ist es gar nicht so verschieden von dem, was Sie tun. Ich bin auch einer, der Störungen sucht und beseitigt. Wenn ein Mensch sich nicht so verhält, wie man erwarten kann, schaue ich mir zuerst die verschiedenen Teile an und versuche dann herauszufinden, warum die Dinge nicht ineinander greifen.
Mr. Flynn:	*(Ist sichtlich entspannter und lächelt sogar ein wenig, als er die Analogie bemerkt)* Nun, vielleicht ist irgendwo eine Schraube locker. Das ist vielleicht der Grund, daß ich in letzter Zeit oft so wütend werde. Ich habe so die Schnauze voll. Ich bin sprunghaft und reizbar. Ich schlafe nicht gut. Ich dachte, es ist vielleicht der Kaffee, aber als ich eine Woche lang keinen trank, wurde es schlimmer, nicht besser. Ich wollte, Sie könnten meinen Kopf ölen, damit die Teilchen weicher laufen, aber das können Sie nicht. Vielleicht werde ich einfach nur alt.
Therapeut:	Oh, ich wäre nicht so sicher, daß man das nicht wieder hinkriegt. Wir haben hier eine im Grunde gute Maschine, und sie ist nicht so alt. Vierundvierzig ist jung für die menschliche Maschine, vor allem für eine, die immer gut funktioniert hat und nicht wegen mangelnder Benutzung verrostet ist. Aber bisher haben wir uns nur einen Bereich Ihres Lebens angeschaut. Sie haben mehr als Ihren Job.

	Sind Sie verheiratet?
Mr. Flynn:	Diesen Monat fünfundzwanzig Jahre.
Therapeut:	Kinder?
Mr. Flynn:	Eins. Ein Sohn. *(Er murmelte irgend etwas.)*
Therapeut:	Was haben Sie gesagt? Ich konnte Sie nicht verstehen. *(Das freundlichere, entspannte Aussehen der letzten paar Minuten wich dem bitteren, ärgerlichen Gesicht, das Mr. Flynn zu Anfang gezeigt hatte.)*
Mr. Flynn:	Ich sagte, ich habe einen halben Sohn. Ein halber Junge, soweit ist es nun gekommen! (*An dieser Stelle stand der Patient von seinem Stuhl auf, das Gesicht einen Augenblick lang so wutverzerrt, daß ich dachte, er würde mich angreifen; aber mir wurde schnell klar, daß er sich meiner Gegenwart nicht bewußt war. In dem nun folgenden Ausbruch ging Mr. Flynn rasend schnell im Zimmer umher, zerrte an sich selbst herum und sprach so explosiv, daß sein Speichel buchstäblich in den Raum floß.)*

Idiot! Blöder Arsch! Arschloch! *(Diese Ausrufe setzten sich einige Zeit fort. Wie vorher wiederholte er seine Flüche ständig; sie waren unflätig und unorginell, aber der Ton vermittelte mehr Pathos und Verzweiflung als daß er beleidigend war. Ich machte keine Anstalten, ihn zu unterbrechen, und allmählich begann er wieder in Sätzen zu sprechen, jedoch immer noch mehr zu sich selbst als zu mir.)*

Oh nein, du konntest nicht hören, nicht wahr? Die hohen Tiere wußten es schon immer besser als ein alter Mann, oder? Du mußtest dich einziehen lassen! Geh zur Marine, sei ein Held, mach die ganzen Radiosendungen in deiner tollen Uniform! Nun, jetzt bist du ein Held, du armer Teufel, und alles, was du machst, ist eine Ladung in deine Hosen, die dein Vater, der dumme alte Hurensohn, der das Leben nicht kennt, saubermachen muß! Der Riesenidiot, dem nichts Besseres einfällt als um acht Uhr zur Arbeit zu gehen, zehn Stunden am Tag. Am Wochenende schneidet er Gras, und nirgends geht er hin, was also weiß er schon? Du wirst die Welt kennenlernen, leb dich aus, sei schlauer als ich – in einer Sackgasse und zu blöd, es zu merken! Verdammt viel hast du gesehen, bevor es dich erwischt hat! Ein stinkender Urwald, das ist es, wo du reingeraten bist. »Mach dir keine Sorgen, Vater, es ist alles geregelt. Sie brauchen wirklich Typen wie mich für die Band, die für die ganzen hohen Tiere spielt.« Sicher, sicher, mein Junge, hast du es schriftlich? Und selbst dann, wenn der Präsident persönlich unterschreiben würde, würde ich nichts drauf geben. Ich würde mir den Arsch damit abwischen. Alles Lügner. Alles Lügen, um dich in die Uniform zu kriegen. Das hast du dann auch gemerkt, nicht wahr? Aber dann war es ein bißchen zu spät, gell. Hast du nicht ein bißchen nachgedacht über das, was ich dir gesagt habe, als du da im diesem Dschungel lagst?

Hast du dich daran erinnert, wie das blöde Arschloch in dein Zimmer kam und dich anbettelte? Ja, auf meinen Knien, dein eigener Vater, auf seinen Knien, flehte dich an: »Mach das College fertig, niemand zwingt dich, niemand jagt dir nach. Sie bringen Menschen um, es ist nicht unser Krieg, laß diese Deppen alleine kämpfen.« »Oh, mach dir keine Sorgen, Pa, über alles machst du dir Sorgen.« Gut, jetzt siehst du die Welt, wenn ich dich im Rollstuhl schiebe! Vielleicht rollen wir ihn nach Washington und hören die Band im Weißen Haus, die, bei der du sicher mitspielen solltest! (*Mr. Flynn ließ sich nun in seinen Stuhl zurückfallen, bedeckte sein Gesicht mit seinen Händen und weinte einige Minuten lang)* Es tut mir leid, es ist das erste Mal, daß ich so geweint habe. (*Schluchzte wieder unkontrolliert; nach einer Weile bemühte er sich sichtbar sich zusammenzureißen.)* Das bringt uns nicht weiter. Sie haben ja damit nichts zu tun.

Therapeut: Bitte, Sie brauchen sich nicht zu entschuldigen.

Mr. Flynn: Ich war nie jemand, der sich bei anderen ausweint. Wir haben alle unsere Probleme, und niemand kümmert sich wirklich um einen, warum Sie also damit belästigen?

Therapeut: So wie Sie es beschreiben, klingt es, als sei das Rückgrat Ihres Sohnes verletzt worden, als sei er gelähmt.

Mr. Flynn: (N*ickt zustimmend)* Unterhalb der Taille. Doppelseitig. (*Seine Augen füllen sich wieder mit Tränen.*)

Therapeut: Besteht irgendeine Hoffnung, daß er sich zumindest zum Teil wieder bewegen kann?

Mr. Flynn: Nein, keine Hoffnung. Die Ärzte sagten, sie haben alles getan. Ich habe ihn zu Spezialisten gebracht. Ich haben denen von der Regierung nicht getraut, aber die anderen sagten dasselbe. (*Er fing wieder zu weinen an.)*

Therapeut: Wissen Sie, Mr. Flynn, ich halte es für möglich, daß der Ärger bei der Arbeit mehr mit dem zu tun hat, was ihrem Jungen passiert ist, als mit irgend etwas, was in Ihrem Betrieb geschehen ist.

Mr. Flynn: Ich weiß gar nichts mehr.

Therapeut: Wann wurde Ihr Sohn verletzt?

Mr. Flynn: Vor zwei Jahren im September.

Therapeut: Ich weiß, es ist nicht leicht, aber versuchen Sie, mir zu erzählen, was passiert ist.

Mr. Flynn: Das erste, was wir hörten, war die Nachricht des Krankenhauses, daß er aus Vietnam zurückgeschickt worden ist. Wir erfuhren es von der Sozialarbeiterin. Lenny schrieb nicht und wollte unsere Anrufe nicht entgegennehmen. Die Sozialarbeiterin sagte uns, das sei immer so, sie müssen sich erst an ihren neuen Zustand gewöhnen. Also wollte ich gleich an die Küste fliegen, aber sie sagte, ich solle warten. Und so redete ich einmal die Woche oder so mit ihr. Ein paar Monate später dann sagte sie, okay, kommen Sie her. Ich fuhr hin; meine Frau hatte ziemlich üble Arthritis, und als sie von Lennys Verletzung hörte, bekam sie das, was die Ärzte einen akuten Schub nennen – sie war die meiste Zeit im Bett, und ich sagte zu ihr, sie könne nicht reisen.

Ich habe wohl nicht wirklich geglaubt, daß es so schlecht stand, aber es entsetzte mich echt, ihn so zu sehen. Er hatte eine Menge Gewicht verloren, und er redete kaum mit mir. Es war so, als sei er jemand anderer, als ob sich seine ganze Persönlichkeit verändert hätte, wissen Sie. Oh, was hat es für einen Sinn? Ich will nicht mehr darüber reden.

Therapeut: Wenn Sie diese ersten Monate beschreiben, in denen Sie lernen mußten, mit Lennys Lage klarzukommen, klingen Sie nicht so aufgebracht. Sie scheinen jetzt viel wütender zu sein über das, was ihm passiert ist.

Mr. Flynn: Ich glaube, ich dachte, es würde besser werden. Daß er vielleicht irgendwie wieder laufen könnte. Ich weiß nicht warum. Dabei erklärten sie mir sogar schon damals, daß sie nichts mehr tun konnten.

Therapeut: Und dann haben sie ihn aus dem Krankenhaus entlassen?

Mr. Flynn: Nein, er war über ein Jahr im Krankenhaus. Aber wir ließen ihn in ein anderes verlegen, das näher war. Dort gab es dann eine Menge Schwierigkeiten mit Blasen- und Niereninfektionen, und seine Haut ging auf – wohl von der ständigen Sitzerei. Aber schließlich haben sie das zumindest hingekriegt.

Therapeut: Die letzten beiden Jahre waren für Sie sicher sehr schwierig. Aus irgendeinem Grund jedoch haben Ihre Probleme bei der Arbeit erst vor sechs Monaten angefangen?

Ich hörte dem, was mir der Patient erzählte, auf mehreren Ebenen zu. Zum einen nahm ich die faktischen Informationen auf, die mir ein zunehmend genaueres Bild von Mr. Flynns Leben lieferten und von den Erfahrungen, die den Hintergrund bildeten, auf dem ich, dies war meine Erwartung, seine gegenwärtige Situation besser verstehen würde. Zum zweiten versuchte ich den emotionalen Ton herauszuhören, von dem Mr. Flynns Erzählung dieser verschiedenen Ereignisse begleitet war. Ich bemerkte, daß er in der Lage war, ruhig und genau darüber zu berichten, wie er von der Krankheit seines Sohnes erfahren hatte. Er wurde auch nicht ärgerlich, als er die offensichtlich ernste arthritische Erkrankung seiner Frau erwähnte, wordurch er, zumindest am Anfang, die Last, mit Lennys Verletzung zurechtzukommen, alleine tragen mußte. Und schließlich suchte ich sowohl beim Zuhören als auch durch Nachfragen, nach den motivationalen Verbindungen zwischen Mr. Flynns gegenwärtigen Problemen bei der Arbeit und Ereignissen in der Vergangenheit, die diese Schwierigkeiten verständlich machen würden – bisher vergeblich.

Therapeut: *(Fährt fort)* Ist Lenny damals vielleicht nach Hause gekommen?

Mr. Flynn: Nein, das war vor zehn Monaten.

Therapeut: Wie ging es Ihnen damit?

Mr. Flynn: Was zum Teufel denken Sie, wie es mir ging?

Therapeut: Sehr schlecht, stelle ich mir vor. Ich denke, Ihren Sohn verkrüppelt zu sehen in einer Umgebung, die Sie wahrscheinlich mit seiner Kindheit verbinden, als er herumrannte und -sprang, muß sehr belastend gewesen sein.

Mr. Flynn: Sie haben es erfaßt. Sie hören sich an, als hätten Sie so was vielleicht auch schon mal mitgemacht. Ich weiß nicht, warum es mich manchmal so verrückt macht, wenn ich nur daran denke.

Ich bemerkte, wie sein Ärger wegschmolz, wenn ich in der Lage war, empathisch zu antworten – das heißt, die verborgene Botschaft seiner Verzweiflung, die er mir sandte, aufzugreifen – anstatt mich von seinem herausforderenden, aggressiven Ton bei seinem »Was zum Teufel denken Sie, wie es mir ging« zurückstoßen zu lassen.

Therapeut: Wissen Sie, mir fiel auf, daß Sie eher entsetzt und ungläubig als wütend klangen, als Sie über Ihren Jungen im Krankenhaus sprachen. War es sein Nachhausekommen, das Ihre Fähigkeit, mit der Situationen ruhig umzugehen, veränderte? Vielleicht der Tatsache ins Auge sehen zu müssen, daß es wirklich wahr war, daß er gelähmt war?

Mr. Flynn: Nein, es ist mehr die Situation, nichts daran ändern zu können, glaube ich. Die Probleme, die ich hatte, habe ich gewöhnlich in Ordnung gebracht. Vielleicht schwerer gearbeitet oder was anderes als bisher getan. Aber in dem Fall fühlte ich mich einfach so…

Therapeut: Hilflos?

Mr. Flynn: Ja, hilflos, das ist es.

Hierin ist ein weiteres Anzeichen dafür zu sehen, daß Mr. Flynn nicht so sehr auf die Konfrontation mit Problemen per se mit Angst reagierte, sondern mehr auf die Tatsache, daß er auf die Lage keinen Einfluß nehmen konnte. Die therapeutische Aufgabe würde dann darin bestehen, ihm zu helfen, irgendwie wieder zu Kontrolle und einem Gefühl von Kompetenz zu gelangen. Ich fragte mich, ob er sich von der Lähmung seines Sohnes, dieser ständigen, konkreten Erinnerung daran, was es bedeutet, hilflos zu sein, distanzieren konnte oder ob es vielleicht mehr war, als er ertragen konnte.

Therapeut: Sie erwähnten die Krankheit Ihrer Frau, die ein sehr schwerer Fall von Arthritis zu sein scheint. Sie ist auch behindert, stelle ich mir vor. Trotzdem hören Sie sich, was sie betrifft, nicht so wütend oder bitter an.

Mr. Flynn: Nun, sicher, aber das ist etwas anderes. Es kam nicht plötzlich, und man gewöhnt sich sozusagen daran. Und dann hat sie auch gute Tage.

Therapeut: Seit wann hat sie das?

Mr. Flynn: Oh, seit ihrer Kindheit. Es kam und ging immer, jetzt ist es ziemlich die ganze Zeit da. Ihre Hände werden in letzter Zeit wirklich schlecht – steif und wie geschwollen – und die Tabletten helfen nicht mehr so gut wie früher. Aber wissen Sie, es ist nichts, was sie hätte verhindern können. Sie hat es sich nicht freiwillig zugelegt, um Himmels willen! Jesus, hingehen und darum bitten, da verschlägt es einem die Sprache. (*Er begann zu schweigen.*)

Therapeut: Ja? (*Aber Mr.Flynn schwieg weiter.*) Können Sie mir sagen, was Sie denken?

Mr. Flynn: Nichts.

Therapeut: Es muß nichts Bestimmtes sein, wissen Sie. Es muß nichts mit dem zu tun haben, worüber wir gesprochen haben. Sagen Sie es einfach, egal was es ist.

Mr. Flynn: Nichts. Ich will nur nicht, daß ich hier wieder verrückt spiele. Wenn ich an meinen dummen Jungen denke, der sich in Stücke schießen ließ, verliere ich einfach die Kontrolle, das ist alles.

Therapeut: Wir sprachen über die Arthritis Ihrer Frau und Ihre Reaktion darauf. Sie wiesen darauf hin, daß sie nicht darum gebeten hatte, krank zu werden, und dann wurden Sie wieder auf Ihren Sohn wütend, und dann sagten Sie nichts mehr. Das könnte bedeuten, daß ein Gedanke hochkam, den Sie nicht weiter verfolgen wollten –

Mr. Flynn: Der Arzt hatte ihr nach Lenny gesagt, sie sollte keine Kinder mehr kriegen.

Therapeut: Ist es das, woran Sie gedacht haben, als Sie zu reden aufhörten?

Mr. Flynn: Ich dachte, das ist nicht fair. Ich habe ein Kind, und ihn hat es erwischt. Andere haben einen Haufen und nie passiert denen was. Aber was soll es mir bringen, darüber zu reden. Ich mache mich nur komplett verrückt, und es kommt nichts dabei raus.

Therapeut: Wer hat mehrere Kinder und nie passiert ihnen was?

Mr. Flynn: Er hat drei, und keines ist gegangen! Der älteste wird Priester, und sie holen ihn nicht von seinem Seminar weg. Ein anderer ist im College. Und einem hat er einen Job am Montageband besorgt. Als dann seine Nummer drankam, haben sie eine Zurückstellung erwirkt. Das hätte ich für meinen auch kriegen können. Ich habe es ihm angeboten, wenn er nicht mehr in die Schule wollte, aber das wollte er nicht annehmen. Es ist nicht fair, gottverdammich, nicht fair!

Therapeut: »Er« ist wer?

Mr. Flynn: Wer?

Therapeut: Wer hat drei Söhne, die nicht in den Krieg gingen?

Mr. Flynn: Wer schon, Mr. Großkotz, der mich herumstößt, während seine Söhne sicher zu Hause sitzen.

Ein Teilchen des Puzzles schien sich nun an der richtigen Stelle zu befinden. Vielleicht war die Wut des Patienten am Arbeitsplatz durch eine Verschiebung seiner Reaktion auf die Rückenmarksverletzung und die nachfolgende Lähmung seines Sohnes zustande gekommen. Ich hatte momentan Grund zu der Annahme, daß es mehr als zufällig war, daß der Gegenstand von Mr. Flynns Wut ein Mann mit drei gesunden Söhnen war. Gewöhnlich bringt jedoch jede Klärung Fragen mit sich: Warum beispielsweise war sich Mr. Flynn der wahren Quelle seines Ärgers auf Paul nicht einmal bewußt? Des weiteren fragte ich mich, warum offenbar kein Kollege bemerkt hatte, daß das seltsame, ungewohnte Verhalten des Patienten mit seiner Streßsituation zu Hause zusammenhing.

Therapeut: Paul?

Mr. Flynn: Ja, genau der. Er tut sich leicht, auf mir herumzutrampeln, wenn ich zu spät komme oder nicht so voll da bin, wie ich sein sollte. Er muß nicht die halbe Nacht wegen seiner Kinder aufbleiben.

Bis jetzt hatte ich versucht, etwas über die Wut des Patienten auf seinen Kollegen zu erfahren und hatte festgestellt, daß sie durch rationale Argumente nicht erklärbar war. Nun beschloß ich aber, meine Schlußfolgerungen über die Beziehung zwischen seinen Symptomen und seinem Neid auf Pauls gesunde Kinder noch offen zu lassen. Ich entschied mich vielmehr, ein wenig Spannung aus der therapeutischen Interaktion herauszunehmen und gleichzeitig den möglicherweise wichtigen Bereich zu erforschen, den der Patient gerade angesprochen hatte.

Therapeut: Sie müssen nachts oft wegen Lenny auf sein?

Mr. Flynn: Er hat ab und zu Schmerzen und seltsame Gefühle, die ihm Schwierigkeiten bereiten. Dann müssen wir herausfinden, wie wir es ihm bequemer machen können. Manchmal liege ich nachts wach und höre ihn in seinem Zimmer weinen, nicht weil ihm irgend etwas weh tut, sondern einfach darüber, daß ihm das passiert ist.

Therapeut: Dann ist er also immer noch sehr deprimiert?

Mr. Flynn: Ja, er sitzt den ganzen Tag nur herum. Er schaut nicht einmal fern oder hört seine Musik.

Therapeut: Haben Sie mit ihm schon einmal über seine Situation und seine Zukunft gesprochen?

Mr. Flynn: Nein, so etwas liegt uns nicht. Ich habe noch nie viel geredet. Von Zeit zu Zeit versuche ich es mit ihm, aber das führt nur dazu, daß wir uns anschreien. Was kann ich schon sagen? Wenn man sich sein Leben versaut hat, hat man sich sein Leben versaut. Punkt!

Therapeut: Was ist mit Rehabilitationsmaßnahmen? Wurde in dieser Richtung etwas versucht?

Mr. Flynn: Ein paar Mal die Woche wird er zur Physiotherapie abgeholt. Sie zeigen ihm, wie er bestimmte Dinge ohne fremde Hilfe machen kann. In letzter Zeit sagt er meistens, daß er nicht hin will. Er will einfach nur dasitzen. Er weiß wohl, daß alles vorbei ist. Wer kann es ihm verdenken? Was hat es für einen Sinn, so zu tun als ob?

Therapeut: Das hört sich so an, als könnte er außer der Physiotherapie auch ein wenig Psychotherapie gebrauchen.

Mr. Flynn: Die Sozialarbeiterin, die sich um ihm kümmert, hat mir gesagt, er solle zu dem Klapsdoktor gehen, den sie da haben. Aber sie kann ihn nicht dazu bringen. Ich versuche mein Bestes, um dem Jungen zu helfen, aber er will sich nicht helfen lassen. Jemand gab mir den Tip, daß es eine Spezialausrüstung gibt, die weitaus besser ist als das, was man von der Krankenkasse bekommt. Es gibt einen elektronischen Rollstuhl, der wirklich gut sein soll. Er kostet zwar eine Menge, aber Lenny könnte damit alles mögliche machen und beweglich sein. Aber was hat es für einen Sinn, diesen Stuhl für ihn zu kaufen, wenn er darin auch nur herumsitzt? Na ja, es sieht sowieso nicht danach aus, daß ich meinen Job behalten kann, und solche Sachen

	kann man sich als Hilfsarbeiter nicht leisten.
Therapeut:	Sie werden Ihren Job behalten, wenn wir Ihnen helfen können, die psychischen Probleme zu überwinden, die Sie niederdrücken.
Mr. Flynn:	Wie das?
Therapeut:	Meiner Meinung nach ist Ihr Sohn nicht der einzige in der Familie, der deprimiert ist. Es hört sich für mich so an, als stehe alles, was Sie an Ihrem Arbeitsplatz erleben, in direkter Verbindung mit Ihrer psychischen Reaktion auf Lennys Unglück.
Mr. Flynn:	Was meinen Sie damit, daß ich deprimiert sei? Ich hänge nicht herum wie ein nasser Sack. Ich arbeite rund um die Uhr wie ein Idiot.
Therapeut:	»Deprimiert« zu sein heißt nicht unbedingt, dazusitzen, in die Luft zu starren und zu weinen. Ich denke, daß Sie durch die Wut Ihre Depression verdecken. Wenn Sie frustriert sind und Hoffnungslosigkeit empfinden, fangen Sie an zu fluchen.
Mr. Flynn:	Ich weiß. Das sagt meine Frau auch. Die meiste Zeit weiß ich gar nicht, was ich sage, aber ich muß es irgendwie loswerden. Es ist nichts für mich, einfach herumzusitzen und über meine Probleme zu heulen. Ich muß etwas tun.
Therapeut:	Was ich sagte, war nicht als Kritik gemeint. Ich denke einfach laut und probiere mögliche Erklärungen für das, was mit Ihnen geschehen ist, aus. Natürlich gibt es ungeheuer viel, was wir nicht wissen und noch herausfinden müssen. Unsere Arbeit hat wirklich gerade erst begonnen. Was mich zum Beispiel erstaunt, ist, daß Ihre Kollegen nicht zwei und zwei zusammengezählt haben. Schließlich ist es nicht schwierig, sich vorzustellen, daß die Arbeitsleistung eines Menschen negativ beeinflußt werden kann, wenn er die ungewohnte, erschöpfende Belastung zu tragen hat, sich Tag für Tag um einen erwachsenen Querschnittgelähmten zu kümmern, gar nicht zu reden von der psychischen Belastung, wenn dieser Invalide sein einziges Kind ist.
Mr. Flynn:	Das geht die gar nichts an. Ich habe Ihnen schon gesagt, daß ich meine Schwierigkeiten für mich behalte! Dieser verdammte Paul! Die Genugtuung gönne ich ihm nicht – der mit seinen drei Jungs und seinen sauberen Pfoten und seinem Notizbrett!
Therapeut:	Wollen Sie damit sagen, daß niemand davon weiß?

Mr. Flynn:	Scheiße, nein! Es kümmert sowieso niemanden. Ich tue meine Arbeit und mein Privatleben behalte ich für mich. Arbeit ist Arbeit.
Therapeut:	Dann haben Sie das alles also ganz für sich behalten?
Mr. Flynn:	Ich kann allein auf meinen zwei Beinen stehen. Ich habe noch nie jemanden gebraucht, und ich werde jetzt nicht damit anfangen. Was wollen Sie? Daß ich jammere und Theater mache?
Therapeut:	Aber Sie mußten sich mehrere Tage frei nehmen, beispielsweise um zur Küste zu fahren, als Sie Lenny das erste Mal im Krankenhaus besuchten. Ich nehme an, daß Sie seither mehrmals wegen ihm frei nehmen mußten. Mußten Sie keine Erklärung abgeben, warum Sie freinahmen?
Mr. Flynn:	Ich muß gar nichts erklären. Ich habe noch eine Menge Urlaub. Ich bekomme drei Wochen im Jahr, im nächsten Jahr vier Wochen, wenn ich noch da bin, und ich habe bisher gewöhnlich nicht mehr als eine Woche genommen. Deshalb nehme ich jetzt Urlaub, wenn ich ihn brauche, manchmal einen Tag, manchmal zwei hintereinander. Darum haben die gar keinen Grund zu meckern, wenn ich gelegentlich zu spät komme. Sollen sie mir doch die Stunden abziehen. Und krank geschrieben war ich in den ganzen Jahren nicht einmal. Alle Kollegen melden sich gelegentlich einmal krank und gehen dann einkaufen. Wenn ich aber ich ein paar Mal zu spät komme, trampeln sie sofort auf mir herum.
Therapeut:	Dann wissen sie also nicht, warum Sie zu spät kommen oder wegbleiben – daß Lenny etwas zugestoßen ist, und daß Sie zu Hause bleiben mußten, um ihm zu helfen oder um ihn ins Krankenhaus zu bringen oder ähnliches.
Mr. Flynn:	Warum sollten sie? Es geht sie nichts an.
Therapeut:	Dann weiß es also niemand an Ihrem Arbeitsplatz?
Mr. Flynn:	Niemand.

An dieser Stelle konnte ich die tiefere Charakterstruktur des Patienten erahnen. Wie einsam mußte er gewesen sein, da er auch nach zwanzig Arbeitsjahren in der gleichen Firma niemanden hatte, dem er vertrauen konnte oder den er um Verständnis hätte bitten können. Wie kam es, daß sich Mr. Flynn dermaßen von seinen Kollegen entfremdet und isoliert hatte? Ich schauderte innerlich, als ich mir die einsame und kalte Welt vorzustellen versuchte, in der er offenbar lebte. Mr. Flynn war offensichtlich nicht in der Lage, auf andere zuzugehen, um sich die Selbstobjekt-Erfahrungen zu holen, die er in einer ernsthaften Krise zur

Unterstützung benötigte. Wenn seine eigenen Kräfte nicht ausreichten, um zu Kompetenz zu gelangen, war er verloren. In einer Therapie müßte es um die Fragen gehen, warum dies so war, wie es zu seiner Situation gekommen war, und was, wenn überhaupt, getan werden könnte. Ich spürte nun, daß ich die Phase des Erstaunens und Stutzigwerdens hinter mir hatte und mich wieder orientieren konnte. Dies ist der Punkt, an dem der Therapeut über die Symptome des Patienten und deren auslösende Faktoren hinausgehen kann. Er hat nun in die Psychodynamik des Patienten zumindest vorläufig genügend Einsicht gewonnen, um eine fundierte Vermutung darüber anstellen zu können, durch welche besonderen Lebensumstände der Patient in seine gegenwärtigen Schwierigkeiten geraten ist. An diesem Punkt spürte ich, daß es Zeit war, das diagnostische Gespräch zum Abschluß zu bringen. Ich legte meine Schlußfolgerungen und einen Behandlungsplan dar, wobei ich darauf achtete, daß der Patient die einzelnen Schritte nachvollziehen konnte.

Therapeut: Nun, Mr. Flynn, unser Gespräch hat mir Ihre Situation recht deutlich gemacht. In meinen Augen liegt Ihren Schwierigkeiten am Arbeitsplatz tatsächlich ein medizinisches Problem zugrunde, welches wiederum von momentanen psychischen Schwierigkeiten herrührt.

Mr. Flynn: Sie meinen, ich sollte krank geschrieben werden?

Therapeut: Zweifelsohne.

Mr. Flynn: Was ist mit meinem Job?

Therapeut: Sie können gerne wieder arbeiten, sobald Sie dazu in der Lage sind.

Mr. Flynn: Was meinen Sie mit »in der Lage sein«?

Therapeut: Wenn wir Ihrem Arbeitgeber sagen können, daß er damit rechnen kann, daß Sie Ihre Arbeit so effektiv und kompetent wie in all den Jahren zuvor verrichten werden.

Mr. Flynn: Ich hatte schon daran gedacht, mich zurückstufen zu lassen und in der Spätschicht am Band zu arbeiten, nur um von diesem verdammten Paul wegzukommen. Aber ich verdiene bei dieser Arbeit nicht genug und ich muß abends zu Hause sein, um den Jungen zu waschen, ihn ins Bett zu bringen und ähnliches.

Therapeut: Ich denke nicht, daß eine Zurückstufung eine wirkliche Lösung wäre. Im Gegenteil, ich denke, wenn Sie das gemacht hätten, hätten Sie Ihre Lage nur verschlimmert. Sie wollen doch Ihren gewohnten Job wieder übernehmen.

Mr. Flynn: Ich sehe nicht, was es bringen soll, krank geschrieben zu sein und zu Hause eine Zeitlang herumzusitzen. Nicht, daß ich dann nur herumsitzen würde.

Therapeut: Was würden Sie tun?

Mr. Flynn: Ich muß im Badezimmer Veränderungen vornehmen, und das dauert mindestens eine Woche, wenn nicht mehr. Sein Stuhl paßt nicht zwischen Waschbecken und Badewanne, deshalb kommt er nicht zur Toilette. Das ist wirklich ein Problem. Wenn ich das Waschbecken versetze und um den Sitz herum Haltevorrichtungen baue, kann er sich selbst helfen. Die Arme und Brustmuskeln von Querschnittgelähmten werden echt stark, um die die fehlende Kraft der Beine auszugleichen. Sie können ganz gut zurechtkommen, sagte die Sozialarbeiterin. Aber ich muß ihm da zuerst etwas bauen.

Therapeut: Mann, Sie sind ziemlich vielseitig! Sie können also auch Installationsarbeiten machen?

Mr. Flynn: Als ich mir überlegte, was getan werden muß, ging ich in eine Abendschule und besuchte einen Kurs für Klempner- und Installationsarbeiten. Es ist nicht so schwer, wenn man es einmal gezeigt bekommen hat. Ich glaube, es wird mir gut tun, diese Arbeiten endlich zu machen und mich dann vielleicht ein wenig auszuruhen. Aber das ändert immer noch nichts.

Therapeut: Stimmt genau. Der Hauptzweck des Krankenurlaubs, den ich für Sie beantragen würde, wäre, daß wir zusammen an Ihren psychischen Problemen arbeiten.

Mr. Flynn: Ich bin völlig richtig im Kopf. Ich dachte, Sie sagten, daß ich nicht verrückt bin.

Therapeut: Ihr Kopf ist in Ordnung und Sie sind nicht verrückt, aber Sie sind sehr aufgewühlt und brauchen jemanden, mit dem Sie Ihre Schwierigkeiten klären können. Das wäre das wichtigste Anliegen Ihrer Psychotherapie. Wir würden miteinander über alles reden.

Mr. Flynn: Sie meinen, so wie wir es heute taten?

Therapeut: So etwa. Fühlen Sie sich etwas besser?

Mr. Flynn: Ich glaube schon. Zumindest fühle ich mich nicht schlechter. Das hatte ich nämlich erwartet, als mir gesagt wurde, daß ich hierher kommen müsse.

Therapeut: Ich würde sagen, Sie sahen nicht allzu glücklich aus, als Sie da in meinem Wartezimmer saßen.

Mr. Flynn: Um die Wahrheit zu sagen, ich machte fast in die Hosen vor Angst.

Therapeut: Wie das?

Mr. Flynn: Ich wußte nicht, was man von mir erwartete; ich befürchtete, man würde mir endgültig kündigen, wenn ich mich falsch verhalten würde.

Therapeut: Und was wäre dann?

Mr. Flynn: Was meinen Sie wohl? Meine jetzige Arbeit ist alles, was ich je gemacht habe, alles, was ich kann. Irgendwie muß ich zurück. Es ist nur so: Jedesmal wenn er vorbeikommt, passiert etwas in mir.

Therapeut: Deshalb halte ich es für gut, wenn Sie eine Weile nicht dort sind. Damit habe wir eine Chance, über das Ganze nachzudenken, ohne daß Sie sich jeden Tag dort aufreiben.

Mr. Flynn: Woher weiß ich, daß es mir helfen wird?

Therapeut: Welche Wahl haben Sie jetzt, Mr. Flynn? Lassen Sie uns darüber reden. So haben Sie eine Chance. Ansonsten sind Sie draußen, so wie es aussieht.

Mr. Flynn: Ich dachte, vielleicht könnten Sie mir irgendwelche Pillen geben, die mich beruhigen. Vielleicht.

Therapeut: Das hätte keinen Sinn. Wenn wir uns entscheiden, daß Sie Medikamente nehmen, dann nur zusätzlich zu unseren Gesprächen.

Mr. Flynn: Was ist, wenn ich es nicht richtig mache?

Therapeut: Ich wette, Sie dachten nie, daß Sie es lernen würden, Klempnerarbeiten zu machen. Aber als es notwendig war, haben Sie es gelernt. Ich jedenfalls finde, Sie machen es bereits gut hier. Machen Sie so weiter, und ich glaube nicht, daß es irgendwelche großen Probleme geben wird. Aber zuerst müssen wir überlegen, was wir in den Bericht an Ihren Gesundheitsdienst schreiben, damit Sie den Krankenurlaub bekommen. Ich würde Ihrer Firma gerne mitteilen, daß Ihre Probleme bei der Arbeit – so weit ich Ihre Situation verstehe – nur sekundär sind, und daß Ihre Reaktion auf Lennys Verletzung die Grundursache Ihrer Depression ist.

Mr. Flynn: Sie glauben nicht, was ich Ihnen über den Typ erzählt habe, nicht wahr?

Therapeut: Ich glaube, daß Ihrer Meinung nach Paul die Ursache Ihrer Probleme ist. Ich bin sicher, daß Ihre Gefühle Paul gegenüber sehr wichtig und ein bedeutender Aspekt dessen sind, was wir uns anschauen sollten. Aber zuerst müssen wir Ihre Firma dazu bringen, Ihnen die Zeit für die Psychotherapie einzuräumen, vorausgesetzt, daß Sie mitmachen und wirklich mit mir arbeiten.

Mr. Flynn: Wie Sie schon sagten, habe ich keine Wahl, und wenn ich mich mal dazu entschlossen habe, mache ich es ganz. Muß ich dann hierher in Ihre Praxis kommen? Ich muß nicht ins Krankenhaus oder so was, oder?

Therapeut: Wie kommen Sie auf Krankenhaus?

Mr. Flynn: Ein Kollege von mir wurde vor ein paar Jahren echt depressiv und mußte zur Behandlung dorthin. Ich kann es mir nicht leisten, in ein Krankenhaus zu gehen. Wie ich Ihnen sagte, habe ich zu Hause eine Menge zu tun. Außerdem, wer würde sich um ihn kümmern? Meine Frau ist keine so große Hilfe, selbst wenn es ihr besser geht, wie zur Zeit. Sie könnte ihn sowieso nicht hochheben, und wenn sie sich überanstrengt, habe ich am Ende zwei Rollstuhl-Patienten.

Therapeut: Der einzige Grund, Sie in ein Krankenhaus einzuweisen, wäre dann gegeben, wenn Sie so depressiv würden, daß Sie im Selbstmord eine Lösung für Ihre Probleme sähen.

Mr. Flynn: Wenn ich mich umbringen wollte, hätte ich das schon getan. Ich muß zugeben, daß ich zuerst daran gedacht hatte. Es hat so weh getan – vor allem abends –, aber ich könnte es nicht. Ich würde es ihnen nicht antun. Außerdem bin ich Katholik.

Therapeut: Dann steht Selbstmord für Sie nicht mehr zur Debatte?

Mr. Flynn: Unmöglich!

Therapeut: Ich hielt Sie auch nicht für gefährdet, aber ich wollte sichergehen. Nun zu meinem Bericht: Ich muß erklären, welches Problem Sie haben und wie es dazu kam. Wie stehen Sie dazu, wenn ich von Lenny berichte?

Mr. Flynn: Nein, ich will nicht, daß irgend jemand davon erfährt. Schreiben Sie nur von Paul und wie er mich aufregt.

Therapeut: Vielleicht reicht es, wenn ich bestätige, daß Sie deprimiert sind und einen Krankenurlaub brauchen, um sich behandeln zu lassen.

Mr. Flynn: Das ist in Ordnung, glaube ich.

Nach diesem Erstgespräch schickte ich Mr. Flynns überweisendem Arzt vom Gesundheitsdienst der Gewerkschaft einen Bericht, in dem ich angab, daß er an einer depressiven Reaktion auf bestimmte persönliche Probleme litt, die nicht mit der Arbeit an sich in Zusammenhang standen, aber daß die Aussicht auf Genesung recht gut sei; ich empfahl einen Krankenurlaub, damit er als ambulanter Patient eine intensive Psychotherapie machen könnte. Das Ergebnis war, daß Mr. Flynn zwei Monate Krankenurlaub bekam, und er stimmte einer Behandlung bei mir zu. Ich dachte zu diesem Zeitpunkt folgendes über die Psychodynamik des Patienten: Zog man seine Situation und sein Verhalten während des Erstinterviews in Betracht, schienen mir jene frühen Entwicklungsstufen zufriedenstellend verlaufen zu sein, in denen die Selbstachtung und die Fähigkeit, die fundamentalen affektiven Erregungen zu organisieren, erworben werden. Früher hatte er ja durchaus jene Fähigkeit unter Beweis gestellt, sein Leben erfolgreich und zielgerichtet zu gestalten, für andere zu sorgen und seine Impulskontrolle aufrechtzuhalten. Dies sprach dafür, daß seine gegenwärtigen Schwierigkeiten weder in einer Borderline – noch einer psychotischen Persönlichkeit begründet lagen. Auf der anderen Seite schien er im zwischenmenschlichen Bereich nicht mit dem psychischen Druck an seinem Arbeitsplatz umgehen zu können. Mr. Flynn war unfähig, mit irgend jemandem über seine Probleme zu reden. Auch für sich allein konnte er nicht nüchtern überlegen, was möglicherweise Ursache seiner Probleme sein könnte. Er agierte seine Schwierigkeiten ganz konkret aus. Das alles sagte mir, daß er in gewisser Hinsicht nicht in der Lage war, die durch seine Probleme erzeugten Affekte in Gefühle zu übersetzen – Gefühle, über die er dann hätte nachdenken und reden können. So schienen sich die ihn prädisponierenden psychischen Schwierigkeiten auf dem Niveau des subjektiven Selbst zu befinden (siehe SS. 130-131). Diese Hypothese wurde zum einen dadurch unterstützt, daß er positiv auf mich reagierte, wenn er sich von mir verstanden fühlte, und zum anderen durch seine Schamgefühle. Diese sah ich als Grund für seine Unfähigkeit an, anderen – außer durch zusammenhangslos scheinende Wutanfälle – mitzuteilen, wie sehr er litt. Obgleich die paranoide Qualität und die selbstdestruktiven Wirkungen von Mr. Flynns Wut viel »kranker« schienen als die Niedergeschlagenheit und die stille Hilflosigkeit und Hoffnungslosigkeit vieler Menschen mit chronischen larvierten Depressionen, war Mr. Flynn paradoxerweise besser dran, weil er noch kämpfte. So betrachtet schienen die Intensität und irrationale Art seiner Wut weniger paranoid zu sein, sondern vielmehr ein Anzeichen für starke Frustration – eine Frustration der Art, wie sie Kinder bei einer schweren, schmerzhaften Erkrankung fühlen, und die dazu beiträgt, daß sie gerade auf jene Menschen aggressiv reagieren, die bereit sind ihnen zu helfen. Folgte man den Sequenzen der Entwicklungsspirale, so war sein Verhalten am Arbeitsplatz ganz klar kontraproduktiv und inkompetent und zeitigte vorhersagbare Folgen, die sein Gefühl der Selbstachtung weiter gefährdeten. Die Entscheidungen, die er dann traf, dienten nicht der Anpassung, sondern verschlimmerten sein Problem weiter. Auf der Plusseite der Bilanz stand die Tatsache, daß er sich offensichtlich über zwanzig Jahre lang im Arbeitsleben sehr gut angepaßt hatte; zu Hause zeigte er sich stolz auf seinen Job und seine Leistungen; und er kümmerte sich anscheinend liebevoll um seine teilweise behinderte Frau. Warum konnte ihn dann all das, was er sich mit seiner Selbstachtung auf der Grundlage echter Kompetenz aufgebaut hatte, nicht gegen die psychische Regression schützen, die er jetzt erlebte? Das mußte ich herausfinden.

Zweite Stunde: Von der Orientierung zur Zusammenarbeit

Mr. Flynn: Okay, da bin ich, was soll ich machen?

Therapeut: Lassen Sie uns herausfinden, was Sie hier in der Therapie erreichen wollen.

Mr. Flynn: Das ist leicht. Ich muß meinen Job wieder bekommen. Sie müssen ihnen sagen, daß sie mich wieder arbeiten lassen sollen. Ich brauche das Geld.

Therapeut: Ein guter Grund. Wir haben zwei Monate, um wirklich daran zu arbeiten.

Indem ich das vom Patienten gesetzte Ziel akzeptierte und eine zeitlich begrenzte Therapie vorschlug, teilte ich ihm implizit meine Überzeugung mit, daß wir in dieser Zeit mit der Lösung seiner Probleme ein gutes Stück vorankommen würden.

Mr. Flynn: Aber was soll ich tun?

Therapeut: Wenn wir zusammen herausfinden können, was für Sie die Arbeitssituation so schwierig macht, wird es erfahrungsgemäß nicht allzu schwer sein, eine Lösung zu finden.

Hier versuchte ich dem Patienten zu helfen, seine Aufmerksamkeit auf das unmittelbare Problem zu richten, und vermied es somit, die therapeutische Situation offen zu lassen mit Bemerkungen wie: »Sprechen Sie einfach aus, was Ihnen in den Sinn kommt!«

Mr. Flynn: (*Wird fast wieder wütend*) Sie glauben nicht, was ich über Paul –

Therapeut: Das ist nicht das Thema, an das ich gerade denke. Was mich erstaunt, ist, daß Sie sich angesichts der Provokation, die Sie erleben, nicht Ihrer Persönlichkeit entsprechend verhalten. Ich bin sicher, es gab in Ihrem Leben viele Situationen, die Sie wütend gemacht haben oder machen hätten können, und in denen Sie weniger selbstdestruktiv reagiert hatten. Oder war Ihr Leben immer ein ruhiges, von keiner Welle aufgewühltes Meer?

Mir war jetzt klar, daß kein Versuch, Mr. Flynns gegenwärtiges Problem direkt anzugehen, uns weiterführen würde; er würde mich nur noch mehr in seine Wut verstricken. Deshalb stellte ich eine Frage, die ihn von der Gegenwart ablenkte, ohne den affektiven Fokus zu verlieren; vielleicht würde ich dadurch ein wenig besser verstehen, wie er früher in anderen problematischen Situationen reagiert hatte.

Mr. Flynn: Machen Sie Witze? Manchmal glaube ich, ich hatte nie etwas anderes als Schwierigkeiten.

Therapeut: Sogar schon als Kind?

Mr. Flynn:	Hören Sie, ich bin in einem Waisenhaus aufgewachsen. Glauben Sie, das war ein Honigschlecken? Denken Sie mal nach!
Therapeut:	In einem Waisenhaus?
Mr. Flynn:	Ja. Meine Mutter starb bei meiner Geburt, und die Familie meines Vaters stammt aus Texas. Deshalb haben sie mich in das katholische Heim hier gesteckt.
Therapeut:	Haben Sie Ihren Vater in Ihrer Kindheit oft gesehen?
Mr. Flynn:	Nein. Ich erinnere mich kaum an ihn. Er hörte auf, mich zu besuchen, als ich in die Schule kam. Vielleicht ist er nach Texas zurückgegangen, er hat keine Adresse hinterlassen.
Therapeut:	Haben Sie ihn vermißt?
Mr. Flynn:	Soweit ich mich erinnere, habe ich ihn nur ein paar Mal im Leben gesehen.
Therapeut:	Wie sah er aus?
Mr. Flynn:	Ich weiß nicht mehr. Wenn er jetzt hier hereinkäme, würde ich ihn nicht erkennen.
Therapeut:	An welche Personen oder Ereignisse aus Ihrer Kindheit erinnern Sie sich?
Mr. Flynn:	An die Nonnen, glaube ich. Ich glaube, das ist das erste Geräusch, an das ich mich erinnern kann; das Geräusch, das ihr Gewand beim Laufen machte. Es war wie ein Wind, der dort immer wehte.
Therapeut:	Das Rascheln ihrer Gewänder.
Mr. Flynn:	Und sie rochen immer so sauber, wie eine Wäscherei. Einige waren nett, aber einige ältere konnten auch echt gemein sein. Jeder hatte Angst vor der Mutter Oberin, sogar die anderen Nonnen. Sie war etwas Besonderes.
Therapeut:	War eine dieser Schwestern Ihnen besonders nahe?
Mr. Flynn:	Es gab eine, die ich bis zu ihrem Tod besuchte. Ich denke, sie war für mich eine Art Mutter. In dem Heim war das nicht gern gesehen. Sie wollten nicht, daß eine Nonne sich besonders stark an einen Jungen band. Aber Schwester Mary L. mochte mich; sie setzte sich ein paar Mal für mich ein, wenn es Ärger gab wegen Streitereien und so etwas.

Obwohl der Patient einen doppelten Elternverlust erlitten hatte, schien er die Fähigkeit zu besitzen, das zu nutzen, was ihm zur Verfügung stand, um zumindest ein Stück weit die affektiven Antworten und Selbstobjekterfahrungen zu bekommen, die er benötigte. Ich erwartete, daß er auf mich ähnlich reagieren würde, und daß sich daher bald eine brauchbare positive Übertragung einstellen würde.

Mr. Flynn: (*Spricht weiter*) Sonntags nach der Messe erzählten die Nonnen Pater Murphy, wer in der letzten Woche auffällig gewesen war. Dann bekam man es mit der Rute. Er wußte sie so zu gebrauchen, daß es ordentlich weh tat. Manchmal warteten sie nicht bis zum Sonntag. Wenn sie fanden, daß man sich daneben benommen hatte, bekam man mit dem Lineal eine auf die Fingerknöchel. Sonntags gab's dann noch eine Extraration.

Therapeut: Denken Sie, daß Sie dort mißhandelt wurden?

Mr. Flynn: Sie hatten alle Hände voll zu tun. Manchmal waren wir an die hundert Kinder in dem Heim, und sie wußten, wenn sie die Kontrolle verlieren würden, hätten sie nichts mehr zu melden.

Therapeut: Dann herrschte dort also strenge Disziplin.

Mr. Flynn: Es gab eine Million Regeln, und es galt nicht als Entschuldigung, sie nicht zu kennen oder vergessen zu haben. Und es waren nicht nur die Nonnen. Sie setzten die älteren Jungs ein, um die kleineren Kinder im Zaum zu halten. So mußte man sich vor jedem in acht nehmen .(*Pause*) Mein Gott, an diese Dinge habe ich seit Jahren nicht mehr gedacht. Wie soll mir das eigentlich helfen, meinen Job zurück zu bekommen?

Therapeut: Je mehr wir über Sie wissen, desto besser verstehen wir, was in Ihnen vorgeht und wie Sie gelernt haben zurechtzukommen. Dann können wir vielleicht herausfinden, was Sie daran hindert, mit Ihrer Wut richtig umzugehen. Waren Sie als Junge ein Zorngickel? Hatten Sie in dem Heim oft Schwierigkeiten?

Mr. Flynn: Oh, ich konnte ganz gut austeilen, wenn ich mußte, aber ich fand früh heraus, daß es nichts brachte, das System zu bekämpfen. Die meiste Zeit hielt ich mich raus. Ich tat, was sie wollten.

Therapeut: Und wurden Sie belohnt, wenn Sie ein kooperativer und braver Junge waren?

Mr. Flynn: Mit Bonbons? Nein! Wenn man sich einen Monat lang nichts zu Schulden hatte kommen lassen, bekam man ein Heiligenbildchen. Sie wissen schon, so Bildchen von der Heiligen Familie mit Gebeten drauf.

Therapeut: Ich meinte eher emotionale Belohnungen – Lächeln, Lob fürs Bravsein, für Hilfsbereitschaft…

Mr. Flynn: Damit hatten sie nicht viel am Hut. Ich denke, sie befürchteten, wenn sie zu nett wären, würden die Kinder glauben,

	sie wären weich, und würden dies zu ihrem Vorteil ausnutzen.
Therapeut:	Sie sagten, die meiste Zeit waren Sie einer von den braven Jungs. Erinnern Sie sich, jemals wütend gewesen zu sein?
Mr. Flynn:	Ja, sicher. Es gab immer jemanden, der einen auf dem Kicker hatte und darauf wartete, einem einen Streich zu spielen. Dann war man in Schwierigkeiten. Die Nonne sagten immer: Spiel nicht verrückt, bleib ruhig. Ich lernte, das zu befolgen. Einmal fuhr ich jedoch ziemlich aus der Haut, als jemand meine Kette klaute. Es war eine ganz billige Eisenkette, aber ich hatte sie immer um den Hals. Es hing ein Antons-Medaillon von meiner Mutter dran mit einem Bild von ihr als junges Mädchen. Ich hängte die Kette an einen Haken beim Waschbecken, wenn ich mich wusch. Eines Tages war sie weg, als ich wieder hochsah. Ich wurde echt wütend, aber die Nonne, die die Aufsicht hatte, glaubte mir nicht. Als ich es Schwester Mary L. erzählte, sagte sie nur, ich solle zum heiligen Anton beten, und vielleicht würde sie derjenige, der sie geklaut hat, zurückgeben. Aber das ist nie geschehen.
Therapeut:	Ich denke, es muß sehr hart gewesen sein, das Bild Ihrer Mutter zu verlieren. Kein Wunder, daß Sie außer sich waren. Wie alt waren Sie?
Mr. Flynn:	Ich weiß es nicht mehr. Es wäre nicht so schlimm gewesen, aber es war das einzige, das ich von ihr hatte – das einzige Bild von ihr, meine ich.
Therapeut:	Sie waren wütend, aber niemand verstand, daß dies bedeutete, daß Sie schrecklich verletzt waren. Ein wichtiger Teil von Ihnen war weg.
Mr. Flynn:	Nun, ich war nicht lange wütend. Hätte sowieso nichts gebracht. Sie wollten einfach keine Schwierigkeiten.

Roger Flynn paßte sich seinem Status als Waise gut an. Das, was er unter diesen Umständen zur Verfügung hatte, nutzte er entsprechend gut, indem er die Regeln lernte und den Erwartungen der Nonnen, seiner Ersatzeltern, entsprach. Aber ich konnte auch sehen, daß der Preis, den er zu zahlen hatte, in der Unterdrückung seiner affektiven Reaktionen bestand. Er entwickelte ein willfähriges, aber falsches Selbst, wie es D. W. Winnicott (1965) nannte: Ein Selbst, das dadurch überlebt, daß es sich ganz auf die Bedürfnisse derjenigen ausrichtet, von denen es emotional abhängig ist (siehe auch Davis und Wallbridge 1981). Die Unterdrückung seiner Wut über seinen Ur-Verlust gelang jedoch nicht vollständig. So tauchte sie wieder auf, als sein Medaillon gestohlen wurde: Eine symbolische Wiederholung des Traumas vom Tod der Mutter.

Er suchte bei den Erwachsenen seiner Umgebung Verständnis, aber keine Nonne glaubte ihm; und Schwester Marry L. konnte sich nicht in ihn einfühlen, auch wenn sie es offensichtlich gut meinte. Ihm fehlte jemand, der erkannte und darauf einging, wie verletzt und wütend er darüber war, seiner einzigen Verbindung zu seiner Mutter beraubt worden zu sein.Mr. Flynns Fall liefert ein gutes Beispiel dafür, wie eine im Bereich der Affekteinstimmung gehemmte Entwicklung therapeutisch behandelt werden sollte. Anstatt darauf zu warten, daß der Patient frei assoziiert, lieferte ich die Worte für die Gefühle, die ich bei ihm aufgrund meiner affektiven Resonanz auf ihn vermutete – die Gefühle, die er damals hatte, aber nicht artikulieren konnte. Seine Reaktionen darauf gaben mir dann einen Hinweis, ob ich den richtigen Punkt getroffen hatte oder nicht. Sobald wir ein Bild davon hatten, wie er sich wahrscheinlich unter bestimmten Umständen gefühlt hatte, war es möglich, diesen Zustand, wenn auch verspätet, zu spiegeln oder zu bestätigen. Dadurch erfuhr er, daß das Kind in ihm verstanden werden konnte und auch verstanden wurde.Wie ich in Kapitel 5 erklärte, geschieht die sogenannte Urverdrängung durch eine Entwicklungshemmung und kann potentiell leichter korrigiert werden als die Folgen der sekundären Verdrängung (oder Verdrängung im eigentlichen Sinne) und auch der Verleugnung des Affekts (disavowal). Bei letzterem muß der Therapeut gewöhnlich einen starken Widerstand des Patienten dagegen überwinden, noch einmal die Vorstellungen, Wünsche und Phantasien zu mobilisieren, die das Selbstsystem früher als traumatisch desorganisierend zurückgewiesen hatte.

Therapeut: Hat es Ihren Glauben beeinflußt, weil Ihre Gebete nicht erhört wurden?

Mr. Flynn: Wenn überhaupt, dann nicht lange. Ich war sehr religiös. Ich war Ministrant und ich wollte in das Priesterseminar eintreten und Priester werden. Viele Jungs dachten, ich täte es nur, um mich bei den Nonnen lieb Kind zu machen, aber ich wollte es wirklich. Ich war sicher, berufen zu sein.

Therapeut: Was geschah dann?

Mr. Flynn: Oh, viele Jungs wollen Priester werden. Alles, was man darüber wußte, war, daß die Berufung das Höchste war, was einem passieren konnte. Und wenn man an seine Berufung glaubte, wurde man natürlich besonders behandelt. Aber wenn man erst in der High-School ist und mehr vom Leben mitbekommt, machen die meisten Jungs nicht weiter.

Therapeut: Sind Sie ein religiöser Mensch?

Mr. Flynn: Nein, ich war jahrelang nicht in der Kirche. Außer an Weihnachten und Ostern natürlich.

Eines meiner Ziele in dieser ersten Therapiestunde war, festzustellen, was Mr.

Flynn mit Worten ausdrücken konnte und wie fixiert er auf die unmittelbaren Probleme war, mit denen er konfrontiert war. Hätte er an der typischen oder klassischen Form von Depression gelitten, wäre es schwer gewesen, ihn dazu zu bringen, über etwas anderes als über sein unmittelbares Problem zu sprechen. Ich konnte ihn jedoch ziemlich leicht motivieren, von seiner Kindheit und Jugend zu erzählen. Natürlich nahm ich seine Schilderung auf, aber mehr noch war ich daran interessiert, etwas von der affektiven Atmosphäre einzufangen, in der er aufgewachsen war. Was ich bis zu diesem Zeitpunkt erfahren hatte, unterstützte die Vorstellung, daß die primäre psychologische Störung mit der Entwicklung des subjektiven Selbstgefühls und einer unvollkommenen Affekteinstimmung zu tun hatte. Ich teilte Mr. Flynn mit, daß ich das Bestmögliche aus der uns zur Bearbeitung seiner Probleme zur Verfügung stehenden Zeit machen wollte; daß ich ihn daher zwei- oder dreimal die Woche sehen würde, und möglicherweise sogar Doppelstunden nötig seien. Er erhob zuerst Einwände und wiederholte seinen Wunsch, die Zeit für den Umbau des Badezimmers zu nutzen und auch noch andere Vorrichtungen anzubringen, um Lennys Pflege zu erleichtern. Er meinte auch, er sei pessimistisch, daß unsere Gespräche irgend etwas helfen würden. Indem ich mir zunutze machte, was er mir anhand seiner Kindheitsgeschichte über sich selbst erzählt hatte, konnte ich ihm freundlich, aber bestimmt sagen, daß er Krankenurlaub habe und deshalb medizinische Maßnahmen Vorrang hätten. Wie ich erwartet hatte, führte sein Bedürfnis nach einem starken Menschen, der ihn beschützte und ihm half, sein Leben wieder in den Griff zu bekommen – mit anderen Worten, das Bedürfnis nach einer idealisierenden Übertragung – dazu, ohne weitere Einwände auf meine Vorschläge einzugehen. Ich war zum Doktor doctissime aufgestiegen. Ein kleiner Anstoß von mir genügte und Mr. Flynn fuhr fort, seine Entwicklungsjahre zu beschreiben. Nachdem er sich gegen das Priesteramt entschieden hatte, wechselte er von seinem schöngeistigen High-School-Programm, das ihm große Schwierigkeiten bereitet hatte, auf ein berufsbezogenes über, das ihm viel besser gefiel. Er arbeitete gerne handwerklich; und als er darüber sprach, wurde deutlich, daß er aus solchen Leistungen große Befriedigung zog. Als man ihm einen Job anbot, verließ er die High-School vor dem Abschluß. Wie man es von ihm erwartete, zog er dann aus dem Waisenhaus aus, dem einzigen Zuhause, das er gekannt hatte. Er mietete in einem anderen Stadtviertel in der Nähe seiner Arbeitsstelle ein Zimmer. Er war sich nicht bewußt, daß das Alkoholproblem, das er daraufhin entwickelte, eine Reaktion auf seine Entwurzelung war. Aus seiner Sicht war es einfach eine Phase seines Lebens, die nun hinter ihm lag. An dieser Stelle intervenierte ich nun zum ersten Mal auf andere Weise als nur so Bemerkungen zu machen, die seine Assoziationen anregen oder zeigen sollten, daß ich verstand, was er sagte. Natürlich ohne technische Begriffe zu verwenden, erklärte ich ihm sein Bedürfnis nach affektivem Ausdruck und die Wirkung der Urverdrängung, durch die ein wichtiger

Aspekt seiner Entwicklung zum Stillstand gebracht worden war. Ich redete mit ihm über die Gefühle und Empfindungen, die er wahrscheinlich erlebt hätte, wäre seine Entwicklung in diesem Bereich nicht beeinträchtigt worden. Ich erklärte ihm, wie die Atmosphäre, in der er aufgewachsen war, ihn im Ausdruck dieser Gefühle entmutigt hatte, und daß er buchstäblich nicht die Worte zur Verfügung gestellt bekommen hatte, um grundlegende vasomotorische Körperreaktionen zu beschreiben. Man konnte an seinem Gesicht ablesen, wie er allmählich zu verstehen begann. Er hatte nicht erkannt, daß die Spannung und Rastlosigkeit, die ihn damals in die Bars zu treiben schienen, Einsamkeit und Verzweiflung darüber waren, die Verbindung zu der einzigen Familie, die er gekannt hatte, verloren zu haben. Ich sprach darüber, wie normalerweise die Entwicklung von Kindern und wie das Zwischenspiel von Affekt und Denken aussieht; und er begann, zuerst zögernd, dann aber immer sicherer, die affektiven Folgen seiner Erziehung und ihre Bedeutung für sein Leben zu begreifen. Ich überlegte für mich, ob ich ihm meinen Eindruck mitteilen sollte, daß nämlich seine gegenwärtigen Schwierigkeiten ähnlicher Natur waren: Irgendein Aspekt seiner affektiven Reaktion auf die tragische Kriegsverletzung seines Sohnes fand keinen direkten Ausdruck, so daß er statt dessen seine Wut auf die Arbeit und seinen Kollegen Paul verschob. Doch ich entschied mich, zumindest für den Augenblick, dagegen, weil ich dachte, daß mehr erreicht werden könnte, wenn man Mr. Flynns affektive Reifung förderte. Roger Flynn war vom Alkohol nie so abhängig geworden, daß seine Arbeit darunter gelitten hätte, aber er verbrachte viel Freizeit in verschiedenen Bars. Dort trank er so viel Bier, bis er den Eindruck hatte, er könne, wenn er zu Hause sei, sofort einschlafen. Er trank nie alleine zu Hause, sondern nur in Kneipen, jedoch unternahm er dort keinerlei Anstrengung, mit den anderen Gästen oder den Barkeepern Kontakt aufzunehmen. Er hatte mir erzählt, daß er seit der Schulzeit bis auf technische Leitfäden nie mehr ein Buch gelesen hatte. Und nun erfuhr ich, daß er sich nicht einmal etwas aus Filmen, Radio oder Fernsehen machte. Wir machten uns darüber Gedanken, daß das Angebot dieser Medien nur dann unterhaltsam ist, wenn der Zuschauer oder Zuhörer sich mit einem Protagonisten des Stückes identifizieren kann. Mr. Flynn aber konnte eine solche Identifikation nicht ohne weiteres herstellen.Mr. Flynns Hang zum Alkohol ließ ebenso plötzlich nach wie er begonnen hatte, als er nämlich seine zukünftige Frau kennenlernte. Sie war ebenfalls vor nicht allzu langer Zeit vorzeitig von der High-School abgegangen. Sie arbeitete in dem Büro der Firma, in der er seine Lehre als Maschinist machte. Es war seine Aufgabe, ihr Formulare für die abgeschlossenen Arbeiten zu bringen, zu warten, bis sie diese bearbeitet hatte und sie dann zu seinem Chef zurückzubringen, der sie in die Kundenkartei ablegte. Dabei hatten sie sich kennengelernt. Es war Nancy, die bei ihren Gesprächen die Initiative ergriffen hatte und Rogers Schüchternheit so weit zu überwinden half, daß er schließlich vorschlug, nach der Arbeit miteinander auszugehen. Es war die erste Verabredung seines Lebens. Nancy mochte ihn offensichtlich, aber sie stellte ganz klar, daß es ihr als Baptistin unmöglich war, mit jemandem, der rauchte oder trank, eine Beziehung einzugehen. Roger beendete beide Gewohnheiten so plötzlich wie er sie begonnen hatte. Es erstaunte ihn, als er später hörte, daß andere Leute große Schwierigkeiten hätten, mit dem Rauchen aufzuhören; ihm hatte es überhaupt nichts ausgemacht. Ich erklärte ihm, daß Alkohol und Zigaretten nur Ersatzmittel für etwas waren, von dem er zu jener Zeit noch nicht wußte, daß er es brauchte: Eine Beziehung mit einem Menschen, der für ihn sorgte, und, was besonders wichtig war, um den er sich kümmern konnte. Diese Zusammenhänge verstand er jetzt voll und ganz. Roger und Nancy heirateten nach etwa eineinhalb Jahren. Beide waren damals neunzehn Jahre alt. Er kannte buchstäblich keinen einzigen Menschen, den er zur Hochzeit hätte einladen können. Nancys Bruder war Trauzeuge. Er hätte gerne Schwester Mary L. eingeladen, aber die Trauung fand in einer protestantischen Kirche statt, und er wußte, daß sie nicht daran teilnehmen konnte.

Neunte Stunde: Die Auflösung von pathologischer Scham – Förderung der Integration

Mr. Flynn:	Ich weiß nicht, ob uns das irgendwas bringt, Herr Doktor.
Therapeut:	Ich dachte, Sie hätten letztes Mal gesagt, daß Sie besser schliefen und sich am Tag weniger gereizt fühlten.
Mr. Flynn:	Vielleicht kommt das vom Urlaubmachen.
Therapeut:	Hmm. (*Keine Reaktion von Mr. Flynn*) Wissen Sie, manchmal stellen Patienten den Wert der Therapie an einem Punkt in Frage, wo Gedanken hochkommen, über die sie lieber nicht sprechen wollen. Angriff ist die beste Verteidigung. Wenn ich dann damit beschäftigt bin, die Therapie zu rechtfertigen, haben wir keine Zeit, über das zu reden, was Sie wirklich bewegt.
Mr. Flynn:	Ich wollte nicht, daß Sie sauer werden.
Therapeut:	Klinge ich in Ihren Ohren ärgerlich?
Mr. Flynn:	Ich glaube, ich bin ganz durcheinander.
Therapeut:	Sie haben es bisher ganz prima gemacht. Wenn Sie sich heute durcheinander fühlen, dann bedeutet das, daß etwas hochkommt. Geben Sie dem eine Chance. (*Keine Reaktion von Mr. Flynn*). Gibt es etwas aus unseren Sitzungen, was Ihnen immer wieder in den Sinn kommt?
Mr. Flynn:	Die Sache mit der Religion, glaube ich. Seit wir über das Heim und das alles gesprochen haben, habe ich eigentlich immer wieder daran gedacht. Ich weiß nicht, warum es

mir etwas ausmachen sollte. Ich habe das schon lange aufgegeben.

Therapeut: Wissen Sie, ich habe mir auch darüber Gedanken gemacht. Sie wuchsen in einer religiösen Atmosphäre auf, die Nonnen waren die wichtigsten Menschen in Ihrem Leben, Sie dienten als Ministrant, dachten daran, Priester zu werden, und in der High-School gaben Sie dann die Idee mit dem Priesterseminar einfach auf. Wie ist das eigentlich gekommen? (*Mr.Flynn wurde rot*). Getroffen!

Mr. Flynn: (*Muß gegen seinen Willen lachen*) Das ist es wohl, worüber ich nicht sprechen wollte.

Therapeut: Es ist ein dickes Ding, oder?

Mr. Flynn: Ich konnte einfach nicht mehr zur Beichte gehen, und wenn man die Hostie nicht empfangen kann, hat das Ganze keinen Sinn.

Therapeut: Man kann auch keine Sakramente austeilen, wenn man sie nicht erhalten kann, nicht wahr?

Mr. Flynn: Das ist richtig.

Therapeut: Warum also konnten Sie nicht zur Beichte gehen?

Mr. Flynn: Ich glaube, das ist es, worüber ich nicht reden will. Ich habe das noch nie jemandem erzählt.

Therapeut: Einen Augenblick mal. Als Sie aufhörten, zur Beichte zu gehen, müssen Sie so fünfzehn oder sechzehn gewesen sein.

Mr. Flynn: Ja, in der High-School.

Therapeut: Nun, was Jungs in diesem Alter gewöhnlich Schwierigkeiten macht, sind sexuelle Gefühle und Masturbation.

Mr. Flynn: (*Sehr ruhig*) Woher wissen Sie das?

Therapeut: Wie ich sagte, jeder normal entwickelte Junge leidet in dieser Hinsicht Qualen.

Mr. Flynn: Wir haben immer gehört, wie schlecht das sei. Daß man, wenn man sich selbst berührt, seine Seele gefährdet. Daß man verrückt würde. Wurde mal einer dabei erwischt, wenn die Lichter aus waren, machten sich alle anderen Jungs über ihn lustig. Als ich damit anfing, konnte ich nicht mehr aufhören. Ich fühlte mich schlecht, aber ich tat es bei jeder Gelegenheit, wenn ich dachte, daß ich nicht erwischt werden könnte. Ich war sicher, sie sahen es mir an der Nasenspitze an, was ich tat.

Therapeut: Sie waren in einer schwierigen Situation. Sie standen unter ungeheurer Spannung. Sie sind in einer Umgebung aufgewachsen, die wenig Verständnis für die Gefühle von

	Kindern und ihren Bedürfnissen nach Nähe aufbrachte. So überrascht es nicht, daß Sie einen Weg gefunden haben, die Spannung vorübergehend abzubauen, indem Sie mit sich selbst spielten.
Mr. Flynn:	Ich dachte, nur echt schlechte Jungs hätten solche Wünsche. Es war wie eine Krankheit. Schon der Gedanke daran war eine Sünde.
Therapeut:	Es ist genau andersherum. Ein Junge in der Pubertät, der nicht von dem Bedürfnis zu masturbieren bedrängt ist, hat höchstwahrscheinlich wirklich Probleme.
Mr. Flynn:	Ich konnte mich einfach nicht dazu bekennen, deshalb hörte ich auf, zur Beichte zu gehen. Ich muß zu viele Schuldgefühle gehabt haben.
Therapeut:	Ich glaube nicht, daß es ein Schuldgefühl war, das heißt, das Gefühl, gesündigt zu haben. Die Möglichkeit, Buße zu tun, fängt dieses Problem auf. Ich denke, es war die Scham, die Sie dabei empfanden, irgend jemanden, sogar einem Priester, mitzuteilen, was Sie fühlten und was Sie taten. Jemand anderen wissen zu lassen, daß Sie sexuell erregt waren. Nicht, *daß* Sie etwas Falsches taten, sondern, wie Sie ja schon selbst erkannten, jemanden wissen zu lassen, daß mit Ihnen etwas nicht stimmte, scheint mir das Problem gewesen zu sein. Etwas Falsches zu tun, erzeugt Schuld. Zu fühlen, daß etwas mit einem verkehrt ist, erzeugt Scham.
Mr. Flynn:	Wir hörten es jeden Tag, wie schlecht es sei, das zu tun.
Therapeut:	Ich denke, es war nicht einfach das Masturbieren an sich, dessen Sie sich so schämten. Vielmehr wollten Sie die damit verbundene Gefühlserregung niemandem verraten. Wie wir schon besprochen haben, lernten Sie wohl sehr früh, nicht in Erregung zu geraten, weil niemand da war, der mit Ihnen zusammen diese Gefühlserregung teilte und so zu einem verständlichen Teil Ihres Selbst gemacht hätte.
Mr. Flynn:	Nun, das ist wahr. Wenn jemand über die Stränge schlug, peng!
Therapeut:	Ja, Erregung wurde als Störung betrachtet, als Über-die-Stränge-Schlagen. Nach einer Weile lernten Sie, diese Gefühle beiseite zu drücken, bevor sie zu stark wurden. In der Pubertät jedoch kommt die Erregung plötzlich mit voller Macht. Sie konnten sie nicht unterdrücken, also stellten Sie sicher, daß niemand davon erfuhr, nicht

einmal der Beichtvater. Die Angst vor Beschämung regierte Ihr Leben.

Ich hatte jetzt begonnen, von seiner frühen Entwicklung eine Brücke zu dem zu schlagen, was ich für die Ursache der Beeinträchtigung seines Wohlbefindens heute hielt: Die Angst davor, beschämt zu werden.

Mr. Flynn: Ich dachte einfach, ich sei nicht normal. Ich glaubte, ich sei der einzige; daß ich meinen Glauben verloren hätte; sonst würde ich das ja nicht tun.

Therapeut: Das muß für Sie ein ziemlicher Schlag gewesen sein. Die Religion war für Sie ja so wichtig, daß Sie daran gedacht hatten, ins Priesterseminar zu gehen.

Mr. Flynn: Ich weiß nicht, was ich damals fühlte. Es war schlichtweg ein Ding mehr, aus dem nichts wurde. Niemand wollte mich, nicht einmal Gott.

Therapeut: ([*Nach einer langen Pause, in der wir beide auf uns wirken ließen, was er gesagt hatte*): Dann kam Nancy in Ihr Leben.

Mr. Flynn: Ja. Ich konnte es nicht glauben. Ich habe ihr lange Zeit nicht getraut. Was wollte sie mit mir? Aber es hat geklappt, glaube ich.

Therapeut: Und dann bekamen Sie Lenny.

Mr. Flynn: Ich glaube, das war der glücklichste Tag meines Lebens. (*Seine Stirn umwölkt sich.*)

Therapeut: Und dann mußte das passieren.

Mr. Flynn: (*Weint ein wenig und sammelt sich dann*) Es tut mir leid, aber jedesmal, wenn ich daran denke – . Er hatte alles. Ein gutes Zuhause. Eltern. Eine Chance, Kind zu sein. Alles, was ich nie hatte, verdammt nochmal!

Therapeut: Wie kamen Sie und Ihr Sohn miteinander aus, als er klein war?

Der Trauerprozeß um seinen Sohn, so wie er vor der Verletzung gewesen war, konnte nun beginnen, und ich hatte vor, ihn in kleinen, bewältigbaren Schritten voranzubringen.

Mr. Flynn: Er war ein guter Junge, immer ein wenig wild, aber ein guter Junge. Er machte sich nie viel aus der Schule, außer aus seinen Musikstunden. Er konnte schon Klavier spielen, als er noch sehr klein war. Dann lernte er Trompete, die spielte er wirklich gern. Er gewann im ganzen Staat Wettbewerbe. Einmal spielte er mit der Band beim Gouverneur. Dabei hatte er ein Solo vorzutragen.

Therapeut: Wie war Ihre Beziehung zu ihm?

Mr. Flynn: Er hat nicht sehr auf mich gehört. Aber ich hielt das immer für natürlich, daß Jungs nicht auf ihre Eltern hören. Wir mußten im Heim immer zuhören und hatten nie Spaß. Er mußte das nicht, ich meine, er hatte richtige Eltern.

Therapeut: Wenn man geliebt wird, fühlt man sich sicher und muß nicht alles tun, was einem gesagt wird. Man hat nicht dauernd das Gefühl, nicht zu wissen, was passieren könnte, wenn man sich nicht wunschgemäß verhält.

Mr. Flynn: Ja. Wie wenn einem gesagt wird, daß man in eine Erziehungsanstalt gesteckt wird.

Therapeut: Lenny konnte wirklich ein Junge zu sein. Er konnte sich leisten, seine Gefühle herauszulassen und in Erregung zu geraten.

Mr. Flynn: (B*itter*) Und schauen Sie, was ihm das eingebracht hat!

Therapeut: Und schauen Sie, was es Ihnen eingebracht hat. Ich denke, Sie hatten sehr viele Hoffnungen und Träume in bezug auf Ihren Sohn und fühlten sich dann betrogen, als ihm das passierte.

Mr. Flynn: Man glaubt, es wird für die Kinder alles ganz anders; daß das, was man selbst durchgemacht hat, nicht umsonst gewesen ist.

Therapeut: Wissen Sie, ich denke, es ist für Sie ziemlich schwer, die Tatsache zu akzeptieren, daß Lenny im Rollstuhl sitzt, aber Sie werden damit zurechtkommen – um seinetwillen. Womit Sie nicht umgehen können, ist die Scham, die Sie persönlich darüber empfinden, daß dies passiert ist. Es ist so, als hätte Sie Lennys Unglück lächerlich gemacht, weil Sie überhaupt Träume und Hoffnungen für sein Leben gehabt hatten. Es ist wie mit Ihren Träumen, Priester zu sein und dann von allen geliebt und respektiert zu werden: Aber dann geschah etwas, das Sie als so beschämend ansahen und unter diesen Umständen wollten Sie sich nur noch verstecken.

Mr. Flynn: So habe ich das noch nie gesehen.

Therapeut: Genau. Wenn Sie nicht die Chance haben, Worte zu finden, die Ihre Gefühle beschreiben, dann werden Sie von ihnen beherrscht – anstatt daß Sie eine vernünftige Kontrolle über die Gefühle ausüben. Nicht in dem Sinn, daß Sie Ihre Gefühle unterdrücken, sondern ich meine die Art von Kontrolle, die Sie fähig macht zu verstehen, was vor sich geht, mit dem Geschehen mitzugehen und es aktiv zu beeinflussen.

Mr. Flynn: Ich war noch nie ein großer Redner.

Therapeut: Es geht nicht so sehr darum, mit anderen Leuten zu reden. Die Schwierigkeit besteht darin, daß Sie die Dinge nicht mit sich selbst besprechen können. Ohne Worte ist es schwierig, Sachverhalte zu durchdenken, verschiedene Möglichkeiten in Betracht zu ziehen. Ich denke, genau mit dieser Schwierigkeit hatten Sie an Ihrem Arbeitsplatz zu tun. Es ist hier wie eine Wiederholung Ihrer Adoleszenz statt: Sie stellten sich vor, daß die anderen Sie auslachen würden, wenn sie wüßten, was passiert ist. Damals war der Kontrast zwischen Ihrem Wunsch, Priester zu werden, und Ihren sexuellen Bedürfnissen zu groß gewesen. Niemand hatte Ihnen geholfen zu verstehen, daß das, was passierte, menschlich und normal war, und daß es weder schlecht war, noch etwas, dessen man sich schämen mußte.

Mr. Flynn: Nein, das haben wir nie gehört. Man sagte uns nur, wie schlecht es war. Wir erfuhren nie, daß Priester wie andere Menschen waren, so wie heute, wo viele aufhören und heiraten, und so etwas.

Therapeut: Ich denke, etwas Ähnliches ist in Ihnen in der Arbeit vorgegangen. Irgendwie stellten Sie sich vor, daß die Leute über Ihr Unglück lachen würden. Daß Menschen wie Paul mit seinen gesunden Kindern, sich darüber lustig machen würden. Je erniedrigter Sie sich fühlten, desto weniger konnten Sie mit irgend jemand darüber reden, wahrscheinlich nicht einmal mit Ihrer Frau.

Mr. Flynn: Nein, ich habe mit ihr nie über meine Probleme in der Arbeit geredet. Sie hat mit sich selbst genug zu tun. Ich habe ihr einfach gesagt, ich hätte Schwierigkeiten mit dem Magen, das sei der Grund für mein Fernbleiben von der Arbeit.

Therapeut: Wenn Sie sich schämen, fühlen Sie sich ganz alleine und denken, daß andere von Ihnen genau dieselbe geringe Meinung haben wie Sie selbst.

Sechzehnte bis fünfundzwanzigste Stunde: Transformation und Beendigung der Therapie

Mr. Flynn wurde sich seiner Gefühle immer bewußter und lieferte von sich aus die Assoziation, daß er, obwohl er nicht im Rollstuhl sitze, auf seine Art genauso gelähmt sei wie sein Sohn. Zuerst war er wütend und dann traurig, als er sich klarmachte, wie sehr er als Kind und Jugendlicher affektiv zu kurz gekommen war. Wenn er auch zunächst die Nonnen beschuldigte, sein emotionales Wachstum behindert zu haben, so konnte er dann doch erkennen, daß sie sich vor ihren Gefühlen wahrscheinlich genauso geängstigt hatten wie er. Er konnte nun ihr Bemühen um ihre Schützlinge etwas nachsichtiger betrachten. Es war mir klar, daß seine Abwendung von der Kirche für ihn eine schmerzvolle Erfahrung gewesen war. Ich war nicht überrascht, als er ankündigte, daß er ernsthaft daran denke, mit einem Priester zu sprechen, der im Fernsehen für Kriegsverletzte und für diejenigen die Messe las, die zu krank waren, um zur Kirche zu gehen. Er erzählte mir, daß er in den letzten paar Jahren oft »zufällig« diesen Sender eingestellt hatte, während er sonntagmorgens in seinem Hobbyraum herumwerkelte, solange seine Frau in ihrer Baptistenkirche war. Er fragte mich, ob ich es für idiotisch halte, wenn er dachte, das Schicksal habe ihn zu mir geführt, damit ich ihm bei seiner Rückkehr zu Gott helfe. »Nein«, sagte ich. »Mir scheint allerdings, Sie hatten nie das Gefühl, daß Sie Gott verlassen haben, sondern eher, daß Sie aufgrund Ihrer Schamgefühle dachten, daß Gott Sie verlassen habe. Nachdem Sie jetzt darüber sprechen können und wissen, was mit Ihnen geschehen ist, liegt es ganz in Ihrer Hand, in bezug auf Ihre Religion eine Entscheidung zu treffen. Sie können sich jetzt freimachen von der Angst, niemand könne oder wolle Sie verstehen, nicht einmal Gott.«Mr. Flynn legte eine allgemeine Beichte ab und wurde wieder praktizierender Katholik. Er fühlte sich mit sich in Frieden und dachte daran, vor Ablauf des Krankenurlaubs an seine Arbeitsstelle zurückzukehren. Die Fähigkeit des Patienten, sich der Religion wieder zuzuwenden, die ihn in seiner frühen Jugend getragen hatte, zeigte mir, daß er das Gefühl hatte, wieder akzeptiert zu sein. Er war verstanden worden und hatte wieder Anschluß an die Menschheit gefunden. Damit kündigte sich auch der Beginn seiner Trennung von mir an. Die idealisierende Übertragung, die er ausgebildet hatte, hatte ihrem Zweck gedient, indem Sie ihn affektiv hatte reifen lassen. Nun konnte er in Zeiten der Belastung in seiner Religion Unterstützung suchen, welche eine reifere und abstraktere, verinnerlichte Quelle für Selbstobjekterfahrungen war. Ich konnte nun mit ihm über seine Arbeitssituation sprechen, ohne daß er wütend wurde. Er konnte sehen, wie er durch das Gefühl, ganz alleine und in seiner Verzweiflung hilflos zu sein, unfähig wurde, die Alltagsprobleme und Ärgernisse zu ertragen, die immer ein Teil seines Jobs gewesen waren und sein würden. Er schämte sich für sein Benehmen; er schämte sich, daß er sich lächerlich gemacht hatte, vor allem in bezug auf Paul. Hier erhielt ich die Gelegenheit, an seinem Schamgefühl im Hier und Jetzt zu arbeiten, und nicht nur rückblickend. Ganz ähnlich wie der Hausarzt sich bei Mrs. Kruger verhielt (siehe Kapitel 4), half ich Mr. Flynn, laut darüber nachzudenken, wie er mit seinen Gefühlen bei der Arbeit umgehen könnte; wie er seine emotionalen Reaktionen jetzt besser beeinflussen und sich ihrer gleichzeitig bewußt bleiben könnte.Bevor er die Erlaubnis erhielt, zur Arbeit zurückzukehren, mußte ihm der Arzt vom Gesundheitsdienst grünes Licht geben. Dies wiederum erforderte von mir eine Bestätigung, daß ich Mr. Flynn für fähig hielt, seinen Pflichten wieder voll nachzukommen. Ich sagte ihm, daß wir noch seine Schwierigkeiten mit Paul klären müßten, bevor ich diese Bestätigung würde ausstellen können. Ich sprach erneut darüber, daß man Schamgefühle nicht hinunterschlucken sollte, da sie ein Zeichen dafür seien, daß eine Verbindung unterbrochen worden ist und wiederhergestellt werden muß – je früher desto besser. Ich erklärte, daß es einen Unterschied gäbe zwischen der Scham über die eigenen Affekte und seinen Verhaltensweisen, die, ganz gleich worin sie begründet wären, tatsächlich zu Entfremdung führten und verständlicherweise Schamgefühle zur Folge hätten. Mit der ersten Art von Schamgefühl hätten wir uns in den Sitzungen befaßt, in denen er lernte, mit seinem affektiven Potential Verbindungen einzugehen oder wiederherzustellen. Die zweite Art von Schamgefühl könnte nur dann angemessen gelöst werden, wenn er es tatsächlich unternähme, seine Situation in Ordnung zu bringen, und, wie ich hoffte, die Beziehung zu Paul wiederaufnähme. Wie ich Mr. Flynn sagte, hätte er meiner Überzeugung nach nur dann eine Chance, wieder problemlos arbeiten zu können, wenn er diese Situation klärte. Mit klopfendem Herzen und unter dem Vorwand, nur seinen Monatswechsel abzuholen, fuhr er zu seiner Firma, nahm mit Paul Kontakt auf und sprach mit ihm über seine Rückkehr zur Arbeit. Er erzählte keine Einzelheiten, aber er erklärte sein Verhalten Paul so, daß er nicht er selbst gewesen sei, weil sein Sohn »krank aus Vietnam zurückgekommen sei«. Wie Mr. Flynn berichtete, war Paul sehr froh über seine Rückkehr, zeigte Mitgefühl mit seiner Lage und war voller Verständnis dafür, daß er eine schwere Zeit gehabt hatte. Wieder an seinen Arbeitsplatz zurückgekehrt, berichtete Mr. Flynn, daß alles gutging. Es war so, als seien die vergangenen Monate ein böser Traum und nicht Wirklichkeit gewesen. Sein früheres Verhalten schien ihm fast nicht mehr nachvollziehbar. Er konnte es sich kaum mehr vorstellen, daß er sich jemals so seltsam hatte benehmen können. Er kam noch drei Monate lang einmal in der Woche zu mir, und dann ein Jahr lang einmal im Monat. Er hielt nicht nur sein neu gefundenes Gleichgewicht aufrecht, sondern konnte auch wahrnehmen, daß sich der Zustand seines Sohnes zusammen mit dem seinen verbesserte. Sobald Mr. Flynn besser in der Lage war, sein eigenes Leben zu leben und er nicht länger erwartete, daß ihm sein Sohn eine Ersatzexistenz lieferte, konnte der junge Mann beginnen, mit seiner Behinderung umgehen zu lernen. Es war ein großer Tag, als mir Mr. Flynn mit Tränen in den Augen erzählte, daß sein Sohn zum ersten Mal seit seiner Rückkehr nach Hause die Stereoanlage angestellt hätte. Bald danach machte Lenny Pläne, seine musikalischen Studien wiederaufzunehmen.

Mr. Flynn war nicht aus eigenem Willen zu mir gekommen; er war mißtrauisch und nicht introspektiv und hatte mich im Grunde herausgefordert, sein Problem herauszufinden. Alles, was ich anfangs gewußt hatte, war, daß seine Persönlichkeitsveränderung wahrscheinlich nicht durch schwerwiegende neurologische oder andere körperliche Störungen verursacht war. Die nächste Frage war dann gewesen, ob eine Psychose vorlag. Jedoch hatten weder seine Geschichte noch seine Interaktion mit mir in diese Richtung gedeutet. Da ein nichtpsychotisches psychisches Problem für seine Schwierigkeiten verantwortlich zu sein schien, war die nächste Frage, auf welchem Entwicklungsniveau sich das Selbstsystem befand. Aufgrund Mr. Flynns Darstellung seines Problems im Erstinterview und des Berichts seiner Arbeitgeber war davon auszugehen, daß seine grundlegende Spannungskontrolle und seine Anpassung an schwierige Lebenssituationen gut waren – Hinweise auf ein stabiles Kernselbst. Seine Symptomatik war nicht neurotisch. Wenig ausgeprägt jedoch war seine Fähigkeit zur Selbsterforschung und Introspektion. Es war deshalb wahrscheinlich, daß sich seine Schwierigkeiten im Bereich der Bildung des subjektiven Selbstes befanden. Seine Lebensgeschichte und das, was ich während unserer Gespräche an ihm beobachten konnte, unterstützten die Annahme, daß die Schwäche seines Selbstsystems im Bereich des Affekteinstellens lag. Das Fehlen angemessener Bestätigung, besonders im Bereich der Affektentwicklung, hatte ihn für spätere Traumatisierung anfällig gemacht. In Begriffen der Entwicklungsspirale gesprochen, war die Kriegsverletzung seines Sohnes eine Kränkung für Mr. Flynns Selbstsystem, wodurch er, genauso wie Lenny, hilflos und inkompetent wurde. Es gab nichts, was Mr. Flynn tun konnte, um das wieder »zu reparieren«. Damit war ihm die Grundlage seiner Selbstachtung in fast allen Bereichen seines Lebens entzogen. Während seine Selbstachtung sank, führten die Entscheidungen, die er traf, zu einem Verhalten, das immer weniger der Anpassung diente, von dem aus zu weiterer Minderung von Kompetenz und so fort. Als er in Therapie kam, befand er sich auf direktem Weg zu einem ernsten depressiven Rückzug, wenn er auch wütend, jedoch kontraproduktiv, dagegen kämpfte. Die Defizite im Bereich des Affekteinstellens während jener Lebensphasen, die seiner Erinnerung zugänglich waren, stützten im großen und ganzen meine Eingangshypothese im Hinblick auf die Entstehungsgeschichte seiner gegenwärtigen Probleme. Sie wiesen auf den Bereich hin, wo ich therapeutisch ansetzen und seine affektive Entwicklung fördern mußte, bevor ihm geholfen werden konnte, seine Selbstachtung, und damit ein kohärentes Selbstgefühl, wiederaufzubauen. Nachdem sich sein Gefühl, mißverstanden zu werden, aufgelöst hatte, bildete Mr. Flynn eine idealisierende Vaterübertragung aus. Ich wurde der Vater, den er nie kennengelernt hatte, der Vater, der ihn verstand und ihm half zu wachsen. Indem ich die Übertragung und seine erwachsenen kognitiven Fähigkeiten nutzte, konnte ich ihm helfen, seine affektiven Schwierigkeiten sehr viel besser zu verstehen. Dies hatte zur Folge, daß in diesen Bereichen eine weitere Entwicklung einsetzte, wodurch er insgesamt viel besser zurechtkam und seine Depression sich auflöste. Die Übertragung wurde zwar nicht analytisch aufgelöst, aber durch die Wiedergewinnung seines religiösen Glaubens wurde es möglich, daß er sein Bedürfnis zu vertrauen auf ein abstrakteres, inneres Ideal verlagerte.

9. Narzißtische und Borderline-Persönlichkeitsstörungen

Die Verleugnung des Affekts und das gespaltene Selbst-Konzept *(devided self-concept)*

Bei der Gruppe der Patienten mit sogenannten narzißtischen Persönlichkeitsstörungen stehen Probleme einer gestörten Affekteinstimmung im Mittelpunkt. So weit man die Entwicklung dieser Patienten rekonstruieren kann, verarbeiteten sie als Kinder das Mißverstehen ihrer affektiven Bedürfnisse und Mitteilungen anders als Roger Flynn. Sie reagierten nicht mit Urverdrängung und Hemmung der affektiven Entwicklung, sondern glichen traumatische Enttäuschungen damit aus, daß sie sich auf ihre eigenen Leistungen zu verlassen lernten; dadurch ersetzten sie die Selbstobjekterfahrungen, die sie dringend benötigten. So legten diese Menschen nicht einfach passives und resigniertes Verhalten an den Tag, wie Mr. Flynn als Kind, sondern sie entwickelten offenbar schon als Säuglinge große Geschicklichkeit, flexibel zu reagieren und aktiv auf das einzugehen, was die Erwachsenen um sie herum von ihnen wollten oder brauchten. Anscheinend hatten sie die Hoffnung aufgegeben, verstanden zu werden, und setzten statt dessen auf die Aufmerksamkeit, die sie mit ihren Leistungen auf sich ziehen konnten.

Etwa im Alter von zwei Jahren, wenn die präoperationale Phase der kognitiven Entwicklung allmählich die Symbolisierung und den Einsatz von Phantasien ermöglicht, stärken diese Kinder ihr defensives Selbstgefühl durch grandiose Allwissenheits- und Allmachtsphantasien. Am Ende dieser Entwicklungsphase hat sich eine äußere Schale von Selbstvertrauen, beruhend auf Klugheit, Intelligenz und effektiver Beeinflussung der Umwelt gebildet. Der Kern jedoch ist verletzlich und unsicher. Werden diese Kinder in ihrer Effektivität und somit ihrem Kompetenzgefühl bedroht, geraten sie in Gefahr, daß sich ihre frühen Bedürfnisse nach positiven Reaktionen und Bestärkung wieder bemerkbar machen und nach Befriedigung verlangen. Dadurch werden sie für eine Wiederholung der Enttäuschung und Erniedrigung anfällig – die Gefühle, die an der Entstehung des defensiven Selbst vorrangig beteiligt waren.

Der Wendepunkt in der Charakterentwicklung dieser Kinder wird mit etwa sechs Jahren erreicht. Dann gebietet nämlich das Fortschreiten der Kognitionsentwicklung zu konkret – operationalem und logischem Denken, von den grandiosen Phantasien Abstand zu nehmen und anzuerkennen, daß es eine mit anderen geteilte, kulturabhängige äußere Realität gibt, an die es sich anzupassen gilt. Die Erkenntnis, daß andere unabhängig von der eigenen Person existieren, und daß man nicht das Zentrum des Universums ist, verlangt vom

Kind eine drastische Änderung seiner Perspektive. Es muß sich neu orientieren und seinen Platz in einer Welt finden, in der es nur ein Mensch unter vielen ist, und zudem ein kleiner.

Wenn jedoch diese Kinder nun ihr defensives Überlegenheitsgefühl aufgäben, würden sie sich genau jener Erniedrigung aussetzen, die sie mit aller Macht vermeiden wollten. Daß ihre gegenwärtige Situation möglicherweise ganz andere Befriedigungsmöglichkeiten bieten könnte, ist für sie natürlich nicht von Belang: Ihre Ängste vor traumatischer Enttäuschung gründen auf früher entstandenen Erwartungsmustern, die keine wesentliche weitere Reifung erfahren haben. So stehen diese Kinder anscheinend vor einem Dilemma: Die Realität der eigenen Begrenztheit zu verleugnen, wäre in dieser Entwicklungsphase der Anpassung nicht dienlich und möglicherweise Vorbote eines psychotischen Rückzugs von der Realität. Würden sie aber hinnehmen, daß sie relativ hilflos sind und ihre Umgebung nicht kontrollieren können, würde sie dies eben jenen Depressionen aussetzen zu deren Verhinderung sie das aufgeblähte Selbstgefühl entwickelten, das sie aufgeben sollen. Aber die kognitive Reifung bietet eine dritte mögliche Lösung an. Die Realität ihrer Grenzen weder völlig ignorierend (deny) noch sie akzeptierend, verleugnen (disavow) sie die dazugehörigen Affekte: Das heißt, sie erkennen und billigen ihre Realität kognitiv, aber nicht affektiv.

Auf der kognitiven Ebene akzeptiert der künftige Narzißt das Urteil anderer, daß er »nur« ein Kind ist. Indem er seine Phantasien für sich behält, kann er jedoch den Glauben aufrechterhalten, daß sein wahres Selbst sich von dem, was andere sehen, sehr stark unterscheidet. Das Kind kann seine Phantasien abwandeln (»Schaut, wieviel Macht ich habe« kann werden zu: »Ich werde Macht haben und wunderbare Dinge tun, wenn ich erwachsen bin; dann wird jeder mein wahres Selbst sehen und mich lieben müssen«); und es kann dann seine beträchtlichen intellektuellen Fähigkeiten und Talente nutzen, um diese Phantasien wahr werden zu lassen. Es überrascht nicht, daß sich in dieser Patientengruppe Mitglieder der Berufselite finden – erfolgreiche Geschäftsleute und Künstler, Ärzte und Rechtsanwälte sowie führende Persönlichkeiten des politischen Lebens. Man muß sich nicht wundern, daß ihre ihnen oft hoch belohnte Anpassung an die Bedürfnisse der Welt nicht zu einem gesunden Erfolgserlebnis oder einem Gefühl von Ganzheit oder Kohärenz verhilft: Die Integrität des Selbstsystems der narzißtischen Persönlichkeit kann nur auf Kosten der Spaltung des Selbst-Konzepts aufrechterhalten werden. Der Triumph, den sie erleben, wenn ihre Leistungen gefeiert werden, und der soziale Aufstieg, den sie machen, halten ihre grandiose Position aufrecht, beeinflussen aber nicht die darunterliegenden Minderwertigkeits- und Unsicherheitsgefühle, welche diese Haltung notwendig gemacht hatten. Diese Patienten kommen mit der Klage in die Therapie, daß ihnen all ihr Erfolg kein Glück in ihren Beziehungen gebracht habe, das heißt, daß niemand sie verstehe und/oder daß sie sich trotz ihres Erfolgs wie Betrüger fühlten: Das wiederum heißt, daß sie sich selbst nicht verstehen. Kein Wunder! So ein Mensch hat sein ganzes Leben damit verbracht vor sich selbst und vor anderen, den ständig bedürftigen und zurückgewiesenen Teil des Selbstbildes zu verbergen. Diesen Aspekt des Charakters bei sich zu entdecken, ist gleichbedeutend mit der Wiederholung des frühen Traumas: Noch einmal steht man da als jemand, der bei anderen keine Empathie für sich zu erwecken vermag. Es ist wirklich paradox, daß diese Menschen mit der Bezeichnung *narzißtisch* versehen worden sind. Dieser Begriff hat einen moralischen Unterton, der vermittelt, daß ihr Leid auf einer unmäßigen Selbstliebe beruht, einer Liebe, die überwunden werden und auf ein realistisches Niveau gebracht werden muß. Dies entspricht jedoch nicht den Tatsachen. Das fordernde Verhalten dieser Patienten, sofern es sichtbar ist, stammt nicht aus einem übermächtigen Gefühl von Selbstliebe: Das unverschämte Anmelden ihrer Ansprüche verbirgt nur ihre unbewußte Überzeugung, daß sie weder liebenswert noch bewundernswert sind. Da Patienten mit sogenannten Borderlinestörungen oft ganz ähnlich sind in dem Bedürfnis, ihren Willen durchzusetzen, werden diese zwei ziemlich unterschiedlichen Persönlichkeitsprobleme oft miteinander verwechselt. Die fordernde Natur des narzißtischen Patienten dient der Aufrechterhaltung eines aufgeblasenen oder grandiosen Selbstgefühls, um depressive Gefühle zu vermeiden, während die Mißachtung der Bedürfnisse anderer durch den Borderlinepatienten auf einer primitiveren und viel instabileren Organisation des Selbstsystems gründet.

Narzißtische Persönlichkeitsstörung: Esther Romberg

»Außen hui, innen pfui!« So faßte Dr. Esther Romberg die Gründe zusammen, warum sie mich aufsuchte. Obwohl sie beruflich mehrere Karrieren begonnen hatte und überall erfolgreich gewesen war, fühlte sie sich mit dreiunddreißig Jahren immer noch unbefriedigt. Sie war zweimal verheiratet gewesen und wieder geschieden worden von Männern, die sie als »nicht gut genug« für sie befunden hatte. Sie hatte mit fünfundzwanzig Jahren eine Psychotherapie begonnen und die Behandlung nach sechs Monaten abgebrochen; ein zweiter Versuch mit einem anderen Therapeuten wurde ebenfalls abrupt beendet. Den ersten Therapeuten erlebte sie als mit ihr konkurrierend; der andere »saß einfach nur da.« Sie klagte, daß ihr nichts wirklich erschiene; sie fühle sich in ihrem eigenen Leben wie eine Zuschauerin.

Als ich sie bat, mir mehr von sich zu erzählen, sagte sie, sie sei das dritte von fünf Kindern und die einzige Tochter. Ihr Vater, vor drei Jahren verstorben, war ein rabbinischer Gelehrter gewesen; ihre Mutter führte einen Lebensmittelgroßhandel, den Mrs. Rombergs Großeltern mütterlicherseits gegründet hatten.

Sie war intellektuell frühreif gewesen und hatte vorzeitig ihr Abitur gemacht. Ihr Studium der europäischen, und speziell der französischen Geschichte, führte auf beiden Gebieten zu einem hervorragenden Abschluß. Sie erhielt die Gelegenheit, im Ausland an einer Eliteuniversität ihre Doktorarbeit zu schreiben, zog es jedoch vor, in den Vereinigten Staaten zu bleiben und den Institutsleiter des Faches Anglistik an ihrer Universität, einen achtzehn Jahre älteren Mann, zu heiraten. Sie unterrichtete dann in einem nahegelegenen College, setzte ihre akademische Arbeit fort und promovierte in der üblichen Zeit. Sie hatte das Gefühl, daß man aus ihrer Doktorarbeit, die eine weniger bedeutende, aber interessante Gestalt der französischen Literatur behandelte, einen erfolgreichen Schlüsselroman machen könnte. Ihr Mann hatte Beziehungen zu einem Verlag, wo sie ihr Manuskript vorlegen konnte. Sie erhielt eine vernichtende Kritik, was sie furchtbar wütend machte.

Daraufhin beschloß sie, nicht in einem Bereich zu bleiben, in dem man sie nicht richtig schätzte. Jedenfalls war sie sich zu jener Zeit der Grenzen sowohl einer akademischen Karriere als auch ihrer Ehe bewußt geworden. Was die Karriere anging, so langweilte sie nun, was ihr früher so glanzvoll erschienen war. Was die Ehe betraf, so war sie von ihrem Mann nicht mehr beeindruckt und kam zu dem Schluß, daß das, was sie für Liebe gehalten hatte, nur Vernarrtheit gewesen war. Die Kinder aus seiner ersten Ehe, die im Teenageralter waren und mit ihrer Mutter in einer Nachbargemeinde lebten, hatten ständig Schwierigkeiten. Ihr Mann erwartete nun, daß sie sich für das Leben dieser Kinder interessierte und deren Probleme zu den ihren machte – dies war eine Rolle, die ihr überhaupt nicht gefiel. Sie selbst hatte keinen Kinderwunsch und nahm dieses Eindringen in ihr Leben übel. Die periodisch auftretenden und zunehmend längeren Phasen sexueller Impotenz ihres Mannes, die kurz nach ihrer Heirat eingesetzt hatten, machten ihr nicht viel aus. Wie vor ihrer Ehe hatte sie auch jetzt jeweils für kurze Zeit Liebhaber. Einer davon, ein äußerst erfolgreicher Börsenmakler, der an einem ihrer Kurse teilnahm, gefiel ihr mehr als die anderen, und es bahnte sich eine Liebesbeziehung an. Sie ließ sich von ihrem ersten Mann scheiden und heiratete ihn.

Als Frau eines Professors und als Lektorin genoß sie das hektische Tempo und die Freuden ihrer neuen Existenz; es schien alles sehr aufregend. Obwohl sie im Komfort der Mittelklasse aufgewachsen war, hatte sie sich den Luxus, in dem sie jetzt lebte, nie vorstellen können. Sie genoß ihn eine Weile, aber was sie wirklich reizte, war der Einfluß, den ihr Mann und seine Freunde ausübten. In der Geschäftswelt drehte sich alles um deren Aktivitäten. Sie ließen die Dinge geschehen, die normale Sterbliche dann am nächsten Tag in der Zeitung lesen konnten. Noch mehr faszinierte sie, daß ihr Mann und seine Freunde – beruflich clever, fleißig und waghalsig – sich ihr im Vergleich als entsetzlich beschränkt erwiesen. Einige hielt sie für regelrecht dumm. Sie dachte, daß sie das, was diese Leute konnten, auch können müßte, erst recht, wenn sie von einem Mann, der sich auskannte, die Finessen des Spiels lernte.

So schrieb sie sich in ein Trainingsprogramm ein, um sich als Börsenunternehmerin zu qualifizieren. Außerdem bat sie ihren Mann, seine Transaktionen mit ihr jeden Tag durchzusprechen und ihr seine Beweggründe dafür zu erklären. Schließlich wurde sie Angestellte einer Börsenmaklerfirma und stieg dann auf eigene Rechnung ins Geschäft ein. Wenn sie auch entdeckte, daß sie nicht so risikobereit war wie ihr Mann und seine Freunde, die in ein wenigen Tagen oder Wochen Millionen reicher oder ärmer werden konnten, so war sie trotzdem recht erfolgreich.

Zu ihrem Kummer stellte sie jedoch nach ein paar Jahren fest, daß sie wieder das Interesse sowohl an ihrer Arbeit als auch an ihrem Mann verlor. Wie viele seiner Kollegen in diesem hektischen Geschäft, hatte ihr Mann sich angewöhnt, Drogen zu nehmen und konnte den Konsum nicht mehr kontrollieren. Ihr Interesse an ihm schwand. Sie fand ihn oberflächlich und zerstreut. Außerdem wurde ihr klar, daß er wahrscheinlich bald nicht mehr in der Lage sein würde, die täglichen finanziellen Wunder zu vollbringen, die für ihren Lebensstil als auch für seine verschiedenen Drogenabhängigkeiten nötig waren. So ließ sie sich vom ihm scheiden.

An dieser Stelle unterbrach Mrs. Romberg ihre Erzählung, sah mich mit halb besorgtem, halb schelmischem Ausdruck an und sagte: »Ich bin nicht sehr nett, nicht wahr? Ich benutze andere Menschen. »Nun«, antwortete ich, »tun wir das nicht alle? Das Problem scheint darin zu bestehen, daß Sie so, wie Sie von den Menschen Gebrauch machen, nicht das bekommen, was Sie suchen.« Sie klatschte entzückt in die Hände und sah wie ein Kind aus, das jemanden anhimmelt, als sie sagte: »Ich wußte, daß Sie für mich der Richtige sind! Oh!« Sie schien sich selbst bei etwas ertappt zu haben. »Da ist noch etwas. Ich habe Sie angelogen, als ich sagte, ich sei von Dr. W. überwiesen worden. Es war einfacher, als Ihnen am Telefon die ganze Geschichte zu erzählen.«

Sie hatte beschlossen mich anzurufen, nachdem sie eine Vorlesung von mir gehört hatte, zu der sie ein gerade verflossener Liebhaber, ein Psychiater und früherer Student von mir, mitgenommen hatte. Sie hatte das Gefühl, daß das, was ich sagte, nicht nur Sinn machte, sondern auf ihre Situation maßgeschneidert sei. Ihr gefiel die Art, wie ich sprach und mich verhielt, wobei sie besonders bewunderte, wie ich mit den Fragen umging, die während der Diskussion gestellt wurden und die durchaus manchmal feindselig klangen. Je mehr sie in den nächsten Tagen darüber nachdachte, desto überzeugte war sie, daß ich ihr im Gegensatz zu anderen Therapeuten helfen konnte. Die ergänzenden Informationen über mich, die sie von ihrem Freund erhielt, trugen noch weiter zu ihrer Entscheidung bei, mich auf »Biegen und Brechen« zu sprechen. Ich sagte, das klinge, als wäre sie für den Termin bei mir nicht nur bereit gewesen, sich selbst zu verkaufen, sondern als wäre sie auch der Meinung gewesen, daß ich sie nicht sehen wolle und daß sie daher nur über den Trick, den Namen des berühmten Dr. W. als Druckmittel zu benutzen, einen Termin bei mir bekäme.

Hier begann ich, die Entwicklungsspirale im Bereich der Selbstachtung zu betreten. Mit einer Patientin wie dieser war das Stadium der Zusammenarbeit schnell erreicht: Sobald Mrs. Romberg feststellte, daß ich sie verstehen konnte, lieferte sie von sich aus Assoziationen, durch die ich sofort beurteilen konnte, ob ich mit meinen Interventionen richtig lag.

Als ich in meinem Beruf als Therapeut die ersten Male von Patienten auf diese Art gelobt wurde, hatte ich das Gefühl, ich müsse nachprüfen, ob sie sich nicht über mich lustig machten. Zu der Zeit, als Mrs. Romberg zu mir kam, war mir bereits klar, daß eine unverhohlene Schmeichelei wie die ihre ein Zeichen ist für eine Bereitschaft, eine besondere Form von idealisierender Übertragung auszubilden. Diese ist als solche aufrichtig. Sie soll dem Therapeuten jedoch auch die Sicherheit geben, daß der Patient das Bedürfnis des Therapeuten nach Selbstachtung respektieren und ihm gerecht werden wird. Dieses Verhalten gibt Anhaltspunkte zu Vermutungen, wie dieser Patienttyp lernte, sich früh im Leben Zuneigung zu sichern.

Esther Romberg sprach ausführlich und mit Bitterkeit darüber, wie sie ihrer Kindheit beraubt worden war. Ihr Vater hatte sich mit seinen biblischen Forschungen, die ihn von morgens bis abends beschäftigten, von der Familie distanziert. Wenn er von seinen Studien nach Hause kam, wurde er von Studenten, Kollegen und Bittstellern belagert, die alle mit dem weithin bekannten und hoch respektierten Gelehrten sprechen oder sich von ihm beraten lassen wollten. Sie betete ihren Vater an. Oft wartete sie, wie sie glaubte, stundenlang vor der Tür seines Studierzimmers, in der Hoffnung, daß er, wenn er herauskäme, sie ansehen, vielleicht sogar mit ihr sprechen würde. Meistens jedoch war alles, was sie von ihm bekam, ein abwesendes Lächeln.

Hier warf ich ein: »Jetzt kann ich besser verstehen, warum Sie so eine Abneigung dagegen hatten, auf gut Glück zu kommen, vor *meiner* Tür warten und auf das Beste zu hoffen.« Sie strahlte.

Ihren Brüdern schenkte der Vater einige Aufmerksamkeit, sofern sie für biblische Studien Interesse zeigten, aber für sie als Mädchen trug die Mutter die Verantwortung. Ihre Mutter war jedoch weder tagsüber noch abends oft zu Hause. Der Großvater mütterlicherseits, der als Geschäftsmann erfolgreich gewesen war, nicht aber in der Zeugung männlicher Erben, war entzückt, daß seine Tochter die Möglichkeit hatte, einen offensichtlich intelligenten, vielversprechenden rabbinischen Gelehrten zu heiraten. Daran war die Erwartung geknüpft, daß er der Familie für die finanzielle Unterstützung, die ihm selbstverständlich gewährt wurde, Ehre und Anerkennung einbringen würde. Gleichzeitig behandelte die Familie mütterlicherseits den Rabbi mit einer gewissen Verachtung, denn, trotz all seiner schönen Worte brachte seine Weisheit kein Essen auf den Tisch. Nachdem die Mutter ihrer Pflicht nachgekommen war, ihn zu heiraten, wollte sie jedoch künftig mit ihrem Mann so wenig wie möglich zu tun zu haben. So lebten die beiden friedlich zusammen und hielten den äußeren Schein aufrecht, gingen jedoch getrennter Wege. Die Mutter blieb, wie vor ihrer Heirat, mit dem Geschäft ihres Vaters verbunden und kümmerte sich mit dessen nachlassender Gesundheit immer mehr darum. Am Abend, wenn sie nicht mit Freunden oder Gemeindeaktivitäten beschäftigt war, war sie gern für sich. Für ihre Kinder sorgten verschiedene Haushälterinnen und Mädchen, die aber nie lange blieben, wenn sie einmal gemerkt hatten, daß von ihnen erwartet wurde, für diese fröhlichen, aber undisziplinierten Kinder die Elternrolle zu übernehmen.

Die Schule brachte Ordnung in Esthers Leben. Soweit sie sich erinnerte, war es das erste Mal, daß das, was sie tat oder nicht tat, für jemanden eine Rolle spielte – für den Lehrer, der von ihr erwartete, daß sie etwas leistete und sich an feste Regeln hielt. Es gab Lob, wenn Esther erfolgreich war, und Strafe, wenn sie sich schlecht benahm oder ihre Arbeit nicht machte. Zuerst war es ihr gleichgültig, ob sie gelobt oder bestraft wurde; es war für sie schon berauschend genug, daß sich jemand die Mühe machte, eines von beidem zu tun. Es dauerte jedoch nicht lange, bis sie, wie sie sagte, »abhängig« von Erfolg wurde. Die Möglichkeit, lobend hervorgehoben zu werden, als Vorbild hingestellt zu werden, zum Erstaunen ihrer Klassenkameraden Gedichte laut vorzutragen, war ein mächtiger Anreiz. Sie fand die Schule nie langweilig oder schwierig. Ihre schulische und akademische Laufbahn war ein ununterbrochener triumphaler Weg, bis zu dem Punkt, als ihre Doktorarbeit nicht veröffentlicht wurde. Ich merkte an, daß die Schule einen stabilen Bezugsrahmen für die Bildung ihrer Identität geliefert hatte. Sie beugte sich erregt vor und äußerte ihre Bewunderung dafür, wie gut ich sie bereits verstand. Wir beendeten bald danach die Sitzung und kamen überein, zwei Therapiestunden pro Woche zu machen.

Die idealisierende Übertragung

Mein Eindruck war, daß die Sehnsucht dieser Patientin nach einer Elternfigur, die sie respektieren und von der sie echtes Interesse an ihrer Person erwarten konnte, bereits zur Ausbildung einer idealisierenden Übertragung geführt hatte. Diese Vermutung wurde durch ihr nachfolgendes Verhalten unterstützt. Meine Bestätigung suchend, las Mrs. Romberg als erstes nicht nur, was ich geschrieben und veröffentlicht hatte, sondern beschäftigte sich auch mit den Literaturangaben, die ich in diesen Artikeln genannt hatte. Dies war keine Spiegelübertragung: Sie suchte nicht meine Bestätigung ihrer Leistungen. Es war auch keine Alter-ego-Übertragung: Sie ließ kein Bedürfnis erkennen, als gleichberechtigtes Mitglied dieses Berufsfeldes anerkannt zu werden. Es war schlicht und einfach Verehrung. Sie las, was ich geschrieben hatte, um mich mehr schätzen zu können. Ich wand mich innerlich ein wenig, wenn sie mich unverfroren mit Worten lobte, die einigen meiner eigenen jugendlichen Größenphantasien ein wenig zu nahe kamen. Ich konnte jedoch – wie Kohut (1971, Kapitel 10) in solchen Situationen empfahl – eine empathische Haltung einnehmen und so mit Gelassenheit akzeptieren, was meine Patientin sagte.

Es gibt Patienten, die aus inneren Gründen den Therapeuten idealisieren müssen. Der größte Fehler, den ein Therapeut in diesem Fall machen kann, ist, die Bewunderung und die Liebesbezeugungen unmittelbar als getarnte Feindseligkeiten zu verstehen und dann darauf zu drängen, daß der Patient in seinem Innern danach suche und fündig werde.[1] Es ist auch nicht ratsam, sich von der Heldenverehrung des Patienten zu distanzieren, indem man sie sofort mit seiner Vergangenheit in Verbindung bringt. In diesem Fall beispielsweise wäre es leicht gewesen, Mrs. Romberg zu zeigen, daß ihre Haltung mir gegenüber eine Wiederholung ihres Bedürfnisses war, sich mit ihrem ansonsten fernen Vater zu vereinen, indem sie wenigstens an seinem Ruhm Anteil nahm. Statt dessen nahm ich meistens die Haltung ein, ruhig ihrem Lob zuzuhören, und ihr, wenn sie die Intensität ihrer Gefühle verwirrte, zu versichern, daß sie nur tat, worum sie gebeten worden war: Alles, was sie erlebte, offen darzulegen. Mit anderen Worten, ich versuchte ihr zu zeigen, daß sich niemand ehrlicher Gefühle, die ehrlich ausgedrückt werden, schämen müsse.

Daß Esther Romberg, anders als Jim Zurf oder Roger Flynn, Affektnuancen erleben und ausdrücken konnte, war natürlich sehr wichtig. Ihre Therapie zielte eher darauf ab, sie ihre Gefühle ausdrücken zu lassen als ihr zu helfen, sie zu formulieren. Es ist viel leichter, mit Patienten wie Mrs. Romberg zu arbeiten, weil sie nicht nur ihre eigenen Emotionen kennen, sondern gewöhnlich auch in der Lage sind, die affektive Botschaft in den Bemerkungen des Therapeuten zu berücksichtigen und darauf einzugehen.

In dieser Phase ihrer Behandlung konnte sie durch ihren Wunsch, mir zu gefallen, eine anfängliche Scham überwinden. Diese Scham ging mit dem Aussprechen der Phantasien einher, welche mit der Aufrechterhaltung ihrer Einsamkeit zu tun hatten. So wurde es auch möglich, deren Entstehung zurückzuverfolgen.

Versagen des Selbstobjektes

Ein Vorfall, an den sie sich lebhaft erinnerte, hatte sich ereignet, als sie einmal in wunderbarer Stimmung aus dem Kindergarten nach Hause gekommen war. Laut lachend betrat sie das Haus und warf übermütig ihre Baskenmütze auf einen Garderobenhaken. Die Mütze segelte jedoch am beabsichtigten Ziel vorbei durch die offene Küchentür und landete auf einer Fleischplatte, die auf der Anrichte stand. Die Frau, die zu jener Zeit die Haushälterin der Familie war, eine dralle, mütterlich aussehende Person, die Esther ganz gern gemocht hatte, wandte sich ihr wütend zu ihr um und schimpfte sie ein verwöhntes Kind. Es sei schon schlimm genug, daß sie (die Haushälterin) die ganze Arbeit

machen müßte, aber nun käme auch noch Esther daher und machte es ihr noch schwerer, und so fort.
Die Reaktion der Haushälterin auf Esther ist ein klassisches Beispiel für das traumatische Empathieversagen des Selbstobjektes in der Kindheit, über das Kohut oft gesprochen und geschrieben hat. Esther ist ganz erregt und glücklich, und dann geschieht ein Mißgeschick. Der Erwachsene verfehlt nicht nur die affektive Botschaft, die das Kind mit seinem Überschwang sendet, sondern schreibt dem Kind unzutreffende Motive zu, die ihm erlauben, das Kind als Mittel zum Zweck zu benutzen, um die eigenen emotionalen Belange auszudrücken.

Rückzug in die Phantasie

Es hätte eine Möglichkeit gegeben, die Situation in Ordnung zu bringen, wenn nämlich Esther die überlegene Position des Erwachsenen affektiv akzeptiert hätte. Dies war ihr jedoch aufgrund ihrer Charakterpathologie, das heißt, ihrer Unfähigkeit, ihre Größenphantasien aufzugeben, nicht möglich. Hätte sie um Entschuldigung bitten können, hätte sie den Erwachsenen auf diese Weise möglicherweise beschwichtigt und Vergebung erlangt. Statt dessen zog sich Esther, schrecklich erniedrigt und unfähig, sich zu erklären, in ihr Zimmer zurück und hegte Rachegedanken. Wenn sie groß sein würde, würde sie sehr einflußreich und sehr reich sein. Die Haushälterin, dann alt und krank, würde zu ihr kommen und um Hilfe bitten. Esther würde großzügig zu ihr sein, und die alte Frau würde zusammenbrechen und sich demütig für ihr rücksichtsloses Verhalten von damals entschuldigen. Vom Verstand her wußte Esther, daß eine Entschuldigung fällig war. Da sie jedoch unfähig war, sich unterzuordnen und sich der Gnade der Erwachsenen auszuliefern, phantasierte sie die umgekehrte Rolle: Die Erwachsene würde sich bei ihr entschuldigen. Es hatte eine beruhigende Wirkung auf sie, sich verschiedene Versionen dieses Tagtraums auszumalen. In der Therapie fiel ihr nun auch wieder ein, daß in ihr zur gleichen Zeit, als sie sich mit ihren Phantasien beruhigte, eine Vorstellung entstand, die, differenziert ausgedrückt, etwas so lautete: »Niemand kümmert sich wirklich um andere. Jeder denkt nur an sich.«
Normalerweise setzen sich solche dramatischen Erinnerungen aus der Kindheit natürlich aus mehreren Komponenten zusammen; und es ist wahrscheinlich, daß Esther ihre Weltanschauung über einen gewissen Zeitraum hinweg entwickelte und nicht nur aufgrund einer einzigen dramatischen Erfahrung. Sie erinnerte sich an viele ähnliche Beispiele, in denen sie entweder mißverstanden oder ignoriert worden war, während sie immer noch versuchte, mit den Mitgliedern des Haushalts affektiven Kontakt herzustellen. Unbewußt wehrte sie sich durch Verleugnen ihres Bedürfnisses nach emotionalem Verständnis dagegen, erneut traumatisiert zu werden. Bewußt dachte sie etwa so: »Was sind

die schon? Sie zählen nicht. Eines Tages werde ich...« – und weg war sie in einer beruhigenden, kompensatorischen Phantasie.

Gewöhnlich ging ich mit solchen Erinnerungen, wie z.B dem Zwischenfall mit der Haushälterin, so um, daß ich den affektiven Aspekt des Erlebens in den Mittelpunkt stellte, meine Vermutungen über die möglichen Gefühle der Patientin mitteilte und dann auf ihre Reaktion wartete.

Therapeut: Da waren Sie ganz aufgeregt und glücklich, und plötzlich sind Sie die Zielscheibe von Wut. Ich denke, Sie schämten sich möglicherweise. So fühlen wir tendenziell alle, wenn die Reaktionen auf unser Verhalten genau das Gegenteil von dem sind, was wir erhofft hatten.

Dr. Romberg: Ich kann mich noch gut daran erinnern, wie mir heiß wurde.

Therapeut: Wir sind besonders verletzbar, wenn wir nicht auf der Hut sind, und es passiert so etwas.

Dr. Romberg: Deswegen sichere ich mich auch jetzt dagegen ab, ungeschützt erwischt zu werden.

Therapeut: Nun, mit mir sind Sie ja sehr offen.

Dr. Romberg: Ihnen vertraue ich. Wenn ich einmal jemandem vertraue, kann er alles von mir haben. Dies war mit Bill oder George (*ihre beiden früheren Ehemänner*) nie der Fall, mit meinen Freunden dagegen war alles möglich.

Therapeut: Wenn Sie jemandem vertrauen, werden Sie eher zu der Person, die Sie immer sein wollten, die Sie aber nicht werden konnten.

Wenn die Abwehr der Verleugnung des Affekts dadurch aufrechterhalten wird, daß über das Ereignis, durch das möglicherweise Schmerz hervorgerufen wird, nicht gesprochen oder nachgedacht wird, stärkt Schweigen auf seiten des Therapeuten nur die Abwehr. Selbst wenn sich die Hypothesen des Therapeuten als falsch erweisen, ist es für den Patienten wichtig, daß der Therapeut die Themen, um die es geht, auch verbal artikuliert. Mrs. Romberg sprach auf diese Technik schnell an. Viele Patienten jedoch brauchen viel länger, um über das sprechen zu können, was sie ängstigt; aber selbst wenn diese Patienten sich nicht verbal äußern, hilft es ihnen zu hören, daß es der Therapeut kann.

Wachstum durch umwandelnde Verinnerlichung

Esther Romberg war als Kind in der Lage gewesen, sich in Phantasien zurückzuziehen, um mit ihren Enttäuschungen und Frustrationen umzugehen. Patienten wie sie können mit Metaphern und Analogien umgehen; zu ihnen kann ich sagen: »Es ist so, als ob –«, wenn ich die Bedeutung der affektiven Bedürfnisse, die sie erleben, interpretiere. Daher konnte ich schon in der ersten Stunde

Mrs. Romberg eine solche Deutung anbieten: Ich hatte ihr erklärt, daß ich ihr Bedürfnis, mich zu manipulieren, um einen Termin zu erhalten, als Folge der Frustration sah, die sie vor der Zimmertüre ihres Vater erlebt hatte. Es leuchtete ihr ein, daß ich ihr im Grunde sagte: »Sie brauchen mich so sehr wie ein kleines Mädchen seinen Vater. Aber da Sie heute nicht so hilflos sind wie als kleines Mädchen, werden Sie natürlich alles Ihnen zur Verfügung Stehende nutzen, damit Sie eine solch schreckliche Spannung nicht nochmals durchleben müssen, nur um nachher enttäuscht zu werden.« Mit dieser Erklärung setzte ich bereits das in Bewegung, was die ausschlaggebende heilende Komponente ihrer Behandlung wurde – das Stadium der Transformation, das Kohut *umwandelnde Verinnerlichung* (siehe SS. 140 – 141) genannt hatte.
Einige Patienten, wie auch Esther Romberg, sagen, jeder auf seine Art, implizit zum Therapeuten: »Ich werde mit dir verschmelzen, und dann wird deine Stärke zu der meinen, und dann komme ich besser zurecht und bin zufrieden.« Die andere Seite dieser Medaille ist die gerechtfertige, lähmende Angst davor und gleichzeitig der Wunsch danach, sich aufzugeben – sich an die stärkere Persönlichkeit des Therapeuten zu verlieren. Die Aufgabe des Therapeuten besteht darin, dem Patienten zu der Erfahrung zu verhelfen, daß sein Bedürfnis, wenn es richtig verstanden wird, kein unmöglicher Traum ist und auch seine Erfüllung nicht zum Alptraum werden muß. Meine Bemerkung, Mrs. Rombergs gegenwärtige Situation mit mir stünde mit der Erinnerung an ihr Verhältnis zu ihrem Vater in Zusammenhang, war zwar spezifisch, enthielt jedoch von einer größeren Perspektive her auch noch folgende Aussage: »Schauen Sie, wie ich über Sie und Ihr Verhalten denke: Sie sprechen vom Standpunkt des sogenannten objektiven Beobachters aus – sagen wir, eines Rechtsanwalts oder eines Moralisten – und befinden sich für schuldig, eine Lügnerin und Manipulatorin zu sein. Das ist sicherlich eine Position, die man einnehmen kann, und es ist durchaus wertvoll, die Stärke zu besitzen, sich selbst so zu beurteilen, wie es andere möglicherweise tun würden. Ich nehme jedoch einen anderen, aber gleichwertigen Standpunkt ein, bei dem ich die persönliche Geschichte mit einbeziehe. Ja, Sie haben mich manipuliert, aber warum? Weil früher einmal, als Sie positive affektive Reaktionen hätten bekommen sollen, nicht auf Ihre Bedürfnisse eingegangen worden ist. Deshalb haben Sie vielleicht die Vorstellung entwickelt, daß etwas nicht in Ordnung ist – nicht mit ihrem Vater, sondern mit Ihnen. Ich denke, daß Sie möglicherweise von den Menschen, die Sie brauchten und liebten, ignoriert wurden, und daß Sie sich etwas ausdenken mußten, das diesen Fehler in Ihnen aufwiegen würde; daß Sie Situationen schaffen mußten, die diejenigen in die Falle locken würden, die nicht freiwillig mit Ihnen zusammen sein und Ihnen helfen wollten. Die Frage ist nicht, ob sie sich richtig verhalten, sondern ob Sie wirklich so wenig liebenswert sind, wie Sie es sich vorstellen; ob es keine langfristig befriedigenderen Möglichkeiten gibt, mit Ihren Bedürfnissen umzugehen. Dann müßten Sie nicht das Gefühl

haben, daß das, was Sie bekommen, nicht zählt, weil Sie es auf betrügerische Weise erhalten haben.«

Ein kleiner Teil dieser impliziten Botschaft drang zu der Patientin durch: Vielleicht die Erkenntnis, daß jemand über sie anders denken könnte, als sie es erwartet hatte. Diese kleine Einsicht wurde ein Teil ihrer kognitiven Stärke. Als das noch Dutzende oder Hunderte Male in der Behandlung passierte, konnte sie über sich selbst und ihre Entwicklung nachdenken: »Jetzt habe ich es wieder getan – das kleine Mädchen kann es einfach nicht glauben, daß es für jemanden gut genug ist.« Wenn sie dann zu unseren Stunden kam, berichtete sie nicht einfach, was sie getan hatte, sondern gab auch Erklärungen dafür, aus denen ihre Einsicht in die zu Grunde liegenden Ursachen ersichtlich war. Schließlich analysierte sie ihre Verhaltensweisen, bevor sie sie in Handlung umsetzte, und stellte fest, daß sie Kontrolle ausüben und dem Wiederholen alter selbstbehindernder Muster vorbeugen konnte. Als dann das Bedürfnis, ihr Verhalten im Zusammenhang mit seiner Entwicklungsgeschichte bewußt auszuwerten, in den Hintergrund trat, konnte sie wählen: Sie besaß die Fähigkeit, die affektiven Verhaltenskonsequenzen realistisch abzuwägen und entsprechend zu handeln. Mit anderen Worten, sie war in der Lage, ihren freien Willen auszuüben (SS.102 – 103).

Die stabilisierende Grundphantasie

Esther hatte sich immer mehr in sich zurückgezogen, wenn sie zu Hause war, und wurde eine passionierte Leserin. Sie sagte mir, sie denke, daß sie nach einer Erklärung suchte, warum die Menschen so sind, wie sie sind. Sie erinnert sich, daß sie sich schon im Alter von neun oder zehn Jahren über die Bücher in der Kinderabteilung der Bücherei geärgert hatte. Sie wußte, daß die darin dargestellten Beziehungen im wirklichen Leben anders waren. Was sie mochte, waren die Mythen und Märchen, in denen alles mit hoher Intensität stattfand, und Haß, Neid, Rache und Eifersucht genauso eine Rolle spielten wie Liebe und Hingabe. In ihrer Phantasie nahm sie in diesen Geschichten selbst Rollen ein und schließlich dachte sie sich einen Fortsetzungsroman aus, den sie mit Teilen und Stücken neuer Geschichten, die sie gelesen hatte, erweiterte. Ihre bevorzugte Rolle war die der mißverstandenen Prinzessin, die durch ihren tugendhaften Charakter und tapfere Taten die Liebe und Bewunderung eines sich entschuldigenden Königs, einer Königin und des Hofes gewann. Sie wurde rot, als sie mir dies erzählte, und ich teilte meine Vermutung mit, daß die Phantasie vielleicht gar nicht der Vergangenheit angehörte. Sie nickte und gestand unter Schwierigkeiten, aber entschieden, mit sich selbst und mir ehrlich zu sein, daß sie solche Phantasien noch immer jeden Tag durchspiele, wobei sie das alte Szenario der Situation anpaßte, in der sie sich gerade befand.

Therapeut:	Hier auch?
Dr. Romberg:	(Mit bitteren Humor) Ich werde Ihre liebste Patientin werden, wenn Sie merken, wie toll ich bin, und wie ergeben ich Ihnen und Ihren Ideen bin.
Therapeut:	Dann würde ich endlich verstehen, was Sie anzubieten haben, und würde Sie schätzen.(*Dr. Romberg schwieg, nickte aber zustimmend.*) Es ist nicht leicht, diese beiden Teile ihrer Gedankenwelt zusammenzubringen, die Sie so lange voneinander getrennt gehalten haben.

Daß sie über ihre noch bestehenden Phantasien sprechen konnte, zeigte einen Wendepunkt in der Behandlung an. Sie konnte nun einen Schritt zurücktreten und ihr Bedürfnis nach Idealisierung meiner Person beobachten. Dadurch wurde es uns möglich, in diesem Bedürfnis eine Vaterübertragung zu entdekken, die eine frühe Sehnsucht aktivierte, als wichtige Person im Leben ihres Vater anerkannt zu werden.[2] In diesem Zusammenhang konnte ich ihr erklären, daß sie deshalb trotz all ihrer Leistungen im täglichen Leben unbefriedigt blieb, weil diese niemals an die gloriosen Leistungen heranreichten, die sie in ihrer Phantasie unbelastet und unbeeinflußt durch die Alltagsrealität erbrachte.

Die Auflösung einer idealisierenden Übertragung

Mit dem Fortschreiten meiner Arbeit mit Dr.Romberg reifte ihre Idealisierung und verlor zunehmend den kindlichen Anstrich. Für kurze Zeit spielte sie mit dem Gedanken, Psychiaterin und Psychoanalytikerin zu werden. Obwohl ich sie in bezug auf diese Vorstellung weder entmutigte noch ermutigte, half ich ihr, die verschiedenen Bedeutungen zu verstehen. Einesteils wollte sie mir gefallen; aber, was noch wichtiger war, sie wollte wie ich sein. Dies war der Beginn einer kurz dauernden Alter-ego-Übertragung. Da sie erwartete, mit diesem Wunsch entweder ignoriert oder lächerlich gemacht zu werden – diese Reaktion war ihr zuteil geworden, als sie als Kind ihr Interesse an hebräischen Studien ausdrückte –, erlebte sie in dieser Phase der Übertragung auch starke Schamgefühle. Als sie erkennen konnte, daß ich weder für noch gegen ihre Bestrebungen war, sondern ihr nur bei ihren Überlegungen, was das Beste für sie sei, helfen wollte, konnte sie mit dieser Vorstellung objektiver umgehen. Es gab auch ein Element von Konkurrenz: Sie erinnerte sich an eine Zeit, als sie mit fünf oder sechs Jahren stehend zu urinieren versuchte und sich in halber Hockstellung zuredete, daß sie mit einiger Übung einen Strom wie ihr Bruder erzeugen könnte. Für Mrs. Romberg bedeutete »wie ihre Brüder sein« damals, oder »wie ich sein« jetzt, Akzeptiertwerden und ein Ende der Einsamkeit. Als sie diese Bedeutung verstand, schwand ihr Interesse für Psychiatrie und Psychoanalyse, obgleich sie eine interessierte Leserin der einschlägigen Literatur blieb.

Lesen füllte weiterhin einen wichtigen Teil ihres Lebens aus; es war die Brücke zwischen ihrem privaten und ihrem beruflichen Leben. Da sie Romane, Biographien und Fachliteratur verschiedener, sie interessierender Thematik, regelrecht verschlang, hatte sie einen enormen Fundus an Wissen über menschliche Motivation, den sie im Umgang mit Menschen benutzte. Das Ergebnis war, daß ihren Beziehungen zu anderen etwas Künstliches anhaftete. Stolz darauf, vorhersehen zu können, was Mitmenschen von ihr erwarteten oder erhofften, benutzte sie ihr Wissen, um sie zu manipulieren. Sie sprach darüber verächtlich und zynisch: Wie leicht es für sie doch sei, die Dinge nach ihren Wünschen zu beeinflussen. Ihr Ton war herausfordernd und reizte mich, sie zu kritisieren.

Ich bat sie, sich an Situationen zu erinnern, die veranschaulichen würden, worüber sie sprach. Ich konnte ihr dann anhand ihrer Beispiele für Manipulationen aufzeigen, daß sie in den meisten Fällen, in denen sie ihre Menschenkenntnis benutzte, dies auf eine Weise tat, die für die Betreffenden auch hilfreich war. Sie bekam, was sie wollte, aber die anderen profitierten auch davon. Das Problem war, daß sie diese Transaktionen nicht wirklich genoß: Sie dachte, sie würden nicht zählen, weil sie sie bewußt herbeigeführt hatte. Auf ihren Einwand, daß sie vielleicht ohne Planung ihrer Handlungen nicht bekommen hätte, was sie gewollt hatte, antwortete ich, daß dies möglicherweise stimmte, aber so sei eben das Leben. Andere Menschen hätten auch Eigeninteressen und Prioritäten und erwarteten, daß auf diese Rücksicht genommen werde. Darin sei sie Expertin, und diese Kunst werde hoch belohnt; daß es unecht wirke, liege an ihrer Sehnsucht, nur um ihrer selbst willen akzeptiert zu werden; diese war von ihren Eltern nicht erfüllt worden. Es sei eine Tatsache, fuhr ich fort, daß Babys und Kinder auch »manipulieren«: Das heißt, sie senden durch ihre affektive Kommunikation, allein durch die Tatsache, daß sie Bedürfnisse haben, Botschaften, die wiederum an die Bedürfnisse des Erwachsenen gerichtet sind. Eltern kann es beispielsweise Lust bereiten, beim Aufwachsen des Kindes eine Rolle zu spielen. Durch die positive emotionale Bindung, die sich dadurch entwickelt, werden sie belohnt. Es war ein Unglück für sie – aber in gewisser Weise ein ebensolches, wenn nicht gar größer, wenn nicht mehr, für die beteiligten Erwachsenen – , daß ihre Eltern nicht von dem profitieren konnten, was sie ihnen anzubieten hatte.

»Macht es Ihnen Spaß mit mir?« fragte sie. »Ja, sicher«, antwortete ich. »Unsere gemeinsame Arbeit bringt mir viel Befriedigung und Freude. Darauf kommt es mir an.« Sie lächelte scheu und weinte eine Weile leise. Es war für uns beide ein bewegender Augenblick.

Bei ihrer Tätigkeit im Finanzgeschäft war sie an einem Punkt angelangt, wo sie ihren Lebensstil aufrechterhalten konnte, obwohl sie nur ein bis zwei Stunden pro Tag dafür aufwendete. Aber sie erkannte nun, daß sie sich langweilte und daß sie diese Arbeit nicht ausfüllte. Sie wollte nicht mehr an die Universität zurück und erkannte, nachdem sie einmal die Übertragungsbedeutung verstanden hatte, daß der Beruf eines Psychotherapeuten ebenfalls nicht das war, was sie wirklich wollte. Im Laufe ihrer Suche nach neuen Lebenszielen fragte ich sie, ob sie sich daran erinnerte, wie sie die Entscheidung getroffen hatte, Französisch und Geschichte zu studieren und an der Universität zu unterrichten. Eigentlich, erzählte sie mir, hatte sie ursprünglich Schriftstellerin werden wollen, aber sie wählte dann ein anderes Berufsfeld, weil sie mit den Englischkursen, die sie zum Broterwerb gab, unzufrieden war, ebenso wie mit ihren Schülern. Sie genoß das Studium fremder Sprachen und kombinierte es später mit dem Fach Geschichte, für das sie sich sehr engagierte. Seit der Kindheit bedeutete Schreiben für sie Macht und Bewunderung. Nachdem sie sich so lange unerwünscht gefühlt hatte, stellte sie fest, daß sie durch Schreiben eine neue Identität erlangen konnte – eine, die von ihrem profanen Selbst unabhängig war. Als Schriftstellerin würde sie geliebt, bewundert und geehrt – was sie sich immer gewünscht hatte.

Sie hatte im Alter von etwa zehn oder elf an einem wöchentlichen Kurzgeschichten-Wettbewerb für Kinder teilgenommen, den eine lokale Zeitung ausschrieb. Jede Woche wählte eine Jury die in ihren Augen beste Geschichte aus, die dann veröffentlicht wurde. Der junge Autor erhielt einen kleinen Geldpreis. Sie reichte ihre Geschichten oft ein, gewann mehr als einmal und genoß es sehr, ihre Worte gedruckt zu sehen. An eine Szene, die sie völlig umwarf, erinnerte sie sich ganz genau: Ein Junge aus einer anderen Klasse, den sie nicht kannte, fragte zögernd, als sie beide in der Schule die Treppe hochgingen, ob sie *die* Esther Romberg war, deren Name immer in der Zeitung stand. Sie bestätigte dies, und der Junge sagte ihr, daß er ihre Geschichten wirklich gerne las. Sie redeten nie mehr miteinander, aber dies war vielleicht der glücklichste Augenblick ihres Lebens gewesen.

Sie hatte nie wirklich gedacht, daß andere Menschen ihre Werke lesen würden, aber nun dämmerte es ihr, daß sie eine Schriftstellerin geworden war; und, Wunder über Wunder, der Ton der Bewunderung und Ehrfurcht in der Stimme dieses Jungen, entsprach ihrem Gefühl der Verehrung für die Schriftsteller, deren Bücher sie verschlang. Sie erlebte ein Triumphgefühl, weil sie plötzlich alles übertroffen hatte, was sie sich vorgestellt oder erhofft hatte. Seither hatte sie die Wiederholung dieser Erfahrung immer zum Ziel gehabt. In diesem Zusammenhang wurde es viel klarer, warum die Kritik an ihrem Manuskript so vernichtend gewesen war.

Kurz nachdem sie mir diese Geschichte aus ihrer Kindheit erzählt hatte, brachte sie die zur Debatte stehende Doktorarbeit mit und fragte, ob es mir etwas ausmachte, sie anzuschauen. Nachdem sie damit abgewiesen worden war, hatte sie das Manuskript in einen Schrank gelegt und bis heute nicht wieder herausgenommen. Sie verglich es mit einem unsichtbaren Ausschlag, den sie hatte verheimlichen wollen: Außer ihr durfte niemand davon wissen. Ich erklärte mich damit einverstanden, ihr Werk sobald wie möglich zu lesen.

Am Anfang war ich nicht besonders interessiert und im Thema ihrer Arbeit kannte ich mich sicher nicht gut aus – und trotzdem war ich schnell davon fasziniert. Ich fand sie äußerst gut geschrieben, reif für eine Veröffentlichung und von allgemeinem Interesse. Dies sagte ich ihr. »Nun, dann schauen Sie sich das an«, sagte sie und zog aus ihrem Geldbeutel einen Brief, den sie in Erwartung dieses Augenblicks mit sich herumgetragen hatte. Es war die Kritik, die sie so niedergeschmettert hatte. Ich las sie und bat sie dann, sie laut zu lesen. Als sie die Worte hörte, wurde ihr klar, daß der Verfasser des Briefes wütend gewesen war und ihr Manuskript höchstens kurz einmal angesehen hatte. Warum er so wütend gewesen war, konnten wir nicht wissen – vielleicht war der Lektor schlecht auf den Mann der Patientin zu sprechen gewesen, der sich für sie eingesetzt hatte, oder er war ganz allgemein wütend auf Frauen oder Frauen, die schrieben; es war jedoch offensichtlich, daß die Kritik nichts mit ihrer schriftstellerischen Leistung zu tun hatte. Als wir Stück für Stück zusammensetzten, was zu dieser Zeit passiert war, erinnerte sich Mrs. Romberg, daß sie nur einen Blick auf den Brief des Lektors geworfen hatte. Sie hatte den Eindruck, daß er eine recht direkt formulierte Ablehnung enthielt; daraufhin hatte sie ihn wütend über diese Erniedrigung zusammen mit dem Manuskript weggepackt. Ihre Scham war so groß gewesen, daß sie die Kritik nicht ganz lesen oder sie zu einem späteren Zeitpunkt mit mehr Gelassenheit genau anschauen konnte. Zurückgewiesen zu werden, ganz gleich wie unfair die Gründe waren, war für sie eine Wiederholung des Traumas, an dem sie in der Kindheit gelitten hatte, und drohte ihr Selbstsystem zu desorganisieren, das äußerst schonend behandelt werden mußte, selbst wenn dies auf Kosten eines guten Ergebnisses ging.

Im Lauf einiger Monate bot sie das Manuskript anderen Verlagen an; und etwa ein Jahr später wurde es mit einigen Überarbeitungen als Buch veröffentlicht. Mittlerweise hatte sie sich entschieden, Jura zu studieren, da sie das Gefühl hatte, daß der Umgang mit dem Gesetz ihrem Bedürfnis entgegenkommen würde, Dinge zu beinflussen und etwas zu bewirken. Außerdem fände sie hier ein Betätigungsfeld für ihre schriftstellerischen Fertigkeiten und ein angemessenes Forum für ihre dramatische, exhibitionistische Seite.

Die Auflösung der Übertragung

Als sie ihr neues Studium begann, ging die Übertragung in eine Phase über, die Kohut (1971) die Spiegelphase der grandiosen Übertragung nannte. Zugrunde lag nicht das frühe Bedürfnis des Säuglings nach einer bestätigenden Verschmelzung oder seligen Vereinigung mit einem Erwachsenen, sondern das Bedürfnis nach Bestätigung von Leistung durch einen affektiv eingestimmten, anerkennenden Partner. Sie erzählte mir von ihren täglichen Aktivitäten im Hörsaal, so wie sie es sich vielleicht als Kind gewünscht, aber nicht erlaubt bekommen hatte. Sie fand, daß ich ein interessierter und verständnisvoller Zuhörer war. Wenn sie mir erzählte, daß sie als einzige eine bestimmte richtige Antwort auf irgendeine Frage des Dozenten gewußt hatte, sagte ich beispielsweise: »Welches Gefühl hat das bei Ihnen ausgelöst? Fühlten Sie so ein stolzes und gleichzeitig verlegenes Glühen in Ihrem Innern?« Ihre Augen leuchteten, weil sie spürte, daß ich wirklich verstand, was sie empfunden hatte. Indem ich ihren Stolz mit ihr teilte, bestätigte (spiegelte) ich ihr Erleben und stärkte so ihr Selbstwertgefühl auf eine Weise, wie es ihre früheren einsamen Erfolge nicht hatten vollbringen können.

Daß sich ihre Persönlichkeit in dieser Atmosphäre veränderte, war deutlich. Sie wurde viel weicher und weniger herausfordernd, ohne jedoch ihre Effektivität zu verlieren. Ihre Bekannten und Freunde, die sie immer gemocht hatten, bemerkten diese Veränderung ebenfalls und empfanden sie als positiv.

Einmal bereitete sie ein Plädoyer für einen im Seminarraum nachgestellten Prozeß vor und sprach mit mir über ihre Strategie. Es ging um einen Fall von angeblich falscher medizinischer Behandlung. Da ich einiges von der Sache verstand, wies ich auf ein paar Schwächen in ihrer Argumentation hin. Sie nahm meine Bemerkungen zur Kenntnis und dankte mir. Bei der nächsten Sitzung war ihr Verhalten deutlich verändert. Sie war kalt und distanziert. Als ich sie auf diese Veränderung ansprach, leugnete sie diese und machte geltend, daß sie zur Zeit einfach so beschäftigt sei, daß ihre Gedanken ständig woanders seien und sie sich auf die Therapie nicht konzentrieren könne. Ich deutete an, daß das, was ich in der letzten Stunde gesagt hatte, möglicherweise diese Stimmung bewirkt habe: Das heißt, obwohl ich die Absicht hatte, ihr zu helfen, wirkte ich wie ein strenger Kritiker, was in ihr das Gefühl auslöste, angegriffen und bedroht zu werden. Nachdem ich anerkannt hatte, daß ich sie verletzt hatte, entspannte sie sich sichtbar und gewann zu den Gefühlen Zugang, die sie in jener Sitzung und danach unterdrückt hatte; dies wiederum bestätigte meine Vermutung. Dieses Erlebnis wurde zum Sprungbrett und machte das Problem mit ihrer Doktorarbeit und einige andere ähnliche Vorfälle der Durcharbeitung zugänglich. Als sie ihre Gefühle in diesem Bereich nicht länger verleugnen mußte, konnte sie mit ihren Reaktionen auf Kritik, sei sie nun real oder eingebildet, viel differenzierter umgehen. Viele ihrer Kommilitonen waren voller Aggressionen, die andere gewohnheitsmäßig kleinmachten und versuchten, sie möglichst zu verunsichern. Ihr fiel auf, wie sie nun vermeiden konnte, sich durch andere Menschen provozieren zu lassen. Sie konnte deren Feindseligkeiten an sich abgleiten lassen, weil sie erkannte, daß sie zur Persönlichkeit der anderen gehörte. Ihre Selbstachtung wurde dadurch nicht berührt und machte auch einen Vergeltungsschlag nicht nötig.

Als sie sah, wie sie sich mit sich selbst und anderen besser fühlte, glücklicher war und eine Zufriedenheit ausdrückte, die sie bisher nicht gekannt hatte, kehrte ihre Idealisierung meiner Person in Form von Dankbarkeit wieder für alles, was wir erreicht hatten. Sie war auch dafür dankbar, was ich ihrem Empfinden nach in diesem Prozeß zu erdulden gewillt gewesen war. Wie vorher ließ ich ihre Dankbarkeit so stehen und beeilte mich auch nicht zu versichern, daß ich überhaupt nicht gelitten, sondern die Arbeit genossen hätte. Statt dessen wartete ich, was nun hochkommen würde.

Transformation und Psycho-Sexuelle Reifung

Die an diesem Punkt im vierten Jahr ihrer Behandlung stattfindende Idealisierung war erwartungsgemäß weit weniger infantil als die erste Manifestation dieser Übertragung und setzte zunehmend Wünsche frei, mir körperlich und auch psychisch nahe zu sein. Es tauchten sexuelle Träume und bewußte Sehnsucht nach mir auf in folgender Form: »Ich weiß genau, daß wir Patientin und Arzt sind und daß alles umsonst wäre, wenn wir darüber hinausgingen. Wenn wir dies aber nicht wären und Sie mich irgendwo kennenlernen würden, so wie ich jetzt bin, würden Sie mich wollen?« Ich formulierte ihre Frage noch einmal und deutete sie folgendermaßen: Nachdem nun das Gefühl, nichts wert zu sein, der Vergangenheit angehöre und sie sich ihrer Identität als Mensch sicher fühle, könne sie es wagen, als Frau Anerkennung zu suchen. Das frühere Minderwertigkeitsgefühl, das sie mit ihrem Frausein verbunden hatte, war eine Pseudoerklärung, die sie selbst gegeben hatte. Wie viele kleine Mädchen hatte sie in kritischen Zeiten die richtige Affekteinstimmung entbehrt und machte für diese Vernachlässigung die Tatsache verantwortlich, daß sie kein Junge war. Unter diesen Umständen war es wichtig, mit ihrem gegenwärtigen sexuellen Verlangen nach mir umzugehen, wie Kohut (1977) betont hat: Nicht als Wiederholung eines ödipalen *Konfliktes*, denn dafür gab es in den Träumen und Assoziationen keinen Anhaltspunkt; sondern als Beginn für eine gesunde ödipale *Phase* in der Übertragung. Sie hatte aufgrund des Traumas der präödipalen Jahre keine Chance gehabt, diesen Entwicklungsaspekt zu erfahren, ganz zu schweigen von der Tatsache, daß ihre Familiensituation den Ausdruck und das Durcharbeiten von ödipalen sexuellen Gefühlen sowieso nicht gestattet hätte. Mrs. Rombergs Versuche, das sexuelle Verlangen nach mir auszuagieren, hörten auf, als sie sich mit dem verspäteten Gefühl der Befriedigung befaßte, eine Frau zu sein.

Beendigung der Therapie

Sie hatte sich mit einem Kommilitonen befreundet, einem zwei Jahre jüngeren Mann, der ebenfalls Jura studierte. Sie ließen sich immer mehr aufeinander ein; aber es war das erste Mal, daß sie sich erinnern konnte, daß sie die sexuelle Beziehung aufschob, bis es für beide klar war, daß sie heiraten würden. Wenn sie sich ihre Beziehungen mit anderen Männern und ihren beiden früheren Ehemännern ansah, wurde Esther Romberg, ebenso wie mir, bewußt, daß dies ein ganz anderer Typ Mann war. Die beiden gingen eine verbindliche Beziehung ein, und sie fanden eher darin Befriedigung, etwas für den anderen zu tun als sich durch den anderen zu erhöhen. Obwohl sie immer orgasmusfähig gewesen war, war in ihren beiden ersten Ehen die Qualität ihrer sexuellen Reaktion derjenigen ähnlich, die sie auch von der Masturbation kannte. Diese hatte sie als Kind und als Jugendliche praktiziert, um Spannung abzuführen und sich selbst zu beruhigen. Das einzige Mal, daß sie beim Sex wirklich Wärme gespürt hatte, war in der zwei Jahre dauernden Beziehung zu einer älteren Frau, ihrer Sportlehrerin in der High-School. Esther war die passive Partnerin bei den hauptsächlich oralen Sexspielen der beiden. Obwohl sie auf klitorale Stimulation positiv reagierte, erlangte sie die tiefste Lust, wenn sie ihr spezielles Spiel »Katze und Kätzchen« spielten, wobei ihre Freundin Esthers ganzen Körper leckte. Dieses warme, sinnliche, fürsorgliche Gefühl hatte sie nie zuvor und seither nicht mehr erlebt, bis zu dem Geschlechtsverkehr mit dem Mann, mit dem sie jetzt verlobt war. Es schien uns, daß ihr Bedürfnis nach einer Mutter, die in ihrer Fürsorge ihren Körper berührte – ein Bedürfnis, das in ihrer lesbischen Beziehung befriedigt worden war –, nun in ihre Liebe zu ihrem künftigen Mann integriert worden war.

Sie bekam nun Angst, ich würde sie verlassen, da ich nicht länger der einzige Mann war, der in ihrem Leben zählte. Sie gab von sich aus die Deutung, die Phase, die sie durchlief, sei typisch für pubertierende Mädchen, die von ihren Vätern Freiheit wollen, ohne auf die elterliche Liebe verzichten zu müssen. Diese Erkenntnis zerstreute ihre Ängste.

Sogar schon vor ihrer Hochzeit wurde sich Mrs. Romberg eines bis dahin nicht vermuteten Kinderwunsches bewußt. Sie und ihr Verlobter entschieden, sobald wie möglich ein Kind zu bekommen, da sie in das Alter kam, in dem eine erste Schwangerschaft etwas problematisch wird. Sie wurde kurz nach ihrer Eheschließung schwanger; die Tests auf fötale Abnormalitäten waren negativ; und sie erfuhr auch, daß ihr Kind ein Mädchen würde. Dieser letzte Teil der Neuigkeiten machte sie sehr glücklich. Sie beendete das Studienjahr, machte ihre Prüfungen und brachte zwei Wochen später ein sechs Pfund schweres Baby zur Welt.

Die Mutterschaft entsprach ihr sehr, und als sie ihre Stunden bei mir wieder aufnehmen konnte, erzählte sie stolz von ihrem Baby und ihrer Beziehung. Sie genoß es voll und ganz, mit nur geringfügiger Hilfe von außen selbst für den Säugling zu sorgen. Ursprünglich hatte sie geplant, ihre Studien wiederaufzunehmen, wenn ihre Tochter etwa neun Monate alt sein würde. Aber als der Beginn des neuen Semesters nahte, entschied sie, bei ihrem Baby zu bleiben, zum einen, weil sie sonst ihre eigene Geschichte auf ganz ähnliche Weise wiederholen würde, zum anderen aber auch, weil sie nicht auf die Freude verzichten wollte, den ganzen Tag mit dem Kind zusammen zu sein. Sie verschob die Wiederaufnahme ihres Jurastudiums auf ungewisse Zeit und plante, in den nächsten ein oder zwei Jahren noch ein Kind zu bekommen. Sie und ihr Mann hatten vor, sich die Versorgung des Kindes zu teilen; dies, so dachte sie, würde es ihr ermöglichen, ihr Studium zu beenden, wenn ihre Kinder in die Schule kommen würden. In der Zwischenzeit legte sie sich einen Computer zu, mit dem sie ihre Finanzgeschäfte zu Hause weiter betreiben konnte. Während der zwei oder drei Stunden am Tag, die sie damit beschäftigt war, sorgte eine Hausangestellte für das Baby. Mrs. Romberg hatte nun keinen Widerstand mehr gegen die Beschäftigung mit finanziellen Dingen, da sie nicht mehr im Mittelpunkt ihres Lebens standen.

Durch die Chance, ihrem Baby zu geben, was sie niemals bekommen hatte, bekam Mrs. Romberg das Gefühl, daß die Wunden, die sie ursprünglich in die Therapie geführt hatten, endlich geheilt waren und sie die Behandlung beenden könnte. Ich war derselben Meinung. Als nach etwa sechs Wochen weiterer Arbeit nichts auftauchte, was gegen die Richtigkeit ihrer Entscheidung sprach, trennten wir uns mit dem Einverständnis, daß sie jederzeit, wenn sie das Bedürfnis habe, zurückkommen könne. Seit dieser Zeit schickt sie mir einmal im Jahr Grüße zusammen mit Fotos von ihrer Tochter, die zuerst alleine zu sehen ist und später in Gesellschaft eines kleinen Bruders. Dr. Romberg schreibt, daß nach wie vor alles gut gehe und daß sie weiterhin mit ihrem Leben glücklich und zufrieden sei.

Spannungsintoleranz und die Borderlinepersönlichkeit: Tina Pearl

Die Diagnose »narzißtische Persönlichkeitsstörung« sollte man nur auf Patienten anwenden, deren Hauptabwehr gegen traumatische Enttäuschung und Desorganisation des Selbstsystems in der Verleugnung von Sehnsucht besteht. In der Umgangssprache jedoch haftet dem Begriff *Narzißmus* ein abwertender Beigeschmack an, der Therapeuten oft verwirrt, wenn sie es mit einer so kooperativen, bemühten und einsichtigen Patientin wie Esther Romberg zu tun haben. Sie denken, daß *Narzißmus* besser zu jemandem wie der fordernden Dame paßt, die mich als mir völlig Fremde eines Montags um sechs Uhr morgens zu Hause anrief und mir, ohne sich wegen der Zeit des Anrufs zu entschuldigen und ohne sich vorzustellen, mitteilte, daß sie mich heute noch treffen wolle. Ich sagte, leider hätte ich an diesem Tag keinen Termin frei. Bevor ich noch fragen konnte, ob dies ein Notfall war, der ein sofortiges Gespräch nötig machte oder ob wir später in der Woche etwas vereinbaren könnten, unterbrach sie mich und fragte barsch: »Also, wann essen Sie zu Mittag?«

Da ich neugierig war, schlug ich vor, sie solle nach meiner regulären Dienstzeit zu mir kommen. Als Tina Pearl meine Praxis betrat, wurde ich Zeuge eines bemerkenswerten Phänomens. Obwohl sie nicht mehr Dinge bei sich hatte als jeder andere Patient auch – eine Zeitschrift, einen Regenmantel und eine Handtasche – , brachte sie es fertig, daß mein Praxisraum innerhalb von Sekunden nach ihrer Ankunft aussah, als hätte eine Bombe eingeschlagen. Sie selbst sah desorganisiert aus, und genauso war ihr Leben.

Später, als sie meine Patientin war, erfuhr ich, daß sie von Kindesbeinen an gelernt hatte, daß ein Mädchen ohne einen Ehemann ein Niemand sei, und daß alles, was sie tat, völlig unwichtig war, bevor sie nicht einen Mann »einfing« oder »erwischte«. So programmiert durchlief sie pflichtbewußt die Schule, machte einen ganz guten Abschluß und besuchte das College speziell zu dem Zweck, dort einen Heiratskandidaten zu finden. Sie, die emotional eher flach, aber attraktiv und verführerisch war, faßte zu einem schüchternen, zurückgezogenen Studenten aus einem vormedizinischen Semester Zuneigung, der sich in sie vernarrt hatte und ihr einen Heiratsantrag machte. Sie verließ das College ohne Abschluß, um ihren frischgebackenen Ehemann in eine andere Stadt zu begleiten, wo er seine medizinische Ausbildung beginnen sollte. Als es notwendig wurde, einen Job zu finden und zum gemeinsamen Lebensunterhalt beizutragen, stellte sie fest, daß sie keinerlei Fertigkeiten hatte, die sie auf dem Arbeitsmarkt anbieten konnte. Sie reagierte auf Stellenanzeigen, in denen etwa eine Empfangsdame, eine Angestellte in der Registratur oder eine Kellnerin gesucht wurde. Bald stellte sie jedoch fest, daß diese Arbeiten Pünktlichkeit, Hilfsbereitschaft und zumindest ein wenig Interesse erforderten. Aber das war jedoch zu viel für sie, und sie löste ihr Arbeitsproblem, indem sie schwanger wurde und damit ihre Eltern und ihre Schwiegereltern zwang, sie und ihren studierenden Mann voll zu unterstützen. Ihre selbst schlecht situierte Familie konnte sie dazu überreden, ihr eine bessere Wohnung zu bezahlen und, als das Baby auf der Welt war, den Säugling ganztags zu versorgen. Die Taktik, die sie bei der älteren Generation benutzte, wendete sie noch erfolgreicher auf ihren Ehemann an. Sie bestand darauf, daß er nach dem Studienabschluß so schnell wie möglich eine Praxis eröffnete anstatt sich auf das zu spezialisieren, was ihn interessierte. Sie weigerte sich, weitere Kinder zu bekommen und verbrachte ihre Tage mit Einkaufen und in Gesellschaft von Freunden mit ähnlichem Lebensstil.

Sie erzählte mir dies in einem Ton ärgerlicher Selbstgerechtigkeit. Sie schien sich der Bedürfnisse und Gefühle anderer wirklich nicht bewußt zu sein und handelte, als sei das Leben ein ständiger Kampf, in dem sie der Welt mit allen Mitteln abringen mußte, was ihr sonst vorenthalten würde. Es war eine Versuchung für mich, mich mit dem Leid von Mrs. Pearls Ehemann und Kind, so wie ich es mir vorstellte, zu identifizieren und sie dann kritisch mit den Folgen ihres »Narzißmus« zu konfrontieren. Mrs. Romberg gegenüber hatte ich nicht so empfunden, obwohl sie ebenfalls über jeden und alles, was ihr im Weg stand, rücksichtslos hinweggegangen war.

Fehlende Phantasie und Gefahr der Desorganisation

Der Unterschied zwischen einer Tina Pearl und einer Esther Romberg bestand darin, daß letztere in der Lage war, die Existenz und Bedürfnisse anderer Menschen in Betracht zu ziehen und damit umzugehen – tatsächlich reagierte sie übermäßig stark auf deren Signale. Mrs. Romberg hatte, zumindest auf einer kognitiven Ebene, ihr Selbst dezentriert; dies war bei Mrs. Pearl nicht der Fall. Obwohl Mrs. Pearl nicht psychotisch war und sich und andere, Objekt und Subjekt, gut auseinanderhalten konnte, traf sie bei ihrer Anpassung an die Umwelt, in ihren persönlichen Beziehungen, diese wichtige Unterscheidung nicht. Nicht, daß sie gedankenlos war; aber wie bei einem Säugling existierten die Bedürfnisse anderer einfach nicht für sie. Da ihr das Bewußtsein eines möglichen Konflikts zwischen ihren Wünschen und den Wünschen anderer völlig fehlte, hatte ihr Phantasieleben, im Sinne eines privaten Raumes, niemals eine Chance gehabt, sich zu entwickeln. Erlebte Mrs. Pearl Spannungen, so war alles, was sie empfand, unerträgliche Frustration und das Bedürfnis, diese zu beseitigen. Sogar geringfügige Enttäuschungen erzeugten Wutanfälle, auf die sie mit Depressionen reagierte, wenn ihre Temperamentsausbrüche nicht das gewünschte Ergebnis erzielten. Ihre Anspruchshaltung stand jedoch nicht im Interesse der Aufrechterhaltung eines defensiven grandiosen Selbstgefühls, sondern war statt dessen darauf ausgerichtet, ein zerbrechliches Selbstsystem zusammenzuhalten, das auf einem viel primitiveren Niveau organisiert war. Patienten wie Mrs. Pearl wollen sich nicht gegen die Scham und Erniedrigung der Enttäuschung schützen, sondern gegen eine noch verheerendere Angst vor Desorganisation des Selbstsystems vor der Erfahrung, die Kohut (1971, 1977) *Fragmentierung* nannte. Das anklammernde, besitzergreifende, verzweifelte Verhalten, das durch die Angst vor Fragmentierung erzeugt wird, ist das Kennzeichen für ein Verhalten, das beim Erwachsenen oft *Borderlineverhalten* genannt wird [3] (siehe auch Seite 131).
Patienten wie Mrs. Pearl, die keinerlei Fähigkeit besitzen, sich durch Phantasie zu stabilisieren, haben keinen Puffer zwischen sich und dem, was sie als feindliche Außenmacht wahrnehmen. Ihnen fehlt, was in der Biologie »sich selbstaufrichtende Tendenz« (Waddington 1966; Fajardo 1988) genannt wird: Das heißt, die Fähigkeit, ein Ziel weiterhin verfolgen, selbst wenn Hindernisse störend dazwischen treten, ihnen fehlt eine gewisse Elastizität. Sie sind leicht über- oder unterstimuliert und scheinen, einmal traumatisiert, nicht in der Lage zu sein, die Verletzung zur Heilung zu bringen und sich zu erholen. Diese Patienten haben keine Möglichkeit, mit Frustration, Spannung, Enttäuschung und Schmerz anders umzugehen.Sie besteht darin, von der Umwelt Entgegenkommen zu fordern. Ihre Minderwertigkeitsgefühle und die jederzeit mögliche Fragmentierung ihres Selbst sind so, daß sie – soviel sie auch immer bekommen mögen –, nichts anderes tun können, als immer mehr zu fordern. Anders

als Menschen wie Esther Romberg beruhigt es Patienten wie Tina Pearl nicht, wenn sich der Therapeut bemüht, sie in ihrer Entwicklungsgeschichte zu verstehen. Im Gegenteil, Worte sind nutzlos. Diese Patienten haben das Gefühl, sie müssen mit dem Therapeuten so verschmelzen, daß der Therapeut als Individuum beseitigt wird, so wie es Mrs. Pearl offensichtlich mit ihrem Ehemann hatte tun können.

Aber die Tatsache, daß die Unterordnung des Ehemannes unter ihre Bedürfnisse ihr Leben nicht glücklicher machte, legt die Vermutung nahe, daß diese Strategie auch keine befriedigenden Ergebnisse brächte. Es ist kein Wunder, daß der Therapeut, der mit einem solchen Patienten konfrontiert ist, Angst bekommt und alles, nur nicht mit dieser Person zusammen sein möchte – so fühlte ich mich tatsächlich phasenweise, als ich mit Tina Pearl arbeitete. Ohne die Gefühle, die man gegenüber einer Mrs. Pearl hegen kann, zu bestreiten, muß man im Sinne einer empathischen Sichtweise beachten, daß diese Patienten nur tun, was wir alle tun müssen: nämlich so gut wie möglich das eigene Selbstgefühl aufrechterhalten. Tina Pearl hatte ihr tiefsitzendes Minderwertigkeitsgefühl von Wertlosigkeit offenbar so früh vermittelt bekommen, daß eine entscheidende Entwicklungshemmung oder Deformation im Kernselbst entstanden war. Dabei wurden sowohl die Entwicklung eines ausreichend stabilen, subjektiven Selbstgefühls als auch die Fähigkeit verhindert, sich selbst in Beziehung zu anderen als Individuum zu sehen (Stern 1985). Wie ein kleines Baby konnte sie nichts anderes tun als weinen; und wie bei einem gepeinigten Baby war ihr Weinen nicht klagend, sondern wütend.

Wenn der Therapeut einmal die panische Angst vor Fragmentierung erkennt, die bei solchen Patienten chronisch ist, wird ihr Verhalten als weniger bedrohlich empfunden. Die Chance, eine therapeutische Beziehung mit ihnen herzustellen, wird größer, wenn der Therapeut etwas finden kann, was er an dem Patienten mag: So bewunderte ich von Anfang an Mrs. Pearls ungeheure Unverfrorenheit und die damit verbundene Entschiedenheit zu überleben.

Therapeutisches Mißlingen

Bei Patienten wie Tina Pearl muß man die Tatsache akzeptieren, daß der Patient während langer Phasen – das kann Monate und manchmal Jahre dauern – , nur sein eigenes Echo ertragen kann: Dies nannte Kohut (1977) *empathisches Eintauchen*. Dadurch kann es schließlich zum Aufbau eines strukturierten Selbst kommen, so daß der Patient den nächsten Schritt machen und eine Selbstobjektübertragung ausbilden kann, die sich dann für Deutungen eignet. Der Psychoanalytiker Gerald Adler (1979, 1985) diskutierte eine interessante Gruppe von impulsgetriebenen Patienten, die unfähig war, eine geistige Vorstellung zu entwickeln, wie ihr Therapeut aussah, was er sagte oder wie sein Praxisraum eingerichtet war, um sich damit zwischen den Sitzungen zu

stabilisieren. Wenn sie dies im Laufe der Behandlung lernen, wird mit ihnen eine auf Übertragung und Introspektion beruhende Psychotherapie möglich.
Im Falle von Tina Pearl konnte ich dieses Ziel nicht erreichen. Ich versuchte mein Bestes, um zu vermeiden, daß ich nicht über die Grenze dessen ging, was sie tolerieren konnte (Kohut 1971, SS. 283 – 93). Wenn sie darunter litt, daß eine Freundin nicht zum vereinbarten Zeitpunkt angerufen hatte, beschränkte ich mich darauf zu wiederholen: »Das klingt ganz so, als litten Sie darunter, daß Ihre Freundin sie nicht wie versprochen angerufen hat.« Dies beruhigte sie vorübergehend, aber es wurden bald darauf andere Verletzungen ihrer Selbstachtung thematisiert. Nach mehreren Behandlungsjahren sagte sie mir, daß ihre Tochter in der Schule öfters Schwierigkeiten mache, und daß ihr und ihrem Mann geraten worden sei, für das Kind psychotherapeutische Hilfe zu suchen. Mrs. Pearl war über diese Empfehlung entrüstet und sehr wütend auf ihren Mann, der dies in Erwägung zog. Mrs. Pearl fand, daß es der Fehler der Schule war, daß ihre Tochter ein disziplinarisches Problem entwickelt hatte. So taktvoll ich konnte, drückte ich aus, daß ich nicht einer Meinung mit ihr war, da ich hoffte, ihr Kind zu retten. Obwohl sie dann für ihre Tochter einen Therapieplatz suchte, entschied Tina Pearl kurze Zeit später, daß ich nicht länger hilfreich für sie sei, und brach die Behandlung ab. Von Zeit zu Zeit hörte ich in den nächsten Jahren, daß sie kurz bei dem einen oder anderen Therapeuten war, hauptsächlich, um sich über mich und mein mangelndes Verständnis für sie zu beschweren.
Wenn auch Mrs. Pearls Pathologie an Jim Zurfs Persönlichkeitsstruktur zu Beginn seiner Behandlung erinnert, so brachte doch Jim Zurfs Fähigkeit zu umwandelnder Verinnerlichung meiner Selbstobjektfunktionen ein ganz anderes Ergebnis. Mrs. Pearls wütende und verzweifelte Reaktion auf das Gefühl, von mir in diesem einen Fall nicht verstanden worden zu sein, zeigt, daß unsere gemeinsame Arbeit nicht zu Einsicht oder umwandelnder Verinnerlichung von psychischen Funktionen geführt hatte. Bestenfalls war es eine zeitweise unterstützende Psychotherapie gewesen, die die Fähigkeit der Patientin stärkte, für einige Zeit gut zurechtzukommen, die aber nicht den Aufbau neuer Strukturen bewirkt hatte.
Die meisten Patienten, die einen Psychotherapeuten aufsuchen, leiden an den Folgen von Störungen der affektiven Entwicklung auf der Grundlage von inadäquater Spannungskontrolle, Urverdrängung oder mißlungener Affekteinstellung.
Das letzte Kapitel dieses Buches ist der Untersuchung eines weiteren Patiententypus, des psychoneurotischen Patienten, gewidmet, der zwar ein hohes Niveau an affektiver Reife erreicht hat, dessen Schwierigkeiten im Bereich der psychosexuellen Entwicklung ihn jedoch schließlich in die Therapie bringen.

Anmerkungen

1 Therapeuten, die vor Kohuts Veröffentlichungen analysiert worden waren und selbst analysiert hatten, erinnern sich nur zu gut an die Art von Mißverstehen, das dadurch entstand. Schließlich wurde der Patient wütend, aber nicht, weil er den verborgenen Ursprung seiner aggressiven Triebe gefunden hatte, sondern infolge der Frustration, nicht erlaubt zu bekommen, in der Übertragung die uneingeschränkte liebevolle Bewunderung auszudrükken, die ein Kind für einen Beschützer empfindet.

2 Ich hatte den Verdacht, daß hinter dem Wunsch, vom Vater akzeptiert zu werden, eine sogar noch frühere Zurückweisung durch die Mutter lag. Mrs. Romberg machte jedoch keinerlei Anstalten, dieses Thema anzugehen. Kohut (1977, Kapitel 1; 1984, Kapitel 1) hatte vermutet, daß das früheste und verheerendste Trauma oft außerhalb der Reichweite therapeutischer Rekonstruktion bleibt. Therapeuten haben es gewöhnlich mit den negativen Folgen einer weiteren Frustration des Patienten zu tun, die stattfand, als er sich an den anderen Elternteil wendete, um Hilfe zu bekommen, und erneut enttäuscht wurde.

3 Die Diagnose 'Borderline' war ursprünglich für die Beschreibung von Patienten formuliert worden, die, so gut sie können, eine psychotische Regression abwehren: Das heißt, sie sind an der Grenze (borderline) zur Psychose. Aber ich glaube, es gibt eine weitere Patientengruppe, deren verzweifeltes, aber nahezu ineffektives Verhalten, uns an eine »Grenze« denken läßt. Dies sind Menschen wie Mrs. Pearl. Sie sind keineswegs von einer psychotischen Regression bedroht, ganz gleich wie bizarr ihr Verhalten manchmal sein mag. Da die Vorstellung, daß man in Beziehung zu anderen existiert, für diese Patienten keine Bedeutung zu haben scheint, werden sie oft mit Patienten verwechselt, die an Problemen der höher entwickelten narzißtischen Persönlichkeitsstörungen leiden.

Der Begriff »borderline« bezeichnet außerdem Patienten, die in die Bewußtseinsspaltung flüchten, eine Art defensiver Rückzug begehen. Häufig sind das Patienten, die als Kinder sexuell mißbraucht oder mißhandelt worden sind. Das Ergebnis ist eine Form von Spaltung des Selbstsystems, die in ihrer schwersten Ausprägung zur Ausbildung mehrerer Persönlichkeiten führt. Einen Zugang zu dieser Psychopathologie zu finden, erfordert spezielle Techniken; mit diesem Patiententyp hatte ich hier nichts zu tun.

10. Die Psychoneurose und verwandte Charakterstörungen

Der Psychotherapeut hat nicht nur mit Patienten zu tun, die während der frühen Reifung Defizite und Traumata erlitten haben. Es kommten auch Menschen in seine Praxis, die zwar in befriedigendem Maße eine kognitive und affektive Dezentrierung ihres Selbstsystems erreicht haben, die aber dennoch Symptome haben, die nicht selten ihr ganzes Leben beherrschen und es zu zerstören drohen. Solche Patienten leiden an Psychoneurosen oder psychoneurotischen Charakterstörungen.

Bisher habe ich den Begriff der Entwicklungsspirale hauptsächlich auf die Aspekte Kompetenz und Selbstachtung bezogen, die mit erfolgreichen Verarbeitungsstrategien und psychischem Überleben in Verbindung stehen. Die Psychoneurosen stehen mit dem anderen großen Bereich von Kompetenz in Zusammenhang: Dem Gebiet, das mit reproduktivem Verhalten und der Erhaltung der Art zu tun hat.

Psychosexuelle Entwicklung

Vorausgesetzt, wir haben Gelegenheit zum Kontakt mit anderen Menschen, ist der körperlich biologische Aspekt der Paarung gewöhnlich kein Problem für uns. Mittels kognitiver Fähigkeiten und Flexibilität führen sogar sexuell unerfahrene Partner den Akt des Geschlechtsverkehrs erfolgreich durch.[1] Ganz oft jedoch geraten wir in verschiedenartige Schwierigkeiten, weil in unserer sexuellen Entwicklung eine psychische Eigenheit wirksam ist. Diese Besonderheit ist wahrscheinlich nötig, damit während der langen Zeit unserer extrauterinen Reifung ein Interesse an Sexualität entwickelt und aufrechterhalten werden kann. Wenn wir schließlich die Pubertät und das gebär- und zeugungsfähige Alter erreichen, so können wir den dann nötigen affektiven Einsatz aufbringen, der zu sexuellem Verhalten führt. Herman Roiphe und Eleanor Galenson (1982) und Johanna Tabin (1985) haben berichtet, daß es schon im ersten Lebensjahr nachweislich Anzeichen von genitaler Erregung gibt und daß lustvolles Masturbieren normalerweise im zweiten Lebensjahr beobachtet wird. Aber bezüglich des psychischen Verlangens nach Kontakt müssen zwei kritische Phasen bewältigt werden: eine zwischen dem dritten und sechsten Lebensjahr und die andere zur Zeit der Pubertät. Freud (1905), der diesem Phänomen als erster Aufmerksamkeit schenkte, sprach vom *zweizeitigen Ansatz* der Sexualität. In der ersten dieser beiden Perioden sexuellen Aufblühens, der ödipalen Phase der psychosexuellen Entwicklung empfindet das Kind gegenüber dem gegengeschlechtlichen Elternteil sexuelle Erregung und ist wütend, daß der gleichgeschlechtliche Elternteil seinem Begehren im Weg steht. Es ist dann für psychische Traumata anfällig, die sich später in einer Neurose niederschlagen können.[2]

Die Ödipale Phase

Die ödipale Phase der sexuellen Entwicklung fordert das Selbstsystem auf besondere Weise, denn sie findet zu einer Zeit statt, während der das Kind noch nicht darauf vorbereitet ist, mit den sexuellen Gefühlen umzugehen, von denen es nun beherrscht wird. Obwohl das Kind die Fähigkeit zur Vorstellung und damit zu symbolischem Denken besitzt, ist letzteres idiosynkratisch und prälogisch – Gedanken und Worte haben noch immer magische Kraft. Das Kind setzt sie mit Taten gleich: sich etwas wünschen heißt, machen, daß es geschieht. Obgleich das Kind anfängt, das Vokabular der Erwachsenen zu benutzen, haben die Worte nicht unbedingt die gleiche Bedeutung. Beispielsweise kann »schlechter Junge« für Eltern die Bedeutung von »unartig« haben, aber für den so bezeichneten, sich unartig benehmenden Jungen bedeutet der Begriff ewige Verdammnis. Wenn dem kleinen Jungen sein Spielzeug weggenommen wird, weil er es kaputtmacht, nimmt er vielleicht an, daß seine verbotenen sexuellen Phantasien dazu führen werden, daß ihm sein Penis weggenommen wird. Dieses Schicksal, so glaubt er, hat seine kleine Schwester oder das Nachbarmädchen, die er nackt gesehen hat, bereits ereilt. Wütend, daß er für irgendein schlechtes Benehmen gemaßregelt wurde, versetzt er sich darüber hinaus mit Rachegedanken in Panik; er fürchtet, daß seine Rache die Menschen, die er am meisten auf der Welt braucht, tatsächlich verletzen wird. Das kleine Mädchen hat das Gefühl, daß irgend etwas fehlt, was eigentlich da sein sollte. Die unbewußte Annahme, warum dies so ist, kann verschiedene Formen annehmen: gute, einflußreiche Menschen wie z. B. die Mutter haben einen Penis, aber schlechten kleinen Mädchen, die mit ihren Genitalien gespielt haben, wurde er weggenommen; es ist etwas da, das wachsen wird. Ursprünglich war er vorhanden, wurde aber zur Strafe weggenommen und könnte wieder nachwachsen, wenn das Mädchen dessen würdig wäre. Mädchen in der ödipalen Phase haben auch oft die Phantasie, daß sie für das Fehlen des Penis später damit entschädigt würden, daß der Vater sie heiraten und ihnen ein Kind machen wird (siehe auch SS. 281, 283f.).
Es ist wichtig, daß die Phantasien des Kindes durch ständige positive Rückmeldungen von erwachsenen Fürsorgepersonen ausgeglichen werden. Deren verbale und affektive Kommunikation mäßigt die Exzesse und Verwirrungen der Gedankenwelt des Kindes während dieser Zeit des Übergangs zwischen dem Erlernen der Sprache und verbaler Fertigkeiten und zwischen dem nachfolgenden gedanklichen Begreifen dessen, wie die Gesellschaft, in der das Kind lebt, organisiert ist, wie deren Belohnungs- und Bestrafungsysteme eigentlich funktionieren. Eltern haben viele Gelegenheiten, den äußerst erregenden und äng-

stigenden sexuellen Phantasien eines Kindes mit einer freundlicheren Version familiärer Beziehungen entgegen zu wirken.

Nehmen wir beispielsweise einen Jungen in der ödipalen Phase, dessen Vater gerade eine Geschäftsreise antritt: »Mami, magst du mich lieber als Papi?« »Natürlich mag ich dich, Liebling, aber das heißt nicht, daß ich Papi nicht mag. Ich liebe euch beide.« »Papi war neulich auf dich wütend.« »Oh?« »Als du nicht fertig wurdest, und er dachte, ihr kämt zu spät zur Party, schrie er dich an.« »Ja, nun, du kennst Papi, er denkt immer, wir kommen zu spät.« »Bist du auf ihn wütend?« »Sicher werde ich wütend auf Papi, wenn er mich ärgert, und er wird auch manchmal auf mich wütend, aber so ist das Leben. Wir vergessen diese kleinen Streitereien sehr schnell. Sie bedeuten nichts.«

»Papi, wenn dein Flugzeug abstürzt, dann werde ich der Papi sein, nicht wahr? Dann werde ich mit Mami im Bett schlafen.« »Also erstens wird mein Flugzeug nicht abstürzen. Zweitens heiraten Jungs nicht ihre Mamis. Aber ich hoffe, du wirst so jemand netten wie deine Mutter zum Heiraten finden, wenn du groß bist.« »Wenn ich groß bin, heirate ich meinen Freund Mike.« »Jungs heiraten keine Jungs. Jungs heiraten Mädchen, und Mädchen heiraten Jungs.« »Wie groß ist Gott?« »Acht Meilen. So, hier ist mein Taxi. Ich muß gehen, sonst versäume ich mein Flugzeug. Gib mir einen Kuß. Bis in zwei Tagen. Sei ein guter Junge. Hilf Mama.«

Sekundäre Verdrängung

Mit vernünftiger psychischer Unterstützung verläuft die psychosexuelle Reifung idealerweise unter der Oberfläche parallel zu der besser sichtbaren affektiven und kognitiven Entwicklung. Die ödipale Phase kommt im Alter von sechs bis sieben Jahren zum Abschluß, wenn das Kind fähig ist, Begriffe logisch zu handhaben. Es kann nun beginnen, alleine zu bewältigen, wofür es bisher die Eltern gebraucht hatte: Die erschreckenden Phantasien durch das Wissen ausgleichen, das aus der direkten und indirekten Erfahrung gewonnen wird. Die inzestuösen und aggressiven Wünsche der ödipalen Phase werden jedoch meist nicht einfach beseitigt, sondern durch sekundäre Verdrängung abgewehrt (Seite 122).

Verdrängung[3] erlaubt uns, unser Leben relativ frei von dem ambivalenten Kampf mit inzestuösen Wünschen zu führen, die uns während der ödipalen Jahre beschäftigt hatten. Während verbotene sexuelle Interessen und Wünsche nicht völlig ausgerottet werden können, kann ihr Affekt durch ein Angstsignal von »lustvoll und positiv« zu »unlustvoll und negativ« verändert werden: Das Signal wird ausgelöst, sobald sich diese Impulse ausdrücken wollen. Diese Veränderung des affektiven Stellenwerts von Vorstellungen und Erinnerungen bildet den Prozeß der Verdrängung. Sie beeinflußt nicht nur das äußere Verhalten, sondern auch die intrazerebrale Aktivität, die wir Denken nennen. Sie verhindert, daß verbotene Phantasien oder Gedanken an sexuelle Erlebnisse des Kindes sympbolische Repräsentanz, vor allem verbalen Ausdruck, erlangen. Dies aber ist für Erinnerung und Bewußtsein erforderlich. Was verdrängt ist, kann nicht gedacht und noch viel weniger gesagt werden. Ohne die Sprache und deren Möglichkeit, ein Netzwerk von sinnvollen Assoziationen zwischen Vergangenheit, Gegenwart und Zukunft zu bilden, ist es schwierig, wenn nicht unmöglich, die Bedeutung und Dynamik irgendeiner Begebenheit aufrecht zu erhalten.

Verdrängte Phantasien, Phantasien, deren Verknüpfung mit Worten immer dann, wenn sie aufkommen, durch das Angstsignal abgeblockt wurden, nehmen an der weiteren Entwicklung des Selbstsystems nicht teil und verlieren beträchtlich an Wirksamkeit. Wenn alles gutgeht und die Verdrängung adäquat aufrechterhalten wird, schwächt sich die an den gegengeschlechtlichen Elternteil gebundene intensive genitale Erregung ab und richtet sich nach einer Phase relativ ruhender Sexualität, auch *Latenzzeit* genannt, in der Pubertät auf andere Menschen. Das heißt nicht, daß die frühen Phantasien jemals völlig verschwinden, im Gegenteil. Freud machte die Entdeckung, daß ödipale Sehnsüchte in den Träumen jedes Menschen fortdauern und bei jeder Partnerwahl mit einfließen. Sie müssen jedoch die gesunde Reifung nicht stören, sondern können dazu beitragen, daß der Sexualakt so lustvoll und erregend ist, daß er zu einer der größten Freuden wird, die wir erleben können. Es kommt jedoch nicht selten vor, daß die Entwicklung keinen so glücklichen Ausgang nimmt.

Wenn die Eltern ungelöste Probleme aufgrund ihrer eigenen psychosexuellen Entwicklung oder anderer Ursachen haben und daher unfähig sind, eine verständnisvolle und hilfreiche Haltung gegenüber dem seine Sexualität ausdrükkenden und konkurrierenden ödipalen Kind einzunehmen, ist es für dieses schwierig, frühere sexuelle Wünsche erfolgreich zu verdrängen und abzuschwächen. Der noch unreife kognitive Apparat kann mit dem starken Aufwallen von Affekten in Verbindung mit sexuellen Gefühlen noch nicht umgehen. Dies führt zu einem Konflikt; einem Konflikt zwischen dem, was man das Kind bezüglich des Umgangs mit seinen sexuellen Gefühlen gelehrt hat, und seiner relativ unveränderten Sehnsucht nach der Erregung früherer Zeiten. Dieser Konflikt ist besonders ausgeprägt, wenn das Kind sexuell überstimuliert oder tatsächlich früh in seinem Leben verführt wurde. Im allgemeinen endet die ödipale Phase dann in einem Konflikt zwischen Verbot und Wunsch. Dieser Konflikt kann später reaktiviert werden und der Verdrängung entgehen. Das psychoneurotische Symptom oder der Charakterzug, der sich dann möglicherweise bildet, dient als zweite Abwehrlinie gegen die verbotenen Impulse.

Es war Freud, der erkannte, daß ein neurotisches Symptom – gleich, ob in Form eines Angstanfalls, in der Gestalt einer hysterischen somatischen Konversion, eines Zwangsrituals, eines Zwangsgedankens oder einer Phobie – immer eine symbolische Repräsentanz eines verbotenen inzestuösen Wunsches ist, der nicht erfolgreich unter Kontrolle gehalten werden kann. Ist eine Person mit ödipalem Konflikt, für die Sexualität als solche oder Sexualität unter bestimmten Bedingungen Inzest bedeutet, mit dem Auftauchen sexueller Wünsche konfrontiert, ist sie in Gefahr, neurotische Symptome zu entwickeln. Der Druck kann innerlich erzeugt werden, wie durch die hormonell bedingte Intensivierung sexuellen Verlangens in der Pubertät, oder äußerlich, beispielsweise durch einen Heiratsantrag. Das Symptom dient dann dazu, die betroffene Person der sexuellen Versuchung fernzuhalten, während sie gleichzeitig den verbotenen Sexualwunsch auf symbolische Art ausdrückt oder ausagiert. Ein klassisches Beispiel in Freuds Schriften ist die junge Frau, die von ihrer Mutter zur Beratung gebracht wurde, weil sie an Krämpfen litt. Freud beobachtete die junge Frau bei einem Anfall und erkannte sofort, daß dieser nicht organisch bedingt, sondern eine dramatische Darstellung des Geschlechtsverkehrs war. Weder die Patientin noch ihre Mutter waren sich bewußt, was die Beckenstöße und das ekstatische Stöhnen der Patientin während des »Anfalls« bedeuteten. Das hysterische Symptom befriedigte indirekt den Wunsch der Patientin nach Geschlechtsverkehr, während es sie gleichzeitig für diesen Wunsch bestrafte, indem es sie entkräftete, an die Mutter band und die Wahrscheinlichkeit verringerte, daß sie einmal in der Lage sein würde, eine heterosexuelle Bindung einzugehen.

Für die therapeutische Arbeit sind Freuds Einsichten in die psychoneurotische Pathologie und deren Behandlung heute immer noch gültig. Freud erkannte, daß neurotische Symptome deshalb soviel Gewalt besitzen, weil die dahinterliegenden Ängste weiter in prälogischer und präverbaler Form existieren und vom Erwachsenen nicht rational behandelt werden können. Für Freud bestand deshalb die naheliegende Behandlungsform darin, diese primitiven Phantasien und deren Ursprung ins Bewußtsein zu holen und sie dann so oft wie nötig durchzusprechen, bis man sie wie irgendein anderes Alltagsproblem, das man zu lösen hat, beiseite legen kann. Was aber einer direkten Herangehensweise an die Schwierigkeit des Patienten im Wege stand, war natürlich genau die Tatsache, daß die Organisation oder Struktur der zur Debatte stehenden Ängste und Wünsche an einer Stelle gehemmt worden war, an der Worte und Taten als ein und dasselbe galten: Auf der präoperationalen Ebene des Denkens (Piaget 1969). Deshalb vergrößert jeder direkte Versuch des Therapeuten, dem Patienten über das Problem sprechen zu helfen, nur dessen Angst und folglich seine Abwehrbemühungen. Damit möchte er zurückhalten, was außerhalb der Reichweite seines Bewußtseins liegt.

Freud ließ sich in seiner Arbeit von seinen Patienten leiten und lernte aus seinen Erfahrungen unter anderem folgendes: Wenn er möglichst wenig intellektuell vorging und den Patienten nicht drängte, seine Aufmerksamkeit auf die Symptome als solche zu richten, sondern statt dessen alles akzeptierte, was der Patient zu sagen hatte, gestaltete sich die Beziehung in bestimmter Art: Der Patient fand Gründe, alte Erwartungsmuster zu reaktivieren und die unausgesprochenen Wünsche und Ängste, welche die Symptombildung an erster Stelle herbeigeführt hatten, erneut zu erleben und auf den Analytiker zu übertragen. Dann konnte er dem Patienten beim Erkennen dieser Vorgänge helfen und die Worte finden, die nötig waren, um seine Reaktionen zu beschreiben. So wird (gemäß meinem Denkschema der Abläufe) der anfängliche Affekt in Gefühl und Emotion verwandelt, wodurch es dem Patienten möglich wird, offen über das nachzudenken, was bis dahin verborgen gewesen war. Der Analytiker kann nun mit den Gedanken des Patienten akzeptierend, verständnisvoll und erklärend umgehen – etwas, was den Eltern nicht möglich gewesen war. Dies versetzt den Patienten in die Lage, frühere verbotene Bedürfnisse durchzuarbeiten: Er löst sie vielleicht oder verdrängt sie nochmals, aber in letzterem Fall mit mehr Erfolgschancen als zuvor. Diese Veränderung verringert die Notwendigkeit des neurotischen Symptoms und gibt dem Patienten die Chance, hinsichtlich seiner Sexualität und anderer vorher konflikthafter Aspekte seines Lebens erwachsene Entscheidungen zu treffen.

Die Analyse eines psychoneurotischen Mannes: O. W. Neubach

Ich hatte nicht persönlich mit ihm gesprochen, seine Sekretärin hatte seinen ersten Termin bei mir vereinbart, aber allein vom Namen her stellte ich mir Otto Waldemar Neubach als älteren, schwerfälligen deutschen Witwer vor, der ein Installationsgeschäft besaß und an einer Depression litt. So war ich einen Augenblick lang verwirrt, als ich in meinem Wartezimmer einen schlanken, tadellos gekleideten jungen Mann sitzen sah. Er sah mit freundlichem Lächeln auf und fragte: »Dr. Basch?«, wobei er meinen Namen so aussprach, wie es nur ein Deutschsprachiger tun kann. Ich grüßte ihn, und er schüttelte kräftig meine Hand, wobei er entschuldigend erklärte, daß er gerade von Europa zurückgekommen und daher nicht in der Lage gewesen sei, mich persönlich anzurufen, um sich mir vorzustellen und unseren ersten Termin zu vereinbaren. Er sprach fließend englisch, hatte aber eine Spur von Akzent – ein Hauch an deutschem Tonfall.

Ich bat ihn, in den Behandlungsraum zu kommen und lud ihn ein, sich zu setzen. Er blieb auf halbem Weg zwischen Tür und Stuhl stehen, um sich begeistert über den Blick aus meinem Fenster zu äußern – wie interessant es sein müsse, den See durch die verschiedenen Jahreszeiten hindurch zu beob-

achten. Dann machte er mir mit einigen Aussagen über meine Möbel Komplimente, die von seiner Sachkenntnis zeugten. Ich gab ein anerkennendes Lächeln und eine Art »danke« von mir und ließ es dabei bewenden. Als er sich gesetzt hatte, sah ich ihn einfach erwartungsvoll an. Er begann mit der Aussage, wie sehr es ihm gefalle, daß ich wohl immer noch deutsch konnte. Er hatte mich in einem Verzeichnis für medizinische Spezialgebiete gefunden und so wußte er, daß ich in Berlin geboren war. Er hatte jedoch keine Ahnung, wie alt ich war, als ich in die Staaten ging, und ob deutsch meine Muttersprache gewesen war. Er erwartete ganz klar irgendeine Antwort von mir und fügte, als keine kam, hinzu, auf meine Deutschkenntnisse habe er geschlossen, als er mich seinen Namen hatte aussprechen hören, der, sagte er weiter, »wie der Ihre Gegenstand der seltsamsten Verzerrungen durch die englischsprechende Zunge ist.« Als ich immer noch keinen Versuch machte, die Konversation mit ihm aufzunehmen, sah er zum ersten Mal so aus, als würde er sich unwohl fühlen. »Gibt es etwas, was Sie von mir hören möchten?« fragte er. Bevor ich hätte antworten können, fügte er hinzu: »Natürlich, Sie müssen wissen, wer ich bin und warum ich hier bin, nicht wahr?« Ich sagte nur: »Bitte fahren Sie fort.«
Es ist oft verblüffend, wie viele Informationen man über einen potentiellen künftigen Patienten bekommt durch seine Erscheinung, sein Benehmen, durch Tonfall und Wortwahl. Es ist kein großer Trick dabei, aus der Art, wie ein Dr. Osgood am Telefon klingt, Depression herauszuhören; oder allein aus der Erscheinung eines Typen wie Bob Granger zu schließen, daß er wahrscheinlich mit seinen Eltern Schwierigkeiten hat; die neidische Verzweiflung hinter dem wütenden Ausbruch eines Al Gertz zu spüren; oder in dem übertriebenen Lob einer Esther Romberg ein Bedürfnis nach Zuneigung zu sehen. Paradoxerweise vermittelte mir Otto Neubach in jenen ersten paar Sekunden unserer Begrüßung ein Gefühl für seine Schwierigkeiten genau dadurch, daß sein Verhalten und Erscheinen keinen Hinweis darauf gaben, daß er überhaupt ein Problem hatte. Außerdem entdeckte ich keinerlei falschen Ton, als wir uns vor Beginn des eigentlichen Erstgesprächs einander vorstellten. Er zeigte freundliches, kompetentes, anpassungsfähiges Verhalten und strahlte ganz deutlich Charme, Takt und eine gesunde Selbstachtung aus. Dies, so dachte ich, könnte die Antwort auf das Gebet aller Analytiker sein – ein waschechter Neurotiker. Wenn ich recht hatte, würde dies bedeuten, daß die Hauptabwehr, mit der man umgehen mußte, die Verdrängung (eigentliche Verdrängung) war; und diese wiederum verlangte ein besonderes therapeutisches Vorgehen.

Analytische Reserviertheit

Vom ersten Augenblick meiner Begegnung mit Mr.Neubach legte ich eine Reserviertheit an den Tag, die ich bei den anderen Patienten, die ich hier vorgestellt habe, nicht zeigte. Wie man aus der Darstellung der vorherigen

Fälle ersehen kann, kann ich alles andere als wortkarg sein. Um eine therapeutische Beziehung zu ermöglichen, zögere ich bei vielen Patienten am Anfang nicht, den Hauptteil des Gesprächs zu bestreiten. So helfe ich den Patienten aktiv, ihre Gedanken zu ordnen und ihre Affekte zu mobilisieren, und erkläre oft des langen und breiten, was meiner Meinung nach vor sich geht und was es bedeuten könnte. Nun wurde ich plötzlich zur Schildkröte. Mr. Neubach streckte seine Hände nach mir aus und ich zog mich in meine Schale zurück. Es war nicht so, daß ich unfreundlich war oder diesen jungen Mann nicht mochte; im Gegenteil, ich fand ihn äußerst sympathisch und mußte meinen Impuls bremsen, auf seine Gesprächseröffnung ganz normal und unbefangen zu reagieren. Diese Veränderung in der Haltung macht auf ein wichtiges Problem aufmerksam: Nämlich, daß der Therapeut-Patient-Beziehung zwar an sich nichts Unfreundliches anhaftet, die Funktion des Therapeuten aber nicht darin besteht, sich mit dem Patienten zu befreunden, sondern alles nur mögliche zu tun, um die gesunde organisierte Funktion des Selbstsystems des Patienten wiederherzustellen und/oder zu fördern. Ich suchte nicht Woche um Woche, Monat um Monat Jim zu gewinnen, um ihm zu zeigen, daß ich sein Freund war, sondern um ihm eine Gelegenheit zu geben, die Fähigkeit zu entwickeln, affektive Transaktionen zu ertragen und so wiederum andere Aspekte seines gehemmten Entwicklungsprozesses durchzuarbeiten. Wenn Mr. Neubach, wie ich vermutete, an einer Psychoneurose litt, dann brauchte er niemanden, der ihm bei der Organisation und produktiven Nutzung seines Selbstsystems half, weil er das vermutlich bereits gut kannte.

Wie Freud lehrte und wie die Erfahrung von Psychoanalytikern seither wiederholt bestätigte, leidet der Psychoneurotiker an einem intrapsychischen Konflikt: Das heißt, er ist zwischen dem Bedürfnis, einen inzestuösen Wunsch zu befriedigen und dem Bedürfnis, ihn zu sublimieren, gefangen. Vieles von dem, was ein Therapeut zu einem neurotischen Patienten sagt, wird für den Patienten doppelte Bedeutung haben: Die eine Bedeutung ist das Ergebnis der zielgerichteten Aktivität eines im Grunde gesunden, reifen Selbst verliehen; die andere spiegelt ein neurotisches Bedürfnis, das der Patient indirekt zu erfüllen sucht. In einem alten Berufswitz treffen sich zwei Analytiker auf der Straße. Der eine sagt: »Guten Morgen«, und sein Kollege denkt für sich: »Ich frage mich, was er damit meint.« Außerhalb der therapeutischen Situation ist das Nachdenken über mögliche verborgene Bedeutungen hinter einem ganz oberflächlichem Austausch von Sätzen natürlich lächerlich; und dieser Witz ist ein effektvoller Hieb in Richtung Salonpsychologie. Und sogar in der therapeutischen Situation ist es bei den meisten Patienten ein ernster Fehler, die Kommunikation nicht so zu akzeptieren, wie sie sich darstellt. »Ich liebe dich« sollte nicht automatisch übersetzt werden in: »Er haßt mich.« Obwohl ich keinerlei Vorstellung hatte, welche Bedeutung die Fragen von Mr. Neubach haben könnten, hatte ich eine leise Ahnung seiner möglichen Pathologie. Seine indirekte Bitte, ihm mehr zu erzählen über meine Herkunft, meine Gefühle hinsichtlich der deutschen Sprache und meine ästhetischen Vorlieben, die man an meiner Praxiseinrichtung sehen kann, ließ mich jedoch nicht denken: »Ich frage mich, was er damit meint« (es hat keinen Sinn, darüber nachzudenken, was verdrängtes Material bedeuten könnte, bis sich diese Bedeutung im Verlauf des analytischen Prozesses selbst enthüllt), sondern vielmehr: »Eines Tages werden wir herausfinden, warum er das wissen will.« Und um dem gewünschten Ergebnis keine unnötigen Hindernisse in den Weg zu legen, entschied ich mich, ihm nicht zu antworten.

Der andere technische Effekt der analytischen Reservierheit besteht darin, daß das Verborgene dadurch eine größere Chance hat, sich von selbst zu enthüllen. Ich habe viel Zeit darauf verwendet, den anderen hier besprochenen Patienten zu helfen, ihre Angst zu kontrollieren, damit sie unsere Beziehung nicht störte und die Patienten meine Hilfe nutzen konnten. Bei neurotischen Patienten jedoch ist es notwendig, mittels therapeutischer Technik so viel Angst zu erzeugen, daß die Abwehrmanöver »unterminiert« werden und das darunterliegende Material an die Oberfläche kommt. Da in solchen Fällen die relative Anonymität und Zurückhaltung des Analytikers die sozial adaptiven, aber gleichzeitig defensiven Maßnahmen des Selbstsystems unwirksam machen, besteht eine größere Wahrscheinlichkeit, daß die abgewehrten Phantasien, die für unsozial und schulderzeugend erachtet werden, auf die eine oder andere Art hochkommen.

Als ich seinen Versuchen, mich in seinen Bannkreis zu ziehen, auswich, wurde Mr. Neubach ein wenig nervös: Die Fähigkeit des Patienten, mit einem normalen Maß an Angst fertig zu werden, ist ein wichtiges Kriterium bei der Indikation für eine Analyse. Ich bemerkte anerkennend, wie effektiv er diese Angst unter Kontrolle brachte, indem er sensibel auf seine eigene Frage, was ich wohl möchte, daß er mir erzähle, antwortete – offensichtlich, wer er war und warum er zu mir gekommen war.

Der Patient bringt seine Beschwerden vor

Mr. Neubach erzählte mir nun, daß er Elektroingenieur und Partner in einer Computerherstellungsfirma war. Er hatte viel Zeit im Ausland verbracht, wo er die Firmenprodukte verkaufte und installierte. Im letzten Jahr war ihm aufgefallen, daß er auf unerklärliche Weise nervös war, wenn er bei seinen Partnern und deren Mitarbeiterstab eine Präsentation machte. Seine Hände zitterten, sein Hemd wurde schweißnaß, und er war sicher, daß seine Stimme schrill und zittrig wurde. Niemand schien jedoch anders auf ihn zu reagieren; und als er seine Sekretärin, die ihn zu den Terminen begleitete, fragte, ob ihr bei seiner Vorführung irgend etwas Unpassendes aufgefallen sei, verneinte sie.

So weit er wußte, hatte er keinen Grund, nervös zu sein; seine Arbeit lief sehr gut, und in seinem Privatleben gab es keine Probleme. Er hatte gehofft, daß

seine Indisposition während seiner Europareise, wenn er weit weg von seinem Büro sein würde, so mysteriös, wie sie gekommen war, auch wieder verschwinden würde; sollte dies jedoch nicht der Fall sein, suchte er die Möglichkeit einer Behandlung für etwas, was er für eine emotionale Störung hielt. Er las dann einiges über verschiedene Therapiemethoden und befragte vorsichtig Freunde, die bereits die eine oder andere Art psychologischer Behandlung mitgemacht hatten. Da ihm die Psychoanalyse am sinnvollsten erschien, und sie auch Probleme wie das seine anzugehen schien, entschied er, daß dies, falls überhaupt notwendig, der Weg war, den er als erstes versuchen würde. Mein Name tauchte bei mehreren Gelegenheiten auf, und er machte sich die Mühe, meine Referenzen nachzuschlagen und außerdem mit verschiedenen Leuten über mich zu reden. Er beschloß, mich nach seiner Europareise aufzusuchen, wenn es ihm nicht besser ginge.
Seine Präsentationen auf dem Kontinent verliefen gut, er hatte keine Symptome und dachte, daß sich das, was auch immer für seine Nervosität in den vergangenen Monaten verantwortlich gewesen war, tatsächlich von selbst gegeben hatte. Zwei Wochen vor seiner Rückkehr jedoch war er wieder unerklärlich nervös, und jetzt nicht nur bei den Besprechungen, sondern ganz unvorhersehbar irgendwann am Tag. Er hatte Schwierigkeiten einzuschlafen; und wenn er schließlich wegdöste, hatte er erschreckende Träume, deren Inhalte er nach dem Erwachen nicht erinnerte, die aber in ihm das Gefühl hinterließen, verfolgt worden zu sein. An diesem Punkt telefonierte er mit seiner Sekretärin und sagte ihr, sie solle mich anrufen und mit mir so bald wie möglich nach seiner Rückkehr einen Termin vereinbaren. Als sie ihm mitteilte, daß sie dies getan hatte, verringerte sich seine Nervosität, und er konnte besser schlafen.

Der Beginn der Analyse

Nachdem er mir dies alles erzählt hatte, schwieg er einen Augenblick und fragte mich dann, ob ich es für richtig halte, daß er hierher gekommen war. Ich antwortete, daß seinen Schilderungen nach alles dafür spreche. »Werden Sie mit mir arbeiten?« fragte er und fügte dann hinzu: »Haben Sie Zeit für eine Analyse? Wie ich weiß, sind Sie sehr beschäftigt.«
Ich sagte, nach dem, was ich bisher von ihm gehört hätte, hielte ich ebenfalls eine Psychoanalyse für die Behandlung der Wahl. Ich wies darauf hin, daß er sich auf vier Stunden die Woche für eine unbegrenzte Zeit einlassen müsse und die Therapie mit einem Minimum an Unterbrechungen vor sich gehen solle. Ganz sicher war ich nicht, ob ihm sein Zeitplan eine solche Verbindlichkeit erlauben würde. Er fragte, wann und wie lange ich Urlaub machen würde. Ich teilte es ihm mit, und er antwortete, daß er über längere Zeit nicht außerhalb der Stadt arbeiten müsse. Wenn ich ihm am Anfang der Woche vier Termine geben

könne, würde er es so einrichten, daß er seine Dienstreisen Donnerstag nachmittags begänne. Seine Europareisen könnte er mit meinen Urlaubszeiten abstimmen, so daß er im Jahr nur ein oder zwei Wochen Therapie versäumen würde. Natürlich, setzte er hinzu, würde er in diesem Fall für die versäumten Sitzungen bezahlen.

Ich nannte ihm dann mein Honorar und die Zeiten, die ich ihm anbieten konnte, und wir machten gemeinsam einen Zeitplan.

Während dieses Erstinterviews zeigte Mr. Neubach, daß sein Selbstkonzept in angemessener Weise dezentriert war. Er konnte sich seiner Bedürfnisse bewußt bleiben, ohne die meinen, die er ganz richtig wahrnahm, zu vernachlässigen oder zu negieren. Mit anderen Worten, er zeigte das empathische Verständnis, welches ein Zeichen für die affektive Reife ist, die man typischerweise beim neurotischen Patienten vorfindet.

Mr. Neubach:	Haben Sie irgendwelche Fragen, die Sie mir stellen wollen?
Analytiker:	Nein.
Mr. Neubach:	Was machen wir jetzt?
Analytiker:	Versuchen Sie, alles zu äußern, was Ihnen in den Sinn kommt – alles, was Sie denken und fühlen. Seien Sie weiter so offen und direkt wie bisher.
Mr. Neubach:	Was ist, wenn meine Gedanken etwas Sachliches betreffen, Geschäftsangelegenheiten beispielsweise?
Analytiker:	Bei unserer Arbeit gibt es keine Ausnahmen. Sie sollten alle Gedanken und Gefühle, die Ihnen in den Sinn kommen, äußern. Wir werden ihnen dann nachgehen, wohin auch immer sie führen. Wenn Sie das, was Sie äußern, bewußt auswählen, und bestimmte Dinge, aus welchen Gründen auch immer, weglassen – z. B. weil Sie es für eine Wiederholung oder langweilig halten oder weil es um private Information über andere geht, und ich kann mir eine Million anderer Rationalisierungen für das Weglassen von Gedanken vorstellen – , dann würde unsere Arbeit unvermeidlich für kürzere oder längere Zeit beeinträchtigt werden. Die Hilfe, die ich Ihnen geben kann, hängt von Ihrer Kooperation ab, mich alles wissen zu lassen, was in Ihrem Kopf vor sich geht.
Mr. Neubach:	Genauso steht es im Buch.
Analytiker:	Genauso.
Mr. Neubach:	Soll ich mich auf die Couch legen?
Analytiker:	Wenn Sie dazu bereit sind, ja.
Mr. Neubach:	Gut, ich werde es versuchen. Wir können dann anfangen. (*Er ging zur Couch, zog sein Jackett aus, hängte es über einen Stuhl und legte sich hin.*)

Eine Analyse ist eine ernste Verpflichtung sowohl für den Therapeuten als auch für den Patienten. Hatte ich bei Otto Neubach die Analyse zu schnell begonnen? Schließlich wußte ich kaum etwas aus seinem vergangenen und gegenwärtigen Leben: Hatte er Brüder oder Schwestern? War er verheiratet? Hatte er jemals Geschlechtsverkehr gehabt? Hatte er aus Versehen beim Cowboy- oder Indianerspielen einen Spielkameraden umgebracht? War er ein Fußfetischist? Mir war jedoch auch klar, daß keines dieser Details und auch nicht eine weitere Million anderer Einzelheiten aus seinem Leben, die ich in Dutzenden von Gesprächen sammeln könnte, ein Jota zu meiner Entscheidung beitragen würde, ob wir eine Analyse machen sollten oder nicht. Selbst wenn ich durch die Erfragung seiner Geschichte zu Beginn wichtige Schlüssel zu den Störfaktoren in seiner Entwicklung erhalten würde, könnte ich durch keine dieser noch so ausführlichen Informationen ermitteln, auf welche Weise diese Erfahrungen zusammenkamen und den Boden für die Angst bereiteten, die ihn in die Therapie brachte. Ich wußte, daß die »Tatsachen«, die ich brauchte, um die Bedeutung von Mr. Neubachs Angst zu verstehen, sich nicht nur jetzt dem direkten Blick entzogen. Sie würden vielmehr verborgen bleiben, bis sie in der Übertragung zugänglich würden; wenn nämlich jene Hoffnungen, Wünsche und Ängste reaktiviert würden, die früher einmal die Organisation des Selbstsystems bedroht hatten und deshalb weiterer Betrachtung durch Verdrängung entzogen worden waren, Stück für Stück der Erforschung zugänglich würden. In Fällen wie diesem hielt ich mich an Freuds Ausspruch, daß man die Frage, ob eine Psychoanalyse angezeigt ist oder nicht, nur dadurch beantworten kann, daß man sie macht. Die Einzelheiten der Geschichte des Patienten, die im Kontext der Analyse auftauchen, liefern viel mehr Information als die direkte Befragung, denn die Art und Weise und der Zeitpunkt, zu dem sie auftauchen, geben dem Analytiker unschätzbare Hinweise auf deren Bedeutung für den Patienten. Wenn der Patient beispielsweise äußert, er habe einen Mann, den er für einen neuen Patienten halte, kurz vor seiner Stunde meinen Praxisraum verlassen sehen, und später in der Stunde oder am nächsten Tag fragt, ob er eigentlich jemals erwähnt habe, daß er einen älteren Bruder gehabt habe, der vor seiner Geburt gestorben sei, dann hat er damit sehr viel mitgeteilt; sehr viel mehr jedenfalls, als wenn diese Information bei einer routinemäßigen Erhebung der Familiengeschichte während der ersten Sitzungen erhoben worden wäre. Tatsächlich habe ich bei der Supervision psychoanalytischer Ausbildungskandidaten, die ihre Fälle zugewiesen bekommen, nachdem die gesamten Anamnesen von Mitgliedern des Ausbildungsinstituts erhoben worden waren, folgendes so oft beobachtet, daß es mich gar nicht mehr überrascht: Diese Patienten schaffen es unbewußt, gerade die Aspekte ihrer Vergangenheit auszulassen oder zu verzerren, die sie zu nahe an den Ursprung ihrer Schwierigkeiten führen würden. Was der Ausbildungskandidat und ich wirklich wissen müssen, kommt allein im Prozeß der Analyse heraus.

Während mir Otto Neubach vom Beginn seiner Schwierigkeiten erzählte, kam ich immer mehr zu der Überzeugung, daß die Angst, die er erlebte, tatsächlich durch einen neurotischen Konflikt erzeugt wurde. Ich kam zu diesem Schluß, als ich sah, daß seine affektive und kognitive Entwicklung ungewöhnlich erfolgreich verlaufen zu sein schien; daß nichts darauf hinwies, daß er im Alltagsleben Probleme hatte, und daß er keine Klagen über Beziehungen äußerte, die möglicherweise für seine Ängste verantwortlich waren. Ich kam deshalb zu der Überzeugung, daß eine Kurztherapie aller Wahrscheinlichkeit nichts zutage bringen und ihm bei der Beseitigung seiner Symptome nicht helfen würde. Ich war darauf vorbereitet, noch einige Sitzungen mit dem Patienten durchzuführen, einmal, um mehr über seine früheren und jetzigen Lebensumstände zu erfahren, und zum anderen, um ihm Zeit zu lassen, zu überdenken, ob eine Analyse ratsam wäre. Als er jedoch von sich aus seine Bereitschaft und seinen Wunsch nach einer psychoanalytischen Behandlung äußerte, zögerte ich nicht, ihn zu akzeptieren. Mein Eindruck war, daß dieser Mann zu diesem Zeitpunkt jede ausweichende Antwort meinerseits, ganz gleich, wie gut gemeint oder sorgfältig begründet sie gewesen wäre, so aufgefaßt hätte, als sei ich nicht bereit, ihn in Analyse zu nehmen und zwar entweder, weil ich ihn als Person ablehnte oder weil ich bezweifelte, ihn richtig behandeln zu können.

Es ist natürlich manchmal fraglich, ob das jeweils vorliegende Problem eine Analyse möglich macht; ob die Introspektionsfähigkeit und Angsttoleranz des Patienten ausreichen; ob er sich auf den Prozeß und die Erfordernisse an Zeit und Geld einlassen kann, und vor allem, ob das emotionale Engagement gegeben ist. In diesem Fall läßt man sich damit Zeit, einen analytischen Prozeß vorzuschlagen, geschweige denn, ihn gleich zu beginnen.

Es ist möglich, daß sich Patienten auf die Couch begeben und feststellen, daß es zu viel für sie ist. Ich hatte Patienten, die infolge der Regression, die sich durch die liegende Position und den fehlenden Blickkontakt mit dem Analytiker ergibt, entweder überstimuliert oder wie gelähmt waren. Daraus entstand jedoch nie ein dauerhafter Schaden. Ich schlage solchen Patienten vor, sich hinzusetzen und über die Schwierigkeiten zu sprechen, die die Erfahrung der Couch verursacht. Manche Patienten versuchen es früher oder später nochmals mit der Couch, wobei es dann meistens klappt. Häufiger jedoch fahren wir mit unserer Arbeit von Angesicht zu Angesicht fort.

In den ersten vier oder fünf Analysestunden erzählte mir Otto Neubach von sich und seinem Familienhintergrund. Er stammte aus einer Familie wohlhabender Fabrikanten aus Norddeutschland. Sein Großvater Waldemar, der Gründer der Firma, diente während des Ersten Weltkriegs als Offzier in einem preußischem Regiment und starb an der russischen Front den »Heldentod«. Seine Großmutter erholte sich nie von diesem Verlust und führte ein hypochondrisches Leben. Sie war häufig bettlägerig. Der Vater des Patienten, Eberhard Neubach, wurde von einem Mann erzogen, den der Patient Onkel

Otto nannte. »Onkel Otto« war eigentlich kein Blutsverwandter, sondern der geschäftsführende Vizepräsident des Familienunternehmens und ein enger Freund. Es stand außer Frage, daß Eberhard, wie vorher sein Vater, Ingenieur werden und schließlich die Firma leiten würde. Ein Jahr, nachdem er das Ruder übernommen hatte, umwarb und gewann er eine berühmte Schönheit, einziges Kind und Erbin aus einer wohlhabenden Familie der gleichen sozialen und geschäftlichen Kreise.

Als Eberhard 1934 gerade in Südamerika auf Geschäftsreise war, erhielt er ein rätelhaftes Telegramm von Onkel Otto, worin ihm mitgeteilt wurde, er müsse sofort und direkt nach London zu einem Geschäftstreffen mit Vertretern einer bestimmten englischen Firma kommen. Da ein solches Treffen ursprünglich nicht geplant war, mußte etwas Unvorhergesehenes passiert sein, was Eberhards Rückkehr nach Deutschland nicht ratsam machte. In jener Zeit hieß dieses Etwas gewöhnlich »Hitler.«

Der Vater des Patienten reiste umgehend nach England und traf Onkel Otto. Dieser sagte ihm, daß er von einem früheren Angestellten, der sich jetzt ganz oben in der Hierarchie des Naziregimes befand, einen Tip bekommen habe: Da seine Frau zum Teil jüdische Vorfahren hatte, war Eberhard auf der Liste derer, die in Anwendung der rassistischen Reinheitsgesetze demnächst enteignet werden sollten. Der Nazi-Funktionär riet Onkel Otto, Eberhard Neubach solle sich sofort von seiner Frau scheiden lassen, wenn er dem ihm bestimmten Schicksal entgehen wolle. Eberhard wies diesen Vorschlag entrüstet zurück. Onkel Otto hatte für diesen Fall, den er vorhergesehen hatte, bereits Pläne gemacht. Um eine Vorladung zu vermeiden, kehrte Eberhard Neubach nach Südamerika zurück und führte das Geschäft weiter, das ihn ursprünglich hierher gebracht hatte. Seine Frau ging nach Paris »in Urlaub« und konnte schließlich zu ihm gelangen. Nach seiner Rückkehr nach Deutschland verkaufte Onkel Otto so viel von dem Geschäft, wie es ohne Risiko möglich war, und legte das Geld auf vielen Umwegen bei ausländischen Banken an. In den nächsten zwölf Monaten verließen andere Mitglieder der Familie Neubach, Onkel Otto und seine Frau und die Familien verschiedener anderer vertrauenswürdiger Manager, die in den Plan eingeweiht worden waren, ebenfalls ihr Heimatland und schlossen sich den Flüchtlingen in Südamerika an.

Diese kleine Gruppe tat nun ihr Bestes, in ihrer neuen Umgebung das wieder aufzubauen, was sie zurückgelassen hatte. Mit dem Geld, das ihnen dank Onkel Ottos Voraussicht zur Verfügung stand, kauften sie eine Ranch, die sie mit Hilfe von Einheimischen betrieben und auf deren Grund sie für jede Flüchtlingsfamilie ein Haus bauten. Damit kopierten sie die Verhältnisse, unter denen sie in Deutschland gelebt hatten. Eberhard und Onkel Otto sahen sich nach möglichen Geschäften in dem neuen Land um und gründeten bald eine Baufirma, die innerhalb weniger Jahre versprach genauso erfolgreich zu sein wie das alte Geschäft.

Otto, mein Patient, wurde 1938 geboren und blieb, wie sich herausstellte, das erste und einzige Kind seiner Eltern. Seinen Namen bekam er zu Ehren des ehemaligen Beschützers seines Vater und auch zu Ehren von Otto von Bismarck, dem Eisernen Kanzler, einem Mann, der in der Familie als Gründer des modernen Deutschland verehrt wurde. Eine der frühen Erinnerungen meines Patienten waren die Besuche der Ahnengalerie, einer langen Halle, in der Ölgemälde seiner väterlichen Vorfahren hingen. Dort erzählte man ihm vom früheren Ruhm der Familie, und daß man die Hoffnung hege, zurückzukehren und den angestammten Platz wieder einzunehmen, sobald mit Gottes Willen die kriminelle Bande, die der legitimen herrschenden Klasse die Macht entrissen hatte, abgesetzt worden sei. Bis dahin bildeten seine Eltern und die sie begleitenden Familien sozusagen eine Exilregierung. Sie sprachen unter sich deutsch, benutzten aber ihre Muttersprache im Umgang mit Außenstehenden nur, wenn es notwendig war. Die Hauptmahlzeit wurde gemeinsam mit den erwachsenen Mitgliedern der vier oder fünf Familien, die sich im Haupthaus versammelten, eingenommen, wobei die Etikette früherer Zeiten strikt eingehalten wurde. Obwohl niemand formal einer Kirche angehörte, beteten die männlichen Familienoberhäupter vor dem Essen. Wenn die Reihe an Onkel Otto war, streute er immer eine kleine Bitte an den Allmächtigen ein, er möge doch die Monarchie in Deutschland wiedereinführen.
Mein Patient erlebte seine Umwelt als warm und schutzspendend, seine Mutter als zugewandt und liebevoll, seinen Vater als streng, aber fair. Onkel Otto wurde »Onkel Opa« genannt. Der kleine Junge war von deutscher Musik umgeben; ihm wurde aus deutschen Kinderbüchern vorgelesen; und wo auch immer er hinhörte, vernahm er Gespräche über die guten alten Zeiten und die Wiederherstellung von Ordnung und Zivilisation, welche sicher in nicht allzu ferner Zukunft stattfinden würde. Seine Spielgefährten waren die Söhne und Töchter der Hausangestellten; die Kinder der anderen Familien waren bereits Jugendliche, gingen zur Schule oder anderswohin, und hatten nicht viel mit ihm zu tun.
1940, kurz vor seinem dritten Geburtstag, wurden dem aus der Gegend stammenden Kindermädchen, das ihn betreut hatte, andere Aufgaben zugewiesen; und da er französisch als zweite Sprache lernen sollte, wurde die neunzehn Jahre alte Tochter einer Flüchtlingsfamilie aus Frankreich, die sich in der Nähe angesiedelt hatte, als sein neues Kindermädchen engagiert. Durch seine Spielgefährten und die Diener eignete er sich natürlich gute Kenntnisse des dortigen spanischen Dialekts an. Mein künftiger Patient war ein glücklicher, zufriedener kleiner Junge. Ganz ähnlich erzogen wie sein Vater und Großvater nahm er die Privilegien, die ihm seine Herkunft verliehen, als gegeben hin und akzeptierte die zukünftigen Verpflichtungen dem Staat und der Familie gegenüber, die zu seinem Geburtsrecht gehörten, als Selbstverständlichkeit.
Diese idyllische Existenz wurde erschüttert, als er zwischen fünf und sechs

Jahre alt war. Seine Eltern hatten einen schweren Autounfall, als sie in die Hauptstadt gefahren wurden, um an einer jährlich stattfindenden, eine Woche dauernden Gala des Landespräsidenten teilzunehmen. Sein Vater trug nur eine Menge Blutergüsse davon, aber seine Mutter war schwer verletzt und hatte schlimme Verbrennungen und Knochenbrüche. Sie lag ein halbes Jahr im Krankenhaus der Hauptstadt. Ihre Genesung verlief unbefriedigend; sie blieb bettlägrig und entwickelte Lungen- und Leberabszesse. Es war klar, daß sie nie wieder gesund werden würde. Sie bat darum, nach Hause gebracht zu werden, um die Zeit, die ihr noch blieb, mit ihrer Familie zu verbringen.

Mein Patient erinnerte sich nicht daran, wie er sich während der Abwesenheit der Mutter gefühlt hatte, jedoch war ihm die Veränderung der häuslichen Atmosphäre gut im Gedächtnis, nachdem seine Mutter aus dem Krankenhaus zurückgekehrt war. Von allen wurde erwartet, daß sie auf Zehenspitzen gingen, es wurde nur noch geflüstert, und es hatte den Anschein, als gäbe es tagein, tagaus nur noch ein Thema – den Zustand der Kranken. Wie war ihre Gesichtsfarbe heute; was hatte sie gegessen; hatte sie geschlafen, und wenn ja, wie lange; schien sie heute etwas kräftiger; was sagte der Arzt bei seinem letzten Besuch, und so fort. So oft es ihre Kraft erlaubte, rief seine Mutter Otto zu sich. Sie sprach mit ihm über das, was er machte, seine Stunden mit dem Lehrer, der zu Beginn seiner Ausbildung engagiert worden war; und gelegentlich war sie in der Lage, ihm etwas vorzulesen oder die einfachen Karten- und Brettspiele zu spielen, die ihnen immer Freude bereitet hatten. Als sie erkannte, daß sie nicht mehr lange leben würde, sprach sie mit dem kleinen Otto ernsthaft über ihren bevorstehenden Tod und die Trauer, die sie dabei empfand, ihn verlassen zu müssen. Er erinnerte sich, daß er wegen ihres ernsten Tonfalls und ihres traurigen Gesicht weinte, wobei er aber nicht wirklich verstand, was sie sagte. Er konnte erst sehr viel später, als er immer wieder den Brief las, den sie ihm hinterlassen hatte, das volle Ausmaß seines Verlustes erkennen. Es war ihr Wunsch gewesen, daß er diesen Brief erhielt, wenn er in die Pubertät käme. Sie sagte darin dem jungen Mann adieu, den sie nie sehen würde, der aber jetzt ihre Abschiedsworte besser würde verstehen können. Damals weinte er bitterlich und spürte den Schmerz über ihre Abwesenheit weit stärker als zur Zeit ihres eigentlichen Hinscheidens.

Was für ihn damals, als seine Mutter starb, viel dramatischer und erschreckender war, war die Veränderung, die in seinem Vater vorging. Dieser Mann, der Autorität und Selbstbewußtsein ausgestrahlt hatte, brach jetzt in seinem Kummer zusammen. Eberhard isolierte sich innerhalb der Gemeinschaft, verweigerte meistens das Essen, überließ alle Entscheidungen dem alternden Onkel Otto und verlor das Interesse an allem um ihn herum, einschließlich seinem Sohn. Schließlich wurde er in ein Sanatorium gebracht, das von einem Orden katholischer Nonnen betrieben wurde, wo er mehrere Monate lang blieb. Offensichtlich erhielt er eine Art psychotherapeutischer Hilfe, denn er erholte sich so weit, daß er seinen Platz als Familienoberhaupt wieder einnehmen und seine Geschäfte wiederaufnehmen konnte. Von den täglichen Aktivitäten seiner ständig expandierenden Unternehmen in Anspruch genommen und durch den Sieg über Nazi-Deutschland wieder Hoffnung schöpfend wurde er wieder fast der alte; so schien es jedenfalls meinem Patienten. Otto, zu jener Zeit sieben Jahre alt, wurde in einer Nachbarstadt auf die Englische Schule geschickt. Unter der Woche wohnte er bei der Familie des Schulleiters und an Wochenenden und in den Ferien kehrte er auf die Ranch zurück. Sein Kindermädchen, das ihm während der zwei Jahre des Durcheinanders in der Familie am nächsten gestanden war, wurde die Sekretärin seines Vaters und konnte so den Kontakt mit dem Jungen aufrechterhalten.

Otto waren seine Jahre in der Englischen Schule als glücklich und aufregend in Erinnerung. Er, der bereits dreisprachig aufgewachsen war, überwand das Handicap, kein Englisch zu können, leicht, als er in die neue Umgebung kam. Zum ersten Mal hatte er Spielkameraden mit einem ähnlichen Hintergrund wie der seine, und machte bei ihren Aktivitäten ziemlich schnell mit. Sein Vater, dem vor Jahren gefaßten Plan treu, setzte die Einklagung des Familienbesitzes in Deutschland in Gang und hatte nach ein paar Jahren damit Erfolg. Das Triumphgefühl wurde dadurch gedämpft, daß Onkel Otto, kurz nachdem die Nachricht über den glücklichen Ausgang des lange verfolgten Ziels eingetroffen war, starb und sein geliebtes Land, nun befreit vom Nazialpdruck, nicht mehr wiedersehen konnte. Zu gegebener Zeit wurden die mittlerweile ziemlich großen südamerikanischen Holdinggesellschaften verkauft, so daß das Geld dazu verwendet werden konnte, die deutschen Fabriken wiederaufzubauen, die durch Bombardierungen der Alliierten stark beschädigt worden waren. Es wurde beschlossen, daß Otto, damals zwölf Jahre alt, wegen der schlechten Nachkriegsbedingungen in Deutschland entweder in die Schweiz oder in die Vereinigten Staaten in die Schule geschickt werden solle. Da alle der Meinung waren und es auch von Otto akzeptiert wurde, daß er Ingenieur werden und in die Fußstapfen seiner Vorfahren treten würde, und da es zu der Zeit dafür in Amerika die beste Ausbildung gab, wurde er im Osten der Vereinigten Staaten in eine Vorbereitungsschule von bestem Ruf eingeschrieben. Vor der Rückkehr nach Deutschland heiratete Eberhard seine Sekretärin, Ottos früheres Kindermädchen, und nahm sie mit.

Ottos Leben verlief ohne besondere Ereignisse. Er verbrachte die langen Sommerferien und die Weihnachtsferien bei seiner Familie in Deutschland. Schließlich schloß er in den Vereinigten Staaten die High-School und ein Vorstudium als Maschinenbauingenieur ab. Es wurde erwartet, daß er in das Familienunternehmen, das mit Maschinenbau zu tun hatte, zur Vorbereitung auf eine mögliche Nachfolge seines Vaters zurückkehren würde. Otto hatte jedoch andere Vorstellungen. Ihn faszinierten Elektronik und Computer, und er bat um Unterstützung, um in diesem Bereich weiter zu studieren. Sein Vater,

der durchaus um die künftige Bedeutung dieses Feldes für alle Geschäftszweige wußte, erklärte sich mit diesem Plan einverstanden.
Otto lernte bei seinem Aufbaustudium zwei ähnlich gesinnte junge Männer kennen, mit denen er viele Stunden darüber phantasierte, wie sie den gegenwärtigen Stand der Elektronik- und Computerwissenschaften verbessern und dadurch zu Ruhm und Reichtum kommen könnten. Ihre Tagträume fingen an, Realität zu werden, als Otto auf eine geniale Idee kam, die eine Vereinfachung der Herstellung versprach, während die Kapazität eines bestimmten Computerteils vergrößert werden konnte. Er und seine beiden Kommilitonen beschlossen, ein Patent anzumelden und selbst ins Geschäft einzusteigen. Otto ging zu seinem Vater, um von ihm eine Finanzierungshilfe zu erbitten. Dieser stimmte etwas widerstrebend zu, da er die Pläne seines Sohnes eher als jugendlichen Spaß denn als ernsthaftes Unternehmen ansah. Als Gegenleistung für seine Investition verlangte Eberhard Otto das Versprechen ab, daß er, wenn es mit seiner Idee nicht klappen würde, sich der Expansion der jungen Tochtergesellschaft des Familienunternehmens in Nordamerika widmen würde. Aber die Erfolge Ottos und seiner Partner übertrafen ihren kühnsten Träume. Sie befanden sich an vorderster Front einer rapide wachsenden neuen Industrie und zogen aus ihrer Chance alle Vorteile. Statt für seine Familie zu arbeiten, gewann Otto seinen Vater dafür, ihm zu helfen, europäische Tochtergesellschaften für die Herstellung und Verteilung seines eigenen, sehr erfolgreichen Produkts zu gründen.
Was mir Otto Neubach über seine Familienumstände, seine Kindheit und Jugend erzählte, bestärkte mich weiter in meiner Ansicht, daß seine Angst einem neurotischen Konflikt entsprang. Patienten mit einer Psychoneurose haben meist einen stabilen Familienhintergrund, der weder konfus ist noch konfus macht. Ihre Familien sind in einem sozialen Milieu eingebettet, das ihren Platz eindeutig definiert und die Verpflichtungen und Privilegien jeder Person und die Beziehung von jedem zum größeren Ganzen eindeutig klarlegt. Das Identitätsgefühl und die Lebensziele der Eltern schufen ein Ambiente, in dem die frühe affektive und kognitive Entwicklung eines Kindes ungehindert von statten gehen konnte. In so einer Umgebung ist ein Kind weder eine Bürde für eine bereits belastete Beziehung, noch wird es von Eltern überfordert, die von ihm abhängig sind, weil sie sich über das Kind definieren. In einer solchen Atmosphäre kann die Reifung und schließlich das Denzentrieren des Selbst relativ glatt über die Bühne gehen. Dies schien bei meinem Patienten der Fall gewesen zu sein. Was Mr. Neubach mir nicht über seine Vergangenheit erzählte, ließ jedoch ebenfalls Vermutungen aufkommen: Er erwähnte seine gegenwärtigen oder früheren sexuellen Beziehungen oder deren Nichtvorhandensein mit keinem Wort. Ich lehnte mich zurück und wartete, daß sich die Dinge entfalten würden.
Der Patient verfiel leicht in die Gewohnheit, mir zu erzählen, was ihm zwi-

schen den Sitzungen widerfahren war. Im Zusammenhang mit diesen Berichten, weihte er mich in Details aus einer Vergangenheit ein, die er bis dahin nicht erwähnt hatte. Ich erfuhr, daß er noch nie verheiratet gewesen war; daß er enge Freunde und Freundinnen hatte; daß es einige Frauen gab, mit denen er sexuelle Kontakte hatte. Er erzählte über seine Beziehungen keine Einzelheiten, da ihn hauptsächlich die Befürchtung beschäftige, seine Ängste bei der Arbeit würden wieder auftreten. In seinen geschäftlichen Besprechungen kam er nun gut zurecht. Das hatte ich erwartet, nachdem er bereits starke Erleichterung verspürt hatte, als seine Sekretärin den ersten Termin mit mir vereinbart hatte. Er war voll des Lobes für mich und für die Psychoanalyse.

Ich vermutete, daß er sich in einer positiven idealisierenden Vaterübertragung auf mich befand, wobei er aus seiner Verbindung mit mir Stärke bezog, genauso wie in der Kindheit die Anwesenheit der Eltern die Angst vor der Dunkelheit gebannt hatte. Es war nicht notwendig, irgend etwas zu dieser Übertragung zu sagen. Wie Freud (1913; 1916 – 17, S. 460) schrieb, läßt man die Übertragung ihren Lauf nehmen, ohne zu unterbrechen, solange sie die Verbündete der Analyse ist – das heißt, die Assoziationen des Patienten anregt. Dies ist nicht immer einfach für den Therapeuten, vor allem nicht für einen Berufsanfänger. Therapeuten wissen zwar, daß man die negativen Gefühle, die ein Patient möglicherweise auf einen richtet, ohne daß man dem Patienten einen Anlaß dafür gegeben hat, tolerieren und mit ihnen arbeiten muß. Es ist jedoch oft noch schwieriger zu lernen, starke positive Emotionen eines Patienten, von denen man weiß, daß man sie nicht verdient hat, nicht abzuwehren. Es besteht die Versuchung, sich zurückzuhalten und entsprechend bescheiden zu sein; die Realität geltend zu machen und sich damit vor der Enttäuschung des Patienten zu schützen, wenn er, was unvermeidlich ist, auf die Schwächen des Therapeuten stößt (siehe auch Seiten 237-238).

Ein anderer neurotischer Patient von mir beklagte einmal die Tatsache, daß er während seiner Studienjahre ziemlich viel Zeit mit Kartenspielen verschwendet hatte, und stellte dem seine Annahme gegenüber, daß ich mich meinen Studien sicherlich mit ungeteilter Aufmerksamkeit gewidmet hätte. Um ihm zu zeigen, daß wir nicht so verschieden waren und daß er nicht so hart mit sich sein mußte, warf ich ein, daß ich sehr wohl wußte, wie verführerisch es war, sich die Stunden am Kartentisch zu vertreiben, da ich als Student die gleiche Erfahrung gemacht hätte. Indigniert nahm er mich für dieses Aufdrängen meiner Realität ins Gebet. »Was hat das mit mir zu tun?« fragte er. »Ich brauche es nicht, daß Sie auf dem College auch Karten gespielt haben.« Er hatte ganz recht.

Während der ersten Monate von Otto Neubachs Analyse sagte ich wenig, außer daß ich hier und da klärende Fragen stellte, wenn mir das nötige Wissen über Fakten und Umstände fehlte, um zu verstehen, was er mir sagte. Als er erkannte, daß ich wirklich meinte, was ich sagte – nämlich, daß er seinen Gedanken freien Lauf lassen und alles sagen sollte, was ihm in den Sinn kam –, erzählte er mir eine Menge von seinen geschäftlichen Aktivitäten. Er war sichtlich stolz auf das, was er vollbracht hatte, und genoß mein Interesse an seinen Errungenschaften. Etwa im dritten Behandlungsmonat begann er, scheinbar harmlose Beobachtungen über das Gebäude, in dem sich meine Praxis befand, zu machen. Zuerst machte er positive Bemerkungen über die Architektur und Ausstattung dieser Art von Gebäuden, die in den zwanziger Jahren unseres Jahrhunderts erbaut worden sind. Allmählich entwickelte er das Gefühl, daß das Gebäude nicht sicher sei. Einer der Aufzüge mache ein komisches Geräusch: Was wäre, wenn er steckenbliebe? Ich hatte nur einen Ausgang aus meiner Praxis: Was wäre, wenn ein Feuer ausbräche und ich nicht mehr hinauskäme? Nun fiel ihm das ultramoderne Gebäude ein, in das seine Firma gerade umgezogen war, und das luxuriöse Büro, das er dort hatte. Ein paar Tage später sah er beim Betreten meiner Praxis auf ein Bild an der Wand und fragte, ob es neu sei. Ich sagte nichts. Er legte sich hin und lieferte wie üblich seinen Bericht über die Ereignisse der vorherigen Tage ab, aber dies führte nirgendwohin, und bald hatte er nichts mehr zu sagen.

Analytiker: Ihnen fiel das Bild auf, als Sie hereinkamen.

Mr. Neubach: Ich kann mich einfach nicht erinnern, es schon einmal gesehen zu haben.

Analytiker: Ja?

Mr. Neubach: (*In einem für ihn ungewöhnlich gereizten Ton*). Ja, nichts.

Analytiker: Sie klingen gereizt.

Mr. Neubach: Es tut mir leid, ich wollte Sie nicht beleidigen.

Analytiker: Was denken Sie über mein Bild?

Mr. Neubach: Es ist einfach nicht mein Geschmack.

Analytiker: Es gefällt Ihnen nicht.

Mr. Neubach: Ich behaupte nicht, daß ich ein Experte bin.

Analytiker: Aber es gefällt Ihnen nicht.

Mr. Neubach: Es ist irgendwie unbestimmbar. Mich geht das ja gar nichts an. Wie sind wir da eigentlich draufgekommen?

Analytiker: Wie sind Sie draufgekommen? Warum denken Sie, Sie hätten dieses Bild heute zum ersten Mal gesehen?

Mr. Neubach: Ich kaufe gerade die Kunstgegenstände für die neuen Büros, vielleicht deshalb.

Analytiker: Das hatten Sie noch nicht erwähnt.

Mr. Neubach: Ich habe es wohl vergessen. Nach der Stunde hier werde ich einige Gemälde für den Empfangsbereich in Auftrag geben. Das ist wahrscheinlich der Grund, warum mir Ihr Bild aufgefallen ist. Das ist völlig natürlich.

Analytiker: Aber aus irgendeinem Grund angsterzeugend.

Mr. Neubach: Oh, verdammt! Mir fällt gerade ein, daß ich heute etwas vergessen habe – den Scheck für Sie. (*Schweigen*)

Analytiker: Ja, sagen Sie, was Sie denken.

Mr. Neubach: Das ist ziemlich unanständig. Gerade als ich ihn gestern ausstellte, erhielt ich die Nachricht, daß man bei der Errechnung des Jahresbonusses einen Fehler gemacht hatte. Er ist sogar noch größer, als ich gedacht hatte. Es ging mir durch den Kopf, daß der Extrabetrag, den ich bekommen werde, größer ist, als was ich Ihnen in einem Jahr bezahle.

Analytiker: Und deshalb kann ich mir kein besseres Bild als dieses leisten.

Mr. Neubach: Es ist lächerlich. Ich will von Ihnen Hilfe, warum sollte ich so viel mehr haben?

Analytiker: Das hat Ihnen Angst bereitet. Vielleicht befürchten Sie, daß ich Ihnen Ihren Erfolg übelnehme.

Mr. Neubach: Was weiß ich, vielleicht schwimmen Sie in Geld und lachen mich aus. Ein Freund von mir ist bei einem Analytiker in Kalifornien in Behandlung, dem wohl halb Los Angeles gehört. Er muß nicht arbeiten, er will arbeiten.

Von diesem Punkt an sorgte sich der Patient immer mehr darum, ob er mich durch seine Leistungen herabsetze. Diese Sorge beeinflußte jedoch sein Funktionieren in seinem Geschäft nicht, wo er weiterhin angstfrei und höchst produktiv war. Einige Zeit später, als sich sein Stundenbeginn einmal um einige Minuten verschob, spekulierte er, ob ich der Patientin, die vor ihm war, eine extra Zeit gewährte und sie lieber mochte. Als wir darüber sprachen, klang seine Stimme nicht ärgerlich, sondern eher wehmütig und sehnsüchtig. Ich meinte, dies könne bedeuten, daß er mit ihr zu tauschen wünschte; daß er, wenn er eine Frau wäre und nicht ein erfolgreicher junger, männlicher Rivale, keine Bedrohung für mich darstelle und ich dann mit ihm gern mehr Zeit verbringen wolle.

Ich möchte betonen, daß ich den Affekt in der Übertragung deutete und nicht den Inhalt seiner Assoziationen als solchen. Mr. Neubach hatte schon vorher über andere Patienten Bemerkungen gemacht, auch über die Patientin, über die er jetzt sprach: Er fragte sich, ob ich manche Patienten lieber als andere mochte, ob eine hübsche Frau für mich interessanter wäre als er, oder ob mich ein abgerissen aussehender Mann in meinem Wartezimmer abschrecke, und so weiter. Aber keine dieser Bemerkungen verlangte eine Antwort von mir; ich drängte ihn nur manchmal, seinen Gedanken zu folgen, wo auch immer sie hinführten. Was eine Deutung hier erforderlich und möglich machte, war, daß er in der Übertragung etwas aus der Vergangenheit wiedererlebte, wobei der ursprüngliche Affekt nun an die Person des Analytikers gehaftet war.

In diesem Fall verursachte meine Deutung zur Überraschung des Patienten einen Tränenausbruch und schmerzliche Erinnerungen an die Zeit nach dem Tod seiner Mutter, als sich sein Vater zurückgezogen hatte und schließlich ins

Sanatorium gekommen war. Der Patient stellte selbst die Verbindung her zwischen seinem damaligen Wunsch, mit dem Vater zusammen zu sein, ihn wieder für sich zu haben und der Tatsache, daß er die anderen Erwachsenen über die Schwestern – das heißt, die katholischen Nonnen – reden hörte, bei denen sein Vater jetzt lebte. Vielleicht dachte er, daß er, wenn er ein Mädchen wäre – das heißt, eine Schwester – mit seinem Vater wieder vereint sein würde. Diese Verknüpfung schien mir nicht unwahrscheinlich zu sein.

Sein Unternehmen wurde in eine Aktiengesellschaft umgewandelt, und er fragte sich laut, ob ich ein Vorstandsmitglied werden wolle; alternativ spielte er mit dem Gedanken, mir ein Aktienpaket zu vermachen oder einen Großteil seines Geldes einem psychoanalytischen Institut zu geben, dessen Direktor ich werden würde. Ihm war deutlich unwohl mit seinem ständig wachsenden Erfolg und dem Reichtum, der damit einherging. Ich wies darauf hin, daß er sich verhielt, als würde sein Aufstieg mir etwas wegnehmen: Als seien wir auf einer Wippe – wenn er oben war, war ich unten.

Wir rekonstruierten nun folgendes: Mr. Neubach erlebte in seiner Beziehung zu mir die Unterbrechung seiner psychosexuellen Entwicklung in der ödipalen Phase wieder, in der seine Mutter krank gewesen und gestorben war, gefolgt von dem Rückzug seines Vater in die Depression. Der Patient schien von dem Zusammenbruch seines Vater stärker getroffen worden zu sein als von dem Ableben seiner Mutter. Weil der Vater und auch dessen Interesse an seiner aufblühenden Konkurrenzneigung und Männlichkeit fehlten, wurde der kleine Junge offensichtlich durch die Veränderungen in ihm selbst erschreckt. Es war wahrscheinlich, daß die Angst, ich würde ihm seinen Erfolg und wachsenden Wohlstand übelnehmen, auf der Überzeugung gründete, daß er irgendwie für den Rückzug seines Vater verantwortlich war. Er benahm sich, als gäbe es in der Familie nur für einen Mann Platz; und wenn dem so wäre, würde er gerne zurücktreten, wenn sein Vater dadurch wieder zu Kräften käme. Hinsichtlich seiner psychosexuellen Entwicklung war Mr. Neubach in einem Stadium, das *negative ödipale Phase* genannt wird. Aus Angst, sein Konkurrenzverhalten habe seinen Vater verletzt, bot er an, sich selbst zu opfern.

Die Übertragung der Neurose auf die Analytische Situation

Mr. Neubach machte sich nun sorgenvolle Gedanken um mich und meine Kindheit. Wieder einmal beschäftigte ihn die Frage meines Familienhintergrunds und wann ich in die Vereinigten Staaten gekommen war. Er wollte es regelrecht aus mir herauspressen, was für eine Kindheit ich gehabt hatte, wie meine Eltern waren und solche Dinge. Ich richtete mein Augenmerk sowohl auf die Dringlichkeit hinter seinen Fragen als auch auf die Tatsache, daß sie zu einer Zeit auftauchten, in der die Beziehung zu seinem Vater während der schwierigen Jahre nach dem Tod seiner Mutter im Vordergrund der Analyse stand.

Er hätte natürlich leicht über mich herausfinden können, was er wissen wollte. Als Leiter eines größeren Unternehmens waren ihm Möglichkeiten, Backgroundinformationen über künftige Angestellte zu erhalten, nicht fremd. Dadurch und durch seine Freunde, die direkt oder indirekt mit Psychoanalyse oder verwandten Berufen zu tun hatten, hätte er wahrscheinlich mehr Informationen über mich erhalten können als ich selbst im Gedächtnis hatte. Aber er tat es nicht. Ihm war wichtig, daß ich es ihm sagte und ihm damit etwas gab, was er wissen mußte und was weit über pure Fakten hinausging. Wir kamen seinen Schwierigkeiten näher, als er beiläufig erwähnte, daß er möglicherweise eine Sitzung mit mir versäumen werde, um für einen seiner Partner bei einem auswärtigen Termin einzuspringen; dieser war Jude und hatte bei der Planung dieses Termins vergessen, daß er auf einen hohen Feiertag fiel. »Es sei denn«, sagte er, »Sie sind auch nicht hier.« Ich sagte nichts. »Ich kann mich nicht erinnern, ob Sie letztes Jahr an den jüdischen Hohen Feiertagen freigemacht haben«, fügte er hinzu. Ich schwieg weiter. Nun legte er gereizt seinen Standpunkt dar: Diese Frage habe schließlich nichts mit der Analyse zu tun; es sei einfach etwas Praktisches; schließlich brauche er Informationen, um zu planen, und so weiter. Ich sagte immer noch nichts. Ärgerlich fuhr er fort: »Wenn Sie es mir nicht sagen, wie soll ich wissen, daß Sie mir den Termin nicht berechnen, auch wenn wir beide nicht hier sind?« Schnell fügte er hinzu: »Es tut mir leid, daß ich das gesagt habe. Ich bitte um Verzeihung.« Ich gab keine Antwort, und dann herrschte einige Minuten lang Stille. Plötzlich setzte er sich auf. Er war sehr blaß. Er sah mich nicht an, sondern sagte sehr gestelzt und mit ungewohnt starkem deutschen Akzent: »Ich habe gerade an etwas gedacht, was ich Ihnen wahrscheinlich nicht sagen kann. Entschuldigen Sie mich bitte.« Er stand auf, schien ein wenig unsicher auf den Beinen, wartete eine Sekunde, um ins Gleichgewicht zu kommen und verließ den Raum.

Ohne mich zu benachrichtigen, kam er zu den nächsten beiden Sitzungen nicht; dies war noch nie geschehen. Ich unternahm nichts, um mit ihm Kontakt aufzunehmen. Die Interaktion zwischen Mr. Neubach und mir stellt ein dramatisches Beispiel für das Prinzip dar, daß der Analytiker nicht in Versuchung geraten darf, die Übertragungsneurose durch eine Besorgtheit zu unterbrechen. In einer sozialen Beziehung wäre dies angemessen, hier jedoch ein fehlgeleiteter Versuch, dem Patienten zu helfen. Die versäumten Sitzungen waren genauso Teil der Analyse wie verbale Assoziationen des Patienten; und wie bei letzteren wartete ich, was geschehen würde, statt in den sich entfaltenden Prozeß einzugreifen. (Diese Herangehensweise wäre bei einem Patienten, dessen hauptsächliche Schwierigkeiten eine Folge ungenügender Affekteinstellung während früherer Entwicklungsphasen oder andere Bindungsprobleme sind, kontraindiziert. In solche Fällen rufe ich Patienten oft an, um herauszufinden, was los ist; nicht selten biete ich, wie Jim Zurf (Kapitel 7), Alternativtermine an oder bespreche die Angelegenheit sofort am Telefon.)

Am dritten Tag kam Mr. Neubach wieder und setzte sich mir gegenüber auf den Stuhl, statt sich auf die Couch zu legen. Er sagte, er habe mit dem Gedanken gespielt, einfach nicht wieder zu kommen, habe aber dann entschieden, daß dies beleidigend und feige sei. Statt wegzulaufen verlange seine Ehre, daß er zurückkäme, mir von Angesicht zu Angesicht sage, was er zu sagen habe, und ich dann derjenige sei, der die Analyse beendet, und nicht er. Ich sah ihn erwartungsvoll an. Er sah aus, als wappne er sich zu einem Angriff, und sagte, daß er das letzte Mal seine Gedanken nicht zu Ende geführt habe. Als er mich der Absicht beschuldigte, ihm ungerechtfertigterweise eine Stunde zu berechnen, habe er gedacht, es jedoch nicht aussprechen können: »Was typisch für einen Juden wäre.« Er machte eine Pause, wendete seinen Kopf leicht zur Seite und sagte: »Sie haben jedes Recht und allen Grund, mich zu ohrfeigen.«
Ich sagte: »Warum legen Sie sich nicht hin und erzählen mir alles darüber?«
Mit Tränen in die Augen legte er sich hin. Als er in der Lage war zu sprechen, bewegten sich seine Überlegungen in zwei Richtungen. Zum einen ging es um sein Entsetzen, sich bei so einem antisemitischen Gedanken ertappt zu haben, verband ihn dieser doch mit dem Nazipack, das seine Familie so verachtete. Er hatte keine Ahnung, woher dieser Gedanke bei ihm kam; aber da er es war, der ihn gedacht hatte, übernahm er die Verantwortung dafür und bereitete sich darauf vor, bestraft zu werden. Er zog sich selbst dafür zur Rechenschaft, so etwas Schlimmes von mir zu denken, wo ich doch so hilfreich, geduldig und gut zu ihm war. Ich fragte mich, ob verdrängte Gefühle in bezug auf seine Mutter, die eine jüdische Großmutter gehabt hatte, auftauchen würden, aber seine Assoziationen gaben darauf keinen Hinweis.

Der andere Aspekt des Judentums, über den er sprach, war etwas, worüber er sich lange Zeit immer wieder den Kopf zerbrochen hatte. Wie hatten es die deutschen Juden zulassen können, daß sie zum Schlachter geführt wurden? Warum flohen oder kämpften sie nicht? Warum hatten sie nicht das gleiche getan wie seine Familie? Wieder einmal hätte es die Analyse nicht gefördert, die Realität einzubringen, indem ich ihm den riesigen Unterschied zwischen seiner privilegierten Familie und der Situation des Durchschnittsjuden in Deutschland während der Hitlerzeit erklärt hätte. Statt dessen äußerte ich meine Vermutung, daß sein anfänglicher Wunsch, etwas über meinen Familienhintergrund zu erfahren, als er das erste Mal zur Analyse kam, symbolisch für seine Befürchtung wäre, daß ich, wie sein Vater, nicht wirklich stark sei, sondern nur nach außen hin selbstsicher und innen verletzlich. Nachdem er mich zuerst, wie früher seinen Vater, idealisiert hatte, war er jetzt überzeugt, daß ich ihn letztlich auch ihm Stich lassen würde, wenn er sich behaupten und rivalisieren würde. Was er brauchte, aber glaubte, nicht haben zu können, war ein starker Vater, der ihm beistehen und ihn in seiner Selbstbehauptung ermutigen würde, anstatt dadurch selbst Schaden zu erleiden.

Dieses Thema tauchte in verschiedenen Variationen während der nächsten

paar Monate immer wieder auf. Ein Beispiel: Er war zwar immer gut gekleidet, aber eines Tages kam er in einem besonders eleganten Anzug. Er sagte nichts dazu, aber am Ende der Stunde, als er von der Couch aufstand und sein Jackett wieder anzog, äußerte er, daß an seinem Ärmel ein Knopf offen sei. Er tat dies in einer entsprechenden Äußerung kund, machte den Knopf zu und ging. Irgendwie hatte dieser Situation etwas Peinliches und Gezwungenes angehaftet. Am nächsten Tag fragte ich ihn, ob auch ihm am Ende der Stunde etwas aufgefallen war. Er bestätigte dies: Er hatte aus Bescheidenheit gezögert, mir zu sagen, daß er seine Anzüge jetzt bei einem Maßschneider in Londen machen ließe. Er wünschte sich, daß ich seine neue Kleidung bewunderte, aber fürchtete, ich würde es übelnehmen, damit ein weiteres Symbol seines Wohlstands präsentiert zu bekommen. Als er innehielt, um seinen Ärmel zuzuknöpfen, wurde er sich bewußt, daß er damit die Aufmerksamkeit auf die Qualität seines Jacketts lenkte, da die Zierknöpfe an den Ärmeln der hierzulande geschneiderten Anzüge nur blind angenäht sind. Er meinte dann, daß er dies unbewußt geplant habe, als er am Abend zuvor den Anzug trug und seinen Ärmel »aus Versehen« nicht richtig zuknöpfte. Er war in der Lage, dies zweifach zu deuten: Als seinen Wunsch, daß ich ihn bewundere, vielleicht sogar beneide, und als seine Angst, ich würde entmutigt und vernichtet werden, da ich nicht im Besitz eines so elegantes Kleidungsstückes sei; dann würde ich auch für ihn verloren sein. Daß hinter dem Zu- und Aufknöpfen die Neugierde über die relative Größe unserer Genitalien und sein Wunsch, einen größeren Penis (einen besseren Anzug) als ich zu haben, stand, war etwas, womit er noch nicht umgehen konnte; dieses Thema tauchte erst später in der Analyse auf.
Durch Deutung vieler solcher Episoden konnten wir ihm seine Angst, ich würde ihn in der Vaterübertragung nicht tolerieren, wenn er stark war und rivalisierte, Stück für Stück bewußt machen und in ihren vielen Verästelungen auflösen.
Als wir schließlich dieses Thema durchgearbeitet hatten und er zufrieden war, daß ich mich stark genug erwiesen hatte und von ihm nicht zerstört wurde, wie er befürchtet hatte, tauchten verdrängte Erinnerungen an sexuelle Neugierde und sexuelle Erkundungen in der Kindheit auf. Dies bedeutete für mich, daß er seine negativen ödipalen Gefühle, nämlich, daß er, um seinen Vater zu schonen, seine eigene männliche Entwicklung zurückstellen mußte, gelöst hatte und in eine andere Behandlungsphase eintreten konnte. Er erinnerte sich jetzt an eine Scheune, in der er und die anderen Kinder der Ranch gespielt hatten und wo er zum ersten Mal Tiere hatte kopulieren sehen. Hier hatte er sich des öfteren versteckt und heimlich ältere Jungen und Mädchen bei ihrem Spiel beobachtet, sich gegenseitig ihre Genitalien zu zeigen. Beschämt, aber mit zunehmenden Verständnis für die Gründe, konnte er mir jetzt sagen, daß Geschlechtsverkehr für ihn nur möglich war, wenn er sich zuerst mit pornographischen Bildern stimulierte und während der eigentlichen sexuellen Aktivität

Pornofilme ansah. Dann erinnerte er sich voller Ekel daran, wie er und seine Spielkameraden in diese Scheune gegangen waren und nach Rattenschwänzen Ausschau gehalten hatten, die von den Dachsparren hingen, wo die Tiere nisteten. Einigen älteren Jungen machte es Spaß, auf die gut erreichbaren Dachbalken zu klettern, die nichtsahnenden Tiere zu fangen und ihnen ihre Schwänze abzuschneiden. Mein Patient war von diesem Schauspiel erschreckt und fasziniert gewesen. Diese Erinnerungen brachten uns mit seiner Kastrationsangst in Berührung – seiner Angst, seine Männlichkeit als Strafe für seine sexuelle Neugierde zu verlieren. Solche Ängste sind normal und treten bei Jungen zu dieser Zeit ihrer sexuellen Entwicklung regelmäßig auf. Sie werden idealerweise dadurch abgefangen, daß das Kind die Erfahrung macht, für Verstöße, die jedoch nicht so schlimm sind, wie es in seiner Vorstellung glaubt, tatsächlich bestraft zu werden. Mein Patient jedoch war während der Krankheit seiner Mutter und der Abwesenheit seines Vaters ganz seinen eigenen Urteilen und den Alles-oder-nichts-Phantasien überlassen gewesen, die das Denken eines Kindes diesen Alters beherrschen.

Diesen Erinnerungen folgte ein Traum, in dem er mit einer Frau zusammen war, die sich entkleidete, um eine zusätzliche Brust mit einer langen Brustwarze, ganz ähnlich wie ein Kuheuter, zu enthüllen. Der Patient war im Traum erschrocken und angeekelt, aber die Frau sagte, er solle sich nicht ängstigen, es sei alles ganz normal. Die Frau in dem Traum erinnerte Mr. Neubach an eine Patientin von mir, die er ein wenig maskulin gefunden hatte, und die für ihn nicht unattraktiv war. Diese Assoziationen ließen ihn an Homosexualität denken und an seine Ängste als Jugendlicher, er sei möglicherweise homosexuell, weil er das Aussehen einiger Freunde attraktiv gefunden hatte. Dann dachte er laut über Lesbierinnen und den Gebrauch von Dildos nach. Auf diese Art könne eine Frau zum Mann werden. Ich fügte hinzu: »Wie es die Frau in Ihrem Traum durch die vorstehende Penis-Brust wurde.«

Er machte sich um weibliche Genitalien Gedanken. Obwohl er die kleinen Mädchen aus seiner Nachbarschaft damals nackt in der Scheune gesehen hatte, war er zur jener Zeit sicher, daß die erwachsenen Frauen anders waren. Wie sich herausstellte, war er damals überzeugt, diese hätten einen Penis. Er erinnerte sich, daß er, wenn er beim Spielen auf dem Boden lag, jede Gelegenheit ergriff, dem vorbeigehenden Kindermädchen unter den Rock zu schauen; oder er sah ihr heimlich zu, wenn sie im Badezimmer war oder sich abends im Zimmer nebenan auszog. Die paar Male, als es ihm gelang, einen Blick auf ihre Scham zu erhaschen und er nur einen schwarzen Schatten sah, war er enttäuscht, nicht mehr entdeckt zu haben. Er war aber nicht von seiner Überzeugung abzubringen, daß sich dort ein Phallus befinden mußte.

Diese Erinnerungen und Rekonstruktionen aus seiner Kindheit halfen ihm sehr zu verstehen, warum er sich von männlich aussehenden Frauen – die er sich im Besitz eines Penis vorstellte – angezogen fühlte. Er traf sich jetzt mit anderen, weicheren Frauen und für ihn mittlerweile attraktiver geworden waren. Eine davon, der er sich immer mehr zuwendete und die er allen anderen vorzog, war nicht abgeneigt, mit ihm Sex zu haben, aber sie schätzte sein Bedürfnis nicht, das Liebesspiel mit Pornofilmen zu begleiten. Er war nun überrascht und erfreut, daß er in der Lage war, den Sexualakt ohne diese künstliche Stimulation auszuführen und zu genießen. Als er sich im nachhinein entsann, was ihm diese Filme bedeutet hatten, erkannte er, daß sie nicht so sehr der Erregung, sondern vielmehr einem Sicherheitsbedürfnis gedient hatten. Worauf er geschaut hatte, waren die Nahaufnahmen des Penis, der in die Vagina hinein- und wieder herausglitt, eine charakterische Szene in dieser Art von Filmen. Daß der Penis wieder aus dem Loch herauskam und nicht in der Frau verlorenging, mäßigte seine Angst, die so lange bestand, bis er in der Analyse seine Kastrationsangst bearbeiten konnte.

Falsche Terminsetzung des Analyseendes

Nach etwa zweieinhalb Behandlungsjahren kam der Patient mit heimlichem Bedauern zu dem Schluß, daß unsere Arbeit weitgehend getan war. Er kam gefühls- und leistungsmäßig in allen wichtigen Lebensbereichen gut zurecht. Er hatte sich von Zeit zu Zeit gefragt, warum er nie geheiratet hatte, aber er glaubte, daß ihn das Schicksal einfach noch nicht mit der richtigen Frau zusammengebracht hatte. Mit einer Familiengründung habe es seinem Gefühl nach ohnehin noch keine Eile, er habe noch eine Menge Zeit, seßhaft zu werden. Dies war jedenfalls kein Thema für eine Psychoanalyse. Er meinte, vier bis sechs Wochen seien ungefähr der richtige Zeitraum, unseren Abschied vorzubereiten und offene Themen aufzuarbeiten, die in diesem Prozeß auftauchen würden. Er fragte mich, was ich von seinem Plan hielte. Obwohl ich vage Bedenken hatte, dachte ich, dies sei vielleicht mein Widerwille, einen so interessanten und lohnenden Patienten ziehen zu lassen. Da ich also keinen Grund sah, ihn nicht gehen zu lassen, stimmte ich seinem Plan zögernd zu. Am Montag nach dieser Diskussion kam er niedergeschmettert zur Stunde. Die Ängste, deretwegen er in Behandlung gekommen war, waren wiedergekehrt – nicht so schlimm wie zuvor, aber definitiv vorhanden. Sein Kummer verwandelte sich bald in Wut auf sich selbst, auf mich und auf Freud. Es sei alles eine Illusion; er sei immer noch einfach ein ängstlicher kleiner Junge; Psychoanalyse sei eine süchtig machende Droge, die ihn von mir für den Rest seines Lebens abhängig zu machen drohe. Und was würde mit ihm geschehen, wenn ich starb? Als er zu sprechen begann, fiel es mir plötzlich ein. Irgendwie hatte unser beider Unbewußtes dabei zusammengespielt, völlig zu »vergessen«, daß wir immer noch keine Erklärung für die Ängste hatten, die ihn zu mir geführt hatten. Die Wiederkehr seiner ursprünglichen Symptome war eine Mahnung, daß noch ein Stück Arbeit getan werden mußte.

Es ist nicht unüblich, daß Patienten während der Abschlußphase einen Teil der Schwierigkeiten, die in der Analyse durchgearbeitet wurden, in abgemildeter Form wieder erleben. Dies drückt in etwa aus: »Muß ich wirklich gehen? Kann ich nicht ein kleines Kind sein und bei dir bleiben?« Diese Rückfälle bekommt man gewöhnlich sofort in den Griff, indem man die Ängste untersucht, die mit dem »Weggehen von zu Hause« zusammenhängen. Die Tatsache jedoch, daß wir eine wichtige Sache noch nicht verstanden hatten, wies darauf hin, daß das, was in Mr. Neubach vorging, nicht in diese Kategorie von Terminationsangst fiel.

Ich schlug dem Patienten vor, seine Angst als eine Botschaft zu sehen, deren Bedeutung wir mittels seiner Assoziationen entschlüsseln müßten. Er hatte Widerstände dagegen, wobei er abwechselnd schmollte und sarkastische Bemerkungen über seine Leichtgläubigkeit, solchem Hokuspokus zu vertrauen, machte. Daß ich sein regressives Verhalten akzeptierte und seine Enttäuschung verstand, schien nicht besonders zu helfen. Nach einer Weile schlug ich vor, er solle mir die Umstände, unter denen seine Angst wieder aufgetreten war, ganz genau schildern. Mißmutig sagte er, daß sie wie früher bei einem Treffen mit seinen Partnern aufgetreten war; die Themen, die diskutiert wurden, waren Routineangelegenheiten, und sein eigener Verantwortungsbereich war nicht einmal besonders beteiligt. »War irgend etwas anders?« forschte ich weiter. »Nein, nein, nein«, beharrte er. »Keine große Sache. Gil muß für ein paar Wochen lang außerhalb der Stadt eine große Installation machen, und er wies uns in seine Projekte hier ein, so daß wir sie betreuen können, während er weg ist.« Er hielt dann inne und sagte mehrmals: »Ja, Gil muß die Stadt verlassen. Gil muß die Stadt verlassen.« »Hmm?« machte ich. »Ich habe Ihnen noch nichts von Gils Frau erzählt, oder?« fragte er. Ich sagte, ich würde mich daran nicht erinnern. Reumütig, aber auch mit einiger Erleichterung, sagte er: »Also zurück zu dieser alten Geschichte.«

Die Lösung des Ödipalen Konflikts

Er erzählte mir dann, wie er sich zwei Jahre vor Analysebeginn in eine verheiratete Frau verliebt hatte. Vi, so nannte er sie, war Französin, ein paar Jahre älter als er und mit seinem Partner verheiratet. Er und Vi sahen sich oft bei Geschäftspartys und es war klar, daß sie sich mochten. Vi genoß die Gelegenheit, sich mit dem aufmerksamen jungen Mann in ihrer Muttersprache zu unterhalten. Sie flirtete wahrscheinlich mit ihm, und dies löste in Otto den intensiven Wunsch aus, sie für sich zu gewinnen. Er war zwischen seinem Verlangen und den Schuldgefühlen, Gil zu betrügen, der auch sein Freund war, hin- und hergerissen. Nach einigen Monaten, als Gil auf eine Geschäftsreise mußte, ergriff Otto die Gelegenheit, sich mit Vi in einer Bar in einer nahegelegenen Stadt zu verabreden, was für beide hieß, daß sie ihre erste Nacht miteinander verbringen würden. An diesem Nachmittag fuhr er sein Auto zu Schrott. Obwohl er nicht ernstlich verletzt war, nahm er es als Omen und sagte sein Stelldichein ab. Am nächsten Nachmittag betrat er den Konferenzraum und erblickte zu seinem Erstaunen Gil, der unerwartet am Abend zuvor von seiner Reise zurückgekommen war. Von Reue geplagt, was er seinem Freund, sich selbst und Vi beinahe angetan hätte, und ungeheuer erleichtert, daß er nicht entdeckt worden war, schlug er sich jeden Gedanken aus dem Kopf, die Affäre weiter zu verfolgen. Er blieb seinem Entschluß treu. Er war nicht ganz sicher, aber er glaubte, seine erste Angstattacke im Tagungsraum sei kurz danach aufgetreten.

Aus einer Eingebung heraus fragte ich ihn, ob Vi ein Spitzname wäre und, wenn dies der Fall war, wofür er stünde. »Violette«, sagte er. »Wie hieß Ihr Kindermädchen?« (Es fiel mir nun ein, daß er diese Frau immer nur »Kindermädchen« genannt hatte, wenn er sich auf die ersten Jahre bezog, oder »die Frau meines Vaters«, wenn er von der Gegenwart sprach.) »Jacqueline«, sagte er und fügte nach einer langen Pause nachdenklich hinzu: »Violetta hieß meine Mutter.«

Es nahm fast noch ein Jahr in Anspruch, das Schicksal seiner ödipalen Wünsche bezüglich seiner Mutter, die er zum großen Teil auf das Kindermädchen verschoben hatte, durchzuarbeiten. Wir konnten jetzt auch einen bis dahin nicht erwähnten Groll erklären, den er empfand, als klar wurde, daß sein Vater mit Jacqueline eine Liebesbeziehung hatte. Es stellte sich heraus, daß die Entscheidung, ihn in den Vereinigten Staaten auf die Schule zu schicken, während der Rest der Familie nach Deutschland zog, nicht ausschließlich aus schulischen Gründen gefallen war. Sein Verhalten stellte ein Problem dar: Er drückte seinen Unwillen über die bevorstehende Heirat seines Vaters durch Passivität, mangelnde Kooperation und Schmollen aus, wann immer er mit den beiden zusammen war. Sein Vater nahm an, daß der Sohn das Gefühl hatte, seine Wiederverheiratung stelle einen Verrat an seinen Gefühlen für Ottos Mutter dar. Er tat sein Bestes, dem Jungen verständlich zu machen, daß dies nicht der Fall war. Das Verständnis des Vaters verbesserte die Situation, aber es war deutlich, daß die Trennung, mit Ausbildungsgründen rationalisiert, allen willkommen war. Otto lernte, Jacqueline als Frau seines Vaters zu akzeptieren und benahm sich korrekt, wenn er zu Hause war. Seine Beziehung zu seinem Vater wurde wieder so nahe wie früher, aber er fühlte sich nie richtig wohl mit Jacqueline und vermied es, mit ihr alleine zu sein.

Die Übertragung während des letzten Jahres der Analyse war wieder auf mich als Vater gerichtet; jetzt stellte ich aber nicht einen schwachen und hilflosen Vater dar, sondern einen idealisierten und auch beneideten. Er konnte mittels nur weniger Deutungen erkennen, in welchem Zusammenhang seine Phantasien über meine Familie und mein Sexualleben mit seinen früheren Rivalitätsängsten und -spannungen standen. Nachdem wir dies durchgearbeitet hatten, hatte er das Gefühl, daß er sich mit seiner Vergangenheit und seinen Eltern ausgesöhnt hatte. Als Zeitpunkt für unsere letzte Stunde schlug er einen Termin vor, der einige Wochen nach meiner Rückkehr aus dem Urlaub und seiner Rückkehr von einer Deutschlandreise lag. Er hatte nun das Gefühl, daß er mit der Realität der Ehe seines Vaters mit Jacqueline anders umgehen könne, und sein Besuch bei den beiden hatte sein Gefühl bestätigt. Dieses Mal hielten wir uns an die Beendigung, und als er ging, waren wir beide zufrieden, daß wir vollendet hatten, was noch zu tun gewesen war.

War es einfach Glück, daß Otto eine Vorstandssitzung gehabt hatte, die einen Angstanfall ausgelöst und uns signalisiert hatte, daß seine Absicht, die Analyse zu beenden, übereilt gewesen war? Ganz und gar nicht. Wenn nicht eine Vorstandssitzung, so hätte etwas anderes die Botschaft ausgelöst. Wenn das Selbstsystem darauf vorbereitet ist, mit dem umzugehen, was die Verdrängung der direkten Betrachtung entzogen hat, wird sich diese Bereitschaft irgendwie zeigen. Wenn ich früher die Eingebung gehabt hätte, ihn nach dem Namen seiner Mutter zu fragen, und wenn ich die Geschichte seines Sexuallebens genau erfragt hätte, hätte ich die Verbindung zwischen dem Namen seiner früheren Angebeteten und dessen symbolischer Bedeutung für den ödipalen Konflikt des Patienten ziehen können? Höchst unwahrscheinlich. Wenn ein Thema noch nicht reif ist, bringen es Patienten fertig, Dinge so zu berichten, daß der Therapeut keine nützlichen analytischen Verknüpfungen herstellen kann. Auch wenn der Therapeut einen Zusammenhang richtig errät, fällt damit nicht urplötzlich der Schleier vor den Augen des Patienten, so daß er sehen kann, was er sehen muß, um von seinen Symptomen befreit zu werden – ganz anders als in den Filmen und Erzählungen über Psychoanalyse.

Bei der Neurose verläuft der Heilungspfad des psychoanalytischen Prozesses - die Wiedervereinigung von unterdrückter, affektgeladener Erfahrung mit den Worten, durch die diese ausgedrückt wird – vom Affekt zum Wort, nicht vom Wort zum Affekt. Solange die zur Debatte stehende affektive Erinnerung nicht umgeformt und auf den Analytiker im Hier und Jetzt der therapeutischen Situation übertragen wird, bringt die intellektuelle Einsicht keinerlei Hilfe. Der Angstanfall von Mr. Neubach, als er die Beendigung seiner Analyse plante, stellte seine Bereitschaft dar, das ödipale Dilemma mit mir als einem Vater, der ihn sowohl unterstützen als auch Zwang ausüben konnte, wiederzuerleben. Hätten wir seine Gefühle über den abwesenden, schwachen Vater nicht mobilisiert, wäre er nicht in der Lage gewesen, die negative ödipale Angst in der Analyse durchzuarbeiten. Nachdem er dieses Problem gelöst hatte, gab es keine Möglichkeit für ihn, dem nächsten Schritt auszuweichen, nämlich mich wissen zu lassen, daß es noch mehr zu tun gab.

Analyse des ödipalen Konfliktes bei Frauen: Irma Waller

Bei den Psychoneurosen – bei denen die determinierenden Faktoren der Pathologie und ihrer Behandlung im Bereich der psychosexuellen Entwicklung liegen – bestehen bei dem, was in der Analyse aufgedeckt wird, wichtige Unterschiede zwischen Männern und Frauen, wenngleich die Methode des Vorgehens identisch ist. Wenn man die psychosexuelle Entwicklung von Frauen und den weiblichen Ödipuskomplex, manchmal *Elektrakomplex* genannt, betrachtet, ist es wichtig, so Anna Ornstein (1986), die ödipalen Probleme nicht mit noch früher entstandenen Problemen der affektiven und kognitiven Entwicklung zu verwechseln, infolge derer das Kind die Überzeugung hegt, daß die Tatsache, eine Frau zu sein, bedeutet, wertlos zu sein. Dieses negative Selbstgefühl bezüglich des Frauseins entsteht durch die Beziehung des Mädchens zu einer Mutter, die ihrem Kind eine oft kulturell bedingte Überzeugung entwickelt, als weibliches Wesen wertlos zu sein. Die neurotische Frau leidet nicht an einem Selbstwertproblem. Sie ist vielmehr zu einer Zeit traumatisiert worden, als sie, im Grunde immer noch gesund, sich sexuell, in selbstbehauptender und rivalisierender Weise dem gegengeschlechtlichen Elternteil nähert.

Freud verglich das neurotische Symptom mit einem Abszeß, der auf ganz normale adaptive Prozesse Druck ausübt und sie stört. Eine Analogie aus der Chirurgie verwendend sagte er, daß man mit der Analyse den Abszeß trockenlege und wieder Normalität herstelle. Die *Symptomneurose* – auch *Übertragungsneurose* oder *Psychoneurose* genannt -, bei der der pathologische Anteil vom Rest der Charakterentwicklung isoliert zu sein scheint, ist der klassische oder paradigmatische Fall für eine psychoanalytische Behandlung, wie sie von Freud beschrieben wurde. Auf diese Art von Patienten trifft man heute nicht so oft. Mr. Neubachs Pathologie gab mir eine seltene Gelegenheit, mit so einem Fall zu arbeiten. Die psychoneurotischen Frauen, die zu mir in Behandlung kamen, hatten zum Großteil hysterische *Charakterneurosen*, keine *Symptomneurosen*. Bei Patientinnen mit einer Charakterneurose steht das Symtpom nicht getrennt vom Rest des Selbstsystems, sondern manifestiert sich in der Art und Weise, wie sich die Patientin an die Welt anpaßt. Die Frauen, die ich behandelte, waren beruflich und sozial auf einem hohen Niveau angepaßt, hatten aber enttäuschende und frustrierende Beziehungen mit Männern. In der Analyse wurde klar, wie die ödipalen Schuldgefühle immer wieder Situationen schufen, die ihnen die Erfüllung im heterosexuellen Bereich unmöglich machten. (Ich sollte hinzufügen, daß die Diagnose nicht aufgrund des Symptoms erfolgen darf. Schwierigkeiten beim Eingehen und Aufrechterhalten befriedigender heterosexueller Beziehungen sind eine der häufigsten Klagen sowohl von Männern als auch von Frauen, die zur Therapie kommen. Um die Pathologie des Patienten zu klassifizieren, muß man das Symptom im Kontext der allgemeinen Entwicklung und des gegenwärtigen Funktionierens des Patienten sehen und bewerten.)

Meiner Erfahrung nach verläuft die Analyse des ödipalen Konfliktes einer Frau gewöhnlich in vier Phasen. In der ersten Phase benutzt die Patientin das Interesse, Verständnis und den Willen zu helfen des (männlichen) Analytikers, um für sich die (gewöhnlich befriedigende) präödipalen Beziehung, die sie mit ihrem Vater gehabt hatte, wiederherzustellen. Während dieser ersten Phase kann sie sich oft von der Frustration der einer schlechten Beziehung mit einem Mann befreien, die die primäre Motivation für die Behandlung war. Diese Beziehung, gewöhnlich nur die letzte in einer Reihe von strukturell ähnlichen, ist ein Ausdruck sowohl für den Wunsch der Patientin nach sexueller Erfüllung als auch, da die Beziehung meist unerfreulich ist und immer weniger befriedigt, für die Bestrafung einer solchen Unbesonnenheit. Hat sie erst einmal ihre unbewußten Hoffnungen und Wünsche nach Akzeptiert- und Verstandensein auf den Analytiker übertragen und hat sie das Gefühl, daß diese erfüllt werden, ist es nur noch eine Frage der Zeit, bis sich in der zweiten Phase zarte sexuelle Gefühle für den Analytiker offenbaren. Anfänglich nehmen diese gewöhnlich die Form an, daß die Patientin versucht, die Beziehung zum Analytiker auszudehnen: Sie will mehr über ihn wissen; sie möchte für ihn das sein, wenn er Sorgen oder Probleme hat; sie will nicht »nur« Analytiker und Patientin, sondern mit ihm befreundet sein. Es kann eine Zeit geben, während der sich die körperlich-sexuellen Gefühle auf andere Männer als den Analytiker richten; aber schließlich werden diese auf seine Person fokussiert. Was die Patientin dem Analytiker anbietet, ist nicht einfach körperliche Erfüllung, sondern eine allumfassende Liebe ohne Grenzen. Wie Freud (1915 d) betonte, ist die Übertragungsliebe aufrichtig. (Bei einer Frau mit psychoneurotischen Problemen, die bei einer Analytikerin in Behandlung ist, richtet sich die anfängliche positive Übertragung auf die Analytikerin als gute, starke Mutter, die alle Enttäuschungen, die die Patientin in der Kindheit erlebte, ausgleichen wird. Schließlich werden Eifersucht und Rivalitätsgefühle in Erscheinung treten. Nun wird die Analytikerin die versagende Mutter, die ihr geben könnte, was sie braucht, aber dies nicht tut: Das heißt, die einen Penis hat, den sie ihr nicht geben will. Schließlich nimmt die Rivalität mit der Analytikerin/Mutter die Form an, daß die Patientin über die Beziehung der Analytikerin zu dem Mann oder den Männern in ihrem Leben phantasiert und wünscht, diesen oder diese für sich zu haben. Diese Reaktion wird von Schuldgefühlen begleitet und der Angst, daß die Analytikerin jetzt sehen werde, wie schlecht die Patientin in Wirklichkeit sei und sich von der Patientin zurückziehen oder sie anderswie bestrafen wird.)

Die Patientin kann nicht erkennen, daß ihre Liebe nicht dem Analytiker, sondern dem Analytiker-als-Vater gilt; der Analytiker muß dies jedoch fest im Kopf behalten, ohne es der Patientin zu früh zu deuten, damit sie diese

Erklärung nicht als Wiederholung einer traumatischen Zurückweisung ihrer Sehnsucht erlebt. Das ist einfacher gesagt als getan. Heute empfinde ich Verantwortung und Ehrfurcht, wenn ich in der Analyse bei einem Mitmenschen, der sich effektiv total in meine Hände begeben hat, ein so intensives Gefühl wecke. Das erste Mal jedoch, als ich diese tiefe Sehnsucht bei einer Patientin mobilisierte, war ich überrascht und wirklich erschrocken.

Umgang mit einer Erotischen Übertragung

Miss Waller war eine Analysepatientin, die ihr offensichtliches sexuelles Interesse an mir anerkannt hatte, nachdem sie einen beträchtlichen Widerstand überwunden hatte. Eines Tages kam sie voller Leidenschaft zur Analyse und sagte, daß sie jetzt wisse, daß ich recht habe: Ich sei *der* Mann für sie, und sie sei darauf vorbereitet, sich mir zu schenken. Dies brachte mich, einen Berufsanfänger, völlig aus dem Gleichgewicht. Glücklicherweise war ich geistesgegenwärtig genug, meinen Mund zu halten und es zu vermeiden, mich gegen ihre Behauptung zu wehren, daß ich es sei, der sie die ganze Zeit hatte verführen wollen. Als sie sich in dieser Stunde verabschiedete, sah sie mich mit langem, wissendem Blick an. Es schien, daß sie mein Schweigen als Einwilligung gedeutet hatte, die zwar noch durch Schüchternheit verdeckt war, welche sich aber mit der Zeit legen würde.

Ich suchte sofort eine Dringlichkeitsberatung bei einem meiner Supervisoren. Ich war überzeugt, daß ich die Analyse unabwendbar hatte entgleisen lassen, und war ziemlich hilflos, was ich als nächstes tun sollte. Mein Berater half mir zu verstehen, daß das, was geschah, keine Störung der Analyse war, sondern das Auftauchen von bis dahin unterdrückten Wünschen aus der Kindheit in der Übertragung. Ich fügte hinzu: »Kompliziert natürlich durch die Realität, daß sie jetzt eine Frau und kein kleines Mädchen mehr ist, und ich nicht ihr Vater bin, sondern ein Mann etwa ihres Alters.« »Nein«, sagte mein Supervisor. »Die Realität ist, daß sie, wenn sie sich dessen auch noch nicht bewußt ist, ein kleines Mädchen *ist*, wenn sie auf der Couch liegt, und daß Sie ihr Vater *sind*. Was eine richtig geführte Analyse herausbringt, ist die wahre – das heißt, die unbewußte – Wirklichkeit, die das Leben eines Patienten leitet. Der Rest ist Augenwischerei. Analyse ist kein Spiel wie Monopoli, bei dem Sie vorgeben, in dies oder jenes zu investieren und dabei immer wissen, daß Sie Spielgeld benutzen. Analyse ist kein Spiel, sondern Ernst. Die sexuellen Gefühle der Patientin für Sie sind so real und so ausschließlich für Sie wie diejenigen jedes gesunden fünf- oder sechsjährigen Mädchens für ihren Vater. Was Sie beide verwirrt, ist, daß sie gleichzeitig eine erwachsene Frau ist, fälschlicherweise den Grund für ihre Leidenschaft in ihrer gegenwärtigen Beziehung sieht und das Problem wie eine Erwachsene lösen will.«

Diese Erklärung war für mich sehr hilfreich. Sie ermöglichte es mir, daß ich mich zusammen mit der Patientin auf ihre Gefühle konzentrieren konnte und daß ich aufhören konnte zu denken, ich müsse ihr Verlangen nach mir ansprechen. Es war dasselbe wie bei jenem Patienten, der im Studium Karten spielte: Ich hatte lernen müssen, sein Bedürfnis, mich als unerbittlich fleißig zu sehen, nicht abzublocken. Als Miss Waller im Anschluß daran ihr sexuelles Verlangen nach mir und ihren Wunsch, mich außerhalb der Stunde zu treffen, äußerte, erkannte ich die Stärke dieser Gefühle an und ermutigte sie, wie üblich, sich von ihren Gedanken wohin auch immer führen zu lassen. In einem Traum, der dieser Sitzung folgte, befand sie sich mit einem unbekannten Mann in einem Motel. Aber obwohl der Traum voll sexueller Erregung war, endete er nicht mit Geschlechtsverkehr, sondern damit, daß sie innig umarmt wurde, während sie beieinander schliefen. Sie erwachte herrlich erfrischt aus diesem Traum. Der Traum führte zu der Erinnerung, daß ihre Mutter ihr als Zweitkläßlerin gesagt hatte, sie sei schon zu groß, um mit ihrem Vater am Sonntagmorgen im Bett zu liegen; sie war dann ins Spielzimmer verbannt worden.

»Penisneid«

Ich stelle den Prozeß, der mehrere Monate dauerte, natürlich in sehr komprimierter Form dar. Die Dinge entfalteten sich nicht so problemlos, wie ich das hier beschreibe, zum Teil, weil ich damals immer noch Berufsanfänger war, aber auch, weil in der Psychoanalyse nichts einfach geht, ganz gleich, wieviel Erfahrung man gewonnen hat. Meine Fähigkeit, Miss Wallers Verführungsangebote zu akzeptieren, führte jedoch letztlich zu der nächsten und dritten Phase der Auflösung des weiblichen Ödipuskonfliktes. Sie wurde sehr wütend darüber, daß es letztendlich in der Analyse der Mann sei, der die Oberhand habe. Ich würde die Beziehung zu ihr kontrollieren, genauso wie ihr Vater. Dies führte zu einer bis dahin nicht vermuteten Wut auf verschiedene frühere Liebhaber, die Probleme mit Impotenz gehabt hatten. Sie war immer äußerst verständnisvoll gewesen und konnte ihnen meist mit der Zeit helfen, ihre Potenz wiederzuerlangen. Jetzt war sie wütend, daß sie von ihrer Erektion abhängig war, um sexuelle Befriedigung zu erfahren. Durch diese Erinnerung konnte sich die Patientin eines Gefühls bewußt werden, das man, ein wenig ungenau, als *Penisneid* bezeichnet. Die anatomische Realität, daß Männer einen Penis und Hoden haben, während Mädchen eine Klitoris und eine Vagina haben, existiert nicht für kleine Kinder. Für sie besteht die Welt aus denjenigen mit und denjenigen ohne ein Anhängsel in der Mitte unten; und das kleine Mädchen hat das Gefühl, daß ihm etwas fehlt, daß es unvollständig ist. Bei der sexuellen Entwicklung der neurotischen Frau scheint folgendes zu geschehen: Die Schuldgühle aufgrund der inzestuösen Wünsche – die beim Jungen zu der Befürchtung führen, daß er seinen Penis abgeschnitten bekäme, wenn sein Wünsche bekannt würden – führen beim Mädchen zu dem Glauben, daß sie einmal einen Penis gehabt haben müsse, aber ihn durch ihre »Schlechtigkeit« – das heißt, ihre sexuellen Phantasien –, verloren habe. So wird einigen neurotischen Patientinnen in der Behandlung die Überzeugung bewußt, daß ihnen, wenn sie nur lernen könnten, gut zu sein – das heißt, frei von inzestuösem Begehren – ein Penis gegeben oder wachsen würde.

Die unbewußte Überzeugung, sie seien durch Wegnahme des Penis bestraft worden, ist so weit verbreitet und so zentral für die Analyse der neurotischen Frau wie die Kastrationsangst beim neurotischen Mann. Wegen der Schuldgefühle, durch die diese Überzeugungen zustande kamen, versuchen Patienten beiderlei Geschlechts, die Angst abzuwehren, die entsteht, wenn die Erinnerungen mobilisiert werden, die zum Gewahrwerden dieser Phantasien führen. Oft nimmt der Widerstand die Form an, daß der Analytiker beschuldigt wird, lehrbuchmäßige Deutungen zu machen; daß er ja nur finde, was er zu finden gelernt habe, und so weiter. In Zusammenhang mit der Frauenemanzipationsbewegung ist es nicht unüblich für Analysandinnen mit einer neurotischen Charakerstruktur, jede Deutung dieser Sehnsucht nach einem Penis als ein Beispiel für »männlichen Chauvinismus« abzustempeln. Eine solche Patientin, deren Fall ich supervidierte, bestand hartnäckig darauf, daß ihre Träume, Dinge zu verlieren, beschädigt zu werden und ausgeschlossen zu werden, nichts mit einem Wunsch nach einem Penis zu tun hätten. Sie empfand es ganz und gar nicht so, daß ihr etwas fehle. Ihre Eltern hatten sie dazu erzogen, auf ihren Körper stolz und ohne Scham zu sein. Sie hatten sogar einer Zurück-zur-Natur-Bewegung angehört und ihre Sommerferien in einem Nudistencamp verbracht. Der Wendepunkt in der Analyse dieser Patientin kam, als sie plötzlich erkannte, daß sie, immer wenn sie an diese Ferien gedacht hatte, sehr lebhafte bildliche Erinnerungen hatte, jedoch nur an nackte Männer und nie an irgendeine Frau.

Aufmerksam beobachtende Eltern können ebenfalls bezeugen, daß es beim kleinen Mädchen das Gefühl gibt, ihm sei etwas weggenommen worden; daß es anscheinend etwas vermißt. Mir wurde von einem kleinen Mädchen erzählt, das zusah, wie ihr kürzlich geborener Bruder gewickelt wurde, und das dann sagte: »So ist es richtig, Mami, deck es zu, damit ich es nicht sehen muß.«

Ödipale Schuld und ihre Auflösung

Nachdem sie einmal mit ihren Phantasien in Berührung war, wurde Miss Waller bewußt, daß die Schuld, für die sie vermeintlich bestraft worden war, in dem vorgestellten ödipalen Triumph über ihre Mutter bestand. Sie war zwar traurig gewesen, als sie aus dem elterlichen Bett vertrieben worden war, hatte jedoch auch Erleichterung darüber empfunden, daß ihre Mutter ihren Vater zurückverlangt hatte. Aber es dauerte nicht an. Als sie die Ereignisse in der Analyse wiedererlebte, konnte sie verstehen, daß sie unbewußt glaubte, ihr

Verlangen nach ihrem Vater sei für die Scheidung ihrer Eltern, als sie etwa acht Jahre alt war, verantwortlich gewesen. Es war ein Ereignis, das ihr sowohl Macht- als auch Schuldgefühle vermittelte. Diese Erinnerung ließ uns ihr späteres Muster ihrer sexuellen Beziehungen verstehen. Sie war wiederholt Bindungen mit verheirateten Männern eingegangen, die sie dann auf der Stelle verlassen mußte, wenn sie ihre Bereitschaft erklärten, sich scheiden zu lassen und sie zu heiraten. Die Ambivalenz ihren Liebhabern gegenüber stellte die sich ständig wiederholende Neuinszenierung eines unbewußtes Konfliktes dar – ein geschlossenes System. Auf der einen Seite wollte sie ihren Vater für sich; auf der anderen Seite litt sie an quälenden Schuldgefühlen, wenn ihr Liebhaber (Vater) bereit war, seine Frau (Mutter) zu ihren Gunsten aufzugeben.

In der vierten und letzten Phase konsolidierte sich das, was hinsichtlich der Sehnsüchte und Enttäuschungen ihrer inzestuösen Zuneigung durchgearbeitet worden war. Dies gab Miss Waller die Freiheit, sich als eine Person mit eigenen Rechten zu sehen: Ihr Leben wurde nun mehr von den Hoffnungen und Bestrebungen der Gegenwart bestimmt als von denen der Vergangenheit.

Der Leser mag sich fragen, ob es nicht offensichtlich sei, daß eine Frau, die mit Problemen zur Behandlung kommt, die auf eine psychoneurotische Charakterstörung hinweisen, wahrscheinlich ödipale Schwierigkeiten hat. Da der Therapeut durch diese Vermutung, zusammen mit der Art von Liebesaffären, wie sie Miss Waller gehabt hatte, sofort auf die Vaterbeziehung kommt, warum sollte er nicht direkt nachfragen und dies deuten? Auf solche Fragen kann ich nur antworten, daß alles, was ich in meiner eigenen Praxis gesehen und über die Arbeit anderer Analytiker gelernt habe, mich zunehmend davon überzeugt hat, daß es um so wahrscheinlicher ist, daß ein analytisches Ergebnis erzielt wird, je weniger vorgefaßte Meinungen der Analytiker darüber formuliert, was ein neurotischer Patient ohne Widerstand bearbeiten kann. Denn was unterdrückt ist, kann nicht direkt ausgelotet werden und enthüllt sich erst, wenn es in der Übertragungsneurose, der Neuauflage der alten Probleme, wie sie der Patient mit dem Analytiker wiedererlebt, auftaucht. Genau wie bei anderen Patienten ließ ich mich von Miss Waller führen, wobei ich hinter ihr herstolperte und schließlich auf Umwegen verstand, worum es in der ersten Sitzung, oder im ersten Traum, gegangen war.

Obwohl es solche Fälle gibt, kann ich mich nicht erinnern, daß ein psychoneurotischer Patient, der auf meine Empfehlung hin eine Analyse machte, nicht ein anerkennenswertes Ergebnis erzielt hat. Ich wage zu sagen, daß jeder andere Psychoanalytiker, der in Freuds Arbeit richtig ausgebildet worden ist, dasselbe sagen würde. Auch mit nur einem Quentchen Talent für diese Art von Arbeit, wird der Therapeut, der Freuds Methode, basierend auf seiner Theorie, wie und warum sich eine Neurose entwickelt, anwendet, genau die Ergebnisse erzielen, die er vorhergesagt hat. Ich bin immer wieder erstaunt und entzückt, daß ich, wenn mich ein Patient völlig verwirrt hat, nur zu tun brauche, was Freud vorgeschlagen hat – wie ein Pilot, der in dichtem Nebel eine computergesteuerte Landung macht –, und die Analyse schließlich zu einem zufriedenstellenden Abschluß bringe. Anders liegt der Fall jedoch, wenn die primäre Abwehr keine Verdrängung im eigentlichen Sinne ist und eine Modifikation der sogenannten klassischen traditionellen analytischen Technik verlangt: Ich hatte keinen Erfolg bei der Auflösung eines ödipalen Konflikts, wenn ich umständehalber eine Kurzform versuchte oder das ursprüngliche psychoanalytische Procedere anderweitig modifizierte. Die folgende Falldarstellung wird veranschaulichen, was bei der Behandlung einer Patientin mit einer psychoneurotischen Charakterstörung, die nicht in eine (lange) Analyse kommt, erreicht werden kann und was nicht.

Psychotherapie eines Falls von Hysterie: Norma Newton

Miss Newton war dreiunddreißig Jahre alt, als ich sie zum ersten Mal sah. Sie hatte mit achtzehn Jahren geheiratet und wurde geschieden, als sie einundzwanzig war. Die nächsten zwölf Jahre lebte sie in jeweils monogamen Beziehungen mit verschiedenen älteren Männern, die alle von ihrem umwerfenden Aussehen, ihrer hohen Intelligenz und Fähigkeit zur Empathie angezogen waren und mehr als glücklich gewesen wären, sie zu heiraten. War die Beziehung an diesem Punkt, so mußte sie sie, einem immergleichen Muster nach, abbrechen. Sie blieb jedoch ihren verflossenen Liebhabern weiterhin freundschaftlich verbunden. Ihre Motivation für die Therapie war herauszufinden, warum sie nicht heiraten konnte, da sie bald das Ende des gebärfähigen Alters erreichen würde und sich nach Mutterschaft sehnte. Als ich in drei oder vier diagnostischen Sitzungen mehr über sie erfuhr, wurde klar, daß andere Symptome bestanden, die sie nicht erwähnt hatte und nicht als wirkliche Probleme ansah. Sie war eine ziemlich schwere Alkoholikerin, bezeichnete sich jedoch selbst als soziale Trinkerin. Sie war an verschiedene andere Drogen gewöhnt, vielleicht sogar von ihnen abhängig, verharmloste dies jedoch; das Trinken gehöre zum Milieu der Filmindustrie, in der sie arbeite. Ich erfuhr später, daß sie auch eine Eßstörung hatte: Manchmal plagte sie ein Dutzend Anfälle am Tag, bei denen sie Essen in sich hineinstopfte und wieder erbrach. Des weiteren hatte sie zahlreiche körperliche Beschwerden, einschließlich Migränekopfschmerzen, Schwindelanfälle, ein äußerst störendes Klingeln in den Ohren, Kolitis und verschiedene Muskelschmerzen. Wiederholte medizinische Untersuchungen hatten keine spezifischen körperlichen Probleme ergeben, die für diese oft schmerzvollen und manchmal außer Gefecht setzenden Symptome verantwortlich sein könnten.

Je mehr ich mit Miss Newton sprach, desto überzeugter wurde ich, daß die Grundstruktur ihres Charakters neurotisch-hysterisch war: Das bedeutete, ihre verschiedenen körperlichen Symptome stellten den symbolischen Ausdruck ödipaler und nicht etwa anderer Selbstobjektprobleme dar. Dementsprechend schlug ich die Psychoanalyse als Therapie der Wahl für sie vor. Die Patientin verstand und akzeptierte meine Empfehlung im Prinzip, fragte aber, ob wir nicht für gewisse Zeit unsere Sitzungen wie bisher einmal die Woche durchführen könnten. Sie habe zwar einen gut bezahlten Job, habe aber kürzlich eine neue Wohnung gekauft und eingerichtet und habe daher das Gefühl, die finanziellen Verpflichtungen einer Analyse zumindest ein Jahr lang nicht auf sich nehmen zu können. Ich war damit einverstanden. Als ihre Finanzen wieder in Ordnung waren, stieg sie in ihrer Firma erheblich auf. Jetzt sagte sie, obwohl sie wirklich die Notwendigkeit einsehe, könne sie die Zeit nicht aufbringen, vier- oder fünfmal die Woche zu kommen, bevor sie sich in ihre neue Position nicht eingearbeitet habe; und so ging es weiter. Ich setzte mit ihr etwa drei Jahre lang die Psychotherapie fort, und sie schaffte es, nie mehr als einmal die Woche zu kommen. Trotzdem verhielt sich Miss Newton in ihren Sitzungen wie eine ideale Analysepatientin: Sie war offen, vertrauensvoll und kooperativ; sie war intelligent, introspektiv und hatte keinerlei Schwierigkeiten, zwischen den Aspekten ihres gegenwärtigen Verhaltens und ihrer Kindheit Verbindungen herzustellen.

Eine Pseudo-Erotische Übertragung

Einige Monate nach Beginn der Behandlung kam sie nicht in ihrer üblichen, geschäftsmäßigen, eleganten Kleidung, die ihrer leitenden Position entsprach, sondern in einer verführerisch tief ausgeschnittenen Bluse und einem Rock, dessen Schlitz ihren Schenkel sehr weitgehend enthüllte. Mit Fortschreiten der Stunde erkannte ich, daß sie sich ihrer Erscheinung und der verführerischen Absicht ihrer Kleidung überhaupt nicht bewußt war. Meine eigene Reaktion auf ihre Erscheinung war sehr interessant für mich. Mein erster Impuls, als ich sie sah, war, nachsichtig zu lächeln, wie einem kleinen Mädchen gegenüber, das »Verkleiden« spielt. Gleichzeitig kam mir eine Szene in den Sinn, die ich einige Tage zuvor beobachtet hatte. In der Nähe meiner Praxis gab es ein Geschäft für Fernsehgeräte. Um die Aufmerksamkeit der Vorübergehenden zu erregen, war ein Gerät mit einem großen Bildschirm, auf dem ein Sportereignis zu sehen war, ins Fenster gestellt worden. Eine Menschenmenge, fast ausschließlich Männer, hatte sich am Fenster versammelt, um das Spiel zu verfolgen. Inmitten dieser Männer sah ich ein kleines Mädchen mit verlorenem Blick, das rhythmisch am Hosenbein eines Mannes zog, den ich für ihren Vater hielt; dieser, ganz in das Spiel vertieft, nahm die dringende Bitte seines Kindes überhaupt nicht wahr.

Miss Newtons Assoziationen bezogen sich auf einen Kurs, den sie für angehende Filmemacher abhalten wollte. Sie äußerte Befürchtungen, daß man ihre Kenntnisse als unzureichend ansehen würde, obwohl sie eigentlich wußte, daß

diese Sorge sachlich unbegründet war. »Werde ich in der Lage sein, ihre Aufmerksamkeit und ihr Interesse zu gewinnen?« fragte sie sich. An diesem Punkt, etwa zwanzig Minuten nach Stundenbeginn, schien ihr plötzlich bewußt zu werden, wieviel sie von ihrem Bein zeigte. Sie wurde rot und rückte ihren Rock so gut es ging zurecht – was bei der besonderen Konstruktion des Stuhls, auf dem sie saß, kein leichtes Unterfangen war. Sie entschuldigte sich und bot eine wenig überzeugende Rationalisierung für die Wahl ihres Kostüms an. Unter Verwendung ihrer Assoziationen und meiner eigenen Reaktionen auf ihre Erscheinung, riskierte ich es, ihr meinen Eindruck mitzuteilen, daß sie die enthüllende Kleidung unbewußt meinetwegen gewählt habe. Der Grund sei möglicherweise eine Angst, die sie dann auf ihre Rolle als Lehrerin verschob: Nämlich die Angst hinsichtlich ihrer Fähigkeit, *meine* Aufmerksamkeit und Interesse zu gewinnen. Des weiteren, mutmaßte ich, könnte es gut sein, daß sie aufgrund ihrer Kindheitserfahrungen das Gefühl habe, sie müsse diesen Weg wählen, um sicherzugehen, daß sie nicht vernachlässigt würde.
Es wurde für uns deutlich, daß ich an dieser Stelle ihren Vater vertrat, einen charmanten Alkoholiker und Tunichtgut, der ihr emotional viel versprach, aber nichts einlöste. Trotzdem hielt sie die Hoffnung aufrecht, daß er eines Tages wirklich für sie dasein und in der Lage sein würde, ihren Bedürfnissen Aufmerksamkeit zu schenken, anstatt sie für seine eigenen Zwecke zu benutzen. Daß er sie ihrer Mutter vorzog, daran bestand kein Zweifel. Er gab alles Geld für seine und ihre Garderobe aus. Dann gingen sie, ganz in Schale, zu seinen Freunden nach Hause, oder in die Spielhallen, Billardzimmer und Bars, die er besuchte, um seine schöne kleine Tochter herzuzeigen.

Eine Blockierung bei der Ausbildung einer Übertragungsneurose

Die Tatsache, daß ich auf ihren einladenden Flirt nicht einging oder sie für meine eigenen voyeuristischen Zwecke benutzte, sondern statt dessen konsequente therapeutische Arbeit machte, ließ mich in ihren Augen zu dem Vater werden, den sie sich immer gewünscht, aber nie gehabt hatte: Ein Vater, der ihr zuhören und sich wirklich um sie kümmern würde anstatt sie nur für seine eigenen Bedürfnisse zu mißbrauchen. Ihre positive Übertragung auf mich befreite sie so weit von Streß und Spannung, daß ihre körperlichen Symptome zum Großteil verschwanden. Da sie Trinken und Tabletten nicht mehr zur Beruhigung brauchte, beschloß sie, Alkohol und andere Drogen aufzugeben, was ihr ohne große Schwierigkeiten gelang. Obwohl unsere gemeinsame Zeit begrenzt war, konnte sie Aspekte ihrer Vergangenheit aufdecken, die das Schicksal der Dreiecksbeziehung zwischen Mutter, Vater und ihr klärten. Schließlich hatten wir, so denke ich, beide die Grundzüge ihrer besonderen ödipalen Konstellation verstanden. Obwohl das, was wir von ihrem ödipalen Konflikt sahen, klar zu sein schien, stand etwas wie eine Glaswand dazwischen. Wir konnten Miss Newtons Pathologie genau deshalb so klar sehen, weil sie nicht von den leidenschaftlichen, positiven und negativen, Gefühlen einer Übertragungsneurose getrübt war. Wir konnten ganz abstrakt erkennen, was geschehen war, aber es gehörte der Vergangenheit an; es spielte sich nicht im Hier und Jetzt ab. Obwohl ich die Anfänge einer Reaktivierung alter Erlebens- und Verhaltensmuster in der Übertragung beobachten konnten, hatten sie keine Chance, sich in all ihrer Komplexität zu entwickeln. Bis es eine Woche später Zeit für die nächste Stunde war, war reichlich Gelegenheit, alles, was aufgewühlt worden war, zuzudecken oder auf Alltagsprobleme zu verschieben. Dieses Zeitelement ist für alle Kurzformen der Psychoanalyse ein Problem, wenn ein ödipaler Konflikt und seine unzulängliche Verdrängung die Probleme eines Patienten verursachen (siehe auch Basch 1980, SS. 105 – 10). Was dann gewöhnlich geschieht, veranschaulicht dieser Fall. Es gab viele bedeutende Besserungen, aber das eher grundlegende Gefühl der Unzufriedenheit mit sich und ihrem Leben, das sie vor allem zum Konsum von Alkohol und Drogen gebracht hatte, veränderte sich nicht. Mein Hinweis auf die Notwendigkeit einer Analyse fand, wie ich sagte, ihre Zustimmung, aber eine Rationalisierung nach der anderen hinderte sie daran, ihre Absicht, damit anzufangen, umzusetzen. Ich versuchte, ihr verstehen zu helfen, daß die Gründe, die sie anführte, um keine Analyse zu beginnen, wahrscheinlich mit Ängsten vor dem Prozeß und dem, was er möglicherweise aufdecken würde, zu tun hätten. Aber diese Hinweise fruchteten nichts

Schließlich löste sie diesen Engpaß, indem sie sich in einen kürzlich geschiedenen Mann aus ihrem Büro verliebte. Es war interessant zu beobachten, daß die Beziehung, so wie sie die Werbephase beschrieb, derjenigen ähnlich war, die sie und ich hatten. Er war interessiert und aufmerksam, nahm ihre Belange ernst und behandelte sie als ganzen Menschen. Sie erzählte ihm alles, was sie mir über ihre Kindheit, ihre verschiedenen Abhängigkeiten und ihre sexuellen Spielereien erzählt hatte. Er hörte sich alles an, ohne sie zu verdammen oder das, was sie erlebt hatte, schlechtzumachen. Er bot sich ihr als jemand an, der bereit war, an ihrer Seite zu sein und dabei alles, was zwischen ihnen geschah, anzuschauen ohne Illusionen, daß nun alles in Ordnung und wunderbar sei. Sie erkannte, daß sie schon vorher mit ähnlich ihr ergebenen Männern Beziehungen gehabt hatte – tatsächlich schien sie sie anzuziehen. Aber erst jetzt konnte sie sich auf jemanden, der sie liebte und ihr helfen konnte, ganz einlassen.

Die Ankündigung ihrer Verlobung mit diesem Mann und ihrer Absicht, zusammen aus beruflichen Gründen in eine andere Stadt zu ziehen, bedeuteten, daß ihre Therapie bei mir beendet sein würde. Bis heute habe ich von ihr oder über sie nichts gehört, so daß ich nicht weiß, wie es ihr weiter ergangen ist. Rückblickend glaube ich, daß Miss Newtons unbewußte Angst vor der unvermeidlichen Zurückweisung, die mit der Auslösung des Ödipuskomplexes einhergeht, so stark war, daß sie eher einen Vaterersatz als einen Analytiker brauchte. Wenn ihr die Ehe genug geben kann, um die Verdrängung ihrer inzestuösen Gefühle zu stärken, kann das Manöver gelingen. Freud sagte vor langer Zeit, daß eine gute Ehe eine exzellente Alternative zu einer psychoanalytischen Behandlung sein kann.

Psychoanalyse und psychoanalytisch orientierte Psychotherapie

Zweifellos profitierte Miss Newton eine Menge aus der psychoanalytisch orientierten Therapie. Sie wird *psychoanalytisch orientiert* genannt, weil sie darauf beruht, die verbal geäußerten Introspektionen eines Patienten zu untersuchen und seine unbewußte Motivation zu verstehen, die hinter seinem kontraproduktiven Verhalten liegt. Aber das ist noch keine Psychoanalyse.

Mir ist klar, daß ich nur die Position einer Minderheit vertrete, wenn ich in allen Fällen, in denen die Abwehr in der Hauptsache durch Verdrängung bestimmt wird, ohne jede Einschränkung am Vorrang der Psychoanalyse festhalte. Sie ist das erste Therapieverfahren, das auf Einsicht beruht. Sie ist darüber hinaus die beste und bis heute auch noch immer die einzige Therapie, die zu einer wirklichen Heilung führt. Viele Therapeuten glauben, daß sie sich auf weniger anspruchsvolle Psychotherapien einlassen und auch mit diesen ödipale Konflikte lösen können. Einige von diesen behaupten sogar, daß ihnen so etwas in einer zeitlich begrenzten Therapie von einem Dutzend oder gar noch weniger als einem Dutzend Sitzungen gelingt. Ich stelle diese Behauptungen in Frage. Bestenfalls kann zum Beispiel eine Patientin wie Miss Newton ausreichende kognitive Einsichten gewinnen, die ihr, zusammen mit den von ihren Vorerfahrungen abweichenden neuen Erfahrungen mit dem Therapeuten dazu verhelfen, ihre Konflikte zu kompensieren und ihre Lebenstechniken zu verbessern. Schlimmstenfalls wird jedoch der Patient vom Wohlwollen des Therapeuten schrecklich abhängig, übernimmt um der Beziehung willen dessen Sprachregelungen und erfüllt seine Bedürfnisse. Meine Erfahrung mit solchen Fällen führt mich zu der Überzeugung, daß die Erleichterung, die der Patient durch eine derartige Anpassung und Fügsamkeit erlebt, gewöhnlich verloren geht, wenn die Beziehung endet. Dem Patienten geht es nachher nicht selten schlechter als vorher.

Es war jedoch höchst unglücklich, daß von Anfang an Psychoanalyse und Lösung des Ödipuskomplexes praktisch gleichgesetzt wurden. Es war Kohut, der die Methode der Übertragungsanalyse vom Problem der Lösung des Ödipuskomplexes abkoppelte und auf diese Weise den Anwendungsbereich der Psychoanalyse ausweitete.

Die große Mehrheit der Patienten, die heutzutage eine Therapie suchen, hat keine Neurose. Sie profitieren von einer psychoanalytisch orientierten Arbeitweise, die nicht auf das spezielle Ziel der Aufhebung der Verdrängung und der Analyse der Inzestwünsche ausgerichtet ist. Wie ich dargestellt habe, schlagen sich diese Patienten nicht mit den Wechselfällen und Folgen ihrer psychosexuellen Entwicklung herum, sondern sie leiden unter anderen Problemen, die mit der Aufrechterhaltung von Kompetenz und Selbstachtung zu tun haben. Sie schützen ihr Selbstsystem mit anderen Abwehrmethoden als der sekundären Verdrängung. Bei der Behandlung von vielen dieser Patienten kann psychoanalytisch orientierte Psychotherapie außerordentlich wirkungsvoll sein und, wie ich hinzufügen möchte, häufig zu analytischen Ergebnissen führen. Im Falle Esther Rombergs zum Beispiel war die Hauptabwehr, die angegangen werden mußte, die Verleugnung, die sie davor schützte, den Schmerz und die Erniedrigung früherer Enttäuschungen aus der Kindheit wiederzuerleben. Obwohl wir niemals mehr als zwei Wochenstunden hatten und die Patientin auch nicht auf der Couch lag, sondern mir gegenüber saß, hatte die Arbeit mit ihr ein psychoanalytisches Ergebnis: das heißt, Selbstobjektübertragungen, nämlich idealisierende, Spiegel- und Alter-ego-Übertragung wurden belebt, untersucht und aufgelöst. Durch diesen Prozeß gewann die Patientin Einsicht in die Bedeutuung ihrer Beziehnung zu mir und diese Einsicht führte wiederum zu einer fundamentalen Umstrukturierung ihres Selbstsystems.

Weder die Pathologie (nature of pathology) des Patienten, noch das Setting, in dem die Behandlung durchgeführt wurde, oder die spezifischen Interventionen, die der Therapeut anwendete, sind ein Kriterium dafür, ob das Resultat der Therapie psychoanalytisch genannt werden kann oder nicht. Wenn aber die Einsicht in die Übertragung und deren Auflösung das Behandlungsergebnis haben, dann kann man diese Behandlung mit Fug und Recht als Psychoanalyse bezeichnen.

Anmerkung

1 Es gibt gelegentliche Ausnahmen. Es wurden beispielsweise Fälle von Paaren berichtet, die Unfruchtbarkeit beklagten, die aber, wie sich herausstellte, analen Verkehr praktizierten, ohne zu wissen, daß die Vagina eine Öffnung für das Eindringen des Penis bietet.

2 Dieses Szenario gilt für Kinder der westlichen Kulturen, in denen die Beziehungen zwischen den Eltern den Kern der Familie bilden. In Kulturen, in denen nicht die Eltern, sondern andere Personen männliches oder weibliches Oberhaupt der Familie sind, kann das sexuelle Interesse des Kindes anders ausgerichtet sein.

3 In Anlehnung an Freud 1915b, S. 250, verwende ich die Begriffe »Verdrängung«, »eigentliche Verdrängung« und »sekundäre Verdrängung« als untereinander austauschbare, untereinander synonyme Begriffe.

Nachwort

Heute steht uns eine systematische Methode zur Erforschung der psychischen Dimension menschlicher Existenz zur Verfügung. Es ist zweifelsohne befriedigend für mich, eine Theorie über menschliche Entwicklung und psychische Funktionen zu lehren, durch die Studenten dieser Fachrichtung viel schneller auf ihr Ziel, effektive Praktiker zu werden, zugehen können als es mir und meinen Kommilitonen am Beginn unseres Studiums möglich war. Aber es ist genauso lohnend, erfahrene Therapeuten zu sehen, deren Arbeit eine Wende nimmt, wenn sie das, was ihre Patienten ihnen zu sagen versuchen, neu verstehen und darauf eingehen können. So nahm mich beispielsweise gerade vor ein paar Tagem bei einer Veranstaltung ein Kollege zur Seite, der einige Monate lang bei mir in Supervision gewesen war, als er sich mit einem Patienten – einem Mann, der mich sehr an Roger Flynn erinnerte – in einem Engpaß befunden hatte. Er sagte, er wolle mich nur wissen lassen, wie gut und effektiv jetzt seine Arbeit mit diesem Patienten sei. Und, erzählte er mir strahlend, seine Patienten, alte und neue, reagierten unmittelbar auf sein neu gewonnenes Verständnis, öffneten sich auf eine Art und Weise, die er noch nie gesehen hatte.

Dies ist eine aufregende Zeit für die Psychotherapie. Befreit man Freuds Konzept der therapeutischen Übertragung von den doktrinären Einschränkungen seiner biologischen Spekulationen über Triebe und läßt man das einfließen, was man heute über Natur, Ursprung und Entwicklung des Selbstsystems weiß, hat der Psychotherapeut ein hervorragendes Instrument um zu beobachten, was Patienten über sich selbst enthüllen, und dann mit diesen Enthüllungen kreativ umzugehen. Die Implikationen sind sogar noch weiterreichend:

Es wird immer Menschen geben, deren Leiden die Dienste eines kunstfertigen Psychotherapeuten erfordern. Sowohl die Interaktion des Hausarztes mit Billy Kruger als auch mein Kontakt mit Al Gertz haben gezeigt, daß das, was wir über die Wohltaten einer therapeutischen Intervention gelernt haben, die auf empathischem Verstehen der Kommunikation eines anderen beruht, nicht auf die formale Beziehung zwischen Therapeut und Patient beschränkt bleiben muß; dieses Wissen kann in vielen anderen Zusammenhängen angewendet werden.

Und so eröffnet sich eine neue Ära der aufdeckenden Psychotherapie – ein Jahrhundert, nachdem dieses Wissensgebiet zum ersten Mal betreten worden ist. Freuds Traum von einer Psychologie, die wirklich eine Wissenschaft der menschlichen Natur sein würde, liegt nun in unserer Reichweite.

Literatur

Adler, G. 1979. »The Myth of the Alliance with Borderline Patients.« *American Journal of Psychiatry* 136:642-45.

– 1985. *Borderline Psychopathology and Its Treatment*. New York: Jason Aronson.

Arnheim, R. 1969. *Visual Thinking*. London: Faber & Faber.

Arnold, M. B. 1960. *Emotion and Personality* vol. I. New York: Columbia University Press.

Atwood, G.; and Stolorow, R. 1984. *Structures of Subjectivity: Explorations in Psychoanalytic Phenomenology*. Hillsdale, N.J.: Analytic Press.

Bacal, H. 1983. »Optimal Responsiveness and the Therapeutic Process.« In A. Goldberg, ed., *Progress in Self Psychology vol. I pp.* 202-27. New York: Guilford Press.

Basch, M. F. 1975a. »Toward a Theory That Encompasses Depression: A Revision of Existing Causal Hypotheses in Psychoanalysis.« In E. J. Anthony and T. Benedek, eds., *Depression and Human Exstence* pp. 485-534. Boston: Little, Brown.

– *1975b*. »Perception, Consciousness, and Freud's 'Project.' » *The Annual of* Psychoanalysis 3:3-19. New York: International Universities Press.

– *1976a*. »Theory Formation in Chapter VII: A Critique.« *Journal of the American Psychoanalytic Association* 24:61-100.

– *1976b*. »Psychoanalysis and Communication Science.« the *Annual of Psychoanalysis* 4: 385-421. New York: International Universities Press.

– 1976f. »The Concept of Affect: A Re-examination.« *Journal of the American Psychoanalytic* Association 24:759-77.

– 1977. »Developmental Psychology and Explanatory Theory in Psychoanalysis » *The Annual of Psychoanalysis 5:229-63* New York: International Universities Press.

– 1978 »Psychic Determinism and Freedom of Will.« *International Review of Psycho-Analysis 5:257-64*.

– 1980 *Doing Psychotherapy*. New York: Basic Books.

– 1981. »Psychoanalytic Interpretation and Cognitive Transformation.« *International Journal of Psycho-Analysis* 62:151-75.

– *1983a* »Empathic Understanding: A Review of the Concept and Some Theoretical Considerations.« *Journal* of *the American Psychoanalytic Association* 31:101-26.

– *1983b*. »The Perception of Reality and the Disavowal of Meaning.« *The Annual of Psychoanalysis 11:*125-54. New York: International Universities Press.

– 1983c. »The Significance of Self Psychology for a Theory of Psychotherapy.« In J. D. Lichtenberg and S. Kaplan, eds., *Reflections on Self Psychology* pp. 223-38. Hillsdale, N.J.: Analytic Press.

– 1985. »New Directions in Psychoanalysis.« *Psychoanalytic Psychology* 2:1-13.

– 1988a. »The Teacher, the Transference, and Development.« In K. Field and B. Cohler, eds., *Learning and Education: Psychoanalytic Perspectives*. New York: International Universities Press.

– 1988b »The Selfobject Experience of the Newborn.« In A. Goldberg, ed., *Progress in Self Psychology*, vol. IV, pp. 101-4. Hillsdale, N J.: Analytic Press.

Beebe, B.; and Sloate, P. 1982 »Assessment and Treatment of Difficulties in Mother-Infant References Attunement in the First Three Years of Life: A Case History.« *Psychoanalytic Inquiry* 1:601-23.

Beebe, B.; and Stern, D. 1977. 'Engagement-Disengagement and Early Object Experiences.« In N. Freedman and S. Grand. eds., *Communicative Structures and Psychic Structures*, pp. 35-55. New York: Plenum Press

Beigler, J. 1957. »Anxiety as an Aid in the Prognostication of Impending Death.« *American Medical Association Archives of Neurology and Psychiatry* 77:171-77.

Bertalanffy, L. von. 1967. *Robots, Men and Minds. Psychology in the Modern World.* New York: George Braziller.

– 1968. *General System Theory.* New York: George Braziller.

Bowlby, J. 1469. *Attachment: Attachment and Loss, vol. I.* New York: Basic Books.

– 1980. *Loss: Attachment and Loss*, vol. III. London: Hogarth Press.
Deutsche Ausgabe: Verlust, Trauer und Depression, Fischer Verlag, Frankfurt 1983

Bower, T. G. R. 1977. *A Primer of Infant Development.* San Francisco: W. H. Freeman.

Brandt, H. F. 1945. *The Psychology of Seeing.* New York: The Philosophical Library.

Breuer, J.; and Freud, S. 1893-95. *Studies on Hysteria.* In *The Standard Edition of the Complete Psychological Works of Sigmund Freud,* vol. 2. London: Hogarth Press, 1955.
Deutsche Ausgabe: Studien über Hysterie, In: Freud, Gesammelte Werke (G.W.), Bd. I, London, Frankfurt a.M. 1952

Brothers, L. 1988. »A Biological Perspective on Empathy.« *American Journal of Psychiatry* (in press).

Broucek, F. 1979. »Efficacy in Infancy: A Review of Some Experimental Studies and Their Possible Implications for Clinical Theory.« *International Journal of Psycho-Analysis* 60:311-16.

– 1982 »Shame and Its Relationship to Early Narcissistic Developments.« *International Journal ot Psycho-Analysis* 63:369-78.

Buck, R. 1984. *The Communication of Emotion.* New York/London: Guilford Press.

Buckley, W., ed. 1968. *Modern Systems Research for the Behavioral Scientist.* Chicago: Aldine Publishing

Campbell, J. 1982. *Grammatical Man.* New York: Simon & Schuster.

DeCasper, A.; and Fifer, W. 1980. »Of Human Bonding: Newborns Prefer Their Mothers' Voices.«*Science* 208:1174.

Davis, M.; and Wallbridge, D. 1981. *Boundary and Space: An Introduction to the Work of D. W. Winnicott.* New York: Brunner/Mazel.
Deutsche Ausgabe: Eine Einführung in das Werk von D.W. Winnicott, Klett-Cotta Verlag, Stuttgart 1983

Demos, V.; and Kaplan, S. 1985. »Motivation and Affect Reconsidered: Affect Biographies of Two Infants.« *Psychoanalysis and Contemporary Thought 8:4.*

Detrick, D.W. 1986. »Alterego Phenomena and Alterego Transferences: Some Further Considerations.« In A. Goldberg, ed., *Progress in Self Psychology,* vol. II, pp. 299-304. New York/ London: Guilford Press.

Dorpat, T. L. 1985 *Denial and Defense in the Therapeutic Situation.* New York and London: Jason Aronson.

– 1987. »A New Look at Denial and Defense.« *The Annual of Psychoanalysis* 15:23-47. New York: International Universities Press.

Eccles, J. C. 1970. *Facing Reality. Philosophical Adventures of a Brain Scientist.* New York and Heidelberg: Springer-Verlag.

Ekman, P., ed. 1973. *Darwin and Facial Expression.* New York and London: Academic Press.

Ekman, P.; Levenson, R. W.; and Friesen, W. V. 1983. »Evidence for Autonomic Reactions in Specific Emotions.« *Science* 221:1208-10.

Fajardo, B. 1988. »Resilience in Development and Analyzability.« Unpublished paper.

Field, T. M. 1985 »Neonatal Perception of People: Maturational and Individual Differences.« In T. M. Field and N. A. Fox, eds., *„Social Perception in Infants,* pp. 31-52. Norwood, N.J.: Ahler Publishing.

Field, T. M.; Woodson, R.; Greenberg, R.; and Cohen, D. 1982. »Discrimination and Imitation of Facial Expressions by Neonates.« *Science* 218:179-81.

Fields, W. S., and Abbott, W., eds. 1963. *Information Storage and Neural Control.* Springfield, Ill.: Charles C Thomas.

Freud, A. 1937. The Ego *and the Mechanisms of Defence.* London: Hogarth Press. Deutsche Ausgabe: das Ich und die Abwehrmechanismen, Fischer Verlag, Reihe »Geist und Psyche«, 12. Aufl., Frankfurt a.M. 1988

Freud, S. 1895: Entwurf einer Psychologie, In: »Aus den Anfängen der Psychoanalyse, London, Frankfurt a. M.1962 (Fischer Paperback)

– 1900: Die Traumdeutung, In: Freud, Gesammelte Werke (G.W.), Bd. II/III, (18 Bde.), Bd. 1-17 London 1940-1952, Bd. 18: Frankfurt a. M., ; die ganze Edition seit 1960 bei S. Fischer Verlag, Frankfurt

– 1905: Drei Abhandlungen zur Sexualtherapie, G. W. Bd. V, S. 29-145

– 1910: Die zukünftigen Chancen der psychoanalytischen Therapie, G.W. Bd. VIII, S. 104-115

– 1912: Zur Dynamik der Übertragung, G.W. Bd. VIII, S. 364-374

– 1913: Zur Einleitung der Behandlung, G.W. Bd. VIII, S. 454-478

– 1915a: Triebe und Triebschicksale, G.W. Bd. X, S. 210-232

– 1915b:Die Verdrängung, G.W. Bd. X, S. 248-261

– 1915c: das Unbewußte, G.W. Bd. X, S. 264-303

– 1915d: Bemerkungen über die Übertragungsliebe, G.W. Bd. X, S. 306-321

– 1916/17: Vorlesungen zur Einführung in die Psychoanalyse, Dritter Teil: Allgemeine Neurosenlehre, G.W. Bd. XI, S. 249-487

– 1917: Trauer und Melancholie, G.W. Bd. X, S. 428-446

– 1920: Jenseits des Lustprinzips, G.W. Bd. XIII, S. 3-69

– 1921: Massenpsychologie und Ich-Analyse, G.W. Bd. XIII, S. 71-100

– 1923: Das Ich und das Es, G.W. Bd. XIII, S. 73-161

– 1926a: Hemmung, Symptom und Angst, G.W. Bd. XIV, S. 113-205

– 1926b: Psycho-Analysis, G.W. Bd. XIV, S. 299 - 307

– 1927: Fetischismus, G.W. Bd. XIV, S. 311-317

– 1933: Neue Folge der Vorlesungen zur Einführung in die Psychoanalyse, G.W. Bd. XV, S. 3-197

– 1937: Konstruktionen in der Analyse, G.W. Bd. XVI, S. 43-56

– 1940: Abriß der Psychoanalyse, G.W. Bd. XVII, 63-138

Gedo, J. E. 1979. *Beyond Interpretation*. N.Y.: International Universities Press.

– 1988. *The Mind in Disorder*. Hillsdale, N.J.: Analytic Press.

Gleick, J. 1987. »Using Chaos to Make Order.« *Smithsonian* 18:122-34.

Goldberg, A. 1988. A *Fresh Look at Psyohoanalysis: The View from Self Psyohology*. Hillsdale, N.J.: Analytic Press.

Gould, J. L.; and Gould, C. G. 1981. »The Instinct to Learn.« *Science 81* 2:44-50.

Gould, J. L.; and Marler, P. 1987. »Learning by Instinct.« *Scientific American* 256:74-85.

Hadley, J. L. 1983. »The Representational System: A Bridging Concept for Psychoanalysis and Neurophysiology.« International Review of Psycho-*Analysis* 10:13-30.

– 1985. »Attention, Affect, and Attachment.« *Psychoanalysis and Contemporary Thought* 8:529-50. Madison, Conn.: International Universities Press.

Hartmann, H. 1939. Ego *Psychology and the Problem of Adaptation,* D. Rapaport, tr. New York: International Universities Press, 1958.
Deutsche Ausgabe: : Ich-Psychologie und Anpassungsproblem, Klett-Cotta Verlag 3. Aufl. Stuttgart 1975

Haviland, J. M.; and Lelwica, M. 1987. »The Induced Affect Response: 10-week-old Infants' Responses to Three Emotional Expressions.« *Developmental Psychology* 23:97-104.

James, W. 1890. *The Principles of Psychology,* vols. I and II. New York: Dover Publications, 1950.

Jones, E. 1953. *The Life and Work of Sigmund Freud,* vol. I. New York: Basic Books.
Deutsche Ausgabe: Sigmund Freud, Leben und Werk, dtv-Verlag, München

Klein, G. S. 1976. »The Vital Pleasures.« In *Psychoanalytic Theory: An Exploration of Essentials,* pp. 210-38. New York: International Universities Press.

Knapp, P. H. 1987. »Some Contemporary Contributions to the Study of Emotions.« *Journal of fhe American Psychoanalytic ,Association* 35:205-48.

Kohut, H. 1959. ''Introspection, Empathy and Psychoanalysis.« *Journal of the American Psychoanalytic Association* 7:459-83.
Deutsche Ausgabe: Introspektion, Empathie und Psychonalyse, Suhrkamp Verlag, Frankfurt a.M. 1977

– 1971. *The Analysis of the Self.* New York: International Universities Press.

– 1977. *The Restoration of the Self.* New York: International Universities Press.

– 1984. *How Does Analysis Cure?* Chicago and London: University of Chicago Press.
Deutsche Ausgabe: Wie heilt die Psychoanalyse?, Suhrkamp Verlag, Frankfurt a. M. 1987

– 1987. *The Kohut Seminars, M.* Elson, ed. New York and London: W. W. Norton.
Eine deutsche Ausgabe erscheint 1993 im Verlag J. Pfeiffer, München

Kohut, H.; and Wolf, E. S. 1978. »The Disorders of the Self and Their Treatment: An Outline.« *International Journal of Psycho-Analysis* 59:413-25.

Korzybski, A. 1933. *Sciene and Sanity.* International Non-Aristotelian Library Publishing. Lakeville, Conn.: Institute of General Semantics, 1948.

Lashley, K. 1958. »Cerebral Organization and Behavior.« In H. C. Solomon et al., eds., *The Brain and Human Behavior*, pp. 1-18. Baltimore: Williams & Wilkins.

Levin, F. M.; and Vuckovich, D. M. 1983. »Psychoanalysis and the Two Cerebral Hemispheres.« *The Annual of Psychoanalysis* 11:171-197. New York: International Universities Press.

Lewis, H. B. 1981 »Shame and Guilt in Human Nature.« In S. Tuttman, C. Kaye, and M. Zimmerman, eds., *Object and* Self: *A Developmental Approach*. New York: International Universities Press.

Lewis, M.; and Goldberg, S. 1969. »Perceptual-Cognitive Development in Infancy.« *Merrill-Palmer Quarterly* 15:81-100.

Libet, B.; et al. 1979. »Subjective Referral of the Timing for a Conscious Sensory Experience.« *Brain* 102:193.

Lichtenberg, J. D. 1983. *Psychoanalysis and Infant Research*. New York: Analytic Press. Deutsche Ausgabe: Psychoanalyse und Säuglingsforschung, Springer Verlag, Berlin u.a. 1991

Lifton, R. J. 1986. *The Nazi Doctors*. New York: Basic Books. Deutsche Ausgabe: Ärzte im Dritten Reich, Klett-Cotta Verlag, Stuttgart 1988

MacLean, P. D. 1985. »Brain Evolution Relating to Family, Play, and the Separation Call.« *Archives of General Psychiatry* 42:405-17.

Nathanson, D. L. 1987. »A Timetable for Shame.« In D. L. Nathanson, ed., *The Many Faces of Shame*. pp. 1-63. New York/London: Guilford Press.

Ornstein, A. 1986. »Selfobject Transferences and the Theory of the Development of the Feminine Self.« Unpublished manuscript.

Papousek, H. 1969. »Individual Variability in Learned Responses in Human Infants.« In R. J. Robinson, ed., *Brain and Early Behaviour*, pp. 251-66. London: Academic Press.

Peterfreund, E. 1971. *Information, Systems and Psychoanalysis.Psychological Issues* VII, nos. 1/2, monograph 25/26. New York: International Universities Press.

Piaget, J.; and Inhelder, B. 1969. *The Psychology of the Child*. New York: Basic Books.

Powers, W. T. 1973. *Behavior. The Control of Perception*. Chicago: Aldine Publishing.

Reiser, M. 1984. *Mind, Brain, Body. Toward a Convergence of Psychoanalysis and Neurobiology*. New York: Basic Books.

Roiphe, H.; and Galenson, E. 1982. *Infantile Origins of Sexual Identity*. New York: International Universities Press.

Rosenblatt, A. D.; and Thickstun, J. T. 1978. *Modern Psychoanalytic Concepts in a General Psychology*. New York: International Universities Press.

Schwartz, A. 1987a. Drives, Affects, Behavior, and Learning: Approaches to a Psychobiology of Emotion and to an Integration of Psychoanalytic and Neurobiological Thought.«Journal *of the American Psychoanalytic Association* 35:467-506.

– 1988. "Reification Revisited: Some Neurobiologically-Filtered Views of 'Psychic Structure' and 'Conflict.' » *Journal* of *the* American *Psychoanalytic Association 35* (supplement).

Socarides, D. D.; and Stolorow R. D. 1984-85. »Affects and Selfobjects.« *The* Annual of *Psychoanalysis* 12/13:105-19 New York: International Universities Press.

Stechler, G; and Kaplan, S. 1980. »The Development of the Self.« *The Psychoanalytic Study of the Child* 25:85—105. New York International Universities Press.

Stern, D. N. 1984. »Affect Attunement.« In J. Call, E. Galenson, and R. Tyson, eds., *Frontiers of Infant Psychiatry,* vol. II, pp. 3-14. New York: Basic Books.

– 1985. *The Interpersonal* World of *the Infant*. New York: Basic Books.

Stern, D. N.; Hofer, L.; Haft, W, and Dore, J. 1985. »Affect Attunement: The Sharing of Feeling States between Mother and Infant by Means of Inter-modal Fluency.« In T. M. Field and N. A. Fox, eds., *Social Perception in Infants,* pp. 249-68. Norwood, N.J.: Ablex Publishing

Stolorow, R.; and Brandchaft, B. 1987. »Developmental Failure and Psychic Conflict.« *Psyohoanalytic Psychology,* 4:241-53

Sullivan, H. S. 1940. *Conceptions ot Modern Psychiatry.* New York: W. W. Norton.

Tabin, J. K. 1985. *On the Way to the Self.* New York: Columbia University Press.

Tolpin, M. 1971. »On the Beginnings of a Cohesive Self.« *The Psychoanalytic Study of the Child* 26:316-51. New York: International Universities Press.

Tomkins, S. S. 1962-63. *Affeet, Imagery, Consciousness,* vols. I and II. New York: Springer Publishing.

– 1970. »Affects as the Primary Motivational System.« In M. B. Arnold, ed., *Feelings and Emotions,* pp. 101-10. New York: Academic Press.

– 1980. »Affect as Amplification: Some Modification in Theory.« In R. Plutchik and H. Kellerman, eds., *Emotions: Theory, Research and Experience,* pp. 141-64. New York: Academic Press.

– 1981. »The Quest for Primary Motives: Biography and Autobiography of an Idea.« *Journal of Personality and Social Psychology* 41:306-29.

Vygotsky, L. S. 1934. *Thought and Language.* Boston: MIT Press. Paperback edition, 1962.

Waddington, C. H. 1966. *Principles of Development and Differentiation.* New York: Macmillan.

Watson, J. 1985. »Contingency Perception in Early Social Development.« In T. Field and N. Fox, eds., *Social Perception in Infants.* pp. 157-76. Norwood, N. J.: Ablex Publishing.

Weiss, P. A. 1973. *The Science of Li,fe.* New York: Futura Publishing.

White, R. W. 1959. »Motivation Reconsidered: The Concept of Competence.« *Psychological Review* 66:297-333.

Whyte, L. L. 1960. *The Unconscious Before Freud.* New York: Basic Books.

Wiener, N. 1948. *Cybernetics.* Cambridge, Mass.: MIT Press, 1961.

– 1956. *The Human Use of Human Beings.* Garden City, N.Y.: Doubleday.

Winnicott, D. W. 1965. *The Maturational Processes and the Facilitating Environment: Studies in the Theory of Emotional Development.* New York: International Universities Press.
Deutsche Ausgabe: Reifungsprozesse und fördernde Umwelt, Fischer Verlag, Reihe »Geist und Psyche«, 3. Aufl., Frankfurt 1988

Winson, J. 1985. *Brain and Psyche.* Garden City, N.J.: Anchor Press/Doubleday.

Wooldrige, D. E. 1963. *The Machinery of the Brain* New York: McGraw-Hill.

– 1968. *Mechanical Man: The Physical Basis of Intelligent Life.* New York: McGraw-Hill.

Personenregister

Abbott, W. 104
Adler, Gerald 247
Albright, Clarence (Fallstudie) 141-148
Arnheim, R. 63
Arnold, M.B. 106
Atwood, G. 149

Bacal, H. 149
Basch, M.F. 38, 62ff., 69, 80, 95, *99*, 102f., 112, 118, 121f., 126, 128, 133, 146, 152, 164, 179, 289
Beebe, B. 98
Beigler, J. 111
Bertalanffy, L. von 101, 107
Bower, T.G.R. 34
Bowlby, J. *126*, 141
Brandchaft,B. 125
Brandt, H.F. 63
Breuer, J. 128, 133
Brothers, L. *68*
Broucek, F. 34, 135
Buckly 104

Campbell, J. 57, *100*, 164
Charcot, J.-M. 9, 20
Davis, M. 212
DeCasper, A. 34
Demos, V. 98, 121
Descartes, R. 17ff.
Detrick, D.W. *126*, 139
Dorpat, Th.L. *127*

Eccles, J.C. 65
Ekman, P. 80
Field, T. 77f.
Fields, W.S. 104
Fifer, W. 34
Flynn, Roger (Fallstudie) 115, 130, 148, 186 - 224, 225, 232, 292
Freud, A. *126, 127*
Freud, S. 13, 17ff., 32, 34, 54, 62, 64ff., 81, 96, *99*, 106, 108f., 121ff., 128, 129, 131, 133, 141, 143, 145, 148, 250, 254f., 257, 261, 268, 276, 280f., 285, 290, *291*, 292
Friesen, W.V. 80

Galenson, E. 250
Gedo, J.E. 32, 156
Gertz, Al (Illustratives Beispiel) 25-32, 37, 43, 53, 60, 64, 115, 120, 130, 140, 256, 292
Goldberg, A. 140
Gould, C.G. 100
Granger, Bob (Fallstudie) 148, 161-167, 256

Hadley, J. *68*
Hartmann, H. *126*
Haviland, J.M. 78
Hermann, Joe jr. (Illustratives Beispiel) 72-74, 75, 81
Hermann, Joe sen. (Illustratives Beispiel) 70-72, 74, 135
Hudson, J.W. 14ff., 19, 22

James, W. 66

Kaplan, S. 121
Klein, G.S. 32
Klumpner, G. *126*
Kohut, H. *35*, 43, 125, 128 f., 137 ff., 146, *149*, 156, 167, 175 f., 181, 184, 232, 233, 235, 240, 242, 246ff., 290
Korzybski, A. 53
Kruger, Billy (Fallstudie) 84-94, 114, 222, 292

Lashley, K. 65
Leibnitz, G.W. von *68*

Lelwica, M. 78
Levenson, R.W. 80
Levin, F. *68*
Lewis, M. 135
Libet, B. 65
Lichtenberg, J. *126*
Lifton, R.J. *127*

Marler, P. *100*

Nathanson, D.L. 76, 110, 135
Neubach, Otto (Fallstudie) 124, 131, 149, 255-279
Newton, Norma (Fallstudie) 132, 149, 286-291

Osgood, Byron (Fallstudie) 60, 89, 113, 115ff., 256
Ornstein, A. 280

Papousek, H. 33f., 138
Pearl, Tina (Fallstudie) 130, 136, 148, 244-248, *249*
Peterfreund, E. *68*
Piaget, J. 97, 254
Powers, W.T. 56

Reiser, M. *68*
Roiphe, H. 250
Romberg, Esther (Fallstudie) 124, 127, 131, 149, 227-244ff., *249*, 256, 291
Rosenblatt, A. *68*

Schwartz, A. *68*
Sloate, P. 98
Socarides, D.D. 132
Stechler, G. 98
Stern, D.N. 76, 78, 98, 100, 122, *126*, 131, 174, 178, 247
Stolorow, R.D. 125, 132, 149
Sullivan, H.St. *126, 149*

Tabin, J. 250
Thickstun, J. *68*
Tolpin, M. 138
Tomkins, S. 75, 78, *100*, 135

Vuckovich, D.M. *68*
Vygotsky, L.S. 140

Wallbridge, D. 212
Waller, Irma (Fallstudie) 131, 149, 280-286
Watson, F. 34
Weiss, P. 101
White, R.W. 32
Whyte, L.L. 19
Wiener, N. 54, 60, 104
Winnicott, D.W. 212
Winson, J. 66
Wolf, E.S. 139
Wooldridge, D.E. 104

Zurf, Jim (Fallstudie) 130, 148, 150-161, 162ff., 167, 168-184, 232, 248, 257, 272

Sachregister

Abwehrmechanismen 120-27
Affekt 69, 70-81, 223, 225
Affekteinstellung 224, 248
Affekteinstimmung 214, 225, 242
Affektregulation 96-100
Alter-ego-Übertragung 138, 139ff., 182, 184, 231, 237
Angst l09ff.
Angst und Depression 38, 41f., 112
Analyse (Psychoanalyse) 259ff., 272ff., 290ff.
Antidepressiva 38ff.

Bewußtheit 65, 67, 68
Bindung, affektive 129, 150ff.
Borderline-Persönlichkeitsstörung 125, 130, 136, 225-249,

Charakterbildung 78

Denken (Gedanken) 54, 56, 65, 96
Depression 38, 40, 42f., 53, 112-120, 186ff.
Depression, endogene 114ff., 119
Depression, exogene 114ff.
Desorganisation 246f.
Dezentrieren144f.

Elektroschocktherapie 117ff.
Emotion 80f.
Empathie 29f., 141ff., 175
Entscheidungsfällung 43, 52
Entwicklung, psychosexuelle 250ff.
Entwicklungshemmung 121f., 213
Entwicklungspsychologie 37
Entwicklungsspirale 37, 42f., 52f., 63, 230
Erstaunen 28f.
Erwartungsmuster 78, 82f.

Familienbeziehungen 164
Familiendynamik 48
Feedbackschleife s. Rückkoppelungsschleife
Feedforwardschleife 103
Fragmentierung 246f.

Gefühl 80f.
Gegenübertragung 145
Gehirn 22, 55ff., 66, 82, 107, 120
Geist (mind) 20, 63,107

Handeln/Handlung 43, 53, 69, 83

Imagination 28, 216ff.
Information 60ff.
Integration 28, 216ff.
Introspektion 224, 248

Kindheit 72-79, 101
Kommunikation 22, 77
Kommunikation, affektive 79, 95, 99, 136f.
Kompetenz 25-37, 53, 63, 199
Konflikt, ödipaler 242, 254, 277, 281, 286, 288
Kontrolle 33, 53, 96, 199
Kybernetik 60, 104

Mißlingen, therapeutisches 247ff.
Motivation 13, 33
Mustervergleich (pattern matching) 54, 55-58, 66f.

Narzißmus, narzißtische Persönlichkeitsstörung 128, 131, 225-249, 250-291
Neuorientierung 28f.
Neurophysiologie 54, 65
Neurose (Psychoneurose) 125, 131, 250-291, 285

Ödipale Phase 251ff., 271
Ödipuskomplex 280, 283, 289, 290
Orientierung 28, 186, 209ff.

pattern matching (s. Mustervergleich)
Penisneid 283
Problemlösungsprozeß 66
Problemlösungsversuch 48, 52
Psyche 20, 61f.
Psyche, Geschichte der 47
Psychoanalyse (s. Analyse)
Psychodynamik 58f., 62, 68
Psychoneurose (s. Neurose)
Psychopharmaka 116
Psychotherapie, präventive 84-95

Reaktion, affektive 80, 143ff., 212, 215
Reflexion, bewußte 65f.
Reifung, affektive 175f., 184, 215
Reifung, psycho-sexuelle 242
Rückkoppelungsschleife (Feedbackschleife, fehlerkorrigierende 54, 56f., 60, 82, 102
Rückzug 108, 121, 233f.

Säugling(salter) 72-79, 96-101
Säuglingsforschung 33
Scham 31, 134ff., 216ff., 223
Schmerz 44, 49f., 111
Selbstachtung 31, 32f., 36, 42f., 48, 224, 230
Selbstbild 25-35
Selbst-Konzept 31, 60, 225ff.
Selbstobjekterfahrung 139f., 178, 184, 214, 222, 225, 232f.
Selbstsystem 101, 104-108, 109, 112, 120, 125, 126, 129, 224, 251
Selbstwertgefühl 37, 48
Spannungskontrolle 161, 244f., 248
Spiegelübertragung 138, 140
Symbolisierung 102
Symptome, körperliche 52
Systeme, geschlossene 105, 107, 112, 131, 141
Systeme, offene 105

Therapie, Beendigung der 33, 221ff.
Therapie, kognitive 58f.
Thermodynamik 62
Transformation 28, 31, 35, 221ff., 242
Triebabfuhr 69

Übertragung 128, 132f., 136, 141ff., 168ff., 240f., 242, 248, 268ff., 278
Übertragung, idealisierende 43, 138, 140, 214, 222, 231f., 237ff.
Übertragungsliebe 281
Übertragungsneurose 128, 272, 280, 282, 288
Übertragungswiderstand 133, 136
"Das Unbewußte" 99
Urverdrängung 121, 213, 225

Vaterübertragung 224
Verhalten 34, 61,70-82
Verhaltensebene 69
Verhaltenstherapie 58f.
Verinnerlichung, umwandelnde 34, 140, 168-185, 234ff., 248
Verleugnung 108, 121ff., 127, 213
Verdrängung, sekundäre 108, 121f., 213, 252f.

Zusammenarbeit 28, 209ff., 230